TEORIA DA POLÍTICA MONETÁRIA

TEORIA DA POLÍTICA MONETÁRIA

Uma Abordagem em Nível Intermediário

Antonio Luis Licha

ALTA BOOKS
EDITORA
Rio de Janeiro, 2015

Teoria da Política Monetária — Uma abordagem em nível intermediário

ISBN: 978-85-7608-866-0

Impresso no Brasil — Edição revisada conforme Acordo Ortográfico da Língua Portuguesa de 2009.

Produção Editorial
Editora Alta Books

Gerência Editorial
Anderson Vieira

Produtores Editoriais
Thiê Alves

Supervisão Editorial (Controle de Qualidade)
Sergio de Souza

Supervisão Editorial (Gráfica)
Angel Cabeza

Design Editorial
Aurélio Corrêa

Marketing Editorial
Hannah Carriello
marketing@altabooks.com.br

Gerência de Captação e Contratação de Obras
J. A. Rugeri
Marco Pace
autoria@altabooks.com.br

Vendas Atacado e Varejo
Daniele Fonseca
Viviane Paiva
comercial@altabooks.com.br

Ouvidoria
ouvidoria@altabooks.com.br

Equipe Editorial
Carolina Giannini
Claudia Braga
Christian Danniel
Gerd Dudenhoeffer
Jessica Carvalho
Juliana de Oliveira
Letícia de Souza
Silas Amaro

Revisão Gramatical
Gloria Melgarejo

Diagramação e Layout
Lucia Quaresma

Capa
Aurélio Corrêa

Erratas e arquivos de apoio: No site da editora relatamos, com a devida correção, qualquer erro encontrado em nossos livros, bem como disponibilizamos arquivos de apoio se aplicáveis à obra em questão.

Acesse o site www.altabooks.com.br e procure pelo título do livro desejado para ter acesso às erratas, aos arquivos de apoio e/ou a outros conteúdos aplicáveis à obra.

Suporte Técnico: A obra é comercializada na forma em que está, sem direito a suporte técnico ou orientação pessoal/exclusiva ao leitor.

Dados Internacionais de Catalogação na Publicação (CIP)

L698t Licha, Antônio Luis.
Teoria da política monetária : uma abordagem em nível intermediário / Antonio Luis Licha. – Rio de Janeiro, RJ : Alta Books, 2015.
480 p. : il. ; 24 cm.

Inclui bibliografia, anexos e índice.
ISBN 978-85-7608-866-0

1. Política monetária. 2. Política econômica. 3. Macroeconomia. 4. Economia aberta. I. Título.

CDU 338.23:336.74
CDD 332.46

Índice para catálogo sistemático:
1. Política monetária 338.23:336.74

(Bibliotecária responsável: Sabrina Leal Araujo – CRB 10/1507)

ALTA BOOKS
EDITORA

Rua Viúva Cláudio, 291 — Bairro Industrial do Jacaré
CEP: 20970-031 — Rio de Janeiro
Tels.: 21 3278-8069/8419
www.altabooks.com.br — e-mail: altabooks@altabooks.com.br
www.facebook.com/altabooks — www.instagram.com/altabooks

SUMÁRIO

Parte 2 Novo Consenso

APRESENTAÇÃO

Este livro apresenta alguns dos tópicos mais importantes para a teoria da política monetária, destacando os modelos que têm sido mais utilizados para entender a racionalidade dos bancos centrais. Ele pode ser utilizado por alunos em final de graduação que desejam se especializar em temas de economia monetária, depois de terem realizado cursos de macroeconomia, economia monetária e economia internacional. Também pode ser utilizado por alunos de pós-graduação no primeiro ano de curso, já que os anexos dos capítulos permitem a compreensão de alguns dos temas abordados por manuais de pós-graduação. Profissionais trabalhando nos mercados financeiros ou em instituições públicas podem ter um sumário sistemático dos desenvolvimentos recentes em política monetária.

O livro foi desenvolvido a partir de cursos ministrados na graduação do Instituto de Economia da Universidade Federal do Rio de Janeiro. O objetivo principal das notas de aulas foi simplificar a literatura sobre política monetária. O truque foi encontrar o mínimo de complexidade adicional necessária para fornecer aos alunos a compreensão que eles precisam.[1] Outro objetivo era apresentar de forma clara as ideias principais, reduzindo as confusões que qualquer debate apresenta. Conforme Francis Bacon destaca, "a verdade surge mais facilmente do erro do que da confusão".

Outra preocupação foi incorporar modelos, abordagens e lições desenvolvidas nos últimos quinze anos e, especialmente, alguns dos debates surgidos a partir da crise financeira de 2008. Enquanto que os conceitos desenvolvidos na primeira e segunda parte deste livro estão consolidados em modelos habitualmente utilizados, os modelos da terceira parte apresentam algumas pesquisas recentes não totalmente consolidadas no mainstream macroeconômico. A teoria de política monetária deve continuar a evoluir nos próximos anos e, com ela, os manuais que procuram refletir alguns dos consensos que se consolidem. Os novos problemas colocados pela crise financeira de 2008 devem gerar novos temas, novas abordagens e novas soluções, expandindo o corpo de teoria. Apesar de manter certos princípios básicos, novos capítulos deste livro

[1] Esta recomendação é dada por Blinder (2010).

devem ser desenhados ou alguns deles até podem ser reformulados em edições futuras. Como Jorge Luis Borges declarou, “publicamos para não passar a vida a corrigir rascunhos. Quer dizer, a gente publica um livro para livrar-se dele”.

AGRADECIMENTOS

Agradeço aos alunos do Instituto de Economia da Universidade Federal do Rio de Janeiro que sofreram com as primeiras versões das notas de aula que originaram este livro.

Agradeço a meus colegas do Grupo de Conjuntura do Instituto de Economia pelo convívio de mais de quinze anos e pelo aprendizado em temas da economia brasileira e internacional.

Agradeço a J.A. Rugeri, editor da Alta Books, pela confiança na edição deste livro. Agradeço também à equipe da Alta Books que ajudou na produção.

Por último, agradeço a minha família pela alegria de todos os dias.

INTRODUÇÃO

O objetivo do livro é apresentar as principais proposições da teoria da política monetária de um ponto de vista normativo, destacando as recomendações teóricas sobre como a política monetária deve ser feita. O núcleo da análise, desenvolvido na segunda parte do livro, são os princípios estabelecidos pelo novo consenso nas décadas 1990 e 2000, que reflete o domínio da abordagem novo keynesiana na macroeconomia.[1] Na primeira parte, o livro considera também os conceitos estabelecidos pela síntese neoclássica nas décadas dos 1950 e 1960 e pelo debate dos anos 1980 sobre o uso de regras ou de políticas discricionárias.[2] Na parte final, apresenta algumas das reformulações que a teoria da política monetária vem sofrendo, a partir da crise financeira do final dos anos 2000. As posições desses debates ainda não são consolidadas e os resultados dos últimos capítulos são mais especulativos e motivo de forte polêmica.

A sequência dos temas tratados no livro reflete a evolução das ideias do *mainstream* macroeconômico, representando um desenvolvimento histórico das ideias centrais da teoria normativa da política monetária. Não é objetivo destacar críticas às abordagens tratadas, discutir a validade de suas hipóteses ou questionar as evidências empíricas de suas conclusões. O tratamento dos temas não é exaustivo e destaca a estrutura geral dos temas abordados, procurando um entendimento geral dos problemas e das soluções propostas ao longo de sessenta anos de pensamento macroeconômico.

A abordagem deste livro trata a teoria macroeconômica como um corpo de conhecimento, que procura resolver problemas práticos e propor soluções. Nesta abordagem, conforme Albert Einstein apreciou, "a formulação de um problema é mais importante que sua solução". No sentido estabelecido por Mankiw (2006), a macroeconomia é abordada como um ramo da engenharia e não como uma ciência que possui uma análise com fundamentos conceituais claros. Seguindo

---

1 O novo consenso foi consolidado na conferência New Challenges for Monetary Policy, organizada em agosto de 1999 pelo Federal Reserve Bank of Kansas City em Jackson Hole (EUA). Para um resumo do consenso nessa conferência, ver Bean et al. (2010).

2 Segundo Blanchard (2008), o termo síntese neoclássica foi cunhado por P.A. Samuelson para designar a visão de consenso que surgiu em meados da década de 1950 nos Estados Unidos. Esta síntese foi o paradigma macroeconômico dominante por mais de vinte anos.

Woodford (2008), porém, considera-se que a "desconexão" entre a ciência e a engenharia da macroeconomia não é tão grande.

As principais teorias de política monetária são apresentadas utilizando-se modelos estáticos, adequados para um curso de nível intermediário (curso avançado de graduação). O uso da estática comparativa permite apresentar algumas características dos sistemas dinâmicos, já que existe uma relação entre as propriedades intrínsecas dos equilíbrios e a dinâmica do sistema. Samuelson (1942) chamou a ligação entre a estática comparativa e a dinâmica de Princípio da Correspondência.[3] De qualquer forma, a não utilização de instrumentos de análise dinâmicos impede a discussão de aspectos relativos ao ciclo econômico e, em especial, ao comportamento da política monetária frente a choques persistentes. Por esta razão, neste livro, considera-se a atuação de política monetária frente a choques sem persistência. O papel das defasagens entre as variáveis econômicas também não pode ser abordado, não sendo possível discutir problemas relativos ao caráter tempestivo da política.[4] Esses temas devem ser abordados em cursos mais avançados.[5]

A tradição do *mainstream* macroeconômico é desenvolver modelos que procuram ser bem articulados e realistas, no sentido de mimetizar as respostas dadas pelo sistema econômico, quando exposto a certos choques.[6] A estrutura macroeconômica pode ser representada por modelos agregados, que, muitas vezes, têm microfundamentos bem definidos ou por modelos de equilíbrio geral.[7] Neste livro, são utilizados, por simplicidade, modelos agregados. Normalmente, são especificadas funções lineares que permitem obter resultados analíticos bem definidos e modelos que procuram focar no tema discutido, abstraindo aqueles elementos que não são essenciais. Nos anexos, são apresentados alguns resultados, utilizando modelos microfundamentados, que permitem analisar alguns

[3] Nas palavras de Samuelson (1942, p. 1): "... propriedades conhecidas de um sistema estático (comparativo) podem ser utilizadas para derivar informação relativa às propriedades dinâmicas de um sistema."

[4] A única exceção a este respeito é feita nos Capítulos 6 e 7, onde analisamos alguns temas de natureza estritamente dinâmica.

[5] Para uma análise avançada dos temas tratados, ver Walsh (2010a). Friedman e Woodford (2011) também apresentam abordagens avançadas dos temas tratados.

[6] Lucas (1980) apresenta uma análise da visão metodológica desta proposta.

[7] Para uma análise dessas duas tradições na modelagem macroeconômica (modelos agregados e de equilíbrio geral), ver, por exemplo, Barbosa (2011).

dos detalhes que modelos agregados não permitem e oferecem uma "ponte" para o entendimento de modelos de equilíbrio geral.[8]

Este livro supõe um conhecimento prévio de modelos macroeconômicos básicos, teoria monetária e economia internacional. Sempre que possível, é apresentada uma análise gráfica dos temas abordados e as conclusões com recomendações para a política monetária são ressaltadas na forma de proposições. Os anexos dos capítulos apresentam abordagens mais complexas e podem ser utilizados em cursos de nível mais avançado (um primeiro curso de pós-graduação). No final de cada capítulo, os temas de discussão procuram destacar de forma conceitual algumas das conclusões principais do capítulo.

As referências bibliográficas indicadas no texto ajudam a expandir a compreensão dos temas tratados. Como leitura preliminar, recomenda-se o texto de Svensson (2009), que apresenta uma avaliação resumida do desenvolvimento da política monetária nos últimos cinquenta anos.[9] Outra resenha atualizada sobre a evolução da política monetária é apresentada por Jevčák (2014). White (2013) oferece uma visão mais crítica da interação entre a teoria e a prática da política monetária nos últimos cinquenta anos. Blinder (2006) oferece uma referência geral de alguns dos temas abordados neste livro. Um manual de macroeconomia compatível com o nível intermediário deste livro é Sørensen e Whitta-Jacobsen (2011).

---

8 Woodford (2008) destaca que existe um acordo no *mainstream* macroeconômico para o uso de modelos de equilíbrio geral intertemporal.

9 Nas palavras de Svensson, sua análise é seletiva, eclética e controversa, mas qualquer avaliação da teoria da política monetária tem esse caráter.

Parte 1

CONCEITOS BÁSICOS

Capítulo 1:

PROBLEMA DE POLÍTICA ECONÔMICA

Neste capítulo, definimos os conceitos básicos utilizados na teoria da política monetária, a partir da abordagem seminal de Tinbergen (1952). Nessa abordagem, a estrutura econômica é representada por modelos agregados, cujos parâmetros não são afetados pelas decisões de política econômica. Após definir o problema de política econômica e estabelecer em que condições a solução do problema existe e é estável, o capítulo destaca uma generalização desse problema proposta por Theil (1957). Analisamos algumas propriedades dessa abordagem mais geral do problema de política econômica, que são extensivas para todas as análises apresentadas neste livro.

1.1. ESQUEMA DE TINBERGEN

Na definição do problema de política monetária, devemos definir claramente os fins que desejam ser alcançados e os meios para alcançar esses fins. Tinbergen (1952) destaca três elementos que permitem caracterizar o problema de política econômica: metas ou objetivos, instrumentos de política e estrutura econômica. Qualifiquemos estes conceitos.

As metas de política são variáveis macroeconômicas que afetam o bem-estar social, mas que o formulador de política não controla diretamente. O formulador de política deve determinar claramente as metas que desejam ser alcançadas. Ainda que possamos definir essas metas de forma arbitrária (por exemplo, as metas podem ser pleno emprego da mão de obra ou uma taxa de inflação baixa), elas devem estar relacionadas aos indicadores de bem-estar social (por exemplo, função de utilidade das famílias). Nos modelos de política econômica, as metas de política não podem ser estabelecidas de forma arbitrária (*ad hoc*), mas sim devem ser justificadas.

Os instrumentos de política são variáveis macroeconômicas que o governo controla e que permitem alcançar as metas estabelecidas. Para uma variável ser um instrumento, é necessário que seja controlável pelo formulador. O controle dos agregados monetários (como por exemplo, o M1 ou M2) é uma tarefa difícil devido à volatilidade dos mercados financeiros e, por isso, eles deixaram de ser instrumento de política monetária ao longo da década de 1980. Já as taxas de juros dos mercados interbancários podem ser controladas com certa facilidade pelos bancos centrais[1].

A estrutura econômica apresenta o comportamento macroeconômico do sistema econômico. No problema de política econômica, representamos a estrutura econômica pelos efeitos que os instrumentos têm sobre as metas. A síntese neoclássica considera que as decisões dos agentes (e suas expectativas) são dadas, de forma que mudanças nos instrumentos não afetem a estrutura econômica.[2]

Apresentemos um exemplo desses conceitos, utilizando o modelo IS-LM elaborado pela síntese neoclássica. Considerando relações lineares, podemos resolver o modelo e encontrar que o produto de equilíbrio (Y_e) é dado por:

$$Y_e = \beta A + \gamma m$$

onde A é a demanda agregada autônoma, m os saldos reais e β e γ são parâmetros que representam os multiplicadores de A é m. É habitual supor que o consumo do governo (G) e os saldos reais (m) são os instrumentos de política econômica. Destacamos que o modelo supõe que as expectativas que determinam as decisões dos agentes econômicos (consumidores, empresários, intermediários financeiros) são exógenas em relação aos instrumentos de política econômica. As variações dos saldos reais, por exemplo, não afetam a estrutura das decisões dos agentes econômicos (dadas pelos parâmetros β e γ). Em outras palavras, β e γ são independentes de m. Consideremos que o produto potencial (Y_p) é a meta do formulador de política, m é o instrumento de política e a equação do produto a estrutura econômica. A solução do modelo é dada por $\Delta m = (Y_e - Y_p)/\gamma$, sendo Δ o operador diferença.

De forma geral, consideremos que existem duas metas e dois instrumentos e que a economia é representada pelas seguintes relações lineares:

$$Y_1 = a_1 X_1 + a_2 X_2$$
$$Y_2 = b_1 X_1 + b_2 X_2$$

[1] Sobre o tema, ver capítulo 7, seção 15.

[2] No Capítulo 3, rediscutiremos este suposto.

onde Y_1 e Y_2 são metas, X_1 e X_2 são instrumentos e a_1, a_2, b_1 e b_2 são parâmetros que mostram a estrutura econômica. O problema de política econômica pode ser definido da seguinte forma:

Definição: Dadas as metas de política Y_1 e Y_2 e a estrutura econômica (a_1, a_2, b_1, b_2), o formulador de política deve determinar o valor dos instrumentos X_1 e X_2.

No modelo de política econômica, as metas de política são variáveis exógenas (dadas) e os instrumentos de política são variáveis determinadas endogenamente pelo modelo. A definição da política econômica supõe que o problema de política econômica é um problema em teoria do controle que pode ser apresentado na Figura 1.1 como um sistema. As metas são as entradas do sistema (*inputs*) e os instrumentos, as saídas (*outputs*).

Figura 1.1: Política econômica como um problema de controle

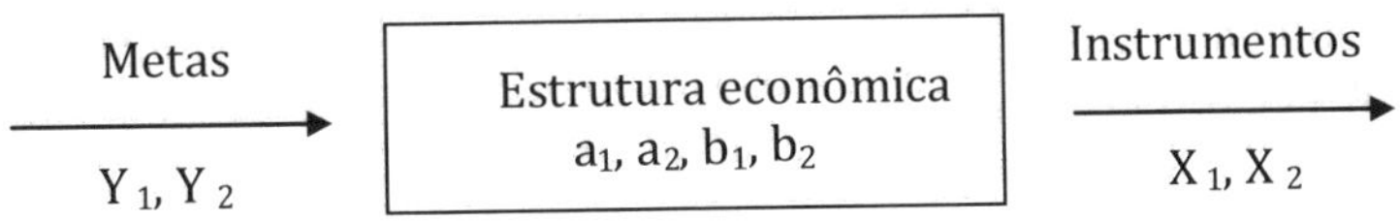

No modelo proposto, a solução do problema de política econômica é dada pelo valor dos instrumentos de política:

$$X_1^* = \frac{b_2 Y_1 - a_2 Y_2}{a_1 b_2 - b_1 a_2} \qquad X_2^* = \frac{a_1 Y_2 - b_1 Y_1}{a_1 b_2 - b_1 a_2}$$

onde * indica o valor do instrumento que é solução. Notemos que, para que exista solução, devemos supor que os efeitos dos instrumentos X_1 e X_2 sobre as metas Y_1 e Y_2 são linearmente independentes. Isto significa que $\frac{a_1}{b_1} = \frac{a_2}{b_2}$. Esta condição pode ser escrita como:

$$a_1 b_2 = a_2 b_1 = 0 \,.$$

Pode-se ver que, se só um instrumento é linearmente independente ($a_1 b_2 - a_2 b_1 \neq 0$), não existe solução para o problema de política.

O problema de política econômica também pode ser apresentado em termos matriciais:

$$Y_{2x1} = A_{2x2} X_{2x1}$$

onde X_{2x1} e Y_{2x1} são vetores e A_{2x2} é a matriz da estrutura econômica. A solução é:

$$X^*_{2x1} = A^{-1}_{2x2} Y_{2x1}$$

onde A^{-1} é a inversa da matriz A. Para que exista A^{-1} é necessário que o determinante de A seja não nulo ($\det(A) \neq 0$).

A análise permite definir uma condição para a existência de solução no problema de política econômica.

Proposição de Tinbergen (existência de solução): Se no problema de política econômica existem n metas, então são necessários n instrumentos linearmente independentes para resolver o problema de política econômica.

Ilustremos a proposição de Tinbergen com dois exemplos, que permitem uma compreensão melhor da propriedade analisada.[3]

Exemplo 1: Problema de política com solução

Representemos a estrutura econômica através de um modelo de Demanda e Oferta Agregada:

$$Y = a_1 G + a_2 M$$
$$\Pi = b_1 G + b_2 M$$

onde Y é produto e Π é taxa de inflação. As metas do governo são: $Y = Y_p$ (produto potencial) e $\Pi = 0$ (meta de inflação). Os instrumentos de política são: G (política fiscal) e M (política monetária). A situação inicial da economia é caracterizada por $Y = Y_p$ e $\Pi = 2$.

[3] Os exemplos a seguir são adaptados de Sachs e Larrain (2000).

Podemos redefinir as metas de política como $\Delta Y = 0$ e $\Delta \Pi = -2$ sendo ΔY a variação desejada do produto e reescrever o problema de política econômica como:

$$0 = a_1 \Delta G + a_2 \Delta M$$
$$-2 = b_1 \Delta G + b_2 \Delta M$$

Se $a_1 b_2 - a_2 b_1 \neq 0$, a solução do problema é dada pela variação dos instrumentos:

$$\Delta G^* = \frac{2a_2}{a_1 b_2 - b_1 a_2}$$

$$\Delta M^* = \frac{-2a_1}{a_1 b_2 - b_1 a_2}$$

A solução mostra que o formulador de política pode fazer a "sintonia fina" dos instrumentos, a partir dos parâmetros da estrutura.

O gráfico 1.1 mostra a solução do problema. Chamemos *YY* de curva do produto (primeira equação) e ΠΠ a curva da inflação (segunda equação).

Gráfico 1.1: Solução de Tinbergen

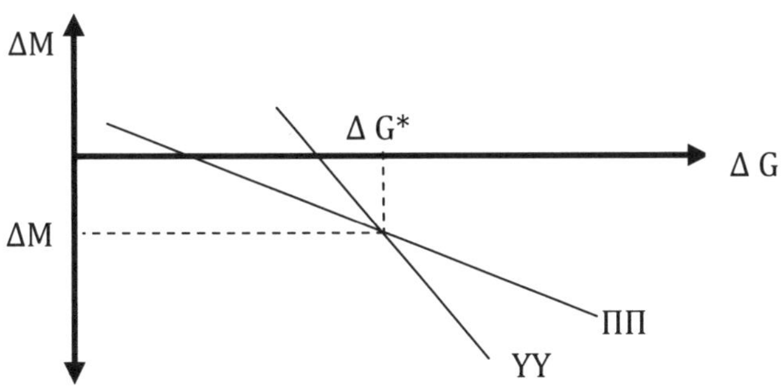

Exemplo 2: Problema de política sem solução

Consideremos que a taxa de inflação é determinada por uma curva de Phillips não aumentada por expectativas. As equações do modelo são:

$$Y = a_1 G + a_2 M$$
$$\Pi = g\,Y = b_1 G + b_2 M$$

onde g é um parâmetro, $b_1 \equiv a_1 g$ e $b_2 \equiv a_2 g$. As metas e o ponto de partida são os mesmos do Exemplo 1.

Neste caso, vemos que $a_1 b_2 - a_2 b_1 = 0$. Não existe solução para o problema de política, já que *G* e *M* são linearmente dependentes: não é possível manter *Y* e reduzir Π simultaneamente. Existe um conflito (*trade-off*) de política, já que, para reduzir a taxa de inflação é necessário reduzir o produto.

O gráfico 1.2 mostra o problema de política neste exemplo. As curvas *YY* e ΠΠ são paralelas, de forma que não se cortam para qualquer valor de ΔM e ΔG.

Gráfico 1.2: Problema de política sem solução

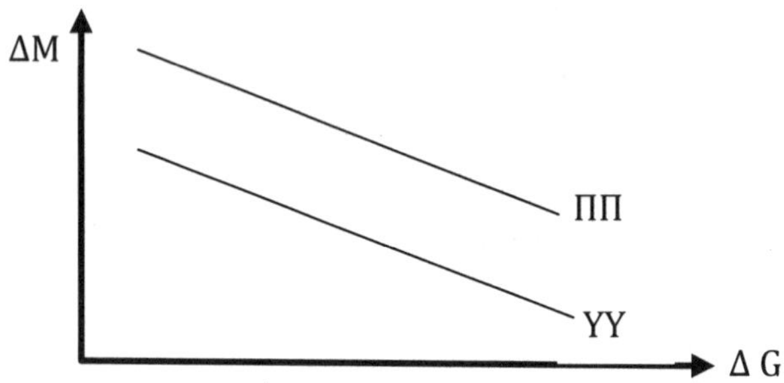

Ressaltemos três aspectos da análise:

- Independência linear significa que *G* e *M* afetam *Y* e Π de forma diferente;
- Se $a_1 b_2 - a_2 b_1 \approx 0$, então ΔG e ΔM tendem a ser muito grandes e não são economicamente factíveis;
- No caso de ter mais instrumentos que metas (por exemplo, dois instrumentos e uma meta), a solução é indeterminada. Para determinar a solução, o formulador de política deve fixar arbitrariamente o valor de um instrumento.

1.2. ALOCAÇÃO DE INSTRUMENTOS

A análise de Tinbergen supõe que a determinação dos distintos instrumentos é realizada de forma centralizada por um planejador central. Surgem, porém, algumas perguntas interessantes: se as decisões de política monetária (*M*) e fiscal

(G) são descentralizadas (independentes), existe uma especialização eficiente desses instrumentos? Alocar a política fiscal para alcançar o pleno emprego (Y_p) e a monetária para alcançar uma meta para a taxa de inflação (Π^M) leva a economia para a solução de Tinbergen? Para responder essas perguntas, desenvolvemos a análise apresentada por Mundell (1962) que, como veremos, é complementar à de Tinbergen.

Consideremos a estrutura econômica do Exemplo 1. Podemos reescrever as duas equações da seguinte forma:

$$M = \frac{Y_p}{a_2} - \frac{a_1}{a_2} G$$

$$M = \frac{\Pi^M}{b_2} - \frac{b_1}{b_2} G$$

A primeira equação é a curva YY e a segunda a curva $\Pi\Pi$. Consideremos também que $\frac{a_1}{a_2} > \frac{b_1}{b_2}$, de forma que a inclinação da curva YY é maior que a inclinação da curva $\Pi\Pi$. A hipótese significa que a política fiscal tem mais efeito relativo sobre o nível de atividade e a monetária sobre a taxa de inflação (G tem mais efeito relativo sobre Y e M mais impacto relativo sobre Π).

A solução do problema existe, mas analisemos de forma gráfica a sua estabilidade se especializarmos os instrumentos. No gráfico 1.3.A, consideramos que o governo utiliza a política fiscal (G) para alcançar a meta de inflação (Π^M) e a política monetária (M) para alcançar o pleno emprego (Y_p). Vemos que no ponto inicial D a economia está no pleno emprego, mas com uma taxa de inflação abaixo da meta. Se o governo aumenta G, elevando a taxa de inflação e o produto acima de Y_p, então deve diminuir M para reduzir o produto e a inflação. Logo, essa alocação de instrumentos faz que a economia fique cada vez mais longe do equilíbrio E (o equilíbrio é instável). No gráfico 1.3.B, a alocação de instrumento é a oposta: a política fiscal é utilizada para alcançar o pleno emprego e a política monetária para alcançar a meta de inflação. Neste caso, partindo do ponto D, a economia tende a se aproximar do equilíbrio E (o equilíbrio é estável).

Gráfico 1.3: Alocação de instrumentos

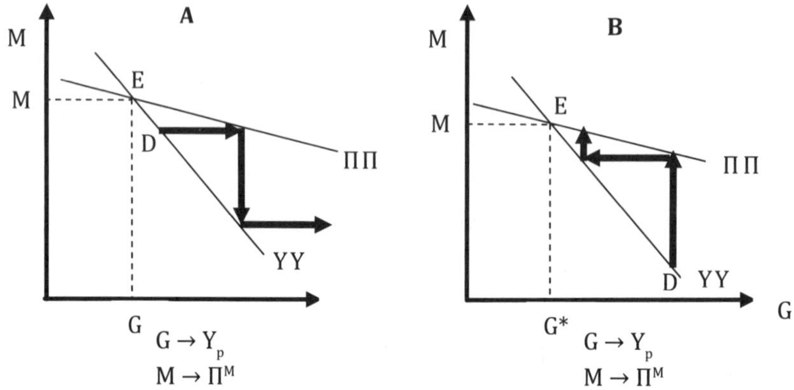

Concluímos que não é necessária uma centralização de política (determinação simultânea de instrumentos). Uma especialização eficiente, dada pela análise da estabilidade da solução do problema de Tinbergen, outorga o mesmo resultado, permitindo uma coordenação das políticas monetária e fiscal. A seguinte proposição resume a análise sobre a estabilidade da solução descentralizada.

ProposiçãodeMundell(princípiodaclassificaçãoefetivademercado): Paraqueasolução de Tinbergen seja estável, cada instrumento deve ser especializado para alcançar a meta na qual tem efeito relativo maior.

Apresentemos o resultado anterior com uma análise algébrica simples. Para que o equilíbrio seja estável, *G* deve reagir a *Y* e *M* deve reagir a Π no mesmo período. Estabelecidas essas defasagens, a estrutura econômica pode ser escrita como um sistema dinâmico da seguinte forma:

$$\begin{pmatrix} G_{t+1} \\ M_{t+1} \end{pmatrix} = \begin{pmatrix} 0 & -a_2/a_1 \\ -b_1/b_2 & 0 \end{pmatrix} \begin{pmatrix} G_t \\ M_t \end{pmatrix} + \begin{pmatrix} Y_p/a_1 \\ \Pi^M/b_2 \end{pmatrix}$$

Uma condição necessária para a estabilidade do sistema de equações em diferenças é que o módulo do determinante da matriz do sistema seja menor que 1. Vemos que, neste caso, o sistema dinâmico é estável, já que: $\left| -\frac{a_2 b_1}{a_1 b_2} \right| < 1$

Na proposta de alocação alternativa, na qual G reage a Π e M reage a Y no mesmo período, o sistema dinâmico é instável.[4]

1.3. GENERALIZAÇÃO DO PROBLEMA DE POLÍTICA

Se não existe solução no sentido Tinbergen para o problema de política econômica, é possível pensar em alternativas para determinar os valores dos instrumentos de política. Uma ideia é que os valores dos instrumentos sejam determinados de forma que as metas fiquem à menor distância possível do nível desejado. Em outras palavras, se o problema de política não tem solução de Tinbergen, uma alternativa é encontrar o vetor de instrumentos que permite que o erro cometido seja o menor possível.[5]

A abordagem proposta permite redefinir o problema de política econômica, contornando a falta de solução. Ela oferece uma generalização para o problema de política, na qual a solução de Tinbergen é um caso particular. Analisemos a proposta através de um exemplo.

Exemplo 3: Problema de política generalizado

Apresentemos um modelo com menos instrumentos que metas. Consideremos que não é possível utilizar a política fiscal e que a estrutura econômica é dada pelas equações seguintes:

$$\Delta Y = a_2 \Delta M$$
$$\Delta \Pi = b_2 \Delta M$$

Igualando ΔM, podemos escrever a estrutura econômica (curva EE) da seguinte forma:

$$\Delta \Pi = (b_2/a_2)\, \Delta Y$$

As duas metas continuam sendo: $Y = Y_p$ e $\Pi = 0$ e o ponto de partida é $Y = Y_p$ e $\Pi = 2$. O ponto de metas (T) é dado por $\Delta Y = 0$ e $\Delta \Pi = -2$.

[4] O leitor pode escrever o sistema dinâmico e analisar a condição de estabilidade dele.

[5] Esta abordagem é similar à adotada pela noção de inversa generalizada (ou pseudoinversa) nos livros de Álgebra Linear. Ver, por exemplo, Lima (1995, Capítulo 16).

Neste caso, não existe solução, conforme vemos no gráfico 1.4. Nele, as coordenadas das metas do governo são dadas pelo ponto *T* que não pertence à curva *EE*. O ponto de metas é impossível de ser alcançado pela estrutura econômica.

Gráfico 1.4: Solução do problema de política econômica

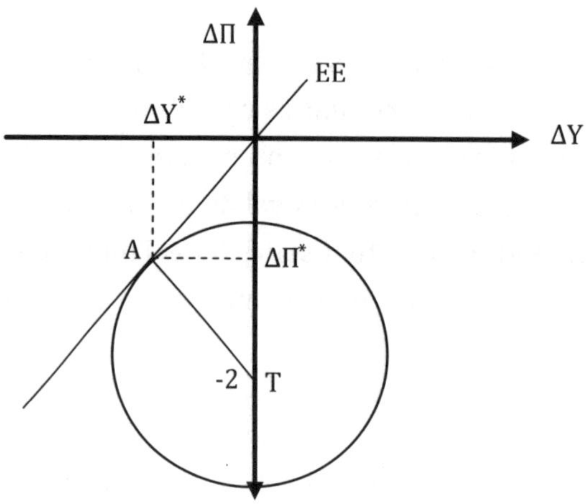

Nesta abordagem geral, a ideia de solução ótima é "colocar" a estrutura econômica à menor distância possível do ponto *T*. Se considerarmos a distância euclidiana, o ponto *A* (pertencente à estrutura econômica) é o mais próximo de *T*. Se a distância *AT* é igual a $\sqrt{L}$ ($\overline{AT}=\sqrt{L}$), podemos ver que:

$$L = (\Delta Y - 0)^2 + [\Delta\Pi - (-2]^2$$

O problema de política econômica é definido como encontrar o valor de ΔM que minimize *L* dada a curva *EE*. De forma alternativa, podemos escrever o problema de política como:

$$\min_{(\Delta Y,\, \Delta\Pi)} L$$

$$\text{sujeito à: } \Delta\Pi = (b_2/a_2)\, \Delta Y$$

onde as variáveis embaixo do operador min indicam as variáveis endógenas do problema. Substituindo a curva *EE* em *L*, o problema de política resulta:

$$\min_{\Delta Y} L = (\Delta Y)^2 + (\tfrac{b_2}{a_2}\Delta Y + 2)^2$$

Da condição de primeira ordem (CPO) do problema, obtemos:

$$\Delta Y^* = -\frac{2b_2}{a_2[1+(\frac{b_2}{a_2})^2]}$$

Substituindo ΔY^* na curva *EE*, obtemos:

$$\Delta \Pi^* = -\frac{2b_2^2}{a_2^2[1+(\frac{b_2}{a_2})^2]}$$

Finalmente, o valor ótimo do instrumento (solução do problema de política) é dado por:

$$\Delta M^* = -\frac{2b_2}{a_2^2[1+(\frac{b_2}{a_2})^2]}$$

Analisemos algumas características desta solução do problema. A solução alcançada é intermediária em relação às metas de política propostas. No ponto $A = (\Delta\Pi^*, \Delta Y^*)$, vemos que $\Delta Y^* < 0$ e $\Delta\Pi^* < -2$ (o vetor *A* é menor que o vetor *T*, $A < T$). Como a solução de Tinbergen não é alcançável, estabelece-se uma solução de compromisso, no sentido de "sacrificar-se" um pouco de cada meta.

Se $L = 0$, então a solução do problema generalizado de política econômica é a solução de Tinbergen ($A = T$). A solução de Tinbergen é um caso particular da solução geral do problema de política. Chamemos o ponto *T* de ponto de felicidade (*bliss point*).

A distância AT ($\overline{AT}$) pode ser interpretada economicamente como uma função de perda social (FPS) e indica uma perda de bem-estar em relação à situação ótima. No problema de política, a FPS (estrutura e metas de política envolvidas) é dada. Neste livro, consideramos que a FPS é uma função quadrática. Ressaltemos que a forma da FPS e os argumentos da função deveriam ser justificados, pois representam uma redução do bem-estar social em relação a uma posição ótima.[6]

[6] No anexo do Capítulo 6, a FPS é deduzida a partir da função de utilidade de uma família representativa, estabelecendo microfundamentos para a noção de bem-estar social.

Na FPS, as metas podem ter pesos diferentes. Por exemplo, podemos definir que:

$$L = (\Delta Y)^2 + \lambda\,(\Delta\Pi + 2)^2$$

sendo λ um parâmetro. Um λ diferente de um mostra que o formulador de política tem uma preferência diferente em relação a desvios do pleno emprego e da taxa de inflação desejada.

A solução do problema pode ser interpretada de forma marginalista. Se $\lambda = 1$, a FPS representa uma bola de raio $\sqrt{L}$ no espaço $(\Delta\Pi, \Delta Y)$ e a solução acontece no ponto em que a FPS é tangente à curva *EE*. A distância $\overline{AT}$ mostra a menor perda social (bola de menor raio). O gráfico 1.4 ilustra este ponto.[7]

Por último, notemos que minimizar a função L é equivalente a maximizar o oposto de L: $\min L = \max -L$. A proposição a seguir generaliza o problema de política econômica proposto por Tinbergen.

Proposição de Theil:[8] Para n metas e m instrumentos, podemos escrever o problema de política econômica como:

$$\min_X L = (Y - Y^M)^2$$

sujeito à: $Y = A\,X$

onde Y^M é um vetor de n metas, X é um vetor de m instrumentos e A é a matriz nxm da estrutura econômica. Da CPO do problema de política, obtemos a solução ótima X^*.

Vemos que, se $n = m$, então $L = 0$ e X^* é a solução de Tinbergen (ponto de felicidade). Se $n < m$, então X^* é diferente da solução de Tinbergen e $L > 0$. O problema de política é representado com a mesma estrutura que outras decisões econômicas: considera uma função objetivo e as restrições estabelecidas pelas possibilidades disponíveis.

[7] Se $\lambda \neq 1$, então a FPS seria uma elipse no gráfico 1.4. A este respeito, ver Carlin e Soskice (2006, cap. 5).

[8] A proposição foi estabelecida inicialmente por Theil (1957).

Temas de Discussão

1.1. Supondo que a função de perda social é quadrática, se o valor da perda social é positivo, a solução de Tinbergen não pode ser alcançada. Os objetivos do formulador de política estão fora das possibilidades da economia.

1.2. Se existem várias metas que não podem ser atingidas simultaneamente pela estrutura econômica, um conflito aparece entre elas. O formulador de política vai ter que arbitrar entre as metas, gerando um sacrifício em cada uma delas. A arbitragem vai depender das preferências do formulador de política.

1.3. O formulador de política pode ter preferências diferenciadas para cada meta de política econômica. As preferências podem ser representadas por parâmetros na função de perda social.

1.4. Como os instrumentos de política são definidos de forma descentralizada por instituições diferentes do governo (como Ministério da Fazenda e Banco Central), é necessário que os instrumentos de política de cada instituição sejam alocados da forma mais eficiente para alcançar cada objetivo de política. Deve-se direcionar cada instrumento para seu uso mais eficiente.

Capítulo 2:

INCERTEZA

Antes de definir o conceito de incerteza, apresentemos o caso mais simples do problema de política econômica analisado no capítulo anterior. Consideremos que existe uma meta de política econômica (Y^M), um instrumento de política (X) e que a estrutura econômica é dada pela equação $Y = a\,X$, onde a é um parâmetro. O problema de política econômica é definido da seguinte forma:

$$\min_X (Y - Y^M)^2$$

$$\text{sujeito à: } Y = a\,X$$

Da CPO do problema, obtemos a solução ótima:

$$X^* = \frac{Y^M}{a}$$

Na análise do problema, está implícita a hipótese de que o governo conhece perfeitamente o parâmetro da estrutura econômica. Existe certeza em relação aos efeitos que uma variação no instrumento de política provoca sobre a meta de política.

Podemos definir que existe incerteza no problema de política econômica, se o governo e os agentes econômicos não conhecem exatamente o efeito de uma variação do instrumento sobre a meta de política. Em outras palavras, o governo não conhece exatamente o valor do parâmetro da estrutura econômica. Existem várias fontes de incerteza (nos dados macroeconômicos, na especificação do modelo etc.) que criam dúvidas nas decisões do formulador de política.

A incerteza é representada formalmente, considerando Y como uma variável aleatória na equação da estrutura econômica. O conceito de incerteza supõe que, dado o valor do instrumento X, os agentes não conhecem (*ex-ante*) a realização de Y, mas conhecem sua função de distribuição. Essa suposição considera, implicitamente, que os agentes econômicos podem aprender como é a função de distribuição de Y.[1]

Chamemos de choques os desvios das variáveis aleatórias em relação ao valor esperado pelos agentes econômicos. Se os agentes econômicos preveem (*ex-ante*) que a realização da variável Y será dada pela sua média, então os choques em Y são dados pelos desvios observados em relação a sua média. Os choques podem ser interpretados como eventos inesperados (não antecipados) pelos agentes econômicos e são variáveis exógenas nos modelos macroeconômicos. Representar os choques como variável aleatória destaca a exogeneidade desses eventos.

Como Y é uma variável aleatória, com realizações *ex-post* em relação à determinação do instrumento, devemos redefinir a FPS. Com incerteza, o formulador de política não consegue alcançar exatamente a meta (se isso acontece, é produto do acaso e não de um cálculo predeterminado). Com incerteza sempre existe um erro. A racionalidade é minimizar os desvios entre a meta alcançada *ex-post* (Y) e a meta desejada *ex-ante* (Y^M). Desta forma, com incerteza, consideramos que a FPS é dada pelos desvios quadráticos médios e que o problema de política procura minimizar esses desvios. O problema de política econômica pode ser escrito da seguinte forma:

$$\min_{X} E(Y - Y^M)^2$$

onde E é o operador esperança. Como o formulador de política conhece a distribuição de Y, pode calcular *ex-ante* a FPS.

A incerteza pode ser introduzida de duas formas na estrutura econômica:

- **Aditiva:** se os choques não alteram a estrutura econômica, o efeito do choque sobre a estrutura econômica é linear. A estrutura econômica só se desloca perante choques:

$$Y = a X + u$$

[1] Esta suposição não é trivial já que o aprendizado só acontece se o processo de mercado e a racionalidade dos agentes apresentam características especiais. Para uma análise de como modelar o aprendizado na formação de expectativas ver a seção 4 do apêndice do capítulo 3.

onde u é uma variável aleatória que representa choques. Consideremos, por simplicidade, que u é um ruído branco:[2] $u \sim N(0, \sigma_u^2)$;

- **Multiplicativa:** se os choques mudam a estrutura econômica, o parâmetro da estrutura econômica se altera. A incerteza pode ser representada da seguinte forma:

$$Y = a\,X$$

onde a é uma variável aleatória e $a \sim N(\bar{a}, \sigma_a^2)$.

Na prática dos bancos centrais, a identificação de um choque como aditivo ou multiplicativo não é simples. No contexto deste livro, destacamos, simplesmente, que um está associado a mudanças nos parâmetros da estrutura e o outro não.

Apresentemos os efeitos de cada tipo de incerteza na determinação da política econômica, analisando como o formulador de política deve calibrar o instrumento de política *ex-ante* os choques.[3] Ressaltemos que uma hipótese implícita na análise é que as decisões dos agentes econômicos não mudam quando varia o instrumento de política ou, em termos formais, o parâmetro estrutural a é independente do instrumento X.

2.1. INCERTEZA ADITIVA

Com incerteza aditiva, podemos escrever o problema de política econômica da seguinte forma:

$$\min_X \; E\,(Y - Y^M)^2$$

$$\text{sujeito à: } Y = a\,X + u$$

$$u \sim N(0, \sigma_u^2)$$

Substituindo a restrição na FPS e operando, obtemos:

$$\min_X [a^2 X^2 + E(u^2) + Y^{M2} - 2a\,X\,Y^M]$$

[2] O termo ruído branco aplica-se a uma sequência de choques (ou erros) aleatórios, que tem média e variância constante e sem autocorrelação. É habitual considerar, por simplicidade, que a média é igual a zero.

[3] No Capítulo 4, vamos chamar este comportamento do formulador de política de regra.

Da CPO, obtemos a solução ótima:

$$X^* = \frac{Y^M}{a}$$

Interpretemos economicamente o resultado. No caso de incerteza aditiva, os choques (dados pela variável aleatória u) não afetam os comportamentos dos agentes e a estrutura (dada pelo parâmetro a) não muda. Como $E(u) = 0$, então $E(Y) = Y^M = a\,X^*$. O instrumento de política deve ser calibrado (*ex-ante*), considerando na estrutura econômica a média dos choques.

O gráfico 2.1 ilustra os efeitos das realizações de u sobre a estrutura econômica. Vemos que os choques geram deslocamentos paralelos da estrutura econômica, mas que a solução é alcançada, considerando $E(u) = 0$.

Gráfico 2.1: Incerteza aditiva

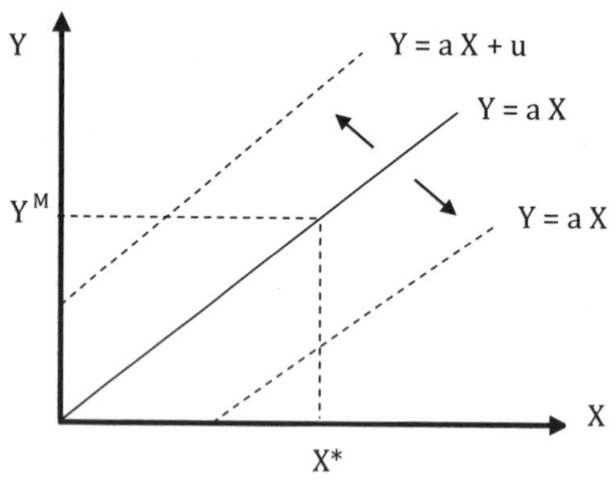

O resultado permite determinar o seguinte princípio (que sintetiza o resultado) estabelecido por Simon (1956) e Theil (1957).

Princípio de Equivalência de Certeza: Se o formulador de política deseja calibrar *ex-ante* o instrumento de política no caso de incerteza aditiva, deve considerar a média dos choques para ficar o mais próximo possível da meta.

Podemos fazer alguns comentários adicionais relativos a este princípio:

- Como o formulador de política atua procurando que a média de Y seja igual à meta, ele ignora a incerteza e considera que existe "certeza em relação à média dos choques". A solução do problema de política econômica equivale à solução de "certeza na média dos choques";
- O princípio de equivalência de certeza foi derivado, supondo uma FPS quadrática e uma estrutura econômica linear. Para formas funcionais diferentes, deve-se analisar se o princípio continua valendo;
- A variância dos choques (σ_u^2) não oferece informação para a solução do problema. A política não muda, se existe muita ou pouca incerteza (medida pela variância dos choques), porque o formulador de política só deve considerar a média dos choques.

2.2. INCERTEZA MULTIPLICATIVA

Incerteza multiplicativa supõe que os choques mudam os comportamentos dos agentes e o parâmetro da estrutura econômica (a). Por exemplo, os choques que mudam os parâmetros da função consumo ou da função investimento nos modelos da síntese neoclássica. Analisemos se este tipo de incerteza afeta os resultados de política econômica alcançados na seção anterior, seguindo a proposta de Brainard (1967).

O problema de política é:

$$\min_X E(Y - Y^M)^2$$

$$\text{sujeito à: } Y = a\,X$$

$$a \sim N(\bar{a}, \sigma_a^2)$$

Substituindo a restrição na FPS e operando, temos:

$$\min_X \, [X^2 E(a^2) + Y^{M2} - 2XY^M\bar{a}]$$

Como $\sigma_a^2 = E(a^2) - \bar{a}^2$, então $E(a^2) = \bar{a}^2 + \sigma_a^2$ e o problema de política pode ser escrito da seguinte forma:

$$\min_X [X^2(\bar{a}^2 + \sigma_a^2) + Y^{M2} - 2XY^M\bar{a}]$$

Da CPO, obtemos a solução: $X^* = \frac{Y^M}{\bar{a}}\left(\frac{1}{1+\frac{\sigma_a^2}{\bar{a}^2}}\right)$. Seja $V \equiv \sigma_a/\bar{a}$ o coeficiente de variação. A solução do problema de política pode ser escrita como:

$$X^* = \frac{Y^M}{\bar{a}}\left(\frac{1}{1+V^2}\right)$$

Nesta solução, vemos que, se $\sigma_a^2 = 0$, obtemos a solução com certeza $(X^* = Y^M/\bar{a})$, mas, se existe incerteza multiplicativa $(\sigma_a^2 > 0)$, então $X^* < Y^M/\bar{a}$.

Brainard (1967) interpreta o resultado, destacando que com incerteza multiplicativa o formulador de política deve ser mais "cauteloso" que com certeza e que a cautela deve ser maior quando aumenta a incerteza (medida por σ_a^2). Com incerteza multiplicativa, não vale o princípio de equivalência de certeza e a variância da estrutura oferece informações importantes para a determinação do instrumento ("a variância importa").

Apresentemos uma interpretação geométrica do resultado. Na incerteza multiplicativa, existe uma relação não linear entre o instrumento e a meta de política econômica, de forma que o formulador de política deve estabelecer o valor de X que minimize os desvios possíveis de Y. No gráfico 2.2, a reta $Y = \bar{a}X$ representa a média da estrutura econômica e os choques a deslocam para os lados mantendo o intercepto. Vemos que, para X^C (que representa o valor do instrumento com certeza) os desvios de Y acima de Y^M são maiores que os de baixo. Só em X^* os desvios de Y são iguais para cima e para baixo de Y^M, levando a minimizar os desvios médios esperados. A variância impõe uma não linearidade no modelo que faz que $X^* < X^C$.

Gráfico 2.2: Incerteza multiplicativa

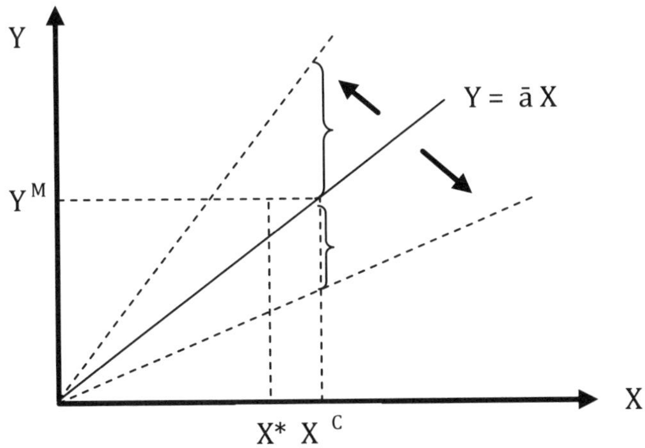

A seguinte proposição resume a análise.

Proposição de Brainard: Se existe incerteza multiplicativa, a solução do instrumento de política é menor que com certeza e depende da variância da estrutura econômica. O formulador de política deve ser mais "cauteloso" com o instrumento de política em relação ao caso de certeza.

2.3. ESCOLHA DO INSTRUMENTO DE POLÍTICA MONETÁRIA

A escolha com incerteza permite analisar alguns problemas específicos de política monetária. No final dos anos 1960, neokeynesianos e monetaristas discutiam sobre qual deveria ser o instrumento que deveria ser utilizado pela política monetária. Enquanto que os monetaristas (notadamente Milton Friedman) propunham utilizar um agregado monetário (por exemplo, o M1), neokeynesianos (como Paul Samuelson) preferiam utilizar uma taxa de juros (por exemplo, a taxa de juros do mercado interbancário). Esse debate, chamado de problema da escolha do instrumento de política monetária, pode ser apresentado a partir do modelo proposto por Poole (1970).

Consideremos que a estrutura econômica é representada por um modelo IS-LM e que a incerteza é aditiva. A curva IS e LM são:

$$Y = -a\,i + u \qquad (2.1)$$
$$m = b_1\,Y - b_2\,i + v \quad (2.2)$$

onde Y é o produto, i a taxa de juros, m os saldos reais, a, b_1, b_2 parâmetros e u e v são choques representados por ruídos brancos. Na equação (2.1), a variável u representa choques que afetam a demanda agregada de bens e serviços e são chamados de choques reais. Na equação (2.2), v representa os choques acontecidos na demanda de moeda e são chamados de choques nominais. O banco central e os agentes econômicos conhecem a função de distribuição de u e v. Consideremos, por simplicidade, que os choques reais e nominais são não correlacionados: $\text{cov}(u, v) = 0$.

Os instrumentos de política monetária são m e i. O instrumento deve ser escolhido pelo banco central antes dos choques acontecerem. A FPS depende do desvio do nível de atividade em relação ao produto potencial e é dada por $E(Y - Y_p)^2$. Normalizando para $Y_p = 0$, a FPS pode ser definida como:

$$E(Y^2) = \text{var}(Y)$$

No problema de política monetária, o banco central procura minimizar a variância de Y, sujeito às curvas IS e LM. Analisemos os resultados do problema de política monetária para cada instrumento de política.

Consideremos que o banco central utiliza os saldos reais (m) como instrumento de política monetária. Substituindo (2.2) em (2.1), obtemos:

$$Y_e = \left(\frac{1}{1+\frac{ab_1}{b_2}}\right)\left(\frac{am}{b_2} - \frac{av}{b_2} + u\right) \qquad (2.3)$$

Aplicando o operador E em 2.3 e fazendo $E(Y) = Y_p = 0$, obtemos o valor ótimo do instrumento[4]:

$$m^* = 0$$

[4] Observamos que m*=0 também é o resultado do problema de política monetária com certeza. Este resultado destaca o princípio de equivalência de certeza.

Dado o valor do instrumento, calculemos a variância de (2.3) para obter a FPS:

$$\text{var}_{m^*}(Y_e) = \left(\frac{b_2}{b_2 + ab_1}\right)^2 \sigma_u^2 + \left(\frac{a}{b_2 + ab_1}\right)^2 \sigma_v^2 \quad (2.4)$$

Destaquemos que, neste caso, a taxa de juros (i) é uma variável endógena do modelo, determinada pela demanda de moeda.

Se o banco central utiliza a taxa de juros como instrumento de política monetária, considerando (2.1) e $E(Y) = 0$, obtemos o valor ótimo do instrumento:

$$i^* = 0$$

Substituindo em (2.1), obtemos a FPS:

$$\text{var}_{i^*}(Y_e) = \sigma_u^2 \quad (2.5)$$

Neste caso, m é uma variável endógena determinada pela demanda de moeda.

Para a escolha do instrumento, o critério de bem-estar social considera como mais eficiente aquele instrumento que minimiza var(Y_e). Comparando (2.4) e (2.5), vemos que m é mais eficiente se $\text{var}_{m^*}(Y_e) < \text{var}_{i^*}(Y_e)$. Logo, m deve ser o instrumento de política, se:

$$d < \frac{b_1(2b_2 + ab_1)}{a} \quad (2.6)$$

onde $d \equiv \sigma_v^2/\sigma_u^2$ é a relação de variâncias. Com incerteza aditiva, a escolha do instrumento eficiente depende dos parâmetros das curvas IS e LM e da natureza dos choques (valores das variâncias dos choques).

A análise gráfica da solução ajuda a compreender melhor o resultado. Por simplicidade, consideremos dois casos extremos, nos quais só existe um tipo de choque. Se só existem choques reais ($\sigma_v^2 = 0$), da equação (2.6) vemos que m é o instrumento mais eficiente. O gráfico 2.3 ilustra a escolha do instrumento, se só existem choques que deslocam a curva IS. Vemos que, se i é o instrumento de política monetária, então Y flutua entre Y_0 e Y_1 e m ajusta a curva LM para ter o equilíbrio macroeconômico. Já se m é o instrumento, então Y flutua entre Y_2 e Y_3 (i se ajusta endogenamente). Pode-se ver que $Y_3 - Y_2 < Y_1 - Y_0$. O segmento menor implica que, se só existem choques reais, o nível de atividade deve flutuar menos, se o instrumento de política são os saldos reais (a variância de Y deve ser menor com m). Utilizar m é mais eficiente que i, já que, ao estabilizar os saldos reais, parte dos choques reais são amortecidos por movimentos compensatórios na taxa de juros (choques reais negativos reduzem o nível de atividade, a demanda de moeda e a taxa de juros, amortecendo seu efeito recessivo). No caso de estabilizar a taxa de juros, o choque real não tem esse efeito amortecedor.

Gráfico 2.3: Só existem choques reais

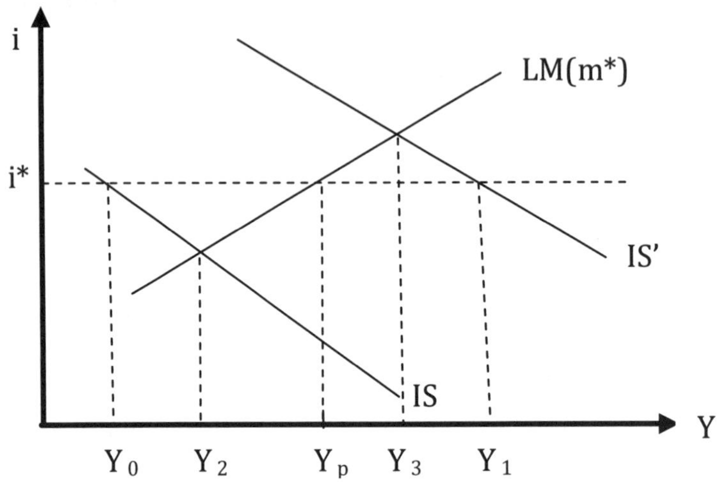

Se só existem choques nominais ($\sigma_u^2 = 0$), de (2.6), vemos que i é mais eficiente que m. O gráfico 2.4 ilustra a escolha do instrumento, se só existem choques que deslocam a curva LM. Vemos que, se i é o instrumento, então $Y = Y_p$ (m se ajusta endogenamente). Se m é o instrumento de política, Y varia entre Y_1 e Y_2. Concluímos que se só existem choques nominais, i é mais eficiente porque esses choques não afetam Y. Estabilizar a taxa de juros permite isolar o mercado de bens de choques nos mercados financeiros. No caso de controlar os saldos reais, choques nominais afetam a taxa de juros e o nível de atividade.

Gráfico 2.4: Só existem choques nominais

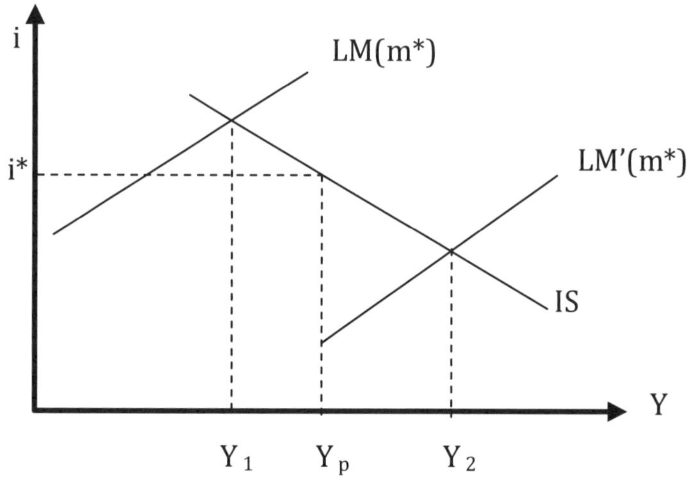

A seguinte proposição resume a análise.

Proposição de Poole: A escolha do instrumento de política monetária depende da importância relativa dos choques (σ_v^2/σ_u^2) e dos parâmetros estruturais (a, b_1 e b_2). A taxa de juros é mais eficiente que o uso de um agregado monetário, se os choques nominais predominam e vice-versa.

Em termos formais, no modelo de Poole existem duas equações (curva IS e LM) e três variáveis endógenas (y, m e i). O banco central pode determinar qual será o instrumento (m ou i). Por outro lado, esta abordagem pode ser adaptada para outros temas. O debate da escolha do regime cambial (taxa de câmbio fixa ou flutuante) nos anos 1970, por exemplo, assumiu o formato da abordagem proposta por W. Poole.[5]

Poole (1970) generaliza a análise anterior, considerando uma combinação linear dos dois instrumentos. Apresentemos esta proposta. Consideremos que existe uma relação linear entre m e i dada por:

$$m = \gamma i \quad (2.7)$$

[5] Para uma discussão sobre a escolha do regime cambial, ver, por exemplo, Terra (2014, cap. 10, seção 10.2.1).

onde $\gamma \geq 0$ é o parâmetro de política monetária. Operando, encontramos o valor de Y_e e sua variância:

$$\text{var}(Y_e) = \left(\frac{1}{ab_1 + b_2 + \gamma}\right)^2 [(b_2 + \gamma)^2 \sigma_u^2 + a^2 \sigma_v^2)]$$

O valor ótimo de γ é obtido resolvendo o seguinte problema:

$$\min_{\gamma} \text{var}(Y_e).$$

Da CPO, obtemos:

$$\gamma^* = -b_2 + \frac{a}{b_1} d \qquad (2.8)$$

onde $d \equiv \sigma_v^2 / \sigma_u^2$.

No gráfico 2.5, apresentamos a relação entre γ^* e d, dada pela equação (2.8) e a restrição $\gamma \geq 0$. Dadas as variâncias e os parâmetros das curvas IS e LM, determina-se o valor de γ^*.

Gráfico 2.5: Determinação de γ^*

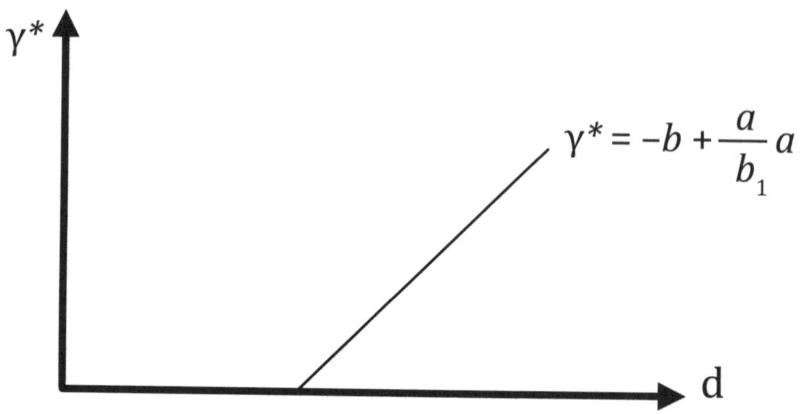

O parâmetro de política monetária depende da natureza dos choques: γ^* depende de forma direta dos choques nominais e de forma inversa dos choques reais ($\partial\gamma^*/\partial\sigma_v^2 > 0$ e $\partial\gamma^*/\partial\sigma_u^2 < 0$). Esta generalização permite dar conta dos casos particulares já analisados. Se não existem choques nominais ($\sigma_v^2 = 0$), então $\gamma^* = 0$ e

m é o instrumento mais eficiente. Se não existem choques reais ($\sigma_u^2 = 0$), então $\gamma^* \rightarrow \infty$ e i é o instrumento mais eficiente.

Dado o valor de γ^* e as equações (2.1), (2.2) e (2.7), pode-se determinar os valores de equilíbrio de *m*, *i* e *Y*. O leitor pode realizar esses cálculos.

2.4. META INTERMEDIÁRIA

A análise de política econômica pode ser estendida, considerando-se que as relações entre instrumentos e metas de política monetária são mais complexas. Ilustremos esse ponto com o exemplo apresentado na seção anterior.

O banco central pode não controlar totalmente a oferta de moeda (*m*), pois ela também depende das decisões dos bancos comerciais. Assim, m não seria, na definição de Tinbergen, um instrumento de política. O banco central, porém, pode controlar a taxa dos encaixes compulsórios (*h*) e afetar os saldos reais. Essa taxa seria o instrumento de política monetária e os saldos reais seriam uma meta intermediária. O produto continua sendo a meta (final). Em outras palavras, o valor de *h* (instrumento) afeta *m* (meta intermediária), que afeta *Y* (meta final ou meta). Esta relação causal pode ser representada da seguinte forma:

$$h \rightarrow m \rightarrow Y$$

O problema de política monetária consiste em determinar o valor de *h* que permita alcançar Y_p.

O modelo da seção anterior pode ser expandido para analisar o problema da meta intermediária[6]. Consideremos que a oferta de moeda depende da taxa dos compulsórios:

$$m = d_1 h + q \quad (2.9)$$

onde d_1 é um parâmetro e q é um ruído branco que mostra choques na oferta de moeda. Das equações (2.2) e (2.9), obtemos a nova curva LM:

$$Y = \left(\frac{d_1}{b_1}\right)h + \left(\frac{b_2}{b_1}\right)i + \left(\frac{q-v}{b_1}\right) \quad (2.10)$$

[6] Uma análise adicional deste tema é dado por Friedman (1990).

Resolvendo o problema de política para h, podemos obter o valor da FPS, se o banco central utiliza a taxa de encaixes compulsórios como instrumento:

$$\text{var}_{h^*}(Y_e) = \frac{b_2^{\,2}}{(ab_1 + b_2)^2}\sigma_u^2 + \frac{a^2}{(ab_1 + b_2)^2}(\sigma_v^2 + \sigma_q^2)] \quad (2.11)$$

O banco central pode escolher entre *h* e *i*, comparando os valores das FPS. Da mesma forma que antes, a vantagem de usar *h* é reduzir os efeitos de choques na demanda agregada sobre o produto (*Y*) e a desvantagem é expor o produto a choques na demanda ou oferta de moeda.

Na equação (2.9), dado h^*, é determinado o valor de m^* que representa uma meta intermediária. Na implementação da política monetária, o banco central pode acompanhar o desempenho do instrumento, observando se o valor de *m* não se afasta de m^*. A meta intermediária serve como variável de controle de que a meta final será alcançada.

Para uma meta intermediária ser ótima, a ela deve ser altamente correlacionada com a meta final. Também deve ser mais fácil de controlar e de observar (σ_q^2 deve ser pequena). Em especial, a meta intermediária é ótima, se o instrumento de política afeta a meta final exclusivamente através da meta intermediária, já que minimizar os desvios da meta intermediária minimiza os desvios da meta final. No exemplo apresentado, a taxa dos encaixes compulsórios é o único determinante dos saldos reais e h^* é uma meta intermediária ótima. Comparando as equações (2.4) e (2.11), vemos que a variância do produto é igual, se $\sigma_q^2 = 0$, mas, se na equação (2.9) outras variáveis afetassem *m* (por exemplo, a taxa de juros), *h* não seria uma meta intermediária ótima.

A seguinte proposição resume a análise.

Proposição: Os instrumentos de política devem ser calibrados para que as metas finais sejam alcançadas e as metas intermediárias são indicadores do resultado a ser alcançado. A meta intermediária é ótima, se o instrumento de política afeta a meta final exclusivamente através da meta intermediária.

Temas de Discussão

2.1. Incerteza não significa que se desconhece totalmente os efeitos dos instrumentos sobre as metas, mas que os agentes conhecem a função de distribuição e não as realizações desses efeitos. A função de distribuição serve de guia para o que pode acontecer.

2.2. Se existe incerteza, os agentes econômicos devem errar em suas previsões. No caso da incerteza ser aditiva, o importante em termos de racionalidade é que o erro médio cometido ao determinar o instrumento de política (calculado *ex-ante*) seja nulo. O erro não deve ter um viés.

2.3. Se a incerteza for multiplicativa, a média dos choques não é o único guia para determinar o instrumento de política, porque a variância do choque ajuda a calcular o valor do instrumento. Se a variância é maior, o formulador de política deve ser mais cauteloso.

2.4. O desenvolvimento dos mercados financeiros, as inovações financeiras, a desregulação financeira e os movimentos de capitais nas décadas de 1970 e 1980, tornaram os choques nominais (na demanda e oferta de moeda) grandes. Os mercados de bens foram protegidos desses choques pelos bancos centrais, ao se utilizar a taxa de juros do interbancário como instrumento de política. Como o controle de um agregado monetário não teria esta propriedade, os bancos centrais deixaram de utilizar os agregados monetários como instrumento de política.

Capítulo 3:

POLÍTICA MONETÁRIA COM EXPECTATIVAS RACIONAIS

Neste capítulo, apresentamos algumas das consequências da hipótese das expectativas racionais (HER) para a teoria positiva da política monetária. Destacamos, em especial, proposições referentes a temas como a ineficiência de política monetária, o papel da rigidez nominal, a crítica de Lucas e a indeterminação do nível de preços se a taxa de juros é utilizada como instrumento de política monetária.

Consideremos inicialmente uma curva de Phillips aumentada por expectativas:

$$\Pi_t = \Pi^e_t + d y_t + \varepsilon_t$$

onde Π é a taxa de inflação (efetiva), t representa o período de tempo, Π^e é a taxa de inflação esperada, $y = Y - Y_p$ é o hiato do produto, Y_p é o produto potencial, ε é um ruído branco que representa choques de oferta (também chamados de choques de custos ou choques inflacionários) e $d \geq 0$ é um parâmetro que mostra a resposta da taxa de inflação ao hiato do produto.[1] Revisemos rapidamente a HER.

Na HER, as expectativas de inflação são prospectivas (*forward looking*) e uma função da taxa de inflação efetiva. A expectativa formada em t–1 é racional para um dado conjunto de informação $\Omega_{t-1,}$ se é determinada pela esperança condicionada de Π_t:

$$_{t-1}\Pi^e_t = E_{t-1}(\Pi_t | \Omega_{t-1})$$

[1] No anexo do capítulo (seção 1), apresentamos uma fundamentação microeconômica simples da curva de Phillips aumentada por expectativas. Para uma análise mais completa, ver Sørensen e Whitta--Jacobsen (2011, cap. 17).

onde $E_{t-1}(\Pi_t | \Omega_{t-1})$ denota a expectativa de Π para o período t condicionada pela informação disponível até o período *t*–1.[2] Ressaltemos as seguintes características da HER:

- No modelo macroeconômico, Π^e_t é uma variável endógena, já que depende de Π_t, que, por sua vez, depende da estrutura econômica;
- A HER faz sentido, se existe incerteza, já que Π_t deve ser uma variável aleatória. No caso de certeza ($\sigma_\varepsilon^2 = 0$), a HER implica que existe previsão perfeita: $\Pi^e_t = \Pi_t$. Os agentes acertam todas suas previsões;
- O erro de previsão cometido pelos agentes não apresenta um viés, já que o erro de previsão médio é nulo: $E_{t-1}(\Pi_t - \Pi^e_t) = 0$. Isto significa que os agentes econômicos não cometem erros sistemáticos (subestimam ou superestimam de forma permanente a taxa de inflação), não violando o princípio de racionalidade da teoria econômica;
- A HER é um conceito de equilíbrio. Como a taxa de inflação depende das previsões realizadas pelos agentes, a regra ótima de previsão escolhida por um agente é condicionada pelas escolhas dos outros. Um equilíbrio com expectativas racionais impõe uma condição de consistência: a escolha de cada agente é a melhor resposta às escolhas dos outros. Isto supõe que os agentes apreenderam a distribuição verdadeira de Π;[3]
- O princípio de equivalência de certeza (analisado no capítulo anterior) é um precursor da HER.

3.1. MODELO DE LUCAS

Para discutir as propriedades da política monetária com a HER, apresentamos uma versão simplificada e estática do modelo com surpresa inflacionária de Lucas (1973). Consideremos que não existem choques de oferta ($\varepsilon_3 = 0$). Suprimimos o subíndice t que não é necessário no modelo estático proposto.

A curva de Phillips aumentada por expectativas pode ser escrita como:[4]

[2] Para uma análise precisa da HER, ver Patterson (2000, cap. 12, seção 12.4.6).

[3] No anexo deste capítulo (seção 4), apresentamos a abordagem do aprendizado adaptativo para a formação de expectativas.

[4] No anexo do capítulo (seção 2), derivamos a curva de oferta de Lucas e mostramos que é essencialmente igual à curva de Phillips aumentada por expectativas.

$$Y = b\,(\Pi - \Pi^e) + Y_p$$

onde $b \equiv 1/d$. A curva de demanda agregada é representada pela equação quantitativa. Considerando, por simplicidade, que a velocidade de circulação da moeda e o produto potencial não variam no tempo, temos que:

$$\Pi = u$$

onde u é a taxa de crescimento dos saldos nominais (oferta de moeda) e o instrumento de política monetária. O banco central não controla totalmente u, mas determina a média da taxa de crescimento dos saldos nominais ($\bar{u}$).[5] A taxa de crescimento dos saldos nominais flutua aleatoriamente por volta dessa tendência, já que choques temporários afetam a taxa de crescimento dos saldos nominais (gerados pelo banco central ou no mercado monetário). Consideremos que u é uma variável aleatória determinada pela seguinte função de distribuição:

$$u \sim N(\bar{u}, \sigma_u^{\,2})$$

Os choques na oferta monetária afetam a demanda agregada nominal. O público tem informação imperfeita em relação à taxa de variação da demanda nominal: conhece a função de distribuição de u, mas não as realizações ex-post de u. O modelo de Lucas supõe que existe informação imperfeita em relação à variação dos saldos nominais e da demanda agregada nominal. Supondo incerteza aditiva, o instrumento de política é caracterizado pela média e a variância de u.

Destaquemos que é o comportamento do banco central que gera incerteza na economia. Esta caracterização é arbitrária e viola o princípio de racionalidade dos agentes econômicos. Neste sentido, o modelo de Lucas pode ser útil para se ter uma teoria positiva da política monetária (explicar o comportamento macroeconômico decorrente de uma política monetária), mas não é útil para desenvolver uma teoria normativa da política (propor como deveria ser feita a política monetária). Lembremos que o objeto deste livro é apresentar uma teoria normativa. No Capítulo 5, voltaremos a discutir este problema.

---

[5] O valor de u pode ser determinado pela regra de Friedman. Analisamos esta regra no anexo do Capítulo 7.

Analisemos a solução do modelo, determinando os valores de equilíbrio de Y e Π. Se a HER é válida, a taxa de inflação esperada está ancorada em $\bar{u}$:[6]

$$\Pi^e = E(\Pi) = E(u) = \bar{u}$$

Notemos que a variação dos saldos nominais é posterior à formação de expectativas dos agentes, já que eles não conhecem a realização de u.

Substituindo Π^e na curva de Phillips, obtemos a equação que descreve o comportamento de Y:

$$Y = b\,\varepsilon_u + Y_p$$

onde $\varepsilon_u \equiv u - \bar{u}$ é a surpresa inflacionária ou erro de previsão do público em relação ao crescimento dos saldos nominais. Ressaltemos que $E(\varepsilon_u) = 0$. Substituindo $u = \bar{u} + \varepsilon_u$ na demanda agregada, obtemos o valor de equilíbrio da taxa de inflação:

$$\Pi = u + \varepsilon_u.$$

Destaquemos três propriedades do modelo, que permitem caracterizar a influência da política monetária sobre o nível de atividade e a taxa de inflação:

- Se existe surpresa inflacionária, o produto efetivo difere do produto potencial (se $\varepsilon_u \neq 0$, então $Y \neq Y_p$). A existência de informação imperfeita em relação ao comportamento do banco central provoca desvios do produto;
- O nível de atividade médio é dado pelo produto potencial ($E(Y) = Y_p$);
- A política monetária tem efeitos permanentes sobre a taxa de inflação ($E(\Pi) = u$).

Interpretemos economicamente estas propriedades. O nível de atividade médio ($E(Y)$) não depende do instrumento da política monetária ($\bar{u}$), de forma que uma política monetária sistemática não afeta de forma permanente o nível de atividade. Os desvios do produto em relação ao produto potencial serão temporários. A política monetária afeta temporariamente o nível de atividade, se

[6] Na seção 3 do anexo deste capítulo, apresentamos a solução de uma versão não simplificada do modelo de Lucas, através do método dos coeficientes indeterminados. Essa seção procura destacar o carácter endógeno das expectativas com a HER.

existe surpresa inflacionária ($u \neq \bar{u}$ e $\Pi \neq \Pi^e$). Como os formadores de salários e preços (empresários e trabalhadores) têm a mesma informação sobre o modelo macroeconômico que o banco central, o setor privado antecipa os efeitos sistemáticos da política monetária e neutraliza os efeitos permanentes sobre o nível de atividade. Por outro lado, o instrumento de política monetária ($\bar{u}$) tem efeitos permanentes sobre a taxa de inflação.

Se a política monetária é perfeitamente antecipada ($\varepsilon_u = 0$), não vão existir sequer efeitos temporários sobre o nível de atividade ($Y = Y_p$). Com previsão perfeita do público em relação aos instrumentos de política monetária, o nível de atividade não é afetado pela política monetária. Sargent e Wallace (1976) sintetizam a análise com a proposição seguinte.

Proposição da ineficácia da política monetária: Se as expectativas são racionais e a taxa de inflação é perfeitamente antecipada (não existe surpresa inflacionária), a política monetária não influencia o nível de atividade. Já o componente estrutural da política monetária afeta a taxa de inflação de longo prazo.

No modelo de Lucas, a surpresa inflacionária é uma condição necessária e suficiente para que a política monetária tenha efeitos sobre o nível de atividade. O produto efetivo será diferente do potencial, se existirem erros de previsão.[7]

Uma política monetária errática, que gere permanentemente taxas de inflação não antecipadas, afeta o nível de atividade de forma permanente. Este tipo de política provoca efeitos negativos sobre o bem-estar social. Erros sistemáticos nas expectativas levam a que empresários e trabalhadores tomem decisões permanentemente erradas, promovendo perdas persistentes e uma redução do bem-estar social. Neste caso, a política monetária não pode ser considerada, do ponto de vista normativo, como uma política econômica adequada.

Uma possibilidade do ponto de vista normativo é que o banco central consiga estabelecer uma política monetária sistemática, na qual $u = \bar{u}$. A variação dos saldos nominais será igual às expectativas formadas pelo público.[8] Neste caso, não existe surpresa inflacionária ($\Pi - \Pi^e = \bar{u} - \bar{u} = 0$) e a proposição da ineficácia da política monetária é válida. Concluindo, se a decisão de política monetária é

---

[7] O produto potencial pode ser definido como o produto que acontece se não existe erro de previsão e os preços e salários são perfeitamente flexíveis.

[8] Como veremos no próximo capítulo, neste caso, o banco central segue uma regra.

ex-ante às decisões do público, este vai antecipar e neutralizar os efeitos dessa decisão sobre o nível de atividade, já que não vai existir surpresa inflacionária.

3.2. RIGIDEZ NOMINAL E A EFICÁCIA DA POLÍTICA MONETÁRIA

No modelo de Lucas, pode-se analisar o papel que a hipótese de rigidez nominal (a hipótese de que os preços e salários se ajustam lentamente a excessos de demanda ou de oferta nos seus mercados) cumpre na política monetária. Na curva de Phillips

$$\Pi = \Pi^e + d\,y + \varepsilon$$

o parâmetro $d \equiv 1/b$ reflete o grau de flexibilidade dos preços e salários ($d \geq 0$). Se d diminui, os preços são mais rígidos e a taxa de inflação responde menos a variações no hiato do produto.[9]

Se a rigidez nominal aumenta, os efeitos de variações não antecipadas nos instrumentos de política monetária sobre o nível de atividade são maiores.[10] Como empresários e trabalhadores não têm a oportunidade de ajustar imediatamente os preços e salários, uma expansão monetária não esperada (determinada ex-post as expectativas do público) provoca um aumento maior do nível de atividade. A existência de rigidez nominal amplifica os efeitos da política monetária sobre o nível de atividade.

A seguinte proposição sintetiza a análise.

Proposição: Se as expectativas são racionais, preços e salários mais rígidos fazem que políticas monetárias não antecipadas influenciem o nível do produto de forma mais intensa.

Ressaltemos que, se os preços são perfeitamente flexíveis ($b = 0$ e $d \to \infty$), então $Y = Y_p$ e a política monetária não afeta o nível de atividade. Com preços perfeita-

[9] Na seção 1 do anexo deste capítulo, analisamos o papel da rigidez nominal na curva de Phillips. Para uma análise complementar, ver Sørensen e Whitta-Jacobsen (2011, cap. 17, seção 17.3).

[10] Na segunda metade dos anos 1970, vários modelos mostraram que a rigidez nominal potencializa os efeitos da política monetária. Por exemplo, o modelo de Taylor (1979a). R. Lucas Jr. manifestou (ironicamente) que a rigidez de preços aumenta os riscos da política monetária, pois torna as políticas ruins muito mais perigosas.

mente flexíveis, os empresários sempre ajustam seus preços de forma ótima e a surpresa inflacionária não afeta a oferta agregada dos empresários. A política monetária não pode suavizar o ciclo econômico se os preços são flexíveis. Sintetizemos este ponto na proposição seguinte.

Proposição: Para que a política monetária afete o nível de atividade ($Y \neq Y_p$), é necessário que exista alguma rigidez nominal ($b > 0$).

3.3. CRÍTICA DE LUCAS

Lucas (1976) apresenta uma crítica aos modelos de política econômica elaborados pela síntese neoclássica. A ideia central é que, com a HER, mudanças nos instrumentos de política econômica alteram os parâmetros da estrutura econômica, já que os agentes econômicos devem ajustar suas decisões.

Em termos do problema de política econômica, a crítica de Lucas significa que os parâmetros da estrutura econômica dependem dos instrumentos de política. Se a estrutura econômica é escrita como $y = a\, x$, a crítica de Lucas supõe que o parâmetro a não é independente do instrumento x. De forma alternativa, a crítica de Lucas estabelece que:

$$\text{cov}(a, x) \neq 0$$

Supor que $\text{cov}(a, x) = 0$ leva a um erro de especificação no modelo econômico e afeta a estimação dos parâmetros estruturais.

Apresentemos um exemplo utilizando o modelo de Lucas. O comportamento do produto (Y) pode ser escrito por um modelo empírico da seguinte forma:

$$Y = \alpha + \upsilon\, \Pi$$

onde $\alpha \equiv Y_p - b\, \bar{u}$. Considerar que α é constante quando $\bar{u}$ muda significa que se está omitindo uma variável relevante na estimação do modelo. Como a variável omitida ($\bar{u}$) é correlacionada com a variável incluída (Π), os parâmetros estimados ($\bar{\alpha}$ e $\bar{\upsilon}$) serão viesados e inconsistentes. Isto é $E(\bar{\alpha}) \neq \alpha$ e $E(\bar{\upsilon}) \neq \upsilon$ e o viés não desaparece quando o tamanho da amostra aumenta. Desta forma, as previsões e os intervalos de confiança que surgem do modelo não serão confiáveis.

Com a introdução da hipótese das expectativas racionais nos modelos macroeconômicos de começo da década de 1970, as decisões dos agentes econômicos passaram a depender dos instrumentos de política econômica, tornando-se variáveis endógenas. Mudanças nos instrumentos de política econômica provocam mudanças nas decisões dos agentes (que são contingentes ao estado da economia), conforme destaca a crítica de Lucas.[11] Com a hipótese das expectativas racionais, as relações econômicas manipuladas pela política econômica não são estruturais e mudam com câmbios na política. Os modelos com expectativas racionais procuram dar conta desta interação entre as decisões dos agentes econômicos e a política econômica.

O sucesso da crítica de Lucas deveu-se, em parte, a que as previsões dos modelos econométricos dos anos 1970 justificaram a hipótese de erros de especificação. As previsões de inflação dos modelos da síntese neoclássica, que estimavam a curva de Phillips considerando expectativas adaptativas, subestimaram sistematicamente a taxa de inflação efetiva ao longo da década, levando a políticas monetárias que elevaram a taxa de inflação.[12]

Apresentemos as principais conclusões da crítica de Lucas.

Proposição: A crítica de Lucas destaca:

a. Se as expectativas são racionais, mudanças nos instrumentos de política afetam as decisões dos agentes econômicos e a estrutura econômica;

b. Os modelos econométricos utilizados pela síntese neoclássica para avaliar políticas monetárias alternativas apresentam erros de especificação.

---

[11] De forma similar, Goodhart (1975) ressalta que qualquer relação macroeconômica tende a se desfazer quando é usada para propósitos de política econômica. Esta relação é conhecida como lei de Goodhart.

[12] Voltaremos a este tema ao discutir o viés inflacionário do banco central no próximo capítulo, ao tratar de erros de medição no Capítulo 7 e ao discutir as evidências empíricas do novo consenso no Capítulo 14.

3.4. NÍVEL DE PREÇOS E TAXA DE JUROS

No modelo de Lucas, o crescimento dos saldos nominais é o instrumento de política monetária e existe um equilíbrio único para o nível de preços, já que o nível de preços esperado está ancorado nos saldos nominais esperados. Sargent e Wallace (1975, seção 5) mostram que, se o instrumento de política monetária é a taxa de juros e as expectativas são racionais, o nível de preços esperado no modelo de Lucas é indeterminado. Analisemos de forma simples este tema.

Consideremos que o banco central determina a taxa de juros nominal (i_t) e que o hiato do produto depende da taxa de juros real. A curva IS é dada por:

$$Y_t - Y_{pt} = a_1 - a_2 [i_t - E_{t-1}(P_{t+1} - P_t)] + u_t$$

onde a_1 e a_2 são parâmetros e u_t é uma variável aleatória ruído branco (que representa choques reais). Aplicando o operador E_{t-1} e lembrando que $E_{t-1}(Y_t) = Y_{pt,}$ obtemos:

$$E_{t-1}P_t = (a_1/a_2) - i_t + E_{t-1}P_{t+1}$$

A equação mostra que, para obter uma solução particular de $E_{t-1}P_{t,}$ devemos considerar como dado o valor de $E_{t-1}P_{t+1}$. Mas impor arbitrariamente essa condição de transversalidade viola a HER, já que as expectativas de preços futuros devem ser endógenas. Como não é possível determinar o nível de preços esperado ($E_{t-1}P_t$), tampouco se pode determinar o nível de preços efetivo (P_t).

Interpretemos economicamente o resultado. O público espera que, dada a taxa de juros nominal, o banco central ajuste os saldos nominais em relação à demanda de moeda e que os preços variem com a quantidade de moeda. Ocorre que qualquer valor de $E_{t-1}P_t$ é tão bom quanto outro porque não se estabelece uma âncora para o nível de preços esperado no próximo período ($E_{t-1} P_{t+1}$). É possível determinar a taxa de inflação esperada, mas não o nível de preços esperado. Uma solução seria que o banco central estabelecesse uma meta para o nível de preços em t+1. Se o público acreditar no cumprimento da meta de preços, será possível determinar a expectativa do nível de preços para t+1 e o nível de preços para t.

A seguinte proposição sintetiza a análise.

Proposição (Sargent e Wallace, 1975): Se o banco central utiliza a taxa de juros nominal como instrumento de política monetária e as expectativas são racionais, no modelo de Lucas, não se pode determinar o nível de preços esperado nem o nível de preços efetivo.

McCallum (1981) mostra que o resultado da indeterminação desaparece, se a regra para a taxa de juros não é escolhida arbitrariamente, mas de modo a proporcionar algum efeito desejado sobre a demanda de moeda. Analisemos o caso mais simples em que a regra de política para a taxa de juros é projetada para alcançar uma meta para a oferta de moeda (M^*_t):

$$M^*_t = \mu\, i_t$$

onde M^*_t e μ são valores conhecidos. Esta regra supõe que $E_t\, i_{t+1} = M^*_{t+1}/\mu$.

Considerando que o produto agregado é exógeno e igual a zero, uma curva LM simples é dada por:

$$M_t = P_t + b\, i_t + \eta_t$$

onde b é um parâmetro e η_t é um ruído branco (que representa choques nominais). Igualando a regra monetária com a curva LM, obtemos:

$$P_t = (\mu - b)\, i_t - \eta_t$$

Aplicando o operador E_t, obtemos:

$$E_t P_{t+1} = (\mu - b)\, E_t i_{t+1} = [(\mu - b)/\mu]\, M^*_{t+1}$$

A expectativa de preços depende da meta esperada para a oferta monetária e a indeterminação desaparece.

De forma mais geral, a indeterminação Sargent-Wallace aplica-se ao caso em que se utilizam regras exógenas para a taxa de juros, mas não vale se a taxa de juros é função de variáveis endógenas, como a taxa de inflação ou o nível do produto, que afetam a demanda de moeda e, em consequência, determinam a oferta de moeda.

A seguinte proposição sintetiza a análise.

Proposição (McCallum, 1981): No modelo de Lucas, a indeterminação do nível de preços desaparece, se a regra para a taxa de juros é determinada de forma a ter algum efeito desejado sobre a quantidade esperada da demanda de moeda.

3.5. CICLO POLÍTICO

Dada a HER, a existência de eleições e de partidos políticos com ideologias diferentes sobre a política monetária pode gerar um ciclo econômico. O ciclo econômico pode estar associado a um ciclo político. Analisemos um modelo proposto por Alesina (1987), no qual o ato eleitoral gera uma surpresa inflacionária e ganha a eleição o partido político, cujas preferências são mais próximas da mediana do eleitorado.[13]

Consideremos que a função de perda social do eleitorado (L^e) é:

$$L^e = \tfrac{1}{2}(\Pi - \Pi^{M^e})^2 - \lambda\varepsilon$$

onde Π^{Me} é um parâmetro que mostra a meta de inflação (preferência) do eleitorado, λ é um parâmetro e $\varepsilon \equiv \Pi - \Pi^e$ é taxa de inflação não esperada (ou surpresa inflacionária).[14]

Nos partidos políticos, existe incerteza em relação às preferências do público. Em especial, além de não conhecer Π^{Me}, existe incerteza em relação à média da função de distribuição de Π^{Me}. Consideremos que a função de distribuição é:

$$\Pi^{Me} \sim N(a + \alpha, \sigma^2)$$

onde a é um parâmetro (positivo) e α é uma variável aleatória que representa a incerteza na média da distribuição. Para simplificar, consideremos que α é uma variável binária ($\alpha = 0$ ou $\alpha = 1$). O gráfico 3.1 representa a função de distribuição de Π^{Me}, onde α introduz incerteza sobre a posição da função de distribuição.

[13] Este tipo de modelo é chamado de ciclo partidário. Existem outros tipos de modelos chamados de ciclos oportunistas que não apresentamos. Para uma resenha da literatura, ver Alesina e Stella (2011, seções 4.1 e 4.2).

[14] A variável ε representa o hiato do produto na função de perda social.

Gráfico 3.1: Preferências do eleitor com incerteza

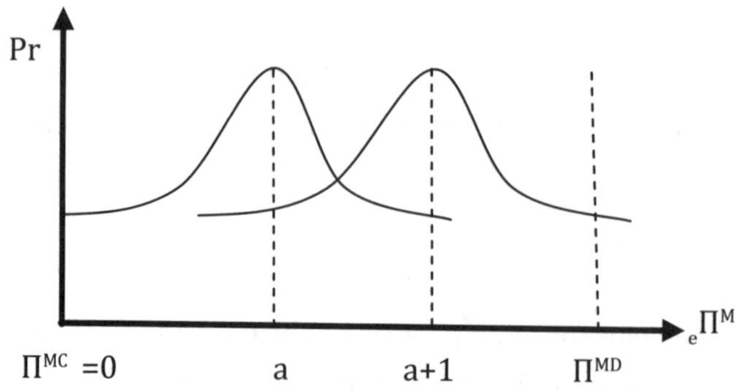

Consideremos que vale a equação quantitativa e que Π é o instrumento de política monetária. Existem dois partidos políticos: o conservador (*C*) e o desenvolvimentista (*D*). Eles são caracterizados pelas suas metas de inflação. Seja:

$$\Pi^{MD} > 0$$
$$\Pi^{MC} = 0$$

Estas preferências são apresentadas também no gráfico 3.1.

A decisão do banco central (Π) é a posteriori da decisão do público (Π^e).[15] A sequência de eventos que acontece é: os agentes econômicos fixam Π^e; acontecem as eleições e o partido vencedor determina o valor do instrumento de política (Π). Analisemos o resultado do jogo.

A decisão de política de cada partido político é dada por:

$$\min_{\Pi} L^i = \tfrac{1}{2}(\Pi - \Pi^{Mi})^2 - \lambda\varepsilon;\ \mathrm{i = C, D}$$

Da CPO, obtemos o valor esperado do instrumento de política (Π) para cada partido:

$$\Pi^D = \lambda + \Pi^{MD}$$
$$\Pi^C = \lambda$$

Analisemos como os agentes econômicos determinam Π^e. Como ganha a eleição aquele partido cuja preferência fica mais próxima da mediana do eleitor, do gráfico 3.1 podemos ver que C ganha a eleição com probabilidade $p = pr(\frac{\Pi^{MD}}{2} > a)$

[15] Como veremos no capítulo seguinte, neste caso, a política do banco central é discricionária.

e D ganha a eleição com probabilidade 1 – p. A taxa de inflação esperada pelos agentes econômicos com HER (*ex-ante* a eleição) é dada pela média dos dois eventos possíveis:

$$\Pi^e = (1 - p)\, \Pi^D + p\, \Pi^C = \lambda + (1 - p)\, \Pi^{MD}$$

Após a eleição, o partido vencedor define Π e acontece uma surpresa inflacionária (ε), que gera uma flutuação do nível de emprego. Temos dois casos:

- Se ganha C, então $\varepsilon^C = \Pi^C - \Pi^e = -(1 - p)\, \Pi^{MD} < 0$. O produto cai abaixo do produto potencial;
- Se ganha D, então $\varepsilon^D = \Pi^D - \Pi^e = p\, \Pi^{MD} > 0$. O produto aumenta acima do potencial.

O nível de atividade flutua após a eleição, podendo aumentar ou diminuir, dependendo do resultado eleitoral. O ciclo econômico depende do resultado eleitoral.

Proposição de Alesina: A incerteza em relação às preferências do eleitorado sobre sua meta de inflação desejada gera uma flutuação do nível de atividade após um ato eleitoral.

O ato eleitoral gera uma surpresa inflacionária e uma flutuação no nível de atividade. Do ponto de vista normativo, a análise de Alesina é um argumento a favor de um banco central independente das preferências dos partidos políticos e de decisões *ex-ante* do banco central, já que isso reduz a volatilidade do nível de atividade após o ato eleitoral.[16] Voltaremos a este tema no capítulo seguinte.

Temas de Discussão

3.1. Choques monetários (variações não esperadas do instrumento de política) provocam desvios em relação ao planejado pelos agentes, afetando o nível de atividade.

3.2. Se a hipótese das expectativas racionais é válida, um modelo econométrico da estrutura econômica deve especificar os efeitos da política econômica sobre os parâmetros a serem estimados. Para um exemplo da crítica de Lucas, ver Walsh (2010, Capítulo 1, seção 1.3.3).

[16] Alesina e Stella (2011, seção 4.3) argumentam que os partidos podem acordar a política monetária do próximo governo, eliminando a incerteza em relação às políticas monetárias.

3.3. Nos modelos com expectativas racionais, as expectativas são *forward* looking (dependem de expectativas em relação ao futuro). A solução desses modelos cria um problema recursivo, já que as expectativas de um período dependem das expectativas do seguinte. A solução de alguns desses modelos pode ser indeterminada, se não pudermos estabelecer endogenamente as expectativas do último período (e não é possível impor condições arbitrárias nessas expectativas futuras). Outra possibilidade nesses modelos é a existência de mais de uma solução possível (equilíbrios múltiplos). Analise a possibilidade de se ter indeterminação e equilíbrios múltiplos em modelos com expectativas racionais, utilizando McCallum (1986, seções I e II) como guia de estudo.

3.4. A surpresa inflacionária pode ser gerada por incerteza política em relação ao resultado de uma eleição presidencial. As expectativas inflacionárias devem considerar as probabilidades (*ex-ante*) de cada candidato ganhar, mas só um vai vencer e implementar sua política monetária. Com qualquer resultado, porém, teremos surpresa inflacionária, a menos que os partidos realizem um acordo de qual será a política monetária em todos os casos e os agentes econômicos acreditem.

Anexo:

MICROFUNDAMENTOS DA OFERTA AGREGADA

Apresentemos alguns modelos que estabelecem microfundamentos para a visão de oferta agregada utilizada no capítulo.

1. Curva de Phillips Aumentada por Expectativas[1]

Apresentemos um modelo estrutural simples que estabelece microfundamentos para a curva de Phillips aumentada por expectativas.[2] Consideremos que os mercados de bens e de trabalho são de concorrência perfeita (os *markups* desses mercados são unitários), existindo flexibilidade perfeita de preços e salários. Os empresários maximizam lucro (X), considerando uma função de produção $Y = N^{\alpha}$, onde Y é a o nível de produção, N o nível de emprego e $\alpha < 1$ é um parâmetro. Seja P o nível geral de preços e W a taxa de salário nominal.

O problema do empresário é dado por:

$$\max_{(N)} X = P N^{\alpha} - W N$$

$$\text{sujeito à: } Y = N^{\alpha}$$

Da CPO do problema, obtemos que o nível de preços deve ser igual ao custo marginal: $P = \frac{W Y^{\frac{1-\alpha}{\alpha}}}{\alpha}$. Podemos escrever a equação de preços da seguinte forma:

$$Y = (\frac{\alpha P}{W})^{b} \qquad (3.1)$$

onde $b \equiv \alpha/(1-\alpha)$ é um parâmetro positivo.

---

1 Para uma análise complementar, ver Sørensen e Whitta-Jacobsen (2011, cap. 17, seções 2, 3 e 4).

2 A curva de Phillips aumentada por expectativas foi desenvolvida quase que simultaneamente por Friedman (1968) e Phelps (1968).

No mercado de trabalho, os trabalhadores e empresários negociam o salário real do próximo período. Considerando que o custo de oportunidade de ter um emprego é dado pelo seguro (salário real) de desemprego (ω), o salário nominal do próximo período é dado pela seguinte equação de salários:

$$W = P^e \omega \quad (3.2)$$

onde P^e é o nível de preços esperado.

Substituindo (3.2) em (3.1) obtemos a relação que existe entre o nível de preços, sua expectativa e o nível de atividade:

$$Y = \left(\frac{\alpha P}{\omega P^e}\right)^b \quad (3.3)$$

No equilíbrio de longo prazo, as expectativas são cumpridas ($P^e = P$) e os trabalhadores alcançam efetivamente seu salário real desejado. O produto potencial (Y_P) é dado por:

$$Y_P = \left(\frac{\alpha}{\omega}\right)^b \quad (3.4)$$

Dividindo (3.3) por (3.4), obtemos a relação que existe entre Y e Y_P:

$$\frac{Y}{Y_P} = \left(\frac{P}{P^e}\right)^b \quad (3.5)$$

Tomando logaritmo em ambos os membros, somando e subtraindo $\ln P_{-1}$ no segundo e ordenando, obtemos a curva de Phillips aumentada por expectativas:

$$\Pi = \Pi^e + d\,y \quad (3.6)$$

onde $y \equiv \ln Y - \ln Y_P$ é o hiato do produto e $d \equiv 1/b = (1-\alpha)/\alpha$ é um parâmetro positivo.

Choques de Oferta

A relação entre taxa de inflação e hiato do produto pode não ser tão estreita, devido à existência de choques que geram ruídos nessa relação. Para ilustrar o papel dos choques de oferta, consideremos que o seguro-desemprego (ω) flutua no ciclo econômico ao redor de sua tendência de longo prazo ($\tilde{\omega}$). Dada esta condição de longo prazo, a equação (3.4) do produto potencial resulta:

$$Y_P = \left(\frac{\alpha}{\tilde{\omega}}\right)^b \quad (3.4')$$

Dividindo (3.3) por (3.4'), obtemos $\frac{Y}{Y_P} = \left(\frac{\tilde{\omega} P}{\omega P^e}\right)^b$. Ordenando novamente, obtemos:

$$\Pi = \Pi^e + d\,y + \varepsilon \quad (3.6')$$

onde $\varepsilon \equiv \ln \omega - \ln \tilde{\omega}$ representa os choques de oferta. No exemplo apresentado, os choques de oferta resultam de flutuações de curto prazo do seguro-desemprego ao redor de sua tendência de longo prazo. Em termos mais gerais, os choques de oferta resultam de flutuações dos custos marginais e dos markups, ao redor de seus valores de longo prazo, que não estão associados a flutuações do hiato do produto.

Rigidez Nominal de Preços

A rigidez de preços reduz o efeito do hiato do produto sobre a taxa de inflação, aumentando os efeitos das políticas monetárias não antecipadas. O modelo anterior pode ser estendido para analisar de uma forma simples os efeitos da rigidez nominal.

Consideremos que uma proporção γ de empresas não ajusta seus preços P^{fix} (empresas com preços fixos) e outra $1 - \gamma$ ajusta (empresas com preços flexíveis). O nível geral de preços é dado por:

$$P = \gamma\, P^{fix} + (1 - \gamma)\, P^{flex} \quad (3.7)$$

As empresas com preços flexíveis ajustam seus preços com o produto efetivo, de acordo com a equação 1:

$$P^{flex} = \frac{\omega P^e Y^d}{\alpha} \qquad (3.8)$$

As empresas com preços fixos formam seus preços no começo do período, antes de conhecer seu produto e custo marginal. Supondo que elas formam seus preços considerando o produto potencial como o nível normal ou médio, pode-se obter que:

$$P^{fix} = \frac{\omega P^e Y_P^d}{\alpha} \qquad (3.9)$$

Substituindo (3.8) e (3.9) em (3.7), obtemos:

$$\frac{P}{P^e} = (\frac{\omega}{\alpha} Y_P^d)[\gamma + (1-\gamma)(\frac{Y}{Y_P})^d] \qquad (3.10)$$

Fazendo $P = P^e$ e $Y = Y_{P,}$ obtemos o produto potencial:[3]

$$Y_P = (\frac{\alpha}{\omega})^{\frac{1}{d}} \qquad (3.11)$$

Vemos que $\frac{\omega}{\alpha} Y_P^d = 1$. Tomando logaritmo em ambos os lados de (3.10), obtemos:

$$\Pi - \Pi^e = \ln [\gamma + (1 - \gamma) z^d] \quad (3.12)$$

onde $z \equiv Y/Y_P$. Realizando uma aproximação de Taylor de primeira ordem do segundo membro no redor $z = 1$ (que implica $\Pi = \Pi^e$), obtemos:

$$\Pi = \Pi^e + [(1 - \gamma) d] y \quad (3.13)$$

já que $y = z - 1$. Se γ aumenta, então y afeta menos Π. A explicação é simples: quanto maior é a proporção de firmas que não ajustam seus preços quando

[3] O valor obtido de Y_P é similar ao alcançado na equação (3.4).

muda o nível de atividade (e os custos marginais), menor é o impacto do hiato do produto sobre a taxa de inflação.

O parâmetro γ representa o grau de rigidez nominal da economia. Quanto maior é a rigidez nominal ($\gamma \rightarrow 1$), mais horizontal é a curva de Phillips e maior é o impacto da surpresa inflacionária sobre o produto agregado. De (3.13), temos que:

$$y = \frac{b}{(1-\gamma)}(\Pi - \Pi^e) \qquad (3.14)$$

Rigidez nominal amplifica os efeitos da política monetária sobre o nível de atividade.

2. Curva de Oferta de Lucas

Lucas (1973) desenvolveu uma curva de oferta agregada, que é essencialmente igual à curva de Phillips aumentada por expectativas utilizada no capítulo. Apresentemos de forma simples a análise de Lucas.

A oferta de bens de uma empresa depende do preço relativo do bem produzido. Considerando que todas as variáveis estão no logaritmo, a oferta da empresa é dada por:

$$Y_i = Y_{pi} + \gamma\, pr_i \qquad (3.15)$$

onde Y_i é a oferta de bens da empresa *i*, Y_{pi} o produto potencial da empresa *i*, pr_i o preço relativo da empresa *i* e γ é um parâmetro (elasticidade-preço da oferta).

Para calcular o preço relativo, os empresários devem conhecer os preços dos outros bens (nível geral de preços). Como os empresários têm informação imperfeita em relação aos preços dos outros bens (existe incerteza em relação ao nível geral de preços), eles devem calcular o valor esperado do nível geral de preços, condicionado à informação disponível. Analisemos esse cálculo.

Considerando nos logaritmos, o preço relativo da empresa *i* (pr_i) é dado pela diferença entre o preço do bem (p_i) e o nível geral de preços (P): $pr_i = p_i - P$. Em consequência:

$$p_i = pr_i + P \quad (3.16)$$

O conjunto de informações disponíveis pelo empresário i (I) é dado pelo preço de seu bem (p_i) e pelas distribuições do índice geral de preços e do seu preço relativo. Consideremos que a distribuição de P é $P \sim N(P^e, \sigma^2)$ e que a distribuição de pr_i é $pr_i \sim N(0, \tau^2)$.

O problema do empresário é calcular a esperança de P, condicionada ao conjunto de informações disponíveis ($E(P/I)$). Pode-se provar que $E(P/I)$ é dado pela seguinte média ponderada de preço do bem (p_i) e do nível geral de preços esperado (P^e):[4]

$$E(P/I) = (1 - \theta)\, p_i + \theta\, P^e \quad (3.17)$$

onde $\theta \equiv \dfrac{1}{1+d}$ é o parâmetro da extração de sinal e $d \equiv \dfrac{\alpha^2}{\tau^2}$ é a relação ruído-sinal. Vemos que $0 < \theta < 1$.[5]

Substituindo (3.16) e (3.17) em (3.15), obtemos a oferta da empresa i:

$$Y_i = Y_{pi} + \gamma\, \theta\, (p_i - P^e) \quad (3.18)$$

Agregando a equação (3.18) para todas as empresas (integrando em relação a i e considerando que a elasticidade-preço da oferta é igual para todas as empresas), obtemos a curva de oferta de Lucas:

$$Y = Y_p + b\,(P - P^e) \quad (3.19)$$

onde Y é o produto agregado, Y_p é o produto potencial e $b \equiv \gamma\,\theta$. A equação (3.19) apresenta a mesma propriedade que a curva de Phillips aumentada por expectativas: o produto agregado é maior que o produto potencial, se o nível geral de preços (e, em consequência, a taxa de inflação) é maior que o nível geral esperado de preços (taxa de inflação esperada).

---

4 Este problema é referido como o problema de extração de sinal. No anexo do Capítulo 14, apresentaremos uma análise simples da solução deste problema.

5 Se $d = 0$, então $\theta = 1$ e $E(P/I) = Pe$: se a relação ruído-sinal é nula, então a esperança condicionada de P é igual à não condicionada. Por outro lado, se $d \to \infty$, então $\theta = 0$ e $E(P/I) = p_i$.

3. Método dos Coeficientes Indeterminados

Apresentemos a determinação do equilíbrio macroeconômico no modelo de Lucas (1973) para destacar o caráter endógeno das expectativas com a HER. A curva de oferta agregada é dada por:

$$Y_t = Y_{pt} + b\,(P_t - P^e_t) \quad (3.20)$$

onde Y e P estão em logaritmo. A demanda agregada é dada por:

$$Y_t = X_t - P_t \quad (3.21)$$

onde X é o logaritmo da demanda agregada nominal.[6] X é uma variável exógena e sua taxa de crescimento (ΔX_t) é determinada pela seguinte distribuição: $\Delta X_t \sim N(\delta, \sigma^2_X)$. O valor esperado de X_t é dado por:

$$E_{t-1}X_t = X_{t-1} + \delta \quad (3.22)$$

Podemos considerar que δ é o instrumento de política monetária (taxa de variação média dos saldos nominais) e que é determinada pelo banco central. Uma mudança de δ significa uma alteração na política monetária.

Achemos a solução de equilíbrio para P_t e Y_t. Igualando (3.20) e (3.21) e colocando P_t em evidência, obtemos:

$$P_t = a_1\,(X_t - Y_{pt}) + a_2\,P^e_t \quad (3.23)$$

onde $a_1 \equiv 1/(1+b)$ e $a_2 \equiv b/(1+b)$. Destaquemos que $a_1 + a_2 = 1$. O ponto central da análise é que (3.23) não é solução do modelo porque o nível de preços depende de expectativas de preços que não foram determinadas. P^e_t é uma variável endógena do modelo.

[6] Destaquemos que X_t também representa o logaritmo da oferta de moeda e que a elasticidade-preço da demanda agregada é −1.

A HER propõe que P^e_t dependa da estrutura funcional de (3.23). Em especial, propõe que as expectativas de preços sejam o valor esperado de $P_{t,}$ dado o conjunto de informações disponíveis no momento (I_{t-1}): $P^e_t = E_{t-1}(P_t/I_{t-1})$.

O método proposto para achar a solução de (3.23) consiste em considerar que P_t depende linearmente das variáveis exógenas X_t e Y_{pt} e em determinar, posteriormente, os parâmetros da solução. É chamado de método dos coeficientes indeterminados e destaca a natureza endógena das expectativas com a HER. Seja:

$$P_t = \Pi_0 + \Pi_1 X_t + \eta Y_{pt} \quad (3.24)$$

onde Π_0, Π_1 e η são parâmetros a serem determinados. Dada a HER, a expectativa de preços é determinada aplicando o operador E_{t-1} em ambos membros de (3.24):

$$P^e_t = \Pi_0 + \Pi_1 (X_{t-1} + \delta) + \eta Y_{pt} \quad (3.25)$$

Substituindo (3.24) e (3.25) em (3.23) e ordenando o segundo membro da equação, obtemos:

$$\Pi_0 + \Pi_1 X_t + \eta Y_{pt} = [a_2 \Pi_0 + a_2 \Pi_1 (X_{t-1} + \delta)] + a_1 X_t - (a_1 - a_2 \eta) Y_{pt}$$

Igualando os parâmetros dos dois membros da equação, obtemos um sistema de 3 equações com 3 incógnitas. Resolvendo o sistema, obtemos os valores dos coeficientes:

$$\Pi_0 = a_2 (X_{t-1} + \delta)$$

$$\Pi_1 = a_1$$

$$\eta = -1$$

Substituindo esses coeficientes em (3.24), obtemos a solução para o nível de preços de equilíbrio:

$$P_t = X_t + a_2 (\delta - \Delta X_t) - Y_{pt} \quad (3.26)$$

Substituindo (3.26) em (3.21), encontramos o produto de equilíbrio:

$$Y_t = a_2\,(\Delta X_t - \delta) + Y_{pt} \qquad (3.27)$$

As propriedades macroeconômicas são similares às destacadas na seção 3.1 do capítulo. Subtraindo P_{t-1} em (3.26), obtemos:

$$\Pi_t = (1 - a_2)\,\Delta X_t + a_2\,\Delta X_{t-1} - \Delta Y_{pt} \qquad (3.28)$$

A taxa de inflação depende da taxa de variação da demanda nominal (corrente e passada, já que existe uma inércia nos efeitos da política monetária) e da taxa de crescimento do produto potencial. Neste sentido, a inflação é um fenômeno monetário.

De (3.27), temos que $E_{t-1}Y_t = Y_{pt}$, já que $E_{t-1}(\Delta X_t - \delta) = 0$. Choques monetários $(\Delta X_t - \delta)$ têm efeitos temporários sobre o produto agregado. Como no longo prazo não existe surpresa inflacionária, a moeda é neutra.

A equação (3.27) pode ser escrita da seguinte forma:

$$Y_t = a_3 + a_2\,\Delta X_t + Y_{pt}$$

sendo $a_3 \equiv -a_2\,\delta$. Os parâmetros a_3 e a_2 desta equação podem ser estimados para se ver os efeitos da taxa de crescimento da demanda nominal (ΔX_t) sobre o nível do produto (Y_t). Uma mudança na política monetária (mudança de δ) altera a_3. Supor que a_3 é independente de δ, ao analisar os efeitos de uma mudança de política monetária sobre o nível de atividade, significa incorrer num erro na especificação do modelo. A crítica de Lucas chama a atenção para este ponto.[7]

Lucas (1973) destaca os efeitos da volatilidade da demanda agregada sobre a dinâmica dos preços e do nível de atividade. Calculemos a relação que existe entre σ^2_X e a_2. Podemos escrever: $a_2 = \dfrac{\gamma\tau^2}{\alpha^2 + \tau^2(1+\gamma)}$. De 3.26, temos que: $\sigma^2 = (1 - a_2)^2\,\sigma^2_X$. Substituindo a_2 nesta equação, obtemos:

[7] A este respeito, ver os exemplos apresentados por Lucas (1976).

$$a_2 = \frac{\gamma \tau^2}{(1-a_2)^2 \sigma_X^2 + \tau^2(1+\gamma)}$$

Analisemos os efeitos dos valores extremos de σ^2_X sobre o nível de preços e de atividade:

- Se $\sigma^2_X = \infty$, então $a_2 = 0$.[8] De (3.27), vemos que $Y_t = Y_{pt}$. A equação (3.26) mostra que o nível de preços depende da demanda agregada nominal ($P_t = X_t - Y_{pt}$). A curva de Phillips é vertical no espaço (P_t, Y_t). O aumento observado nos preços é interpretado como resultado de um aumento no nível geral de preços (P^e);
- Se $\sigma^2_X = 0$, então $a_2 = \gamma/(1+\gamma) < 1$.[9] De (3.26) e (3.27), vemos que a curva de Phillips é positivamente inclinada.

Vemos que, quando aumenta a volatilidade da demanda agregada nominal, a curva de Phillips se torna mais vertical e a taxa de sacrifício diminui. A resposta do nível de atividade a surpresas monetárias diminui, quando aumenta a volatilidade da política monetária. A proposição seguinte conclui a análise.

Proposição: Existe uma correlação positiva entre a inclinação da curva de Phillips e a variância da demanda agregada nominal.

4. Aprendizado no Modelo de Lucas

Evans e Honkapohja (2001) postulam que os agentes econômicos aprendem a fazer previsões, utilizando os dados observados e ajustando suas regras de previsão no tempo. Mais precisamente, os agentes ajustam suas regras de previsão, quando novos dados se tornam disponíveis no tempo. O ponto de partida desta abordagem para modelar a formação de expectativas, chamada de aprendizado adaptativo, é que os agentes atuam como econometristas que fazem previsões.

Como a HER pressupõe que os agentes têm uma grande quantidade de conhecimento em relação ao sistema econômico, a abordagem do aprendizado adaptativo pode fornecer ao menos uma justificativa assintótica para essa hipótese.

[8] Temos que $\sigma^2 = \infty$ e $\theta = 0$.

[9] Também vemos que $\sigma^2 = 0$ (o nível de preços não apresenta volatilidade) e $\theta = 1$.

Ilustremos a abordagem com uma versão do modelo de Lucas apresentado nas seções anteriores.

Consideremos que todas as variáveis estão em logaritmo. A curva de oferta agregada é:

$$Y_t = Y_p + b\,(P_t - P^e_t)$$

onde $b > 0$. A curva demanda agregada é dada pela equação quantitativa:

$$M_t = P_t + Y_t$$

A oferta de moeda segue a seguinte regra de política

$$M_t = M + \rho\, W_{t-1} + \eta_t$$

onde M é a média de M, W é uma variável exógena observável, ρ é um parâmetro e η é um ruído branco (choque da regra monetária).

A forma reduzida do modelo é:

$$P_t = \alpha + \beta\, P^e_t + \gamma\, W_{t-1} + \mu_t \quad (3.29)$$

onde $\alpha = \frac{\bar{M} - Y_P}{1+b}$, $\beta = \frac{b}{1+b}$, $\gamma = \frac{\rho}{1+b}$ e $\mu_t = \frac{\eta_t}{1+b}$. Notemos que $\beta < 1$. A equação (3.29) é chamada de lei de movimento efetivo.

Da HER, temos que $P^e_t = E_{t-1}P_t$. Aplicando E_{t-1} em ambos lados de (3.29) e resolvendo para $E_{t-1}P_t$, obtemos:

$$E_{t-1}\,P_t = a + c\,W_{t-1} \quad (3.30)$$

onde $a = \frac{\alpha}{1+\beta}$ e $c = \frac{\gamma}{1+\beta}$. Se consideramos que $P_t - E_{t-1}P_t = \mu_t$, então existe um equilíbrio único com expectativas racionais dado por:

$$P_t = a + c\,W_{t-1} + \mu_t \quad (3.31)$$

A equação (3.31) é a lei de movimento percebida pelos agentes. Uma pergunta interessante é se este equilíbrio com expectativas racionais pode ser aprendido pelos agentes econômicos, no sentido de que eles sabem que os preços seguem a equação (3.31) (conhecem a forma da estrutura econômica), mas desconhecem os parâmetros estruturais a e c. Analisemos este ponto.

Os agentes podem supor que P_t depende linearmente de W_{t-1} e procurar estimar os parâmetros a e b. Este é o suposto principal em relação à hipótese de racionalidade limitada do modelo: a HER é substituída pela hipótese de que os agentes econômicos preveem os preços, atuando como econometristas (acreditam que a economia está num equilíbrio de expectativas racionais e usam os dados para estimar os parâmetros da lei de movimento desse equilíbrio). Os agentes estimam a e b por uma regressão (com um intercepto) de mínimos quadrados ordinários de P_t sobre W_{t-1}. As estimativas são atualizadas no tempo, quando mais informações relativas a P e W são coletadas. Seja a_{t-1} e c_{t-1} os parâmetros estimados em t–1 e W_{t-1} a realização de W em t–1, a previsão de preços para o período t é dada por:

$$P^e_t = a_{t-1} + c_{t-1} W_{t-1} \quad (3.32)$$

No sistema dinâmico, dado P^e_t e o choque $\mu_{t,}$ determina-se o valor de P_t.[10] Como este processo continua no tempo, uma questão de interesse é saber se os parâmetros estimados convergem para os parâmetros do equilíbrio com expectativas racionais:

$$a_t \rightarrow a \text{ e } c_t \rightarrow c \text{ quando } t \rightarrow \infty.$$

Pode se provar (ver Evans e Honkapohja 2001, cap. 2) que, se $\beta < 1$, os parâmetros a_t e c_t convergem com probabilidade 1 para os parâmetros do equilíbrio com expectativas racionais.[11] Neste caso, o equilíbrio com expectativas racionais é estável, com aprendizado de mínimos quadrados. A condição pode ser interpretada em termos de um princípio de estabilidade geral conhecido como "estabilidade expectacional".

[10] Esta forma de modelar o sistema econômico apresenta duas características:

a. A economia está em um equilíbrio, no qual seu estado corrente depende das expectativas;
b. A função de previsão e a estimação de parâmetros são explícitas e influenciam os dados futuros.

[11] Se $\beta \rightarrow 1$, a convergência ocorre com probabilidade 0.

A proposição seguinte conclui a análise.

Proposição: se $\beta < 1$, com aprendizado de mínimos quadrados, o sistema econômico converge para um equilíbrio único com expectativas racionais.

Capítulo 4:

MODELOS COM VIÉS INFLACIONÁRIO

A crítica de Lucas desencadeou a busca por esquemas teóricos alternativos aos analisados pela síntese neoclássica. O debate acadêmico, que centrou a atenção no uso de normas preestabelecidas para os instrumentos de política econômica ou no ajuste dos instrumentos de política frente aos choques, foi intenso no final dos anos 1970.[1] Neste capítulo, apresentamos de forma simples o modelo de Barro e Gordon (1983), que sintetizou os resultados desse debate acadêmico e algumas das extensões realizadas ao longo da década de 1980.

4.1. ESCOLHA COM CERTEZA

Regra versus Discrição

Consideremos que o formulador de política monetária pode utilizar dois arranjos institucionais na determinação do instrumento de política monetária: regra ou política discricionária. Definimos essas alternativas da seguinte forma:

- Na regra (ou compromisso), o instrumento de política é determinado *ex-ante* as decisões do público;
- Na política discricionária (ou discrição), o instrumento de política é determinado *ex-post* as decisões (expectativas) do público.

Nessas definições, a discrição permite comportamentos arbitrários dos formuladores de política e procura retratar a proposta de sintonia fina dos autores neokeynesianos da síntese neoclássica. A regra retrata a proposta monetária de autores monetaristas como, por exemplo, a regra de Friedman.[2]

---

1 Fisher (1990) apresenta uma análise da evolução das ideias do debate, envolvendo regras de política monetária.

2 Apresentaremos a regra de Friedman no anexo do Capítulo 7. Na análise do Capítulo 2, consideramos que o formulador de política atua conforme uma regra.

A definição utilizada neste livro diferencia as alternativas em função do estado da economia e não dos processos intertemporais utilizados. A escolha desta opção se adequa ao caráter estático do presente livro. De forma alternativa, McCallum (1989, cap. 12) considera que existe uma regra, se a autoridade monetária determina o instrumento para um número grande de períodos futuros. Na discrição, a autoridade monetária seleciona o instrumento período a período.

Uma hipótese central do modelo é que os bancos centrais têm em suas preferências um viés inflacionário porque procuram alcançar um produto acima do potencial. A FPS é definida da seguinte forma:

$$L = w\,\Pi^2 + (Y - k\,Y_p)^2 \quad (4.1)$$

onde Π é a taxa de inflação, Y o nível do produto, Y_p é o produto potencial e w e k são parâmetros. Interpretemos economicamente os parâmetros que descrevem as preferências do banco central.

O primeiro somando ($w\,\Pi^2$) supõe que existe uma meta de inflação e a taxa de inflação ótima é igual a zero ($\Pi_o = 0$). O parâmetro $w > 0$ mede a intolerância do banco central à taxa de inflação e mostra seu desconforto em relação à taxa de inflação. Nos termos de Rogoff (1985), diremos que, se w aumenta o banco central é mais conservador (menos tolerante à inflação). Nos modelos da síntese neoclássica (por exemplo, o de W. Poole que analisamos no Capítulo 2), o valor implícito de w é igual a 0.

O parâmetro $k > 1$ significa que existe para o banco central uma meta para o produto ou produto ótimo, maior que o potencial ($Y_o = k\,Y_p$). Como o banco central procura um produto maior que o potencial, apresenta um viés inflacionário.[3] Se k aumenta, então o viés inflacionário do banco central é maior e se $k = 1$ não existe viés inflacionário.

Consideremos que não existe incerteza (não existem choques) e que a estrutura econômica é dada pelo modelo de Lucas. A curva de Phillips aumentada por expectativas e a equação quantitativa da moeda são:

$$Y = b\,(\Pi - \Pi^e) + Y_p \qquad (4.2), \text{ sendo } b > 0;$$

$$u = \Pi \qquad (4.3)$$

[3] Pode ser o caso dos bancos centrais nos anos 1970, como vimos ao analisar a crítica de Lucas.

Por último, as expectativas são racionais. Neste contexto de certeza, a HER supõe que $\Pi^e = \Pi$.

O instrumento de política monetária é u, mas, dado (4.3), podemos definir a taxa de inflação como instrumento. O problema de política monetária é dado por:

$$\min_{\Pi} L = w\Pi^2 + [(1-k)Y_p + b(\Pi - \Pi^e)]^2 \quad (4.4)$$

Analisemos os resultados a serem obtidos com o uso de regra e discrição. Destaquemos que, com a HER, a política econômica torna-se um jogo não cooperativo entre o governo e o público. O equilíbrio com a HER é idêntico ao equilíbrio de Nash e a racionalidade dos agentes econômicos é similar nos dois casos.

Regra

Com regra, o governo anuncia antecipadamente uma taxa de inflação Π. Se o público acredita, as expectativas de inflação são dadas pelo anúncio do banco central: $\Pi^e = \Pi$. O governo e o público estabelecem um jogo simultâneo. Calculemos a solução deste jogo.

Substituindo em (4.4), o problema de política monetária resulta:

$$\min_{\Pi} L = w\Pi^2 + [(1-k)Y_p]^2 \quad (4.5)$$

A CPO é: $\frac{\partial L}{\partial \Pi} = 2w\Pi = 0$. A taxa de inflação com regra (Π_R) é:

$$\Pi_R = 0 \quad (4.6)$$

O uso de uma regra crível elimina o viés inflacionário do banco central, já que coordena as expectativas do público. Em modelos empíricos, se existe uma regra de política monetária, a taxa de inflação deve ser uma série estacionária.

Substituindo 4.6 na curva de Phillips 4.2, obtemos o produto com regra (Y_R):

$$Y_R = Y_p \quad (4.7)$$

Finalmente, substituindo (4.6) e (4.7) em (4.1), obtemos a perda social, se o banco central utiliza uma regra (L_R):

$$L_R = Y_p^2 (k-1)^2 \quad (4.8)$$

Política Discricionária

Com discrição, o público determina suas expectativas (Π^e) *ex-ante* e depois o governo determina o instrumento de política (Π). O jogo entre o público e o governo é sequencial, porque o público decide antes do banco central. Calculemos o resultado do jogo.

Determinemos a função de reação do banco central (FR). Dado (4.4), a CPO do problema de política é:

$$\frac{\partial L}{\partial \Pi} = 2w\Pi + 2[(1-k)Y_p + b(\Pi - \Pi^e)]b = 0$$

Colocando Π em evidência, a FR é:

$$\Pi = \frac{b^2\Pi^e + b(k-1)Y_p}{w+b^2} \quad (4.9).$$

Com certeza, o equilíbrio de Nash do jogo equivale à hipótese de previsão perfeita: $\Pi^e = \Pi$. De (4.9), temos que a taxa de inflação com discrição (Π_D) é:

$$\Pi_D = \tfrac{b}{w}(k-1)Y_p > 0 \quad (4.10).$$

Substituindo (4.10) na curva de Phillips (2), obtemos o produto (Y_D):

$$Y_D = Y_p \quad (4.11).$$

Finalmente, substituindo (4.10) e (4.11) em (4.1), obtemos a perda social com discrição (L_D):

$$L_D = (1+\alpha)\, Y_p^2 (k-1)^2 \quad (4.12)$$

onde $\alpha \equiv b^2/w > 0$.

Podemos destacar as seguintes conclusões:

- Com discrição o público tem expectativas inflacionárias devido ao viés inflacionário do banco central. Essas expectativas são validadas pelo banco central;
- De (4.10) e (4.11) vemos que, com discrição, existe uma relação direta entre taxa de inflação e produto (um aumento do produto aumenta a taxa de inflação). Em modelos empíricos, supondo que o banco central tem um viés inflacionário, a série da taxa de inflação deve cointegrar com a série do produto (que é não estacionária);
- L_D depende de forma direta de k (viés inflacionário) e de forma inversa de w (grau de conservadorismo do banco central).

Ressaltemos que um banco central totalmente conservador ($w \rightarrow \infty$) pode compensar totalmente o viés inflacionário, ainda que atue com discrição. A intolerância à inflação permite contrabalançar o viés inflacionário, impedindo que ele se manifeste. De (4.10), vemos que $\Pi_D = 0$. Concluindo, delegar a política monetária para um banco central totalmente conservador permite alcançar os mesmos resultados da regra.[4] Resta uma dúvida em relação às preferências do banco central: por que um banco central que tem viés inflacionário ($K > 1$) seria, ao mesmo tempo, totalmente intolerante à inflação ($w \rightarrow \infty$)?

Comparação de Políticas

Da comparação das FPS (4.8) e (4.12), podemos ver que $L_R < L_D$. Uma regra crível cria uma coordenação entre governo e público, que compensa o viés inflacionário do banco central ($k > 1$) e evita que o público tenha expectativas inflacionárias. Uma regra crível oferece uma sinalização ao público de que o banco central não vai "inflacionar" a economia, apesar de seu viés inflacionário.[5] A regra cria um marco institucional que não impede que o viés inflacionário do banco central se manifeste.

O gráfico 4.1 mostra o resultado alcançado. Na discrição, a posição da curva de Phillips (CP) depende de Π_D e, dado $Y_{p,}$ determina-se o ponto D associado a certo nível de perda social. Na regra, o equilíbrio de Nash acontece onde a curva de

[4] Este resultado foi apresentado inicialmente por Rogoff (1985.a). A este respeito, ver Alesina e Stella (2011, seção 3.1 e anexo).

[5] Ver o tema de discussão 4.2 deste capítulo para uma forma alternativa de apresentar este resultado.

Phillips atravessa o eixo de Y (ponto R). A perda social é menor em R que em D. Ressaltemos que a perda social é nula, se $\Pi = 0$ e $Y = Y_o$. Este é o ponto do Tinbergen e não é atingível pela política monetária. O viés inflacionário do banco central gera um desejo que não pode ser alcançado pela economia. Por esta razão, ainda com regra, a perda social é positiva.

Gráfico 4.1: Regra versus discrição

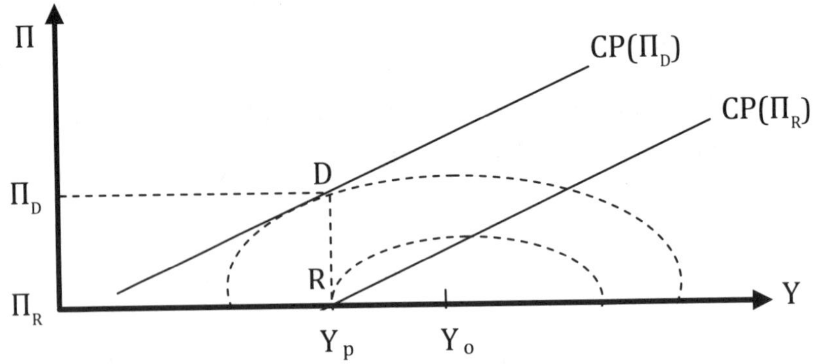

Uma alternativa ao uso da regra, como vimos, é estabelecer no comando do banco central um banqueiro totalmente conservador que seja independente do formulador de política.

A proposição seguinte conclui a análise.

Proposição: Se o banco central tem um viés inflacionário e existe certeza, o uso de uma regra crível de política monetária é preferível ao de uma política discricionária. Uma alternativa equivalente é estabelecer um banco central totalmente conservador (um banco central mais conservador melhora o bem-estar social).

Destaquemos que, se os preços e os salários são perfeitamente flexíveis ($b = 0$ na curva de Phillips), o uso de regra ou discrição na política monetária é indiferente. Quando os preços são perfeitamente flexíveis, não existe um conflito entre a taxa de inflação e o nível de atividade e a busca do banco central de um produto maior que o potencial (viés inflacionário) não inflaciona a economia com discrição ($\Pi_D = 0$).[6]

[6] Este resultado é compatível com a ineficácia da política monetária sobre o nível de atividade, se os preços são flexíveis (resultado analisado no capítulo anterior).

4.1.1. Trapaça

O jogo macroeconômico entre o governo e o público apresenta outras possibilidades. Uma delas é a trapaça (ou traição) do banco central. Nesta alternativa, o banco central anuncia a regra $\Pi = 0$, o público acredita ($\Pi^e = 0$), mas o banco central "inflaciona" a economia (faz $\Pi > 0$). Como aparece uma surpresa inflacionária ($\Pi - \Pi^e > 0$), não existe equilíbrio de Nash neste jogo.

A possibilidade de trapaça por parte do banco central permite definir uma pergunta interessante: o público pode acreditar na regra anunciada por um banco central com viés inflacionário? A pergunta surge porque a trapaça pode permitir uma redução da perda social num jogo estático. Analisemos o resultado do jogo se existe trapaça por parte do banco central.

O público determina $\Pi^e = 0$. Dado Π^e, o banco central minimiza a FPS para fixar Π. Da função de reação (4.9), temos que:

$$\Pi_T = \frac{b}{(w+b^2)}(k-1)Y_p > 0 \qquad (4.13)$$

onde Π_T é a taxa de inflação com trapaça. Substituindo (4.13) na curva de Phillips (4.2), obtemos Y_T:

$$Y_T = Y_p[1 + \frac{b^2(k-1)}{w+b^2}] > Y_p \qquad (4.14)$$

Substituindo (4.13) e (4.14) na FPS (1) e operando, obtemos a perda social com trapaça (L_T):

$$L_T = (\frac{1}{1+\alpha})L_R < L_R \quad (4.15)$$

A perda social é menor se o banco central anuncia uma regra e não a cumpre, expandindo a quantidade de moeda e gerando inflação. O público não deve acreditar num banco central com viés inflacionário, já que ele tem uma tentação a trair (E) positiva: $E = L_R - L_T > 0$.

O gráfico 4.2 ilustra e a seguinte proposição sintetiza o resultado.

Proposição: Se o banco central tem viés inflacionário, então existe um incentivo a não cumprir a regra anunciada (tendência a trapacear).

Gráfico 4.2: Regra versus trapaça

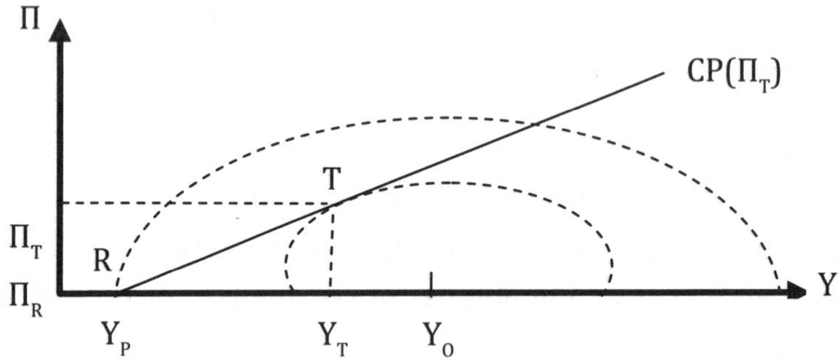

No modelo de Barro e Gordon, nada garante que o banco central vai cumprir o compromisso anunciado se tem um viés inflacionário, tornando-se necessário desenvolver uma "garantia" para que o público acredite. Na literatura do começo dos anos 1990, dizia-se que é necessário "amarrar as mãos" do banco central para que não sucumba à tentação de trair. Algumas das garantias propostas na literatura foram:[7]

- Um banco central independente do tesouro nacional, pois o viés inflacionário pode surgir de desequilíbrios fiscais financiados pelos bancos centrais. Uma alternativa é estabelecer um mandato aos diretores do banco central, que ofereça autonomia em relação ao Poder Executivo e ao Congresso;
- Estabelecer um bônus para os diretores do banco central se a regra é cumprida;
- Converter a regra monetária em uma lei.

4.1.2. Falta de Credibilidade e Má Percepção

Analisemos outras duas possibilidades de jogo entre o banco central e o público. Na primeira, o banco central anuncia uma regra e o público não acredita no anúncio. O público acha que o banco central vai proceder de forma discricionária, inflacionando *ex-post* a economia. As expectativas inflacionárias do público são incorporadas na curva de Phillips e o banco central é "obrigado" a validar

[7] A este respeito, ver, por exemplo, Alesina e Stella (2011, seção 3.3).

essas expectativas, já que essa é sua melhor resposta. O equilíbrio é similar ao da discrição, provocando uma redução do bem-estar social.

A proposição conclui a análise.

Proposição: Se o público não acredita nas regras anunciadas e as expectativas inflacionárias do público são aquelas da discrição ($\Pi^e = \Pi_D$), o banco central é obrigado a validar essas expectativas de inflação e o bem-estar social diminui. Sem credibilidade, o equilíbrio é o da discrição.

Uma alternativa para sinalizar que o banco central não está disposto a elevar *ex-post* a taxa de inflação é aumentar seu grau de conservadorismo (aumento de w na FPS). Nesse caso, a taxa de inflação efetiva seria menor que a esperada e o produto efetivo menor que o potencial (devido à surpresa inflacionária negativa). Esses resultados sinalizariam que o banco central não está disposto a tolerar uma taxa de inflação positiva e ajudariam a recuperar sua perda de reputação.

Outro jogo seria analisar uma situação em que existe má percepção do público em relação às preferências do banco central. Podemos supor que o público acredita que o banco central tem viés inflacionário, mas que a percepção do público está errada. A FPS do público é

$$L_P = w\,\Pi^2 + (Y - k\,Y_P)^2$$

onde $k > 1$ representa o viés inflacionário percebido pelo público. Na realidade, o banco central não tem viés inflacionário e sua FPS é:

$$L_{BC} = w\,\Pi^2 + (Y - Y_P)^2.$$

Com discrição, a taxa de inflação esperada pelo público é $\Pi^e = \frac{b}{w}(k-1)Y_p > 0$. No gráfico (4.3), $CP(k > 1)$ é a curva de Phillips dada as expectativas do público e $CP(k=1)$ é a curva de Phillips, se o público acreditasse no banco central. O viés inflacionário percebido pelo público desloca a curva de Phillips para cima.

Gráfico 4.3: Má percepção do público

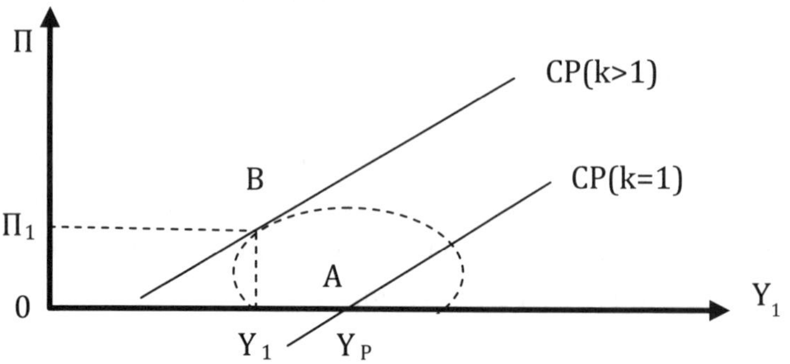

Se existe má percepção por parte do público, o equilíbrio macroeconômico é dado pelo ponto B (coordenadas Π_1 e Y_1). Se o público acreditasse que o banco central não tem viés inflacionário, o equilíbrio aconteceria no ponto A (coordenada 0 e Y_P). Notemos que o bem-estar social é menor no ponto B do que no ponto A (ponto de Tinbergen) e que o equilíbrio B não é um equilíbrio de Nash, já que a taxa de inflação efetiva é menor que a esperada pelo público.

A proposição a seguir sintetiza a análise.

Proposição: A má percepção do público em relação à postura inflacionária do banco central provoca um aumento da taxa de inflação e uma redução do nível de atividade, reduzindo o bem-estar social.

O fato de que a taxa de inflação efetiva é menor que a esperada pelo público pode sinalizar que o banco central não tem viés inflacionário e corrigir a má percepção do público.

4.1.3. Inconsistência Dinâmica

A possibilidade de trapaça do banco central pode ser reduzida, se consideramos um jogo repetido. Não analisaremos explicitamente a solução desse jogo dinâmico por nos concentrarmos, neste livro, em modelos estáticos, mas definiremos as características principais deste resultado.[8]

A traição promove benefícios no curto prazo, que podem ser chamados de benefícios da traição (E) e medidos por $E = L_T - L_R > 0$. Consideremos que a trapaça

[8] Para uma análise simples do problema de reputação, ver Alesina e Stella (2011, seção 2.2).

do banco central provoca uma perda de sua reputação nos períodos seguintes em relação ao anúncio de regras, fazendo com que o público acredite que seu comportamento será discricionário. Para os períodos seguintes, pode-se definir a punição da traição (P) medida pela perda de bem-estar social que a discrição gera: $P = L_D - L_R > 0$.

Como a traição promove benefícios sociais no curto prazo (E) e perdas sociais nos períodos seguintes (P), provoca um comportamento inconsistente no tempo (inconsistência intertemporal). Os benefícios no curto prazo são compensados por perdas no longo prazo. O lucro líquido do jogo dinâmico (N) é dado pelo valor presente das perdas sociais de cada período, para o qual o banco central deve considerar uma taxa de desconto intertemporal (δ). Considerando que existem dois períodos, o lucro líquido do jogo é dado por:

$$N = E - \frac{1}{1+\delta} P$$

Existe um nível crítico de δ que faz $N = 0$. Este nível crítico (δ*) é dado por $\delta^* = \frac{P}{E} - 1$. Se δ é menor que δ* (o banco central presta muita atenção aos resultados futuros), então $N < 0$ e existe um incentivo para que o banco central não realize trapaça.

A seguinte proposição conclui a análise.

Proposição: A perda de reputação do banco central pode inibir a trapaça ("amarra as mãos"), se o banco central levar em consideração os custos sociais futuros de suas decisões correntes.

4.2. ESCOLHA COM INCERTEZA

Analisemos se, com incerteza (aditiva), o uso de uma regra de política continua sendo a melhor opção para um banco central com viés inflacionário. Como vimos, com discrição, um banco central mais conservador melhora o bem-estar social, da mesma forma que uma regra, porque contrabalança o viés inflacionário (Rogoff, 1985.a). Analisemos se, com incerteza e discrição, um banco central mais conservador aumenta o bem-estar social.

Com incerteza aditiva, a curva de Phillips é dada por:

$$Y = b\,(\Pi - \Pi^e + \varepsilon) + Y_p \qquad (4.2')$$

onde ε é um ruído branco que representa choques de oferta. Na discrição, as expectativas do público são formadas antes do choque de oferta e o instrumento de política é determinado após o choque de oferta. A sequência de eventos pode ser visualizada da seguinte forma:

Expectativas ⟶ Choques de oferta ⟶ Política

Analisemos o problema de política monetária. Substituindo (4.2') e (4.3) em (4.1), obtemos:

$$L = w\Pi^2 + [(1-k)Y_p + b(\Pi - \Pi^e + \varepsilon)]^2 \qquad (4.4')$$

Resolvemos o problema em três etapas:

1. Minimizamos L em relação a Π;
2. Achamos o valor de L_D;
3. Aplicamos o operador E em L_D.

Da CPO, obtemos a função de reação do banco central:

$$\Pi = \frac{b^2\Pi^e + b(k-1)Y_p - b^2\varepsilon}{w + b^2} \qquad (4.9')$$

Esta função é similar à encontrada com certeza, mas inclui um somando com o choque de oferta. O equilíbrio de Nash é dado por: $\Pi^e = E(\Pi)$. Ressaltemos que a definição do equilíbrio de Nash equivale à hipótese de expectativas racionais, mostrando que as duas teorias apresentam uma racionalidade equivalente. Aplicando o operador E em (4.9'), obtemos:

$$\Pi^e = \tfrac{b}{w}(k-1)Y_p$$

A taxa de inflação esperada é a mesma que com certeza, conforme propõe o princípio de equivalência de certeza. Substituindo Π^e em (4.9'), encontramos a taxa de inflação:[9]

$$\prod_D = \tfrac{b}{w}(k-1)Y_p - \tfrac{b^2}{w+b}\varepsilon \qquad (4.10')$$

Com incerteza, acontece surpresa inflacionária, já que $\prod_D - \prod^e = -\frac{b^2}{w+b}\varepsilon$. Substituindo Π_D e Π^e em (4.2'), vemos que o produto é diferente do potencial ($Y \neq Y_p$), se acontece um choque de oferta ($\varepsilon \neq 0$). Quanto maior é o choque de oferta, maior é a surpresa inflacionária e o desvio do produto.

Substituindo (4.10') e (4.2') na FPS (1) e operando, achamos L_D:

$$L_D = w[\tfrac{b}{w}(k-1)Y_p - \tfrac{b^2\varepsilon}{w+b^2}]^2 + [(1-k)Y_p - \tfrac{b^3\varepsilon}{w+b^2} + b\varepsilon]^2 \qquad (4.12')$$

Finalmente, aplicando o operador E em (4.12') e operando (bastante), encontramos:

$$E(L_D) = (1+\alpha)(k-1)^2 Y_p^2 + (\tfrac{b^2}{1+\alpha})\alpha_\varepsilon^2 \qquad (4.13')$$

Lembremos que $\alpha \equiv b^2/w > 0$. De (4.13'), podemos ver que um banco central mais conservador (com w maior e α menor) provoca dois efeitos opostos no bem-estar social, conforme mostram os dois somandos de (4.13'). Analisemos esses somandos.

No primeiro somando (que é igual ao obtido com certeza), um aumento de w diminui a perda social. Esta relação mostra os efeitos da ausência de compromisso para contrabalançar o viés inflacionário do banco central. Um banco central mais conservador reduz os efeitos de seu viés inflacionário e melhora o bem-estar social.

No segundo somando, um aumento de w aumenta a perda social e mostra os efeitos sobre o bem-estar social de não acomodar a economia após os choques. Este efeito é mais importante se os choques são grandes (σ^2_ε maior). Choques grandes geram surpresa inflacionária de dimensão considerável e provocam fortes desvios do produto em relação ao potencial. Um banco central mais conservador

---

[9] Observemos que, como no modelo de Lucas, a taxa de inflação depende da taxa de inflação esperada e do choque.

tem uma capacidade menor (ou flexibilidade menor) para ajustar a política monetária ao desvio do produto, gerando um aumento da perda social esperada. Um banco central mais conservador tem sua capacidade de resposta da política monetária a choques de oferta diminuída.

O resultado líquido de um aumento de *w* depende dos parâmetros de (4.13'), mas deve-se ressaltar o papel da variância do choque de oferta (σ_ε^2). Quanto maior for a variância do choque, mais importante é ter flexibilidade (capacidade de acomodar o nível de atividades a choques) do que compromisso: se σ_ε^2 aumenta, é mais eficiente atuar de forma discricionária e ter mais flexibilidade. Resumimos o resultado com a seguinte proposição.

Proposição de Rogoff: Com incerteza aditiva e viés inflacionário do banco central, existe um conflito entre compromisso (regra) e flexibilidade (discrição). Um banco central mais conservador não necessariamente melhora o bem-estar social com discrição ou não necessariamente uma regra é preferível à discrição. A discrição torna-se preferível, quando aumenta a incerteza (variância dos choques).

Com incerteza, recomenda-se ter situações híbridas, que misturem compromisso e discrição (flexibilidade). Existem várias possibilidades. Uma delas é adotar regras com cláusulas de escape, que estabeleçam em que condições a política monetária deve acomodar os choques de oferta.[10] Das alternativas a serem analisadas nos próximos capítulos, uma é estabelecer políticas discricionárias com regras que limitem a atuação do formulador de política. O regime de metas de inflação, analisado no Capítulo 6, constitui um regime de política discricionária, mas com regras para o instrumento de política monetária. Outra é estabelecer regras com mecanismos de realimentação (*feedback rules*), onde o instrumento de política depende das metas de política e das condições macroeconômicas. Um exemplo de regra com realimentação é a regra de Taylor, analisada no Capítulo 7.

Temas de Discussão

4.1. Como pode ser justificada a hipótese de viés inflacionário do banco central? É razoável pensar num banco central que tenha, ao mesmo tempo, um viés inflacionário e seja intolerante à taxa de inflação (conservador)?

---

[10] Lohmann (1992) analisa como deve ser o desenho do banco central para obter credibilidade com uma taxa de inflação baixa, enquanto apresenta uma resposta flexível, caso ocorram eventos imprevisíveis. Para um resumo da literatura, ver Alesina e Stella (2011, seções 3.2 e 3.3).

4.2. Analisemos um exercício com o modelo de Barro e Gordon e que destaca o papel do viés inflacionário. Consideremos que existe certeza e que a curva de Phillips é dada por:

$$\mu = \mu_n - a\,(\Pi - \Pi^e)$$

onde μ é a taxa de desemprego, $\mu_n > 0$ é a taxa de desemprego natural, a é um parâmetro ($a > 0$), Π é o instrumento de política monetária e Π^M a meta de inflação. Por outro lado, a FPS é:

$$L = \mu^2 + b\,(\Pi - \Pi^M)^2$$

onde b é parâmetro ($b > 0$).[11] Calcule a taxa de desemprego, a taxa de inflação e a perda social com regra e política discricionária. Compare as perdas sociais e explique.

Consideremos que o banco central muda suas preferências e que a FPS é dada por:

$$L = (\mu - \mu_n)^2 + b\,(\Pi - \Pi^M)^2.$$

Neste caso, não existe viés inflacionário porque o banco central não procura uma taxa de desemprego menor que a natural ($\mu_o = \mu_n$). Calcule novamente a perda social com regra e discrição, explique o resultado e compare com o anterior.

4.3. Um banco central com viés inflacionário que anuncia um compromisso com uma meta de inflação não é crível. Por isso, é necessário estabelecer um marco institucional que iniba esse viés (crie um incentivo a não inflacionar).

[11] Observemos que, neste caso, existe viés inflacionário porque o banco central procura uma taxa de desemprego menor que a natural: a taxa de desemprego ótima (μ_o) é igual a zero e $\mu_o < \mu_n$.

Parte 2

NOVO CONSENSO

Capítulo 5:

SURGIMENTO DO NOVO CONSENSO

Na década de 1970, a taxa de inflação nos Estados Unidos de América e em outras economias industrializadas chegou a ser superior a 10% ao ano e a taxa de sacrifício era elevada. O período foi denominado de a Grande Inflação. A mudança na política monetária do começo da década de 1980 promoveu, entre 1984 e 2007, um longo período de inflação baixa e pouca volatilidade na taxa de crescimento desses países (exceto nas crises de 1990/1 e 2001) chamado de a Grande Moderação. Neste período, os ciclos econômicos foram suaves e não aconteceram choques grandes que levassem as economias desenvolvidas para uma depressão, gerando a percepção de que grandes crises não voltariam a afetar essas economias. Da experiência da política monetária na Grande Moderação, surgiu um conjunto de propostas associadas às práticas dos principais bancos centrais, chamado de novo consenso.

Neste capítulo, apresentaremos as principais características macroeconômicas dos períodos de a Grande Inflação e de a Grande Moderação na economia americana na forma de tópicos. Posteriormente, destacaremos a experiência internacional e os princípios para a política monetária que emergiram dessas experiências. Por último, apresentaremos um modelo macroeconômico simples, que tem um caráter introdutório e ressalta o papel da política monetária à luz dos princípios destacados.

5.1. BREVE HISTÓRIA DA POLÍTICA MONETÁRIA AMERICANA[1]

Desarranjo da Década de 1970

A economia americana apresentou muitos distúrbios na década de 1970. Alguns dos problemas macroeconômicos enfrentados, segundo Goodfriend (2007), foram:

- O colapso do regime de Bretton Woods com o final do sistema monetário internacional baseado no padrão dólar-ouro;

[1] Para uma análise mais detalhada, ver Walsh (2010a, Capítulo 11, seção 11.5).

- Choques no preço do petróleo;
- Baixo crescimento da produtividade total dos fatores e do produto potencial;
- A crença de que era possível manter o produto agregado acima do produto potencial;[2]
- Ciclos de crescimento econômico seguidos de taxas de inflação elevadas e desaceleração do crescimento. O processo era caracterizado como de *stop and go*;
- Aumento da indexação de preços de bens e serviços e de ativos financeiros. Aumento da taxa de sacrifício;
- Volatilidade elevada na taxa de inflação e na taxa de crescimento.

Os problemas macroeconômicos fizeram com que, no final dos anos 1970, o governo dos Estados Unidos estivesse disposto a acabar com a dinâmica perversa que tinha se instaurado na economia.[3]

Era Volcker

A administração de P. Volcker no comando do Federal Reserve (agosto de 1979 até agosto de 1987) iniciou, em outubro de 1979, um plano anti-inflacionário baseado num aperto da oferta de moeda. As principais lições para a política monetária do período de Volcker como presidente do Federal Reserve, segundo Goodfriend (2007), são:

- A inflação é basicamente um fenômeno monetário, no sentido de que a causa última do processo inflacionário é uma política monetária excessivamente expansionista. Pode-se controlar a taxa de inflação sem controlar preços, salários ou crédito e a política fiscal é só coadjuvante;
- Um banco central independente pode adquirir credibilidade, apesar de testado pelo mercado financeiro;
- Aumentos da taxa de juros básicos (instrumento de política monetária desde o terceiro trimestre de 1984) combatem expectativas inflacionárias e podem prevenir aumentos futuros de inflação sem gerar recessão.

---

[2] Em termos do modelo Barro e Gordon, existia um viés inflacionário nos formuladores da política econômica.

[3] Para uma análise de algumas das ideias (erradas) do Federal Reserve nos anos de 1970, ver Romer e Romer (2013, seção II).

Era Greenspan

Durante a longa administração de A. Greenspan no Federal Reserve (agosto de1987 até janeiro de 2006), os principais destaques da política monetária, segundo Goodfriend (2007), foram:

- Estabeleceu-se uma meta de inflação implícita, procurando estabilizar o núcleo do deflator do Consumo, que reforçou a credibilidade do Federal Reserve;
- No *crash* (estouro da bolha especulativa) da Bolsa de Valores de 1987, o Federal Reserve emprestou dinheiro ao sistema bancário e financeiro, gerando aumento da inflação e sinalizando uma política monetária mais flexível após choques financeiros;
- Devido à credibilidade conquistada pelo Federal Reserve nos anos 1980, que levou a expectativas inflacionárias bem ancoradas, a política agressiva de 1994 (aumento de 3% na taxa de juros básica) gerou um aumento pequeno da taxa de desemprego, mostrando uma taxa de sacrifício baixa. Pelo mesmo motivo, a recessão de 2001, provocada por uma crise financeira, foi curta, durando só dois trimestres;
- Em 1996, o *Federal Open Market Committee* (FOMC) explicitou e anunciou uma estratégia para a taxa de juros básica, gerando princípios e estratégias claras para a política monetária.

5.2. EXPERIÊNCIA EM OUTROS PAÍSES[4]

A partir da experiência do Federal Reserve na década de 1980, Nova Zelândia e Canadá adotaram um regime de política monetária baseada em metas para a taxa de inflação em 1990 e 1991. Suécia e Reino Unido, em 1992, aderiram a esse regime, após a crise do Sistema Monetário Europeu. Alguns países emergentes adotaram esse regime, após o colapso dos regimes de câmbio fixo no final dos anos 1990, entre eles Coreia, Tailândia, Filipinas, Chile, Brasil e México.

Todos os países que adotaram o regime de metas de inflação desenvolveram um marco institucional para dar transparência às decisões de política monetária, gerando modelos macroeconômicos, regras, relatórios, rituais, etc. Em 2010, quase

[4] Para uma análise mais detalhada, ver Walsh (2010a, Capítulo 11, seção 11.6)

trinta bancos centrais utilizaram o regime de metas de inflação para estabelecer suas políticas monetárias. Outros bancos centrais, como o Federal Reserve e o Banco Central da Europa, comportaram-se de forma essencialmente similar.

5.3. PRINCÍPIOS DO NOVO CONSENSO

Os princípios principais estabelecidos pelo novo consenso no final da década de 1990 são:

- A prioridade da política monetária é a estabilidade de preços;
- Estabilizar a taxa de inflação permite estabilizar o nível de atividade;
- O instrumento de política monetária deve ser a taxa de juros para empréstimos interbancários. Os agregados monetários são instáveis e difíceis de serem controlados e, por esse motivo, não podem ser utilizados como instrumentos de política monetária.[5] Já as taxas de juros básicas podem ser controladas pelos bancos centrais;
- A política fiscal é coadjuvante da política monetária para estabilizar a taxa de inflação e o nível de atividade;
- A credibilidade do banco central é importante para ter uma inflação baixa;
- É fundamental para a política monetária ter objetivos e procedimentos transparentes para a determinação da taxa de juros de política e, em especial, regras para enfrentar os choques diversos.

Nos capítulos seguintes, desenvolveremos a proposta de política monetária elaborada a partir destes princípios, discutindo distintos aspectos.

5.4. HIPÓTESE DA TAXA NATURAL

Um dos alicerces teóricos do novo consenso é a hipótese, elaborada a partir dos trabalhos de Friedman (1968) e Phelps (1968), de que o nível de atividade flutua, no longo prazo, por volta de um nível potencial (ou natural). Os choques da

[5] Como na década 1980 e no começo de 1990 os choques na demanda monetária foram consideráveis e imprevisíveis, Gerald Bouey, presidente do Banco do Canadá de 1973 até 1987, declarou: "Nós não abandonamos os agregados monetários; foram eles que nos abandonaram."

política monetária têm efeitos temporários sobre o nível de atividade, gerando flutuações no redor do produto potencial.[6] As análises empíricas consolidaram a hipótese da taxa natural de desemprego de longo prazo. Friedman (1968) argumentou que um aumento exógeno na oferta de moeda leva a uma queda na taxa de juros, num período de um a dois anos, e a um aumento da produção e do emprego, de dois a cinco anos.

De forma similar, Christiano *et al.* (1999, seção 4.2.2) e Christiano *et al.* (2005, seção II) analisam os dados da economia americana no período 1965-1995 e encontram que, depois de um choque expansionista de política monetária, a dinâmica do produto apresenta um formato de "corcunda", alcançando o pico um ano e meio após o choque e chegando ao nível prévio ao choque por volta de três anos.[7]

Dado esse fato estilizado, o papel da política monetária é reduzir a volatilidade do hiato do produto ou, de forma mais geral, a política monetária pode ser considerada como uma política de estabilização do ciclo econômico.[8] No longo prazo, a política monetária não afeta o componente de tendência do produto e só pode controlar variáveis nominais, como a taxa de inflação.[9]

As seguintes proposições sintetizam a argumentação apresentada.

Proposições:

- Os choques da política monetária têm efeitos temporários sobre o produto;
- O papel da política monetária é reduzir a volatilidade do hiato do produto (desvio em relação à tendência subjacente);
- No longo prazo, a política monetária só controla variáveis nominais.

---

[6] No anexo deste capítulo, apresentamos os conceitos de choques permanentes e temporários e as representações do processo gerador do produto.

[7] Para uma análise de algumas evidências empíricas da relação entre produto e moeda (em especial a equação de St. Louis), ver Romer (2006, Capítulo 5, seção 5.5). Uma análise mais avançada da evidência empírica entre moeda, preços e produto é apresentada por Walsh (2010a, Capítulo 1. As seções 1.2 e 1.3, até 1.3.3, são acessíveis a alunos de graduação).

[8] A este respeito, ver Galí e Gertler (2007).

[9] A moeda é "neutra" e a dicotomia clássica é válida no longo prazo. A este respeito, ver Taylor (1998) e Mishkin (2011).

5.5. UM MODELO INTRODUTÓRIO SIMPLES

Corsetti e Pesenti (2008) desenvolveram um modelo macroeconômico estático de demanda e oferta agregada, que ressalta, de um ponto de vista teórico, as propriedades da política monetária destacadas na seção anterior e as hipóteses principais utilizadas pelo novo consenso. Apresentemos o modelo como um primeiro guia de estudo, mas os temas serão mais desenvolvidos nos capítulos seguintes.

Estrutura Geral do Modelo

Consideremos uma economia fechada formada por famílias, firmas e o banco central. Não existem bens de capital, somente bens de consumo. A população é normalizada para 1, de forma que a mesma notação indica variáveis agregadas e *per capita*.

Seja C uma cesta de bens de consumo, P o índice de preços dessa cesta, $P\ C$ a demanda agregada nominal e μ um agregado monetário que reflete a política do banco central. A curva de demanda agregada (DA) é dada por:

$$C = \mu / P \quad (5.1)$$

As firmas só utilizam como insumo o trabalho (l), produzem bens de consumo e têm algum poder para fixar os preços desses bens. O mercado de trabalho é de concorrência perfeita. A curva de oferta agregada (OA) relaciona o produto (Y) e o emprego:

$$Y = Z\, l \quad (5.2)$$

onde Z é a produtividade do trabalho.

O equilíbrio no mercado de bens supõe que a demanda agregada é igual à oferta agregada: $Y = C$. Nas equações (5.1) e (5.2), μ e Z são variáveis exógenas, enquanto que Y, C, l e P são endógenas (determinadas no modelo).

Existem dois casos básicos de formação de preços por parte das firmas: um em que os preços são totalmente flexíveis (e representa o marco de referência para o longo prazo) e outro com rigidez nominal de preços (adequado para o horizonte temporal do ciclo econômico).[10] Analisemos cada caso.

[10] A este respeito, ver Sørensen e Whitta-Jacobsen (2011, cap. 1).

Preços Flexíveis

Os preços são flexíveis quando se adequam às interações entre oferta e demanda. Em concorrência imperfeita, as firmas formam preços considerando um *markup* ótimo ($1 < m < \infty$) sobre seus custos marginais. O *markup* depende da elasticidade de substituição entre diferentes bens de consumo e os custos marginais são os custos unitários do trabalho. O preço (flexível) é formado da seguinte forma:

$$P^{flex} = m\frac{W}{Z} \qquad (5.3)$$

onde W é a taxa de salário.

Analisemos a decisão das famílias. A função de utilidade das famílias (U) depende do consumo de bens (C) e da oferta de trabalho (l). Ela é dada por:

$$U = \ln C - l \quad (5.4)$$

Diferenciando (5.4) e igualando a zero, calculamos a taxa marginal de substituição entre consumo e lazer (TMS) é:

$$\frac{\partial C}{\partial l}\bigg|_{dU=0} = C \qquad (5.5)$$

Como o mercado de trabalho é de concorrência perfeita, o salário real (W/P) deve ser igual à TMS (C):

$$W/P = C \quad (5.6)$$

De (5.2), (5.3) e (5.6), obtemos:

$$l^{flex} = \frac{1}{m} \qquad (5.7)$$

onde l^{flex} é a taxa de emprego natural e $Y_P = Z\, l^{flex}$ é o produto potencial. Estas variáveis representam o equilíbrio numa economia com preços flexíveis (sem rigidez nominal) e é o marco de referência da análise. Ressaltemos que o produto potencial flutua com choques de produtividade.

Dados Y_P e μ, determina-se o nível de preços (*P*) na curva *DA*. De (5.1) e (5.2), temos que $P = \frac{\mu}{Y_P}$: um aumento de μ gera um aumento de *P*. Com preços flexíveis, uma política monetária expansionista (aumento de μ) não afeta o nível de emprego (ou o produto) e provoca um aumento do nível geral de preços.

Analisemos o ajuste macroeconômico com preços flexíveis, quando acontece um choque de produtividade positivo ($\Delta Z > 0$), utilizando o gráfico 5.1. As curvas de oferta e demanda agregada são representadas no espaço (*C*, *l*). O equilíbrio inicial é o ponto *A*, no qual o emprego está no seu nível natural. Um aumento de *Z* desloca a curva de oferta agregada de *OA* para *OA'*, mostrando o aumento da capacidade produtiva. Por outro lado, o aumento de *Z* reduz os preços e aumenta a demanda de bens, deslocando a curva de demanda agregada de *DA* para *DA'*. A economia passa do ponto *A* para o *B* e o novo equilíbrio acontece com o emprego no seu nível natural.

Gráfico 5.1: Equilíbrio com preços flexíveis e choques de produtividade

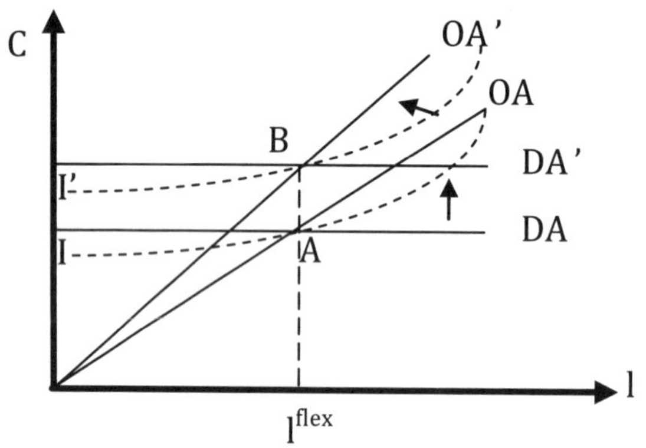

Bem-estar Social

O bem-estar social é dado pela utilidade das famílias. A função de utilidade é representada no gráfico 5.1 pelas curvas de indiferença *I* e *I'*. O bem-estar social (medido em termo de utilidade das famílias) é maior no ponto *B* que no ponto *A*.

Como existe uma distorção monopolista no mercado de bens, o equilíbrio com preços flexíveis não é Pareto eficiente: o nível de emprego é subótimo.[11] Este

[11] Blanchard (2003, seção 1) ressalta que o produto potencial não significa que é o produto ótimo, mas o nível de produto que seria alcançado, se todas as rigidezes nominais da economia são removidas, mas deixadas todas as outras distorções.

ponto pode ser mostrado destacando-se que, no equilíbrio A, a TMS, dada pela inclinação da curva de indiferença em l^{flex}, é diferente da taxa marginal de transformação (TMT), dada pela inclinação da curva de oferta agregada. Como TMS = $C = Z/m$ e TMT = Z, então TMS < TMT porque $m > 1$. Um aumento do emprego aumenta o bem-estar social.[12]

Rigidez de Preços

A existência de rigidez nominal de preços muda o ajustamento macroeconômico frente a choques. Consideremos que as firmas predefinem seus preços e são in--capazes de modificá-los quando acontecem choques de produtividade. Nestas condições, como a produtividade pode variar, o preço ótimo determinado pelas firmas depende do custo marginal esperado:

$$P = mE(\frac{W}{Z}) \qquad (5.8)$$

onde E se refere ao valor esperado (dada a informação disponível nesse momento). Consideremos que não existe viés nas expectativas de custo marginal, no sentido que o erro médio cometido é nulo.[13] Mudanças não antecipadas no custo marginal afetam os lucros efetivos (*ex-post*) das firmas.

De (5.1) e (5.6), vemos que $W = \mu$. Substituindo em (5.8), obtemos:

$$P = mE(\frac{\mu}{Z}) \qquad (5.9)$$

Multiplicando ambos os lados por C e usando (5.1) e (5.2):

$$\mu = mE(\frac{\mu}{Z})Z\,l \qquad (5.10)$$

Colocando l em evidência e aplicando E, obtemos:

$$E(l) = E[\frac{\mu/Z}{mE(\mu/Z)}] = \frac{1}{m} = l^{flex} \qquad (5.11)$$

---

[12] Com concorrência perfeita no mercado de bens, m = 1 e TMS = TMT. Neste caso, a curva de indiferença (I) é tangente à curva de oferta agregada (AO) em l^{flex}.

[13] Como analisamos no Capítulo 3, esta hipótese implica que as expectativas são racionais.

Com preços fixos, o emprego flutua no redor do seu nível natural (e o produto no redor do produto potencial). Choques na produtividade geram flutuações no custo marginal. Se as firmas subestimam o custo marginal, o preço diminui, o consumo aumenta e o nível de emprego será maior que o natural. Se as firmas superestimam o custo marginal, os preços sobem e o consumo e o emprego diminuem. Já que as expectativas das firmas não têm viés (não existe erro sistemático ao prever o custo marginal), a média do emprego será o natural e a média do produto, o produto potencial.

Analisemos o ajuste macroeconômico com preços fixos, se acontece um choque de produtividade positivo. No gráfico 5.2, a curva de oferta agregada desloca-se de *OA* para *OA'*. Dados o nível de preços (*P*) e a política monetária (μ), a demanda agregada (real) não se altera e o nível de emprego cai para *l'*. A economia passa do ponto *A* para o ponto *B*. Em termos econômicos, o aumento de produtividade eleva a capacidade produtiva (oferta potencial) das firmas, mas, como os preços não diminuem, os consumidores não podem comprar mais bens com a renda nominal disponível. Se os preços são fixos, o aumento na produtividade do trabalho gera desemprego.[14]

Gráfico 5.2: Equilíbrio com preços fixos e choque de produtividade

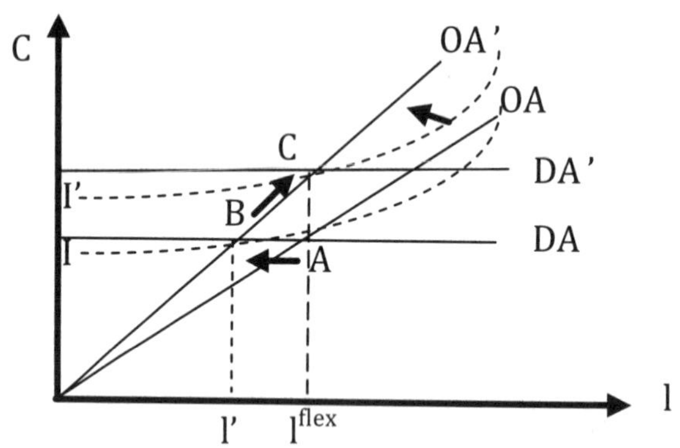

Essa situação abre a possibilidade para que o banco central utilize a política monetária para aumentar o bem-estar social. Uma alternativa seria estabelecer

[14] Do ponto de vista empírico, os ajustes macroeconômicos de melhorias tecnológicas têm, em certa medida, impactos contracionistas. Essa evidência dificilmente pode ser reconciliada com o processo de ajuste sugerido pelo modelo com preço flexível, mas modelos com preços rígidos no curto prazo fornecem um marco analítico consistente com os fatos estilizados.

uma política monetária expansionista (aumento de μ), que desloque a curva de demanda agregada de *DA* para *DA'* no gráfico 5.2. O aumento da renda nominal das famílias permite elevar as vendas das firmas. A política monetária expansionista desloca a economia do ponto *B* para o ponto *C*, alcançando o equilíbrio que teria com preços flexíveis. A política monetária leva a economia para o equilíbrio com preços flexíveis, aumentando o bem-estar social, já que o nível de utilidade das famílias é maior no ponto *C*.

De forma mais geral, o banco central deve realizar uma política expansionista nas recessões e contracionista no auge, suavizando o ciclo econômico.

A seguinte proposição apresenta as conclusões da análise.

Proposição: Na abordagem do novo consenso, temos que:

- O marco de referência da política monetária é o modelo de equilíbrio geral com preços flexíveis;
- O marco de referência não depende da política monetária;
- Os ciclos são provocados por choques (no modelo são choques de produtividade);
- A rigidez nominal é a fricção principal da economia, no sentido de que a política monetária cumpre um papel (aumenta o bem-estar social), se os preços são fixos;
- Se os preços são fixos, a política monetária deve suavizar o hiato do produto (diferença entre o produto efetivo e potencial). A política monetária permite reduzir a volatilidade do produto.

O governo pode eliminar as distorções causadas pelo poder de mercado das firmas, utilizando subsídios e impostos. O governo pode subsidiar a produção das firmas a uma taxa m e levar as receitas tributárias num montante fixo. A decisão ótima da firma leva a que os preços sejam iguais aos custos marginais esperados: $P = E(\frac{\mu}{Z})$.[15] Como existem duas distorções na economia (rigidez nominal de preços e poder de monopólio na produção), o governo necessita de dois instrumentos para alcançar a eficiência. A política monetária elimina as

[15] Corsetti e Pesenti (2008, seção 5.1) mostram que, nestas condições, o banco central não tem qualquer incentivo para se desviar da política monetária ótima, tornando-a consistente no tempo.

consequências negativas dos preços fixos (atuando pelo lado da demanda da economia) e a política fiscal elimina as distorções da concorrência monopolista (atuando pelo lado da oferta). Uma adequada combinação de política monetária e fiscal permite que os formuladores de política levem a economia para sua melhor alocação possível.

A análise apresentada supõe que a política monetária e os choques de produtividade afetam de forma similar todos os setores da economia. Se este não for o caso, seria imprudente utilizar a política monetária porque geraria grandes distorções na composição do produto e na taxa de inflação. Blanchard (2003) ressalta que a política monetária deve ser utilizada, quando realmente é capaz de compensar os choques efetivos.

Política Monetária Ótima

Definamos de forma mais precisa a política monetária do banco central. Ele procura determinar μ de forma que o valor esperado da utilidade da família seja máximo. O banco central resolve o problema seguinte:

$$\max_{\mu} E(\ln C - l) = E(\ln C) - E(l)$$

Substituindo em *C*, obtemos: $C = \frac{\mu}{P} = \frac{\mu}{mE(\mu/Z)}$. Lembremos que $E(l) = l^{\text{flex}}$. O problema de política monetária pode ser escrito como:

$$\max_{\mu} E[(\ln \mu) - \ln E(\frac{\mu}{Z})] - k$$

onde *k* é uma constante.

Da condição de primeira ordem do problema, temos que:

$$\frac{1}{\mu} - \frac{1/Z}{E(\mu/Z)} = 0$$

Seja $\alpha = E(\frac{\mu}{Z})$. A solução para μ pode ser escrita da seguinte forma:

$$\mu = \alpha Z \quad (5.12)$$

O banco central deve responder a choques de produtividade que desestabilizam o custo marginal esperado e deslocam o emprego além do pleno emprego. A política monetária ótima consiste no compromisso de fornecer uma âncora nominal para a economia, dada pelo custo marginal esperado (α), que elimina a incerteza nos custos marginais e nos lucros das firmas.

O valor da âncora nominal (α) pode ser determinado pelo banco central, considerando uma taxa de inflação desejada (Π^M) e o nível de preços do período anterior (P_{-1}). Da equação de preços, podemos obter que:

$$\alpha = \frac{P_{-1}}{m}(1 + \prod^{M}) \qquad (5.13)$$

Se o banco central anuncia o compromisso de alcançar Π^M e se as firmas e as famílias acreditam, o nível de preços é dado por $P = m\ \alpha$.

A seguinte proposição conclui a análise.

Proposição: Se o banco central tem credibilidade, a política monetária ótima pode ser implementada através de um regime de meta de inflação.

Temas de Discussão

5.1. A política monetária possui marcos de referência para várias variáveis macroeconômicas (como taxa de desemprego e produto agregado). Do ponto de vista teórico, os marcos de referência estão associados a situações de equilíbrio geral com preços flexíveis. Do ponto de vista empírico, devem ser tratados como valores médios que aconteceriam se não existissem choques. Poderíamos chamar esses valores de normais ou naturais. Analise os conceitos de taxa de desemprego natural e de produto potencial.

5.2. Ajuste lento do nível de preços a seu equilíbrio com preços flexíveis é uma condição necessária para que a política monetária possa ter algum papel.

5.3. A política monetária provoca choques no nível de atividade que são temporários. O instrumento de política não afeta o produto potencial. Discuta o conceito de neutralidade da moeda no longo prazo.

Anexo:

PERSISTÊNCIA DOS CHOQUES E FLUTUAÇÕES

O produto agregado pode ser decomposto num componente de tendência e outro de ciclo:

$$Y_t = Y_{Pt} + y_t \quad (5.14)$$

onde Y é o logaritmo do produto efetivo, t um índice de tempo, Y_P o logaritmo do produto potencial (ou natural) e y o hiato do produto. O produto potencial representa o componente de tendência e o hiato do produto o componente cíclico que reflete as flutuações recorrentes.[1]

Consideremos que a tendência é determinística e linear:

$$Y_{Pt} = \alpha + \beta t \quad (5.15)$$

onde α e β são parâmetros e β representa a taxa de crescimento da tendência. O gráfico I.1 apresenta a decomposição tradicional do produto, com uma tendência linear e um hiato do produto. Dado o componente de tendência, o hiato do produto é determinado pela diferença $y_t = Y_t - Y_{Pt}$ e apresenta uma reversão do produto para sua média (dada por $E(y_t) = 0$).

Gráfico I.1: Decomposição tradicional do produto agregado

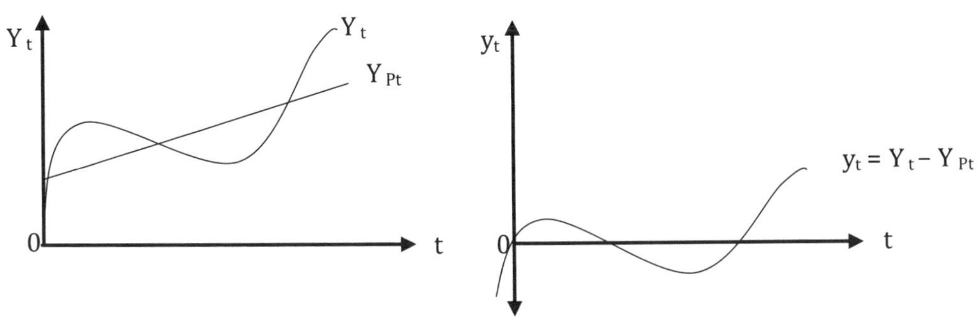

[1] Recorrente não significa regular (periodicidade ou amplitude constante). Para uma apresentação de fatos estilizados do ciclo econômico, pode se ver Sørensen e Whitta-Jacobsen (2011, cap. 13).

O *mainstream* macroeconômico ressalta que é amplamente aceito que a dinâmica do ciclo econômico é determinada por choques sobre o produto, num contexto em que os preços dos bens e serviços se ajustam lentamente.[2] Os choques podem ser modelados, considerando a persistência do seu impacto sobre o produto, em temporários (se os efeitos revertem rapidamente) ou permanentes (se os efeitos demoram a desaparecer).[3] Modelemos a dinâmica do hiato do produto como um processo autorregressivo de primeira ordem:

$$y_t = a\, y_{t-1} + u_t$$

onde a é um parâmetro ($0 \leq a \leq 1$) e u_t é uma variável aleatória, ruído branco que representa o choque no produto. Iterando a equação, obtemos uma representação de média móvel de y_t:

$$y_t = a\,(a\,y_{t-2} + u_{t-1}) + u_t$$
$$y_t = u_t + a\,u_{t-1} + a^2\,u_{t-2} + a^3\,u_{t-3} + \ldots$$

Analisemos a dinâmica do produto nos dois casos extremos do parâmetro a ($a = 0$ e $a = 1$).

Se os choques não têm persistência, os efeitos dos choques sobre o nível de atividade duram um período. Neste caso, $a = 0$ e um ruído branco da conta do componente cíclico do produto. O hiato do produto é determinado da seguinte forma:

$$y_t = u_t \quad (5.16)$$

Adicionando o componente de tendência (equação 5.15) e de ciclo (equação 5.16), a dinâmica do produto (Y_t) é a seguinte:

$$Y_t = \alpha + \beta\, t + u_t \quad (5.17)$$

Neste caso, a série Y_t é chamada de tendência estacionária.[4]

---

2 A este respeito, ver Sørensen e Whitta-Jacobsen (2011, cap. 1 e 19). Ver também Svensson (2002, seção 2), Romer (2006, seção 10.5), Woodford (2008) e Galí (2009).

3 Esta abordagem foi sugerida inicialmente por Nelson e Plosser (1982), mostrando que o método utilizado para modelar a dinâmica do produto desempenha um papel crítico na análise.

4 Uma série temporal é dita estacionária, se suas propriedades estatísticas não mudam com o tempo. A série estacionária tem média e variância constantes no tempo e a covariância entre valores defasados da série depende apenas da defasagem.

Se o choque é permanente, no sentido de que seus efeitos são duradouros e não desaparecem, seus efeitos acumulam-se no tempo. Neste caso, a = 1 e o hiato do produto é determinado pelos choques passados e correntes:

$$y_t = u_t + u_{t-1} + u_{t-2} + u_{t-3} + \ldots \quad (5.18)$$

Adicionando os componentes de tendência (equação 5.15) e de ciclo (equação 5.18), a dinâmica do produto é dada por:

$$Y_t = \alpha + \beta\, t + u_t + ut_{-1} + u_{t-2} + \ldots \quad (5.19)$$

O efeito de um choque não desaparece e acaba se incorporando no componente de tendência, que se torna estocástica (não é mais determinística). Se subtrairmos $Y_{t-1} = \alpha + \beta\,(t - 1) + u_{t-1} + u_{t-2} + \ldots$ de 5.19, obtemos:

$$Y_t = Y_{t-1} + \beta + u_t \quad (5.20)$$

Notemos que, em 5.20, Y_t é não estacionária, já que sua variância aumenta com o tempo.[5] Como a taxa de crescimento do produto ($\Delta Y_t = \beta + u_t$) é uma variável estacionária, a série de Y_t é chamada de diferença estacionária (Y_t se torna estacionária pela diferenciação).

As equações (5.17) e (5.20) têm sido amplamente testadas nos últimos trinta anos. Um dos testes mais utilizados é o de raiz unitária, que consiste em avaliar ρ no processo autorregressivo seguinte:

$$Y_t = \rho\, Y_{t-1} + u_t$$

onde H_0: ρ = 1 e H_1: |ρ| < 1. Como Y_t é não estacionário sob a hipótese nula, Dickey e Fuller (1979) propuseram uma reespecificação do teste, subtraindo Yt_{-1} de ambos os lados da equação:

$$\Delta Y_t = \gamma\, Y_{t-1} + u_t \quad (5.21)$$

onde $\gamma \equiv \rho - 1$. Neste caso, H_0: γ = 0 e H_1: γ < 0. O teste de Dickey e Fuller é monocaudal à esquerda.

[5] A este respeito ver, por exemplo, Stock e Watson (2004, cap. 12, seção 12.6).

Os testes modernos são normalmente mais favoráveis à equação (5.20), já que não rejeitam a hipótese de que existe uma raiz unitária no processo gerador de Y_t. Por exemplo, Woodford (2008) destaca que a ideia mais aceita hoje em dia pelos macroeconomistas é que choques com impacto permanente sobre o produto são frequentes na maioria das economias.

Capítulo 6:

REGRAS MONETÁRIAS ÓTIMAS

Os princípios e recomendações da teoria da política monetária do novo consenso foram desenvolvidos através de modelos macroeconômicos chamados de novos keynesianos.[1] Os modelos novos keynesianos são apresentados como modelos de equilíbrio geral dinâmico e estocástico, no qual os agentes econômicos consideram decisões ótimas, em um marco de rigidezes nominais.[2] Os modelos mais utilizados consideram que os preços dos bens e serviços e/ou salários não são ajustados instantaneamente em relação a desequilíbrios nos seus mercados (excessos de demanda e oferta). Isso promove um conflito entre o nível de atividade e a taxa de inflação, que é o obstáculo central para a administração da política monetária. Da literatura existente, destacamos a síntese apresentada inicialmente por Clarida *et al.* (1999) e sintetizada por Woodford (2003), que apresenta modelos suficientemente tratáveis para admitirem soluções analíticas.[3]

Como esses modelos possuem uma estrutura mais complexa que a proposta neste livro, a alternativa é utilizar um modelo mais simples desenvolvido por Bofinger *et al.* (2006) e denominado pelos autores de modelo BMW. O modelo, de nível intermediário, é estático e permite analisar de forma simples as regras de política monetária do novo consenso, destacando as características institucionais do regime de metas de inflação.[4-5]

Neste capítulo, apresentamos as principais proposições de política monetária, considerando uma economia fechada e sem levar em conta a política fiscal. Nos

[1] Alguns autores como Woodford (2003) denominam esses modelos de neowicksellianos.

[2] Em ocasiões, pode ser uma representação agregada de um modelo de equilíbrio geral dinâmico e estocástico

[3] Para uma análise metodológica (em nível avançado) da evolução dos modelos utilizados pelo novo consenso em relação aos da síntese neoclássica, ver Walsh (2009).

[4] Existem outros modelos de nível intermediário que apresentam um modelo básico que captura as características mais importantes e as principais ideias para a política monetária. Walsh (2002) foi um dos primeiros a apresentar o modelo de forma gráfica. Carlin e Soskice (2006, cap. 5) e Galí e Gertler (2007) são outras alternativas. Para uma apresentação do modelo novo keynesiano utilizando aplicações em Excel, ver Kapinos (2010).

[5] No anexo deste capítulo (seção 5), mostramos que o modelo BMW (estático) e um novo keynesiano (dinâmico) apresentam resultados macroeconômicos equivalentes.

capítulos seguintes, desenvolveremos outros aspectos que interessam à teoria da política monetária.

6.1. BLOCOS PRINCIPAIS DO MODELO

Apresentemos o modelo BMW. Consideremos que existe incerteza (aditiva) e que a estrutura econômica é caracterizada pela curva IS e a curva de Phillips. Por simplicidade, consideramos que a produção de bens e serviços é realizada só com trabalho e não existem bens de capital. A demanda agregada é formada pelo consumo das famílias e não existe investimento. O único custo das firmas é o salarial.[6] Estas hipóteses não alteram os resultados qualitativos da política monetária e permitem reduzir o número de variáveis no modelo.

O modelo destaca a existência de marcos de referência para as principais variáveis macroeconômicas. As variáveis são o produto, a taxa de inflação e a taxa de juros. O marco de referência dessas variáveis é o produto potencial, a meta de inflação e a taxa de juros natural. Analisemos as duas curvas que caracterizam a estrutura econômica e as características da política monetária, incluindo a função de perda social.

6.1.1. Curva IS

Considerando uma economia fechada e abstraindo das variáveis de política fiscal, a curva IS é dada pela seguinte função linear: [7]

$$y = a - b\,r + \varepsilon_1$$

onde y é o hiato do produto, a e b são parâmetros, r a taxa de juros real, ε_1 é chamado de choques de demanda e representado como um ruído branco:

$$\varepsilon_1 \sim N(0, \sigma_{\varepsilon 1}{}^2).$$

Os choques de demanda afetam a demanda agregada e o nível de atividade. Choques negativos são recessivos (diminuem y). Podem ser provocados por mudan-

6 Galí e Gertler (2007, *Appendix*) apresentam um modelo que incorpora explicitamente os bens de capital.

7 No anexo deste capítulo, analisamos de forma simples os microfundamentos desta curva IS novo keynesiano. O parâmetro a depende da renda esperada. Não analisamos o determinante do parâmetro b, que depende da aversão ao risco das famílias. Para uma análise mais completa, pode-se ver Sørensen e Whitta-Jacobsen (2011, cap. 16). Uma análise mais avançada é Carlin e Soskice (2006, cap. 15) ou Romer (2008).

ças na confiança ou no otimismo de empresários ou consumidores, resultados fiscais não esperados (variações não esperadas nos gastos ou nas receitas), choques nos termos de troca que afetam as exportações líquidas ou choques na demanda de moeda.[8] No modelo, os choques representam variáveis exógenas. Vale ressaltar que consideramos que os choques são temporários, de forma que revertem para seu valor médio (zero). Só na seção 6.2, analisaremos um caso especial de choque permanente na renda esperada das famílias.

Como veremos mais detalhadamente nos Capítulos 8 e 9, os efeitos da taxa de juros reais sobre o nível de atividade devem considerar os impactos nos diversos mercados financeiros (de crédito bancário, de títulos públicos e privados etc.). A curva IS envolve o comportamento dos mercados financeiros, já que mudanças nesses mercados afetam os parâmetros da curva IS.

Podemos definir a taxa de juros natural ou neutra (r_n) como a taxa de juros real que predomina no estado estacionário: aquela que iguala o produto ao produto potencial na ausência de choques temporários de demanda.[9] Se $y = 0$ e $\varepsilon_1 =$, a taxa de juros natural é:

$$r_n = a/b$$

A taxa de juros natural depende de parâmetros estruturais da economia e se refere a uma situação de "normalidade", no sentido que é o nível da taxa de juros real que deve vigorar, se for retirado do nível de atividade seu componente cíclico.[10] Concluindo, a taxa de juros natural constitui um marco de referência para a taxa de juros real por representar um nível considerado "normal".

O gráfico 6.1 apresenta duas formas de determinar a taxa de juros natural.[11] A taxa de juros natural é a taxa de juros real que faz $y = 0$ na curva IS de longo prazo (IS_{LP}). Esta curva é determinada, a partir da aplicação do operador esperança (E) na curva IS. Lembrando que $E(y) = E(\varepsilon_1) = 0$, temos que:

$$E(r) = r_n.$$

[8] Os choques de demanda englobam os choques nominais e reais do modelo de Poole (1970), apresentado no Capítulo 2 deste livro.

[9] A taxa de juros natural foi definida inicialmente por Wicksell (1898). Neste livro, utilizamos a expressão natural e não neutra.

[10] Para uma análise simples da definição e medida da taxa de juros natural, ver Federal Reserve Bank of San Francisco (2003) e Blinder (1998).

[11] A este respeito ver, por exemplo, Barbosa (2010, cap. 4, seção 3).

or outro lado, a taxa de juros natural é a taxa de juros real que equilibra a poupança de longo prazo (S_{LP}) e o investimento de longo prazo ($I(r_n)$):

$$S_L = I(r_n)$$

Gráfico 6.1: Taxa de juros natural

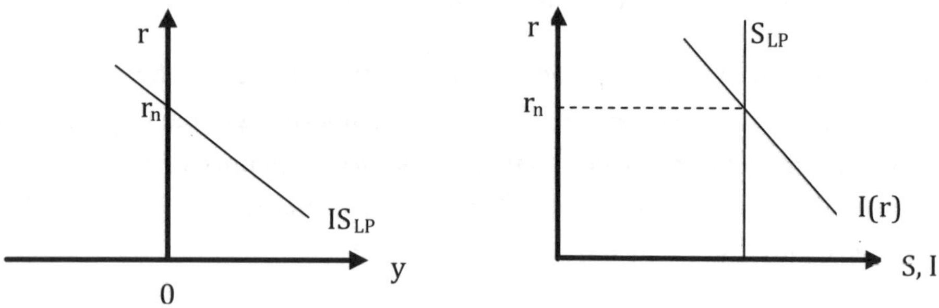

6.1.2. Curva de Phillips

Utilizemos a curva de Phillips aumentada por expectativas apresentada no Capítulo 3:

$$\Pi = \Pi^e + dy + \varepsilon_2$$

onde d é parâmetro ($d > 0$), ε_2 são choques de oferta representados como um ruído branco:

$$\varepsilon_2 \sim N(0, \sigma_{\varepsilon 2}^{\ 2})$$

Esta curva de Phillips é derivada no anexo do Capítulo 3.[12]

Os choques de oferta (ou de custos) são aqueles que afetam a taxa de inflação. Choques de oferta positivos aumentam a taxa de inflação, devido a elevações inesperadas nos custos marginais ou nos *markups* das firmas. Exemplos desses choques são aumentos não esperados de combustíveis, matérias-primas, insumos, salários, impostos etc. Ressaltemos que estamos considerando choques temporários (reversíveis) de oferta.

[12] No anexo deste capítulo, analisamos de forma simples os microfundamentos da curva de Phillips de Calvo. Não a utilizamos por ter um caráter intertemporal. Uma análise mais avançada em Carlin e Soskice (2006, cap. 15) ou Wickens (2008, cap. 9).

O choque de oferta pode ser o resultado de supor que existe rigidez nominal nos preços e nos salários, já que, neste caso, a relação entre uma média ponderada da inflação de preços e de salários mantém uma relação exata com o hiato do produto.[13] Se, porém, a relação é escrita entre inflação de preços e hiato do produto, existe um termo de perturbação.

Por simplicidade, supomos que os choques de demanda e de oferta não são correlacionados. Desta forma:

$$\text{cov}(\varepsilon_1, \varepsilon_2) = 0$$

Habitualmente, os choques de oferta e de demanda são correlacionados, já que muitos eventos afetam, ao mesmo tempo, as decisões de demanda e os custos das empresas.

Consideremos que o banco central tem uma meta de inflação (Π^M), as expectativas são racionais e que o público acredita na meta de inflação anunciada pelo banco central. Logo, $\Pi^e = \Pi^M$.[14] A curva de Phillips resulta:

$$\Pi = \Pi^M + dy + \varepsilon_2$$

Destaquemos que Π^M é uma variável exógena definida por uma análise dos custos e benefícios da inflação (como veremos no Capítulo 10).

O modelo apresentado tem algumas consequências importantes. A curva IS e a curva de Phillips estabelecem um canal de transmissão agregado para a política monetária: uma variação da taxa de juros real afeta o nível de atividade, que afeta a taxa de inflação. Essas relações podem ser mostradas pelo esquema seguinte:

$$r \underset{IS}{\rightarrow} y \underset{CP}{\rightarrow} \Pi$$

Calculemos a potência da política monetária (definida pelo efeito da taxa de juros de política sobre a taxa de inflação), combinando a curva IS e a curva de Phillips:

$$\frac{\partial \Pi}{\partial r} = -bd$$

---

13 A este respeito, ver Erceg et al. (2000).

14 Na seção 6.5, calculamos Π^e supondo que as expectativas são racionais (tornamos Π^e uma variável endógena).

Observemos que um aumento do parâmetro b na curva IS (maior efeito da taxa de política sobre o nível de atividade) aumenta a potência da política monetária e reduz a taxa de juros natural.

O produto potencial é o produto consistente com uma taxa de inflação igual à meta de inflação na ausência de choques de oferta. Em outras palavras, se não exitem choques de oferta, então alcançar um hiato do produto nulo equivale a alcançar uma taxa de inflação igual à meta:

$$\text{se } \varepsilon_2 = 0, \text{ então } \Pi = \Pi^M \text{ equivale a } y = 0$$

Se os choques de oferta são temporários, alcançar o produto potencial no longo prazo equivale a manter a taxa de inflação em sua meta. Blanchard e Galí (2007) chamam esta relação de "divina coincidência". Não existem, no longo prazo, duas metas independentes de política monetária, meta de inflação e pleno emprego, mas só uma.

Observemos que a curva de Phillips poderia ser escrita como:

$$\Pi = \alpha\, \Pi^M + d\,y + \varepsilon_2$$

sendo α um parâmetro ($\alpha < 1$). Como no longo prazo $\varepsilon_2 = 0$ e $\Pi = \Pi^{M,}$ temos que:

$$y = \frac{(1-\alpha)}{d}\Pi^M$$

No longo prazo, existe uma relação positiva entre inflação e produto, se $\alpha < 1$. Logo, existe um conflito entre inflação e produto no longo prazo e não acontece a divina coincidência. Interpretemos economicamente o resultado. Supor que $\alpha < 1$ significa que existe uma ilusão monetária irracional por parte de trabalhadores e empresários, no sentido de que determinam um salário nominal e não um salário real.[15] Como não podemos supor que os agentes são irracionais no longo prazo, consideramos que $\alpha = 1$ e a curva de Phillips é vertical no longo prazo ($y = 0$).

6.1.3. Racionalidade da Política Monetária

No modelo de Lucas (analisado no Capítulo 3) e no modelo de Barro e Gordon (analisado no Capítulo 4), o banco central apresenta um comportamento irracional. No modelo de Lucas, o banco central é uma fonte desestabilizadora da

[15] A este respeito, ver Tobin (1970).

economia porque perturba o mercado de bens com seu comportamento aleatório.[16] No modelo de Barro e Gordon, o banco central deseja um produto que é incompatível com as possibilidades econômicas. Essa incongruência nas suas preferências gera uma espécie de "pecado original", que deve ser contrabalançado através de uma regra que "amarre as mãos" do banco central ou de uma intolerância maior à inflação (uma preferência que elimine o viés inflacionário). Essas hipóteses de irracionalidade do banco central permitem mostrar algumas das propriedades da política monetária ou descrever alguns comportamentos, mas são pouco úteis para desenvolver uma teoria normativa da política monetária. Destacam aspectos de uma teoria positiva da política monetária.

Nos modelos do novo consenso, o banco central é uma fonte estabilizadora do ciclo econômico, que melhora o bem-estar social ao compensar os choques acontecidos. O banco central é um agente econômico racional. As perturbações provocam choques de demanda e de oferta, que geram surpresa inflacionária, e a política monetária é eficaz para estabilizar esses choques. Caracterizemos os aspectos principais da política monetária.

O instrumento de política monetária é a taxa de juros real (r), que é chamada de taxa de política. Habitualmente, é a taxa de juros usada no mercado interbancário para operações de curtíssimo prazo. Como na prática os bancos centrais usam a taxa de juros nominal (i), na seção 6.6, analisamos a equivalência das regras monetárias para as duas taxas (r e i). A simplicidade de análise é a razão para utilizar a taxa de juros real e não a nominal, como instrumento de política.

Bernanke e Mishkin (1997) destacam que o regime de política monetária deve apresentar uma discrição restringida (*constrained discretion*), uma mistura de regras e discrição.[17] Consideremos que o banco central pode observar os choques que acontecem de forma contemporânea. Se as decisões de política monetária são discricionárias (*a posteriori* dos choques de demanda e de oferta), o banco central toma sua decisão após o setor privado formar suas expectativas de inflação e acontecerem os choques de demanda e de oferta. Como no Capítulo 4, a sequência de eventos é a seguinte: primeiro, o setor privado forma as expec-

[16] Ou de forma alternativa, o banco central não consegue controlar perfeitamente o instrumento de política monetária transmitindo incertezas aos agentes econômicos.

[17] Esta conclusão é compatível com a proposta pelo modelo de Barro e Gordon com incerteza. A este respeito, ver o Capítulo 4 deste livro.

tativas de inflação; depois, acontecem os choques de demanda e de oferta; e, finalmente, o banco central escolhe a taxa de política. Por outro lado, o banco central pode assumir um compromisso que lhe permita manipular as expectativas.

O regime de política monetária possui duas metas: atingir uma meta para a taxa de inflação e o produto potencial.[18] Essas metas criam compromissos para a política monetária, que geram funções de reação para o instrumento de política. Consideremos que a função de perda social (FPS) é uma função quadrática, que depende da taxa de inflação e do hiato do produto:

$$L = (\Pi - \Pi^{M})^2 + \lambda y^2$$

onde $\lambda \geq 0$ é um parâmetro que mostra as preferências do banco central.

O regime de política monetária pode ser caracterizado como um regime de meta de inflação, no qual podemos interpretar o parâmetro de preferências λ da seguinte forma:

- Se $\lambda = 0$, a meta de inflação é chamada de estrita, pois ao banco central só interessa a taxa de inflação. Nos termos do modelo Barro e Gordon, o banco central é totalmente conservador (intolerante à inflação).[19] Neste caso, o banco central não deve acomodar choques de oferta;
- Se $\lambda > 0$, a meta de inflação é chamada de flexível, já que o banco central pode acomodar uma parte dos choques de oferta (conforme vimos no Capítulo 4);
- Se $\lambda \to \infty$, não existe meta de inflação e o banco central só se interessa pelo nível de atividade. Obtemos a FPS frequentemente utilizada nos modelos da síntese neoclássica.[20]

Como o banco central não tem viés inflacionário, a "divina coincidência" permite, caso não existam choques, alcançar o ponto de Tinbergen (*bliss point*), no qual $L = 0$. Esse ponto é caracterizado por:

$$\Pi = \Pi^{M}$$
$$y = 0$$

[18] Este objetivo duplo é chamado de "mandato dual" pelo Federal Reserve.

[19] Na linguagem do mercado financeiro, o banco central é totalmente "*hawkish*".

[20] Lembremos, por exemplo, a FPS do modelo de Poole (1970) analisada no Capítulo 2. Na linguagem do mercado financeiro, o banco central é totalmente "dovish".

É interessante perguntar por que o desvio da inflação em relação a sua meta afeta o bem-estar social, se esse desvio é só uma variável nominal. Woodford (2003, cap. 6) apresenta uma resposta à pergunta, derivando a FPS da função de utilidade dos consumidores num modelo novo keynesiano. A ideia central é que o desvio da taxa de inflação em relação à meta de inflação é custoso do ponto de vista do bem-estar social porque gera uma dispersão ineficiente de preços relativos. Dado o consumo total, essa dispersão leva à produção de uma cesta de bens ineficiente.[21]

Resumindo, o objetivo da política monetária é reduzir o impacto de choques de demanda e oferta que afastam a taxa de inflação e o produto de suas metas. Como a política monetária é discricionária e os choques já aconteceram, o banco central conhece o impacto dos choques sobre a taxa de inflação e o nível do produto (realizações de Π e y) ao decidir a taxa de política (r). No modelo estático analisado, os choques têm média zero e não apresentam persistência, de forma que podemos representar o comportamento do banco central minimizando o valor de L e não o valor esperado de L. No modelo estático, por simplicidade, os choques de demanda e de oferta afetam o produto e a taxa de inflação no período corrente (efeito primário), mas não se propagam no tempo (efeito secundário).[22]

Na década de 1990, regimes alternativos de política monetária foram analisados. Os dois principais propunham metas para agregados monetários (regra de Friedman) ou para a taxa de crescimento do produto nominal. No anexo do Capítulo 7, analisaremos as características teóricas principais desses regimes, mas, em princípio, apresentam desvantagens, seja em termos de sua aplicabilidade ou de bem-estar social.[23]

Para usar uma política ótima, o banco central precisa dispor de muita informação em relação à estrutura econômica. Em termos de nosso modelo, deve conhecer a estrutura da curva IS e da curva de Phillips e as suas preferências (FPS).

21 No anexo deste capítulo, apresentamos uma análise de como a FPS pode ser derivada a partir de uma função de utilidade intertemporal. Ver também Sørensen e Whitta-Jacobsen (2011, cap. 19, seção 19.3) ou Wickens (2008, Capítulo 13, seção 13.5.1).

22 Em modelos dinâmicos, os choques de demanda e de oferta apresentam uma persistência (inércia) e o banco central deve considerar os efeitos futuros esperados desses choques (efeitos secundários). O banco central calcula o valor esperado das perdas sociais futuras, combatendo os efeitos secundários dos choques. Ver seção 5 do anexo deste capítulo.

23 Ver também Svensson (1999, seção 4), que compara as propriedades macroeconômicas do regime de meta de inflação com as dos regimes de meta monetária e meta para o produto nominal.

As dúvidas, incertezas e falta de informação fazem que uma regra ótima seja difícil de ser aplicada na prática. Uma alternativa é usar uma regra simples ou "de bolso", onde a taxa de política depende de um subconjunto de informações facilmente disponíveis. A mais popular dessas regras é a regra de Taylor, que analisaremos no começo do capítulo seguinte.

Concluindo, em termos de racionalidade, existem duas alternativas para o banco central: estabelecer uma regra ótima ou uma regra simples. Analisemos a regra ótima.

6.2. REGRA MONETÁRIA ÓTIMA

Analisemos as principais características da política monetária, considerando que o banco central utiliza uma regra monetária ótima. O banco central não anuncia nenhum compromisso, de forma que o problema de política monetária (com discrição) é dado por:

$$\min_{r} L = (\Pi - \Pi^{M})^2 + \lambda y^2 \quad \text{(FPS)}$$

$$\text{sujeito à:} \quad y = a - b\,r + \varepsilon_1 \quad \text{(IS)}$$

$$\Pi = \Pi^{M} + d\,y + \varepsilon_2 \quad \text{(CP)}$$

Conforme destacamos, o problema não considera o valor esperado de L porque, neste modelo estático, estamos interessados em analisar o comportamento da taxa de política depois que acontecem os choques de demanda e oferta temporários. O instrumento é determinado *ex-post* os choques acontecerem.

Para apresentar a solução do problema, consideremos, por razões didáticas, um procedimento em dois estágios:

a. no primeiro, achamos o valor ótimo de y que minimize L sujeito à curva de Phillips (y^*);

b. depois, substituímos y^* na curva IS e encontramos r^*.

Apresentemos estes dois passos.

Substituindo a curva de Phillips na FPS, o problema resulta:

$$\min_{y} L = (d\,y + \varepsilon_2)^2 + \lambda\,y^2$$

Da CPO, achamos:

$$y^* = \left(\frac{-d}{d^2 + \lambda}\right)\varepsilon_2$$

onde y^* é o hiato do produto ótimo. Como vemos, y* depende de choques de oferta, mas não depende de choques de demanda (ε_1).

Substituindo y^* na curva IS, achamos a solução do problema:

$$r^* = r_n + \frac{1}{b}\varepsilon_1 + \left[\frac{d}{b(d^2 + \lambda)}\right]\varepsilon_2$$

Esta é a regra ótima do instrumento, dada toda a informação disponível (estrutura econômica, preferências do banco central e choques), e representa a função de reação do banco central (FRBC). É solução porque a taxa de política (variável de estado) depende das variáveis exógenas (taxa de juros natural e os choques de demanda e oferta).

A seguinte proposição sintetiza os resultados alcançados.

Proposição de Clarida, Galí e Gertler (1999): A regra monetária ótima supõe que:

1. Se não existem choques ($\varepsilon_1 = \varepsilon_2 = 0$), então a taxa de política deve ser igual à natural ($r^* = r_n$);
2. A reação de r* a choques de demanda (ε_1) não depende da preferência do banco central (λ);
3. A reação de r* a choques de oferta (ε_2) depende da preferência do banco central (λ).

Analisemos as principais implicações da proposição para a teoria da política monetária. Se não existem choques de demanda e oferta, a taxa de juros natural é a taxa de política consistente com inflação estável e hiato do produto nulo.

Para analisar o item 2, consideremos um choque de demanda negativo ($\varepsilon_1 < 0$), choque recessivo, que desloca a curva IS para esquerda (a análise de um choque positivo é similar). O choque provoca uma redução da taxa de inflação e do nível de atividade, levando a que o banco central diminua a taxa de política, como mostra o gráfico 6.2. A redução da taxa de política ($\Delta r^* = \frac{1}{b}\Delta \varepsilon_1$) permite contrabalançar exatamente o choque de demanda, fazendo que $y = 0$. A política monetária é claramente anticíclica. No caso de um choque de demanda positivo, os efeitos serão simétricos e com sinais trocados.

Gráfico 6.2: Choque de demanda negativo

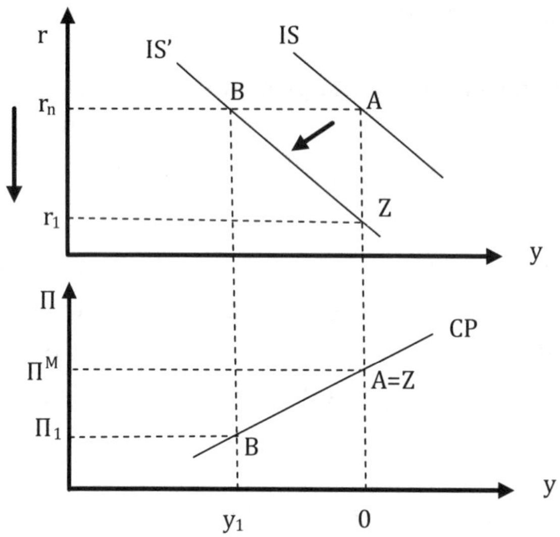

O choque de demanda (negativo) deve ser "combatido" com alterações de r* até fazer $y = 0$. A política monetária compensa o custo social destes choques e permite voltar ao ponto de Tinbergen ($A = Z$), já que a redução da taxa de juros real leva a que o equilíbrio macroeconômico seja:

$$y = 0$$
$$\Pi = \Pi^M$$

A atuação da política monetária elimina o custo social dos choques de demanda. Choques de demanda não provocam conflito entre a taxa de inflação e o nível de atividade. Neste caso, existe só uma meta linearmente independente e, como o banco central tem um instrumento de política, é possível alcançar o ponto de Tinbergen (*bliss point*), no qual $L = 0$. A dependência linear resulta porque a política monetária deseja, neste caso, elevar simultaneamente duas variáveis positivamente correlacionadas: o hiato do produto e a taxa de inflação. Reduzindo a taxa de juros real, consegue atingir as duas metas.

É claro que a taxa de política r_1 deve vigorar enquanto durar o choque de demanda. Assim que o choque reverter, o banco central deve retornar a taxa de juros real para seu nível natural.

Para analisar o item 3 da proposição, consideremos um choque de oferta positivo ($\varepsilon_2 > 0$), choque inflacionário, que desloca a curva de Phillips para direita. Neste caso, a taxa de inflação aumenta e o banco central aumenta a taxa de juros. A regra ótima está dada pelo ponto em que a curva de Phillips é tangente a uma FPS, conforme mostra o gráfico 6.3 (ponto Z).[24]

Gráfico 6.3: Choque de oferta positivo

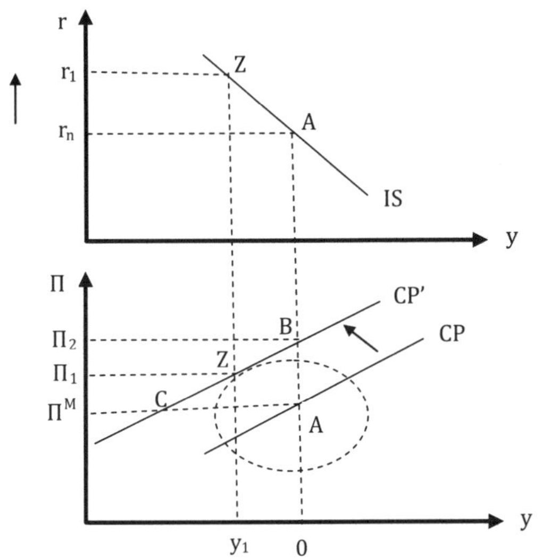

Parte do choque de oferta sobre a taxa de inflação será combatido pelo banco central ($\Pi_2 - \Pi_1$) e parte será acomodado ($\Pi_1 - \Pi^M$). A taxa de juros real deve subir para colocar economia no lugar ótimo (Z): $\Pi_1 > \Pi^M$ e $y_1 < 0$. Os choques de oferta não permitem que a economia volte para o ponto de Tinbergen e temos uma perda social ($L > 0$). Neste caso, existem duas metas que não são linearmente independentes. Como o banco central tem só um instrumento de política, não é possível alcançar o ponto de Tinbergen, no qual $L = 0$. A política monetária consegue reduzir parcialmente os custos sociais de choques de oferta.

Diferentes dos choques de demanda, os choques de oferta geram um conflito entre a taxa de inflação e o nível de atividade: não é possível levar a economia para

[24] Se $\lambda = 1$, a FPS é uma bola no espaço (Π, y).

a meta de inflação e zerar o hiato do produto. No caso analisado, o banco central deseja reduzir a taxa de inflação sem afetar o nível de atividade, o que não é possível porque essas variáveis são positivamente correlacionadas. Como temos um instrumento (*r*) para duas metas (reduzir a taxa de inflação e manter o hiato do produto), deve existir um ponto intermediário que maximize o bem-estar social.

No gráfico 6.3, podemos ver quanto o banco central vai combater (e quanto vai acomodar) do choque de oferta inflacionário. Isto depende das preferências do banco central:

- Se $\lambda = 0$, no gráfico 6.3, o ponto ótimo com choque de oferta é *C*. A FPS é horizontal em Π^M e o regime é de meta de inflação estrita;
- Se $\lambda \to \infty$, no gráfico 6.3, o ponto ótimo é *B* e a FPS é vertical;
- Se $\lambda > 0$, o regime é de meta de inflação flexível e o banco central acomoda parte do choque inflacionário de oferta. Como o banco central procura uma taxa de inflação maior que a meta de inflação, pode-se considerar que ele ajusta a meta de inflação.

Para concluir, apresentemos o equilíbrio macroeconômico. O hiato do produto é dado por:

$$y^* = \left(\frac{-d}{d^2 + \lambda}\right)\varepsilon_2$$

Substituindo y^* na curva de Phillips e operando, obtemos:

$$\Pi^* = \Pi^M + \left(\frac{\lambda}{d^2+\lambda}\right)\varepsilon_2 .$$

Vemos que y^* e Π^* dependem da preferência do banco central (λ). Substituindo y^* e Π^* na FPS, temos que $L > 0$, se $\varepsilon_2 \neq 0$: apesar da política monetária, um choque de oferta significa uma perda de bem-estar social em relação ao ponto de Tinbergen.

Destaquemos que, se o choque de oferta acabar (ε_2 volta para zero ou se torna negativo), o banco central deve retornar a taxa de política para seu nível natural. Podemos dizer que choques de oferta geram flutuações macroeconômicas, que devem persistir enquanto durarem os choques, porque a política monetária não consegue compensá-los totalmente.

A seguinte proposição sintetiza os resultados da análise apresentada.

Proposição: O ajuste da taxa de inflação e do nível de atividade apresenta uma correlação positiva frente a um choque de demanda, não gerando um dilema para a política monetária. Já frente a um choque de oferta, a correlação desse ajuste é negativa, gerando um conflito para o formulador de política (ajustar a taxa de inflação ou o nível de atividade).

A identificação do choque como de demanda ou de oferta é de importância fundamental para a política monetária, já que a reação do banco central deve ser diferente segundo a natureza do choque. Uma regra simples para identificar o choque é a seguinte: se o hiato do produto e a taxa de inflação se movimentam no mesmo sentido (a covariância dos movimentos é positiva), o choque é de demanda; se hiato do produto e taxa de inflação se movimentam em direções contrárias (a covariância é negativa), o choque é de oferta.

Choques na taxa de crescimento da renda permanente

A análise anterior considera choques temporários de demanda e de oferta. Esses choques são reversíveis, afetando o componente cíclico do produto. Existem, porém, como vimos no anexo do Capítulo 5, choques que têm efeitos duradouros sobre o nível de atividade. Um exemplo desses choques é um aumento na taxa de crescimento da renda permanente. Analisemos os efeitos de um choque positivo na taxa de crescimento da renda permanente sobre a estrutura econômica e a política monetária.[25]

Um choque positivo na renda permanente percebida pelas famílias deve ter sido provocado por um aumento na taxa de crescimento do produto potencial, elevando a taxa de crescimento do consumo do estado estacionário (equilíbrio com preços flexíveis). Em termos de nosso modelo estrutural, esse choque aumenta o parâmetro a da curva IS de longo prazo, provocando um aumento da taxa de juros natural, já que $r_n = a/b$.[26] O aumento da taxa de juros natural deve provocar um aumento similar da taxa de política ótima ($\Delta r^* = \Delta r_n$), impedindo que o hiato do produto se torne positivo, devido ao aumento do consumo.

[25] A este respeito, ver Galí e Gertler (2007, Experimento 2).

[26] No anexo deste capítulo (seção 1), mostramos que, dada a curva IS novo keynesiana, a taxa de juros natural é aproximadamente igual à soma da taxa de crescimento do produto potencial e da taxa de preferência intertemporal das famílias.

O gráfico 6.4 apresenta o resultado. O aumento da taxa de crescimento do produto potencial eleva a taxa de juros natural para r_n' deslocando a curva IS de longo prazo (ou de estado estacionário com preços flexíveis) para IS'. O banco central deve elevar a taxa de política para r_n'. No ponto *Z*, o hiato do produto e a taxa de inflação continuam inalterados ($y = 0$ e $\Pi = \Pi^M$), mas o produto potencial e a taxa de juros natural aumentam. O ponto *Z* (como o ponto *A*) é um ponto de Tinbergen e o bem-estar social é máximo ($L = 0$).

Nos pontos *A* e *Z*, o hiato do produto é nulo, mas os produtos efetivos são diferentes porque os produtos potenciais são diferentes. A causa de um aumento na renda permanente das famílias deve ter sido um aumento do produto potencial (por exemplo, por um aumento na produtividade total dos fatores). No ponto *Z*, o produto efetivo é maior que no ponto *A*.

Gráfico 6.4: Choque positivo na taxa de crescimento da renda permanente

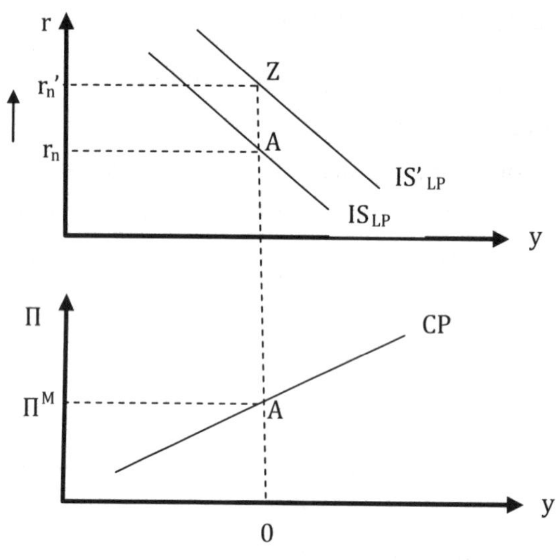

A seguinte proposição apresenta a conclusão da análise.[27]

Proposição: Um choque na taxa de crescimento da renda permanente eleva a demanda agregada de longo prazo, levando a aumentar a taxa de juros natural e a taxa de política.

[27] Goodfriend (2004) apresenta uma análise alternativa simples dos efeitos de um choque de produtividade na taxa de política.

6.3. REGRA PARA METAS

A atuação do banco central frente a choques de oferta pode ser analisada através das metas de inflação e produto a serem alcançadas e não pela determinação do instrumento de política. A pergunta do banco central é onde "colocar" a economia em termos de inflação e produto frente a choques de oferta. Analisemos esta abordagem.

Como vimos, a taxa de inflação é determinada da seguinte forma:

$$\Pi = \Pi^M = (\frac{\lambda}{d^2+\lambda})\varepsilon_2.$$

Da CPO do problema de política, temos que: $\varepsilon_2 = (\frac{d^2+\lambda}{-d})y$. Substituindo na equação anterior, obtemos a função de reação do banco central (FRBC) ou regra monetária que determina a combinação ótima de taxa de inflação e produto, se acontecem choques de oferta:

$$\Pi = \Pi^M - \frac{\lambda}{d}y$$

A FRBC depende do parâmetro λ.

No gráfico 6.5, a FRBC e a curva de Phillips permitem que o equilíbrio macroeconômico para Π e y seja determinado. Um choque de oferta positivo desloca a curva de Phillips de CP para CP' e o equilíbrio macroeconômico da *A* para Z. Se um choque de oferta aumenta a taxa de inflação, então o banco central deve reduzir o nível de atividade ("inclinar-se contra o vento").

Gráfico 6.5: Regra para metas

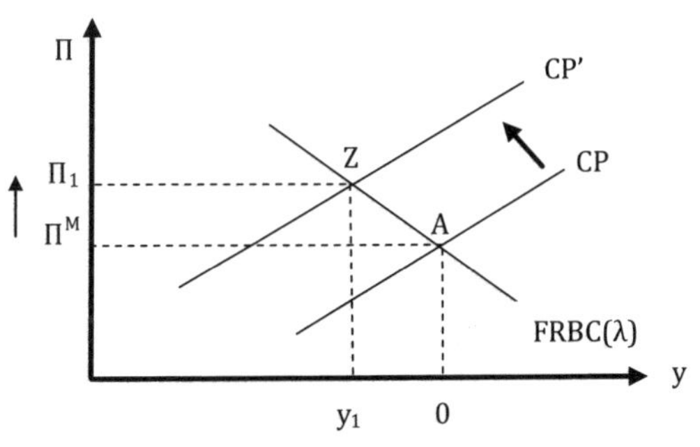

A reação do banco central depende de suas preferências:

- Se $\lambda = 0$, então FRBC(λ) é horizontal em Π^M;
- Se $\lambda \rightarrow \infty$, então FRBC($\lambda$) é vertical em $y = 0$.

As recomendações de política monetárias são similares, se analisarmos as regras estabelecidas para a taxa de política ou para as taxas de inflação e hiato do produto. A seguinte proposição, estabelecida por Clarida *et al.* (1999), resume este ponto.

Proposição: As regras monetárias para o instrumento de politica adicionais são equivalentes às regras para metas.

6.4. FRONTEIRA DE POLÍTICA EFICIENTE

O bem-estar social depende da volatilidade do produto e da taxa de inflação. Quando acontecem choques, o objetivo da política monetária é reduzir a combinação dessas volatilidades.

Explicitemos esse conflito da política monetária, se acontece um choque de oferta do ponto de vista dos desvios das metas.

Calculemos as variâncias de y e Π no equilíbrio macroeconômico. Elas são dadas por:

$$\text{var}(y^*) = \left(\frac{d}{d^2 = \lambda}\right)^2 \text{var}(\varepsilon_2)$$

$$\text{var}(\Pi^*) = \left(\frac{\lambda}{d^2 + \lambda}\right)^2 \text{var}(\varepsilon_2)$$

As variâncias dependem das preferências do banco central. Considerando as variâncias do produto e da taxa de inflação para cada λ, pode-se determinar a fronteira de política eficiente (FPE) ou curva de Taylor, já que, dada a preferência do banco central, estabelece-se uma combinação ótima dessas variâncias (ponto sobre a FPE).

Para os casos extremos de λ, os valores das variâncias são:

- Se $\lambda = 0$, temos que $\text{var}(y^*) = \text{var}(\varepsilon_2)/d^2$ e $\text{var}(\Pi^*) = 0$. Se a meta de inflação é estrita, a taxa de inflação não flutua, mas o nível de atividade é muito volátil;

- Se $\lambda \to \infty$, temos que var(y*) = 0 e var(Π*) = var(ε_2). O choque de oferta não é combatido e a taxa de inflação torna-se muito volátil.

Com esses dois pontos e os valores intermediários de λ, obtemos a FPE apresentada no gráfico 6.6. Para cada λ, existe uma combinação ótima de var(y*) e var(Π*). O espaço por cima da FPE apresenta combinações dessas variâncias, que são ineficientes, enquanto que o espaço por baixo, as combinações inatingíveis.

Gráfico 6.6: Fronteira de política eficiente

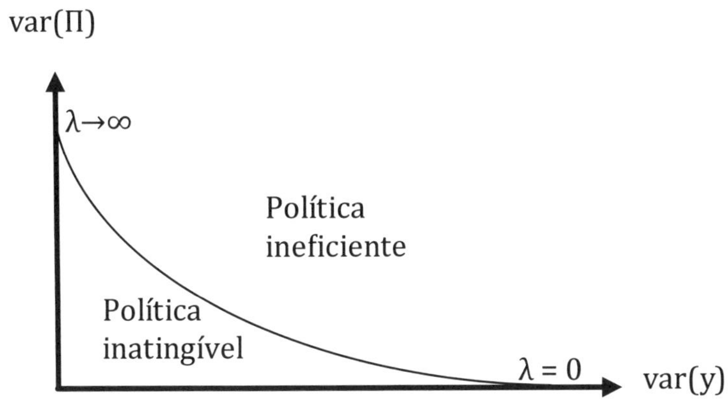

A FPE mostra o conflito enfrentado pelo banco central frente a choques de oferta, já que existe um dilema entre a volatilidade na taxa de inflação e no nível de atividade. O banco central deve decidir a volatilidade de suas metas. A FPE também é um instrumento de análise útil para analisar empiricamente a eficiência da política monetária, já que as alternativas eficientes devem estar sobre a curva de Taylor.[28]

A proposição a seguir sintetiza a análise.

Proposição de Taylor (1979b): Para cada λ, existe uma combinação ótima de var(y*) e var(Π*), chamada de fronteira de política eficiente, quando acontecem choques de oferta. Os pontos acima da FPE são ineficientes (a combinação das variâncias das metas é maior que a ótima) e os pontos abaixo da FPE são inatingíveis.

[28] Este ponto será apresentado no anexo do Capítulo 14.

6.5. EXPECTATIVAS RACIONAIS

No modelo analisado consideramos arbitrariamente que a inflação esperada é igual à meta de inflação. Provamos este ponto considerando a HER e que existe credibilidade por parte do público de que o banco central vai procurar alcançar a meta de inflação proposta. Desta forma, tornamos as expectativas de inflação da curva de Phillips uma variável endógena.

O problema de política monetária é dado por:

$$\min_{y} L = (\Pi - \Pi^{M})^2 + \lambda y^2$$

$$\text{sujeito à: } \Pi = \Pi^e + d\,y + \varepsilon_2.$$

Da CPO, obtemos: $y^* = -\frac{d}{(d^2+\lambda)}(\Pi^e - \Pi^M) - (\frac{d}{d^2+\lambda})\varepsilon_2$. Inserindo y* na curva de Phillips, obtemos:

$$\Pi^* = (\frac{\lambda}{(d^2+\lambda)})\Pi^e + (\frac{d^2}{d^2+\lambda})\Pi^M + (\frac{\lambda}{d^2+\lambda})\varepsilon_2$$

O equilíbrio de expectativas racionais (de Nash) supõe que $\Pi^e = E(\Pi^*)$. Logo, $\Pi^e = (\frac{\lambda}{(d^2+\lambda)})\Pi^e + (\frac{d^2}{d^2+\lambda})\Pi^M$. Resolvendo para Π^e, temos que:

$$\Pi^e = \Pi^M$$

Destaquemos que Π^e não depende da preferência do banco central (λ) e que, na curva de Phillips apresentada, o choque de oferta é temporário e não apresenta um componente inercial.

6.6. REGRA ÓTIMA PARA A TAXA DE JUROS NOMINAL

O banco central determina a taxa de juros nominal e não a taxa de juros real. Para obter a regra monetária ótima para a taxa de juros nominal (i^*), consideremos a equação de Fisher:[29]

$$i = r + \Pi^e$$

[29] A decomposição de i supõe que r não depende de Π^e: r é determinada por variáveis reais. No anexo deste capítulo, analisamos a determinação da equação de Fisher, a partir de um modelo de escolha intertemporal.

Como $\Pi^e = \Pi^M$, podemos escrever que $i = r + \Pi^M$. A regra ótima para i é dada por $i^* = r^* + \Pi^M$. Substituindo r^* pela regra ótima obtida na seção 2, obtemos:

$$\Pi^e = \left(\frac{\lambda}{(d^2+\lambda)}\right)\Pi^e + \left(\frac{d^2}{d^2+\lambda}\right)\Pi^M$$

onde $i_e \equiv r_n + \Pi^M$ é a taxa de juros nominal de equilíbrio de longo prazo.

Associada à regra para a taxa de política (r^*), pode-se determinar uma regra similar para a taxa de juros nominal que o banco central fixa (i^*). As características das regras de política monetária das duas taxas são equivalentes.

6.7. COMPROMISSO

Se o banco central anuncia um compromisso *ex-ante*, estabelecendo uma orientação futura de sua política monetária, ele administra as expectativas de inflação, promovendo uma redução na volatilidade da taxa de inflação e um aumento na volatilidade do produto. A comunicação do banco central com o público, em relação às suas intenções, cumpre um papel central neste contexto.[30] Ao estabelecer um compromisso, o bem-estar social aumenta e surge um "viés de estabilização" na política monetária. Nesta seção, analisamos estas propriedades, mas, primeiramente, achamos o equilíbrio macroeconômico com compromisso.[31]

Para uma compreensão plena de orientação futura, é necessária uma formulação dinâmica do problema da política monetária, porque o banco central deve comparar quantitativamente os ganhos correntes da orientação futura com os custos futuros de seguir as promessas feitas. Como Ramsey (1927) foi o primeiro que concebeu a política econômica como a escolha de uma sequência de instrumentos de política para alcançar o menor custo social possível ao longo do tempo, sujeito às restrições impostas pelos agentes privados, esta formulação intertemporal é chamada de problema Ramsey e as prescrições de política de solução de Ramsey.

---

[30] Para uma análise do papel da orientação futura, ver Woodford (2013). Svensson (2010b, seção 4.2) destaca este ponto. Em relação à importância da comunicação, ver Blinder et al. (2008, seção 2) e Yellen (2012).

[31] Ver Clarida *et al.* (1999). Uma análise simples é apresentada por Galí e Gertler (2007, Experimento 1). Campbell (2013) discute de forma qualitativa a teoria do compromisso e aspectos da política monetária do Federal Reserve.

Um compromisso supõe que o banco central se compromete a seguir uma regra de política monetária. Ele indica seu comportamento futuro, orientando as expectativas do mercado. Existem várias alternativas para realizar esta orientação futura. Uma alternativa é recolher e publicar as expectativas de inflação do mercado. Outra prática utilizada pelos bancos centrais para administrar as expectativas inflacionárias é publicar a trajetória futura da taxa de política, dada a informação corrente.

Apresentemos um modelo simples, inspirado em Clarida *et al.* (1999). Suponhamos que os choques de oferta apresentam certa persistência, afetando a inflação de períodos futuros e gerando uma dinâmica no modelo. A curva de Phillips e o processo gerador do choque de oferta são dados pelas equações seguintes:

$$\Pi_t = \Pi^e_{t+1} + d\,y_t + \varepsilon_{2,t}$$

$$\varepsilon_{2,t} = \rho\,\varepsilon_{2,t-1} + \acute{\varepsilon}_{2,t}$$

onde $0 \leq \rho \leq 1$ é um parâmetro que mostra a persistência do choque de oferta e $\acute{\varepsilon}_{2,t}$ é um ruído branco. O banco central anuncia uma regra crível de como vai a reagir a choques de oferta. A partir da análise da seção 6.2, consideremos um tipo especial de regra que é similar ao ajuste ótimo realizado com discrição. O banco central promete que vai ajustar o nível de atividade frente a um choque de oferta da seguinte forma:

$$y_t = -\,\omega\,\varepsilon_{2,t}$$

onde ω é um parâmetro a ser definido. Diferente do que acontece se o banco central atua de forma discricionária, onde as expectativas de inflação são consideradas dadas, o compromisso anunciado *ex-ante* afeta as expectativas inflacionárias.

Dada a curva de Phillips, da HER, temos as expectativas calculadas em t:

$$\Pi^e_{t+1} = \Pi^e_{t+2} + d\,y^e_{t+1} + \varepsilon^e_{2,t+1}$$

onde o índice e indica o valor esperado. Substituindo Π^e_{t+1} na curva de Phillips, temos:

$$\Pi_t = \Pi^e_{t+2} + d\,(y^e_{t+1} + y_t) + (\varepsilon^e_{2,t+1} + \varepsilon_{2,t})$$

Substituindo de forma recursiva y^e e ε^e_2, fazendo $n \to \infty$ e considerando $\Pi^e_{t+\infty} = \Pi^M$, obtemos:

$$\Pi_t = \Pi^M + \sum_{i=0}^{\infty} (d\, y^e_{t+i} + \varepsilon^e_{2,t+i})$$

Da regra anunciada, temos que: $y^e_{t+i} = -\,\omega\, \varepsilon^e_{2,t+i}$. Do processo gerador do choque de oferta, obtemos: $\varepsilon^e_{2,t+i} = \rho^i\, \varepsilon_{2,t}$. Substituindo y^e_{t+i} e $\varepsilon^e_{2,t+i}$ na curva de Phillips, obtemos:

$$\Pi_t = \Pi^M + (1 - d\omega)\sum_{i=0}^{\infty} \rho^i \varepsilon_{2,t} = \Pi^M - (\frac{d}{1-\rho})\omega\varepsilon_{2,t} + (\frac{1}{1-\rho})\varepsilon_{2,t}$$

A curva de Phillips pode ser apresentada da seguinte forma (retiramos o subíndice t por não ser mais necessário):

$$\Pi = \Pi^M + (\frac{d}{1-\rho})y + (\frac{1}{1-\rho})\varepsilon_2$$

Vemos que o anúncio do compromisso do banco central afeta as expectativas de inflação *forward-looking* e aumenta o efeito de y sobre Π. Vemos que: $\frac{\partial \Pi}{\partial y} = \frac{d}{1-\rho} > d$. O compromisso torna a curva de Phillips mais vertical e reduz a taxa de sacrifício (a redução necessária do produto para reduzir a taxa de inflação é menor).

O equilíbrio macroeconômico pode ser obtido da resolução do problema de política monetária:

$$\min_y L = [(\frac{d}{1-\rho})y + (\frac{1}{1-\rho})\varepsilon_2]^2 + \lambda y^2$$

A partir da CPO, obtemos o equilíbrio macroeconômico (o índice *C* indica compromisso):

$$y^c = -\left[\frac{d}{d^2+\lambda(1-\rho)^2}\right]\varepsilon_2$$

$$\Pi^c = \Pi^M = \left[\frac{\lambda(1-\rho)}{d^2+\lambda(1-\rho)^2}\right]\varepsilon_2$$

Pode-se calcular que a parametrização ótima de ω é $\omega^c = \frac{d}{d^2+\lambda(1-\rho)^2}$.

De forma alternativa, o banco central pode anunciar o compromisso, destacando que sua função de reação é:

$$r^* = r_n + \frac{1}{b}\varepsilon_1 + \frac{d}{b[d^2+\lambda(1-\rho)^2]}\varepsilon_2$$

Destaquemos outras características do compromisso. Clarida *et al.* (1999, *Appendix*) destacam que, com compromisso, o nível de preços apresenta um comportamento estacionário. A condição de otimalidade faz com que o banco central ajuste os movimentos do nível de preços em relação à sua tendência. Em outras palavras, com compromisso, o nível de preços reverte para sua tendência. Uma forma de implementar a orientação futura é através de um regime de metas para o nível de preços.[32] Woodford (2013) destaca que, para que não exista inconsistência intertemporal na orientação futura anunciada pelos bancos centrais, os instrumentos devem ser independentes do horizonte futuro e deve-se utilizar o mesmo critério ao longo do tempo. Isto permite que exista um mecanismo de correção de erro nas decisões do banco central, que elimine o viés da política monetária.[33]

6.7.1. Comparação de Discrição e Compromisso

Analisemos os efeitos de um compromisso da política monetária sobre o bem-estar social e sobre a volatilidade da taxa de inflação e do nível de atividade. Para isso, comparamos os resultados macroeconômicos com compromisso e sem compromisso (discrição).

[32] O regime de meta para o nível de preços é apresentado no anexo do Capítulo 7. Ver também anexo do Capítulo 16.

[33] Desenvolveremos estes pontos no anexo do Capítulo 16.

Bem-estar social

Analisemos os efeitos do compromisso sobre o bem-estar social comparando-o com o alcançado com discrição. Para fazer essa comparação, devemos determinar o resultado macroeconômico com discrição, se o choque de oferta apresenta uma inércia ($\rho > 0$). Neste caso, o hiato de produto e a taxa de inflação são:

$$y^d = \left[\frac{-d}{d^2 + \lambda(1-\rho)}\right]\varepsilon_2$$

$$\Pi^d = \Pi^M + \left[\frac{\lambda}{d^2+\lambda(1-\rho)}\right]\varepsilon_2.$$

Realizemos um pequeno exercício numérico para calcular a perda social no regime de metas de inflação com discrição (sem compromisso) e com compromisso. Consideremos que:

$$\lambda = d = 1;\ \Pi^M = 0;\ \rho = 0{,}5 \text{ e } \varepsilon_2 = 1.$$

Se o regime é de meta de inflação com discrição, o resultado macroeconômico é $\Pi^d = 0{,}67$ e $y^d = -0{,}67$. A perda social é $L^d = 0{,}89$. Se o regime é de meta de inflação com compromisso, o resultado macroeconômico é $\Pi^c = 0{,}4$ e $y^c = -0{,}8$. A perda social é $L^c = 0{,}8$. O compromisso gera um bem-estar social maior.

De forma mais qualitativa, a regra do banco central para discrição ($y = \left(\frac{-d}{d^2+\lambda}\right)\varepsilon_2$), pertence à classe de regras que o banco central pode escolher com compromisso ($y^d = \left[\frac{-d}{d^2+\lambda(1-\rho)}\right]\varepsilon_2$). Com compromisso, o banco central escolhe uma parametrização ótima que é diferente da parametrização da discrição. Por esta razão, o bem-estar aumenta.

O gráfico 6.7 compara os efeitos de um choque de oferta, se existe discrição ou compromisso na política monetária. Se existe discrição, a curva de Phillips é dada por CP_D e CP'_D. No caso de um choque de oferta positivo, o equilíbrio macroeconômico é dado pelo ponto *D*. Se existe compromisso, a curva de Phillips é mais inclinada e é dada por CP_C e CP'_C. O equilíbrio macroeconômico é dado pelo ponto *C*. Pode-se ver que a perda social é menor, se a política monetária incorpora um compromisso.

Gráfico 6.7: Bem-estar com discrição e compromisso

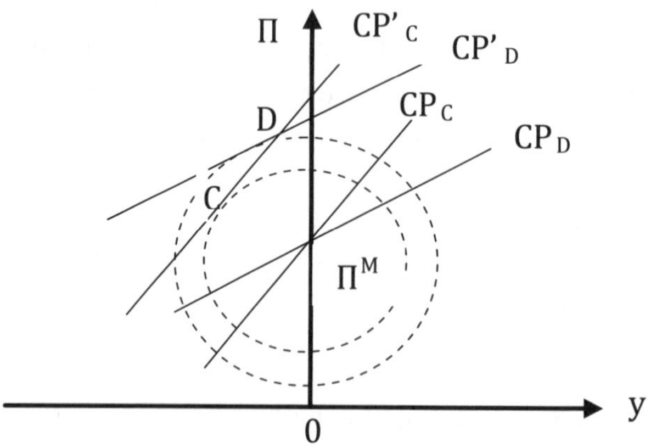

A proposição a seguir sintetiza a análise.

Proposição: Um compromisso crível por parte do banco central aumenta o bem-estar social.

Viés de estabilização

Com discrição, a regra monetária (ver seção 6.2) é:[34]

$$\Pi = \Pi^M - \frac{\lambda}{d} y$$

A regra monetária com compromisso é dada por:

$$\Pi^c = \Pi^M - \frac{\lambda(1-\rho)}{d} y^c$$

Como as expectativas de inflação dependem dos hiatos de produto futuros, se o banco central convence os agentes econômicos de que será firme no futuro para eliminar os hiatos do produto, a taxa de inflação corrente será menor. O compromisso torna o regime de metas de inflação mais estrito, levando a reduzir a variância da taxa de inflação e a aumentar a variância do nível de atividade. Se acontecer um choque de oferta positivo, a taxa de política aumenta mais com um compromisso crível que com discrição. O compromisso do banco central cria um viés de estabilização.

[34] Ainda considerando inércia no choque de oferta, a regra monetária permanece inalterada.

Outra forma de ver este tema é analisar o comportamento da taxa de política frente a choques de oferta. Com compromisso, a taxa de política é aumentada em uma magnitude maior, em relação à discrição, se acontece um choque de oferta. Desde que $\rho > 0$, o fator de ε_2 na regra monetária é maior com compromisso ($\frac{\partial r^c}{\partial \varepsilon_2} = \frac{d}{b(d^2+\lambda(1-\rho)^2}$).

O gráfico 6.8 mostra esse resultado, comparando a função de reação do banco central com discrição ($FRBC_D$) e a função com compromisso crível ($FRBC_C$). Com discrição, a inclinação é $-\lambda/d$, enquanto que, com um compromisso, a inclinação é $-\lambda(1-\rho)/d$.

Gráfico 6.8: Compromisso e viés de estabilização

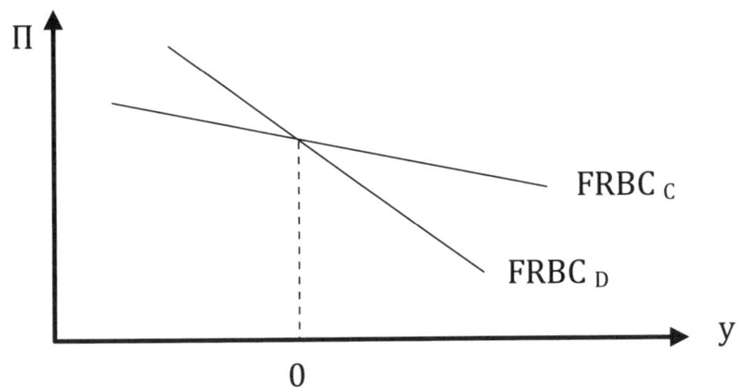

A proposição a seguir sintetiza a análise.

Proposição: Um compromisso crível, que afeta as expectativas de inflação, gera um viés de estabilização, reduzindo a volatilidade da taxa de inflação e aumentando a volatilidade do nível de atividade, se acontecem choques de oferta. Com compromisso, a taxa de política reage mais fortemente a choques de oferta.

Temas de Discussão

6.1. A meta de inflação não deve ser o único objetivo da política monetária (como no regime de meta de inflação estrita). O nível de atividade também importa (regime de meta de inflação flexível). Dada a "divina coincidência", porém, o sistema econômico pode alcançar um ponto de

Tinbergen, apesar de usar um só instrumento. Discuta por que é possível alcançar uma perda social nula no modelo do novo consenso.

6.2. A política monetária deve reagir a choques de oferta, mas eles geram conflitos entre os objetivos do banco central. Discuta o dilema que um choque de oferta apresenta para o formulador de política monetária.

6.3. Choques permanentes afetam os parâmetros da estrutura econômica e algum marco de referência pode mudar. Por exemplo, um choque de produtividade (choque de oferta permanente) pode afetar a taxa de juros natural. Analise esse efeito.

6.4. Um compromisso do banco central melhora o bem-estar social porque permite coordenar as expectativas inflacionárias, mas isto só é verdade se existe uma tendência, ao longo do tempo, de os choques se compensarem (os choques são séries estacionárias e apresentam um mecanismo de correção de erros). Discuta a importância desta hipótese para que o banco central possa assumir um compromisso independentemente dos eventos correntes.

6.5. Por que os bancos centrais relutam em estabelecer um compromisso sobre a trajetória futura das taxas de política (orientação futura), se, na teoria apresentada, o compromisso deveria melhorar o bem-estar social? Leia o artigo de Gersbach e Hahn (2013) e discuta os argumentos apresentados.

Anexo:

MICROFUNDAMENTOS DO MODELO AGREGADO

O objetivo do anexo é apresentar os microfundamentos do modelo novo keynesiano e as relações que existem entre esse modelo dinâmico e o modelo estático BMW. Lembramos que a análise, neste anexo, é mais avançada que a do capítulo.

1. Curva IS Novo Keynesiana

Apresentemos um modelo intertemporal simples que determina a curva IS em condições de certeza.[1] Uma família deve decidir quanto consumir em dois períodos ($t = 1, 2$). Ela pode tomar um empréstimo ou emprestar em $t = 1$ (L_1) à taxa de juros real r_1. A preferência da família é dada por uma função de utilidade intertemporal logarítmica $U = \ln C_1 + \beta \ln C_2$, onde C_1 e C_2 representam o consumo real em $t = 1, 2$, $\beta = 1/(1+\rho)$ é o fator de desconto e ρ é a taxa de preferência intertemporal. A família possui um fluxo de renda real Y_1 e Y_2 (renda esperada no período 2). A poupança no primeiro período (S_1) é definida como $S_1 = Y_1 - C_1 = L_1$.

A restrição orçamentária intertemporal da família é dada por: $C_1 + \frac{C_2}{1 + r_1} = Y_1 + \frac{Y_2}{1 + r_1}$. O problema da família é definido da seguinte forma:

$$\max_{(C_1, C_2)} U = \ln C_1 + \beta \ln C_2$$

$$\text{sujeito à } C_1 + \frac{C_2}{1 + r_1} = Y_1 + \frac{Y_2}{1 + r_1}.$$

Da CPO, obtemos a solução do problema:[2]

$$C_1^* = \frac{1}{1 + \beta} \left(Y_1 + \frac{Y_2}{1 + r_1}\right)$$

Do ponto de vista da decisão da família (equilíbrio parcial), Y_1 é uma variável exógena (dado) e a poupança ótima ($S_1^* = Y_1 - C_1^*$) é dada por:

[1] Para uma análise mais avançada, ver Wickens (2008, cap. 13, seção 13.4).

[2] A solução surge de considerar a equação de Euler do problema e inserir nela a restrição orçamentária intertemporal.

$$S_1^* = \frac{\beta}{1+\beta}Y_1 - \frac{Y_2}{(1+r_1)(1+\beta)}.$$

Pode-se ver que existe uma relação direta entre S_1^* e r_1, se a família é credora ($S_1^* > 0$), mas uma relação inversa, se a família é devedora ($S_1^* < 0$). Isto acontece porque um aumento de r_1 aumenta a renda financeira do período 2, se a família é credora (tem ativos financeiros), mas reduz a renda financeira de 2, se a família é devedora (tem dívidas). Existe um efeito renda nas decisões de poupança (e consumo) que se sobrepõe ao efeito substituição (um aumento da taxa de juros cria um incentivo a poupar). Na análise, supomos que os efeitos substituição predominam e que existe uma relação inversa entre consumo e taxa de juros. Devemos, no entanto, considerar que existem efeitos compensatórios (se as taxas de juros das aplicações financeiras e das dívidas são pós-fixadas), que podem reduzir a força dessa relação.[3]

Supondo equilíbrio no mercado de bens, o produto agregado é igual ao consumo agregado: $Y_1 = C_1$. Observemos que agora Y_1 torna-se uma variável endógena e que a poupança agregada é nula (em nível agregado $S_1 = Y_1 - C_1 = 0$). Substituindo na solução do problema, obtemos a determinação do produto de equilíbrio:

$$Y_1 = \frac{(1+\rho)}{(1+r_1)}Y_2$$

Esta equação permite estabelecer a curva IS como uma aproximação linear no logaritmo. Considerando que $r_1 \approx \ln(1 + r_1)$ e $\rho \approx \ln(1 + \rho)$, temos que:

$$\ln Y_1 = (\ln Y_2 + \rho) - r_1$$

A equação mostra a característica principal da curva IS novo keynesiana: a renda corrente depende da renda esperada do próximo período. Ela também permite determinar a taxa juros natural (r_n), que é aproximadamente igual à soma da taxa de preferência intertemporal (ρ) e da taxa de crescimento do produto potencial ($g \approx \ln(Y_2/Y_1)$):

$$r_n \approx \rho + g$$

[3] Para uma análise mais detalhada da relação entre taxa de juros e consumo, ver Sachs e Larrain (2000, cap. 5, seção 5.9) e Wickens (2008, cap. 4, seção 4.2.3).

Subtraindo da equação anterior a corresponde ao produto para o equilíbrio com preços perfeitamente flexíveis, obtemos a curva IS novo Keynesiana:

$$y_1 = r_n - r_1 = (\rho + g) - r_1$$

onde y é o hiato do produto. Esta curva IS é similar à utilizada no modelo BMW apresentado no capítulo, sendo:

$$a = \rho + g$$
$$b = 1.$$

No modelo BMW, choques de demanda (ε_1) podem ser o resultado de choques na renda futura esperada (Y_2), como mudanças (temporárias) no otimismo das famílias.

2. Equação de Fisher

A equação de Fisher pode ser obtida a partir do modelo de escolha intertemporal do consumidor com incerteza, no qual explicitamos o nível de preços.[4] O consumo (C) é considerado em termos nominais, assim como a taxa de juros (i). Seja P_1 o nível geral de preços em $t = 1$, a família pode tomar um empréstimo ou emprestar em $t = 1$ à taxa de juros nominal i_1. A preferência da família é dada pela seguinte função de utilidade intertemporal:

$$U = \ln \frac{C_1}{P_1} + \beta E_1 (\ln \frac{C_2}{P_2})$$

onde E é o operador esperança. A restrição orçamentária é similar à da seção anterior, mas Y representa agora a renda nominal da família.

Da CPO do problema do consumidor, obtemos:

$$1 + i_1 = (1 + \rho) E_1 (\frac{P_2 C_2}{P_1 C_1})$$

Consideremos também que a função de utilidade intertemporal é isoelástica, de forma que $C_1 = E_1 C_2$. Neste caso, a perda de utilidade devido a flutuações no consumo é nula.

---

4 Esta relação foi redefinida e apresentada na forma atual por Fisher (1896).

Aplicando logaritmo na solução e aproximando $i_1 \approx \ln(1 + i_1)$, $\rho \approx \ln(1 + \rho)$ e $\Pi^e_2 = \ln E_1(P_2/P_1)$, obtemos a equação de Fisher:

$$i_1 = \rho + \Pi^e_2$$

A seguinte proposição sintetiza a análise.

Proposição: A partir do problema de escolha intertemporal do consumidor com incerteza, podemos deduzir que a taxa de juros nominal de um ativo financeiro deve compensar a taxa de preferência intertemporal e a perda de poder de compra do consumidor devido à taxa de inflação esperada.

3. Curva de Phillips de Calvo

Apresentemos uma versão simplificada do modelo desenvolvido por Calvo (1983).[5] A curva de Phillips é deduzida, a partir de firmas que minimizam o valor esperado das perdas que surgem por manter seu preço fixo durante um período de tempo.

Apresentemos primeiro uma análise estática de forma gráfica. No gráfico 6.9, mostramos a perda de lucro, se a firma que atua em concorrência imperfeita não ajusta seu preço. Dada a curva de demanda *D*, o preço ótimo correspondente ao ponto em que o custo marginal iguala a receita marginal é p_0 e o produto ótimo Y_0 (ponto *A*). Se a demanda da firma cai até *D'* (devido a um choque), então o novo preço ótimo é p_1 e o produto ótimo Y_1 (ponto *B*). Chamemos esta posição de equilíbrio com preços flexíveis. Se após o choque a firma não ajusta preço e mantém o preço p_0, o produto é reduzido para Y_2 (ponto *C*). Chamemos esta situação de equilíbrio com preços fixos.

Pode-se observar que o lucro da firma é maior com preços flexíveis. Partindo do ponto *C* (equilíbrio com preços fixos), se o produto aumenta de Y_2 para $Y_{1,}$ a receita marginal (*Rmg'*) será maior que o custo marginal (*Cmg*) e o lucro marginal será positivo para todo produto no intervalo $(Y_1 - Y_2)$. A área do triângulo hachurado mostra a diferença de lucro entre o equilíbrio com preços flexíveis e fixos. Concluindo, o lucro do empresário é maior, se ele ajusta de forma ótima o nível de preços.[6]

---

5 A este respeito, ver Barbosa (2010, Capítulo 4, seção 4.7) e Wickens (2008, Cap. 9, seção 9.4.2).

6 Para uma análise mais detalhada, ver Romer (2006, cap. 6).

Gráfico 6.9: Ajustes de preço

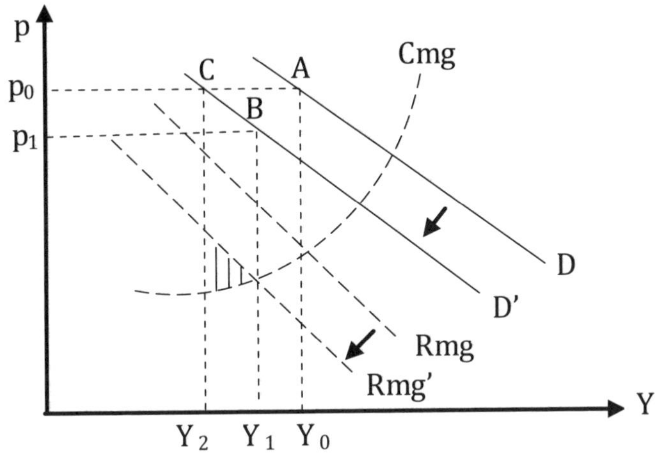

Consideremos que todas as firmas são iguais, existe concorrência imperfeita e que só uma proporção δ (0 < δ < 1) das firmas ajusta seus preços em cada momento do tempo.[7] Observemos que, se δ = 1, os preços de todas as firmas são ajustados imediatamente (os preços são perfeitamente flexíveis), enquanto que, se δ = 0, então nenhuma firma ajusta seu preço (os preços das firmas nunca serão reajustados). A probabilidade de que em $t+j$ o preço seja t é $(1-\delta)^j$. O tempo médio de ajuste é dado por $\sum_{t=1}^{\infty}(1-\delta)^{t-1}=\frac{1}{\delta}$.

Numa análise intertemporal, a firma que ajusta seu preço num período deve escolher um preço que equilibre sua posição até que possa ajustar novamente esse preço. Como ela pode manter o preço inalterado durante mais de um período, a firma deve formar seu preço olhando para os outros períodos. Não ajustar o preço provoca uma perda para a firma. O valor esperado dessa perda é dado por $L=\frac{1}{2}E_t\sum_{i=0}^{\infty}\beta^i(p_t^{'}-p_{t+j}^{*})^2$, onde p'_t é o logaritmo do preço fixado em t, p^*_{t+j} é o logaritmo do preço que a firma fixaria, caso pudesse ajustar o preço, e β é o fator de desconto.

[7] Uma crítica frequente a este modelo é que a proporção de firmas que ajustam preços depende do estado corrente dos mercados e não deve ser considerada como um parâmetro de ajuste aleatório. Tornar δ uma variável endógena ajudaria a explicar melhor porque os preços não são ajustados nesse período.

O problema da firma é minimizar o valor esperado de L:

$$\min_{p_t'} \frac{1}{2} \sum_{i=0}^{\infty} (1-\delta)^i \beta^i E_t (p_t' - p_{t+j}^*)^2$$

Da CPO, obtemos o preço das firmas que ajustam seus preços em t:

$$p_t' = \sum_{i=0}^{\infty} (1-\delta)^i \beta^i E_t (p_t' - p_{t+j}^*)$$

Esta equação pode ser escrita de forma recursiva como:

$$p_t' = [1 - \beta(1-\delta)]\, p_t^* + [\beta(1-\delta)]\, E_t\, p_{t+1}' \qquad (6.1)$$

As firmas ajustam seus preços *forward looking*.

O logaritmo do índice geral de preços é determinado pela média ponderada dos preços ajustados em t (p'_t) e dos que permaneceram iguais ao período anterior (p_{t-1}):

$$p_t = \delta\, p'_t + (1 - \delta)\, p_{t-1} \quad (6.2)$$

Colocando p'_t em evidência e substituindo em 6.1, obtemos:

$$\frac{p_t - (1-\rho)\,p_{t-1}}{\rho} = [1 - \beta(1-\delta)]\, p_t^* + [\beta(1-\delta)]\, E_t \frac{p_{t+1} - (1-\rho)\,p_t}{\rho}$$

Somando e subtraindo $\rho\, p_t$ no segundo membro e operando, obtemos:

$$\Pi_t = \beta\, E_t\, \Pi_{t+1} + \left(\frac{\delta}{1-\delta}\right)[1 - \beta(1-\delta)](p_t^* - p_t) \qquad (6.3)$$

onde $\Pi_t \equiv p_t - p_{t-1}$ e $E_t \Pi_{t+1} \equiv E_t(p_{t+1} - p_t)$.

Em concorrência imperfeita, o logaritmo do preço ótimo p^*_t é igual ao logaritmo do custo marginal (c) mais o logaritmo da margem (k^*): $p^*_t = k^* + c_t$. Então:

$$p^*_t - p_t = k^* + cr_t$$

sendo $cr = c - p$ o custo marginal real. Fazendo uma expansão de custo real por volta do produto com preços flexíveis (Y_P), temos:

$$cr_t = cr^* + cr' \, (Y_t - Y_{Pt})$$

Como $cr^* = -k^*$, obtemos:

$$p^*_t - p_t = cr' \, (Y_t - Y_{Pt}) \quad (6.4)$$

Substituindo (6.4) em (6.3), obtemos a curva de Phillips de Calvo:

$$\Pi_t = \beta \, E_t \Pi_{t+1} + d \, y_t \quad (6.5)$$

onde $d = (\frac{\delta}{1-\delta})[1 - \delta(1-\delta)]\, cr'$ e $y = Y - Y_P$ é o hiato do produto. A taxa de inflação depende das expectativas de inflação e do hiato do produto.

Destaquemos algumas características desta curva de Phillips. No longo prazo, temos que $\Pi_t = E_t \Pi_{t+1}$. De (6.5), vemos que $\Pi_t = \frac{d}{1-\beta} y_t$. Existe um conflito entre inflação e produto no longo prazo, já que $\beta < 1$. Por outro lado, não existe inércia na dinâmica da taxa de inflação.

Num modelo estático, $\beta = 1$, já que a taxa de desconto é nula. Nesse caso, a equação (6.5) é similar à curva de Phillips utilizada no modelo BMW.

4. Função de Perda Social[8]

Derivemos a FPS a partir da função de utilidade de uma família representativa. Consideremos que essa função é logarítmica:

$$U_t = \ln C_t - \eta \ln Y^i_t \quad (6.6)$$

onde C é o índice de consumo total da família e o segundo somando reflete a utilidade do lazer, que é inversamente relacionada ao trabalho requerido para produzir o bem i (Y^i).

[8] Para uma análise complementar, ver Wickens (2008, cap. 13, seção 13.5.1) e Sørensen e Whitta-Jacobsen (2011, cap. 19, seção 19.3).

Consideremos uma aproximação de segunda ordem da função de utilidade da família, através de uma expansão de Taylor no redor dos valores de equilíbrio de longo prazo (equilíbrio com preços flexíveis) e apliquemos o operador E_t:

$$E_t(U_t) \cong E_t(U_t^*) - \frac{1}{2}[E_t(\frac{C_t - C_t^*}{C_t})^2 + \eta\, E_t(\frac{Y_t^i - Y_t^{i*}}{Y_t^{i*}})^2] \qquad (6.7)$$

onde o índice * indica o equilíbrio de longo prazo.

Dada a condição de equilíbrio $C_t = Y_t$, podemos aproximar o segundo somando da seguinte forma:

$$E_t(\frac{C_t - C_t^*}{C_t^*})^2 = E_t(\frac{Y_t - Y_t^*}{Y_t^*})^2 \cong E_t(Y_t - Y_t^*)^2 \qquad (6.8)$$

O terceiro somando de (6.7) mostra que uma variância maior no produto das firmas (em relação a seus níveis potenciais) reduz o bem-estar social. Analisemos os determinantes da dispersão do produto das firmas.

Com certas hipóteses, a demanda do bem *i* depende de seu preço relativo da seguinte forma:

$$C_t^i = (\frac{P_t^i}{P_t})^{-\sigma} C_t \qquad (6.9)$$

onde P é o índice geral de preços, P^i o preço do bem i e σ um parâmetro do índice geral de preços. Das condições de equilíbrio $C^i_t = Y^i_t$ e $C_t = Y_t$, obtemos:

$$Y_t^i = (\frac{P_t^i}{P_t})^{-\sigma} Y_t \qquad (6.10)$$

Aplicando logaritmo, temos:

$$\ln Y^i_t - \ln Y_t = -\sigma\,(\ln P^i_t - P_t)$$

Podemos interpretar essa equação como os desvios de Y^i e P^i em relação a seus equilíbrios de longo prazo. Aplicando variância nos dois membros, vemos que a variância do produto ao longo das firmas é determinada pela variância desses preços:

$$E_t\left(\frac{Y_t - Y_t^{i*}}{Y_t^{i*}}\right)^2 = \sigma^2 \operatorname{var}_t(\ln P_t^i) \quad (6.11)$$

Calculemos a $\operatorname{var}_t(\ln P_t^i)$ em (6.11), utilizando o modelo de Calvo. Nesse modelo, uma fração δ das firmas ajusta seus preços em *t*. O índice geral de preços é formado por firmas que ajustam seus preços e outras que não ajustam:

$$\ln P_t = \delta \ln P^*_t + (1 - \delta) \ln P^i_{t-1}$$

onde P^* é o preço ótimo. Somando e subtraindo $(1 - \delta) \ln P^i_t$ e reordenando, obtemos:

$$\ln P^i_t - \ln P_t = \delta (\ln P^i_t - \ln P^*_t) \quad (6.12)$$

sendo $\ln P^i_t = \ln P^i_{t-1}$ porque estas firmas não mudam seus preços. O preço de *i* é determinado da seguinte forma:

$$\ln P^i_t = (1 - \gamma) \ln P^*_t + \gamma E_t \ln P^i_{t+1}$$

onde $\gamma \equiv \beta (1-\delta)$. Reorganizando, obtemos:

$$\ln P_t^i - \ln P_t^* = \gamma(E_t \ln P_{t+1}^i - \ln P_t^*)$$

Somando e subtraindo $\gamma \ln P^i_t$ no segundo membro da equação e operando:

$$\ln P_t^i - \ln P_t^* = \left(\frac{\gamma}{1-\gamma}\right)(E_t \ln P_{t+1}^i - \ln P_t^i) \qquad (6.13)$$

Substituindo (6.13) em (6.12), resulta:

$$\ln P_t^i - \ln P_t = \left(\frac{\delta\gamma}{(1-\gamma)}\right)(E_t \ln P_{t+1}^i - \ln P_t^i)$$

Seja $\Pi^i_{t+1} = \ln P^i_t - \ln P^i_{t-1}$ e Π^* (taxa de inflação de equilíbrio no longo prazo) o valor médio de $E_t\Pi^i_{t+1}$. A variância de $\ln P^i_t$:

$$\operatorname{var}_t(\ln P_t^i) = \left(\frac{\gamma\delta}{1-\gamma}\right)^2 (E_t\Pi_{t+1}^i - \Pi^*)^2 \qquad (6.14)$$

Se a inflação desvia-se do seu equilíbrio de longo prazo, gera desvios dos preços das firmas de seus equilíbrios, que, por sua vez, afetam a alocação do lazer das famílias em relação a suas preferências de longo prazo. Substituindo (6.14) em (6.11), obtemos:

$$E_t\left(\frac{Y_t - Y_t^{i*}}{Y_t^{i*}}\right)^2 = \left(\frac{\sigma\gamma\delta}{1-\gamma}\right)^2 (E_t\Pi_{t+1} - \Pi^*)^2 \qquad (6.15)$$

Finalmente, substituindo (6.8) e (6.15) em (6.7), obtemos a função de perda social:

$$E_t\,(U_t - U_t^*) \cong -\frac{1}{2}[E_t(Y_t - Y_t^*)^2 + \lambda\,(E_t\Pi_{t+1} - \Pi^M)^2] \qquad (6.16)$$

onde $\lambda \equiv \eta\,(\frac{\sigma\gamma\delta}{1-\gamma})^2$.

Destaquemos que o modelo estático BMW (apresentado no capítulo) considera uma FPS similar a (6.16).

5. Equivalência do Modelo Dinâmico Novo Keynesiano e o Estático BMW

Seguindo Bofinger *et al.* (2003), analisemos em que condições o modelo BMW possui resultados similares aos obtidos pelo modelo dinâmico novo keynesiano apresentado por Clarida *et al.* (1999).

Blocos do Modelo

O modelo novo keynesiano é definido pelas seguintes funções: curva IS nova keynesiana, curva de Phillips de Calvo e função de perda social. Apresentemos cada função.

A curva IS nova keynesiana é dada pelas equações:

$$y_t = E_t y_{t+1} - b(i_t - E_t\,\Pi_{t+1} - r_n) + \varepsilon_{1,t} \qquad (6.17)$$

$$\varepsilon_{1,t} = \rho_1\,\varepsilon_{1,t-1} + \acute{\varepsilon}_{1,t} \qquad (6.18)$$

onde b é parâmetro, $0 \leq \rho_1 \leq 1$ parâmetro e $\acute{\varepsilon}_{1,t}$ é um ruído branco.

A curva de Phillips de Calvo é dada por:

$$\Pi_t = \beta\, E_t\, \Pi_{t+1} + d\, y_t + \varepsilon_{2,t} \qquad (6.19)$$

$$\varepsilon_{2,t} = \rho_2\, \varepsilon_{2,t-1} + \acute{\varepsilon}_{2,t} \qquad (6.20)$$

onde β e d são parâmetros, $0 \leq \rho_2 \leq 1$ parâmetro e $\acute{\varepsilon}_{2,t}$ é um ruído branco.

O banco central procura minimizar a seguinte FPS intertemporal:

$$\min_{\Pi + \tau} L = E_t \sum_{\tau=0}^{\infty} \beta^{\tau} [(\Pi_{t+\tau} - \Pi^M)^2 + \lambda\, y_{t+\tau}^2] \qquad (6.21)$$

Solução do Modelo

Como o banco central atua com discrição, na otimização $E_t\Pi_{t+\tau}$ é dada. A CPO estabelece que:

$$-(E_t\Pi_{t+\tau} - \Pi^M) + (\lambda/d)\, E_t y_{t+\tau} = 0.$$

Seja $\tau = 0$, então $\Pi_t = E_t\, \Pi_t$ e $y_t = E_t y_t$. Substituindo na CPO, obtemos:

$$y_t = -\tfrac{d}{\lambda}(\Pi_t - \Pi^M) \qquad (6.22)$$

Substituindo (6.22) em (6.19):

$$\left(\tfrac{\lambda+d^2}{\beta\lambda}\right)\Pi_t = E_t\Pi_{t+1} + \tfrac{d^2}{\beta\lambda}\Pi^M + \tfrac{1}{\beta}\varepsilon_{2,t} \qquad (6.23)$$

Resolvendo (6.23) pelo método dos coeficientes indeterminados (ver anexo do Capítulo 3), obtemos:

$$\Pi_t = \left[\frac{d^2}{d^2+\lambda(1-\beta)}\right]\Pi^M + \left[\frac{\lambda}{d^2+\lambda(1-\beta\rho_2)}\right]\varepsilon_{2,t} \qquad (6.24)$$

Substituindo (6.24) em (6.22):

$$y_t = \left[\frac{d(1-\beta)}{d^2+\lambda(1-\beta)}\right]\Pi^M - \left[\frac{d}{d^2+\lambda(1-\beta\rho_2)}\right]\varepsilon_{2,t} \qquad (6.25)$$

As equações (6.24) e (6.25) apresentam o equilíbrio macroeconômico do modelo.

Diferente de em um modelo dinâmico, em um modelo estático, a taxa de desconto intertemporal é nula e os choques de oferta não podem ter inércia. No modelo estático, temos que

$$\beta = 1$$

$$\rho_2 = 0$$

Considerando estas condições nas equações (6.24) e (6.25), obtemos:

$$\Pi_t = \Pi^M + \left(\frac{\lambda}{d^2+\lambda}\right)\varepsilon_{2,t} \qquad (6.26)$$

$$y_t = -\left(\frac{d}{d^2+\lambda}\right)\varepsilon_{2,t} \qquad (6.27)$$

As equações (6.26) e (6.27) mostram resultados para a taxa de inflação e para o hiato do produto iguais aos estabelecidos pelo equilíbrio macroeconômico do modelo BMW, mostrando a equivalência dos dois modelos. A proposição seguinte apresenta a conclusão da análise.

Proposição: Os resultados macroeconômicos (determinação da taxa de inflação e do hiato do produto) do modelo estático BMW são equivalentes aos do modelo dinâmico novo keynesiano.

6. Papel da Oferta de Moeda

A teoria da política monetária no novo consenso não outorga um papel explícito para a quantidade de moeda. McCallum (2001) mostra alguns argumentos para justificar que a quantidade de moeda na economia não deva ser incorporada nos modelos de política monetária. Apresentemos de forma sintética essa argumentação.

Nos modelos novos keynesianos, as famílias mantém moeda (ainda que seja um ativo que não paga juros) porque fornece o serviço de facilitar as transações, já que permite que os pagamentos sejam realizados sem um mecanismo específico para cada transação. A moeda permite reduzir os custos de transação das operações mercantis. Esse custo de transação deve ser parte da restrição orçamentária das famílias, afetando suas decisões de consumo.

Supõe-se habitualmente que esses custos de transação (ψ) dependem positivamente das despesas com consumo (*c*) e inversamente com os saldos reais (*m*). Seja $\psi(m, c)$ a função de custos de transação, sendo $\psi_m < 0$ e $\psi_c > 0$. Podemos supor também que a derivada cruzada é negativa ($\psi_{m,c} < 0$): o benefício marginal de manter moeda (redução dos custos de transação) aumenta com o volume de gastos de consumo. McCallum (2001) destaca que se $\psi(m, c)$ não é uma função aditivamente separável, a curva IS deveria apresentar os saldos nominais como um argumento. O consumo das famílias depende da quantidade de moeda, já que ela reduz o custo de transação e estimula as despesas. Concluindo, no modelo do novo consenso, deveria incorporar a quantidade de moeda (*m*) na curva IS.

Como o instrumento de política monetária é a taxa de juros, a demanda de moeda determina a quantidade de moeda que deveria ser ofertada para alcançar a taxa de política. Uma função de demanda de moeda (que dependeria do produto e da taxa de política) também deveria ser adicionada ao modelo.

Apesar desses resultados teóricos, simulações realizadas através de calibração por McCallum (2001) e Woodford (2003) mostram que os efeitos de distintos choques (como choques de demanda ou na regra de política monetária) sobre o nível de atividade, a taxa de inflação e a taxa de política não se alteram com as incorporações propostas.[9] O banco central não melhora suas decisões de política monetária se incorpora a quantidade de moeda na estrutura dos modelos. A proposição seguinte conclui a análise.

Proposição: A posição dominante no novo consenso ignora o papel da quantidade de moeda no sistema econômico e é justificada pela irrelevância empírica dos efeitos de variações na oferta de moeda sobre variáveis relevantes (nível do produto, taxa de inflação e taxa de política).

[9] As funções de impulso e resposta dos modelos são muito similares.

Capítulo 7:

IMPLEMENTAÇÃO DA POLÍTICA MONETÁRIA

Colocar em prática os princípios teóricos apresentados no capítulo anterior supõe implementar comportamentos específicos por parte dos bancos centrais. Analisemos alguns dos temas importantes na prática dos bancos centrais. Cada tema é tratado em separado dos outros para manter a simplicidade da análise.

7.1. REGRA DE TAYLOR

O uso de uma regra ótima para o instrumento de política precisa de muita informação e de modelos muito bem calibrados. Por esse motivo, a aplicação desses modelos pode gerar alguma insegurança. Em lugar de uma regra ótima, o banco central pode usar uma regra simples (ou regra de bolso), utilizando um subconjunto da informação necessária para a regra ótima. Nessa regra simples, os coeficientes são arbitrários (*ad hoc*), baseados na experiência e qualificação do banco central, de forma que não refletem comportamentos tidos como ótimos.

Para sugerir uma regra simples que seja uma *proxy* (boa aproximação) da regra ótima, lembremos que $\varepsilon_2 = \frac{(d^2 + \lambda)(\Pi - \Pi^M)}{\lambda}$. Substituindo na regra monetária ótima, obtemos:

$$r^* = r_n + (\tfrac{d}{b\lambda})(\Pi - \Pi^M) + \tfrac{1}{b}\varepsilon_1$$

Vemos que r^* varia diretamente com o desvio da taxa de inflação em relação à sua meta $(\frac{\partial r^*}{\partial(\Pi - \Pi^M)} = \frac{d}{b\lambda} > 0)$ e com os choques de demanda ε_1 $(\frac{\partial r^*}{\partial \varepsilon_1} = \frac{1}{b} > 0)$. Como os choques de demanda não são facilmente observáveis, consideremos que o hiato do produto (y) é uma variável *proxy* deles. Assim, uma regra simples para a taxa de política pode depender de duas variáveis facilmente observáveis: o desvio da taxa de inflação da sua meta ($\Pi - \Pi^M$) e o hiato do produto (y).

Neste sentido, Taylor (1993) propõe uma regra simples muito analisada. Considerando uma relação linear entre as variáveis, a regra de Taylor estabelece:[1]

$$r = r_n + e\,(\Pi - \Pi^M) + f y$$

onde e, f são parâmetros (positivos). Taylor (1993) considera que, para a economia americana, os parâmetros da equação são: $e = f = 0{,}5$; $r_n = 0{,}02$ e $\Pi^M = 0{,}02$.

Ressaltemos que a taxa de inflação e o nível de atividade dependem da taxa de política (Π e y dependem de r). Diferente de na regra ótima, na regra de Taylor o instrumento de política depende de variáveis endógenas e a regra de Taylor não é solução de um problema de política monetária. Este aspecto deve ser levado em conta ao se fazer a estimação empírica da regra.[2] A regra de Taylor também pode ser tratada como uma regra com realimentação (*feedback rule*).

Apresentemos a regra de Taylor para a taxa de juros nominal. Somando Π em ambos os membros da regra de Taylor e somando e subtraindo Π^M no segundo membro, obtemos a regra de Taylor para a taxa de política nominal:

$$i = i_e + (1 + e)\,(\Pi - \Pi^M) + f y$$

onde $i_e = r_n + \Pi^M$. Em Taylor (1993), a regra de política monetária proposta para os EUA é:

$$i = 0{,}04 + 1{,}5\,(\Pi - 0{,}02) + 0{,}5\,y$$

Existem outras regras simples. Por exemplo, Goodhart (1992) propõe a seguinte regra simples para o Reino Unido:

$$i = 0{,}03 + 1{,}5\,\Pi$$

Desta forma, poderíamos utilizar como regra simples a equação:

$$i = a + b\,\Pi$$

onde a e b são os parâmetros da regra monetária.

---

[1] Neste capítulo, seguimos a notação utilizada por Bofinger *et al.* (2006).

[2] Voltaremos a este tema no Capítulo 14.

7.1.1. Política Monetária com Regra de Taylor

Os resultados macroeconômicos obtidos com uma regra de Taylor são diferentes dos alcançados com uma regra ótima, mas podemos analisar se esses resultados ficam próximos. A pergunta a ser respondida é: os resultados de política alcançados com a regra de Taylor frente a choques de demanda e de oferta são parecidos aos da regra ótima?

Para elaborar a resposta, derivemos a curva de demanda agregada (curva DA). Substituindo a regra de Taylor na curva IS e operando, obtemos a curva DA:

$$\Pi = (\Pi^{M} + \frac{\varepsilon_1}{be}) - (\frac{1+bf}{be})y$$

A curva DA mostra principalmente que a relação entre taxa de inflação (Π) e hiato do produto (y) é inversa. O gráfico 7.1 apresenta como é derivada a curva DA. Se a taxa de inflação aumenta, o banco central aumenta a taxa de juros real e o nível de atividade diminui. As relações de causalidade estabelecidas na curva DA podem ser representadas da seguinte forma:

$$\uparrow\Pi \rightarrow \uparrow r \rightarrow \downarrow y$$

Gráfico 7.1: Curva de demanda agregada

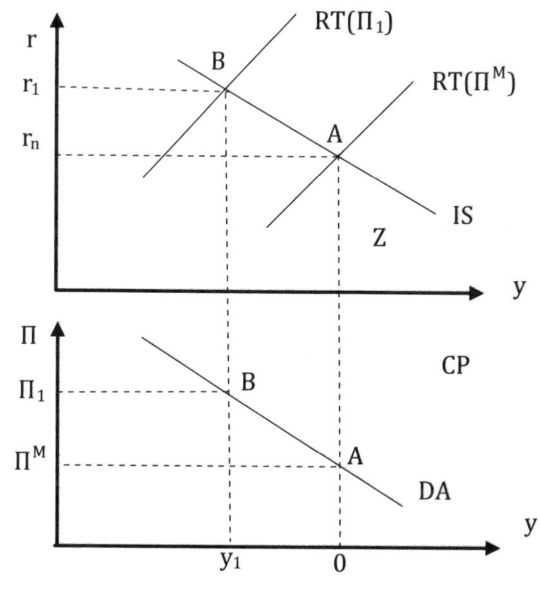

Analisemos os resultados da política monetária frente a choques de demanda e oferta, se o banco central utiliza a regra de Taylor.

Choque de demanda

Da mesma forma que com a regra ótima, consideremos um choque de demanda negativo ($\varepsilon_1 < 0$). O choque provoca uma queda de Π e de y, de forma que o banco central reduz r. A redução de r, no entanto, é menor que a da regra ótima, de modo que a resposta do banco central é subótima, se utiliza a regra de Taylor. Provemos este ponto comparando os resultados da regra de Taylor com os da regra ótima.

Da curva de demanda agregada e da curva de Phillips, obtemos o valor de equilíbrio de y (que depende de ε_1 e ε_2). Substituindo y na curva de Phillips, obtemos Π. Substituindo os valores de y e Π na regra de Taylor, obtemos a taxa de política como função dos dois choques:

$$r^{Taylor} = r_n + \left[\frac{de + f}{1 + b(de + f)}\right]\varepsilon_1 + \left[\frac{e}{1 + b(de + f)}\right]\varepsilon_2$$

No caso de um choque de demanda, a resposta da regra de Taylor é inferior à da regra ótima, já que, comparando os parâmetros de $\varepsilon_{1,}$ vemos que:

$$\frac{1}{\frac{1}{(de + f)} + b} < \frac{1}{b}$$

Os dois parâmetros só são iguais, se os parâmetros e ou f se aproximam de infinito. Para parâmetros finitos da regra de Taylor, a resposta da política monetária frente a choques de demanda será na direção correta, mas demasiado fraca para alcançar o equilíbrio da política ótima.

O gráfico7.2 mostra os efeitos da regra de Taylor frente a um choque de demanda negativo. Vemos que, com a regra de Taylor, a taxa de juros de política diminui para r_2 (maior que a taxa de política ótima) e que a economia vai para $y_2 < 0$ e $\Pi_2 < \Pi^M$. A economia não volta para o ponto A.

Gráfico 7.2: Choque de demanda negativo e regra de Taylor

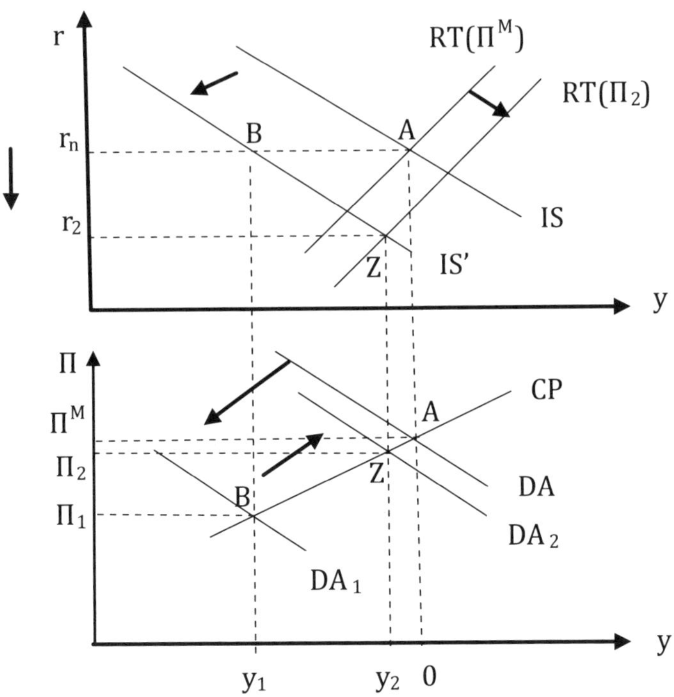

Concluímos com a seguinte proposição.

Proposição: Se o banco central utiliza a regra de Taylor frente a um choque de demanda negativo, a política monetária age na direção certa, estimulando o nível de atividade e elevando a taxa de inflação, mas em uma proporção menor que na regra monetária ótima.

Choque de Oferta

Consideremos um choque de oferta positivo ($\varepsilon_2 > 0$), que provoca uma elevação de Π. O banco central responde elevando *r*, de forma que combate parte do choque inflacionário. No gráfico 7.3, vemos os resultados da política monetária: a regra de Taylor leva a uma redução do nível de atividade ($y_1 < 0$) e a uma taxa de inflação maior que a meta de inflação ($\Pi_1 > \Pi^M$).

Gráfico 7.3: Choque de oferta positivo e regra de Taylor

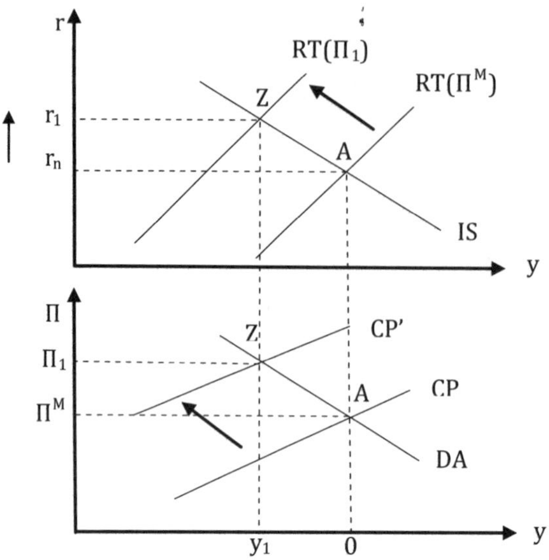

No caso de choques de oferta, dados os parâmetros da regra de Taylor podemos calcular a preferência implícita do banco central (valor de λ). Igualando os parâmetros da regra ótima e da regra de Taylor para ε_2 e colocando λ em evidência, obtemos:

$$\lambda = \frac{d\,(1 + bf\,)}{eb}$$

Uma meta de inflação estrita ($\lambda \to 0$) acontece se $e \to \infty$. No outro extremo, $\lambda \to \infty$ acontece se $e = 0$ ou se $f \to \infty$. Para valores intermediários da regra de Taylor, vamos ter $\lambda > 0$. Vemos também que λ tem uma relação direta com f e inversa com e.

A proposição a seguir sintetiza os resultados obtidos.

Proposição: A regra de Taylor é uma boa aproximação da regra ótima, já que:

a. Se não existem choques, então $r = r_n$;

b. Se o choque é de demanda, a resposta do banco central é na direção correta, mas o ajuste é subótimo;

c. Se o choque é de oferta, a resposta do banco central é na direção correta e é compatível com alguma preferência implícita (λ implícito).

7.1.2. Princípio de Taylor

Analisemos graficamente a estabilidade do equilíbrio macroeconômico alcançado com a regra de Taylor. O equilíbrio macroeconômico é estável do ponto de vista marshalliano, se, para $y > 0$, a oferta de bens é maior que a demanda agregada, já que, nessas circunstâncias, o nível de atividade diminui ($y \rightarrow 0$) no modelo keynesiano.[3] Para que isto aconteça, é necessário que a curva de Phillips seja mais inclinada que a curva de demanda agregada.

Se $e > 0$, a condição de estabilidade marshalliana é verificada. Por exemplo, com o valor proposto por Taylor (1993), o equilíbrio macroeconômico é estável, já que $e = 0,5$. Se $e < 0$, a curva de demanda agregada é positivamente inclinada e não se pode garantir que o equilíbrio seja estável – a estabilidade vai depender dos valores dos parâmetros da regra de Taylor (e, f). No gráfico 7.4, o equilíbrio A não é estável do ponto de vista marshalliano, já que, se $y > 0$, temos que $DA > CP$. A política monetária torna o equilíbrio macroeconômico instável se $e<0$.

Gráfico 7.4: Regra de Taylor se e < 0

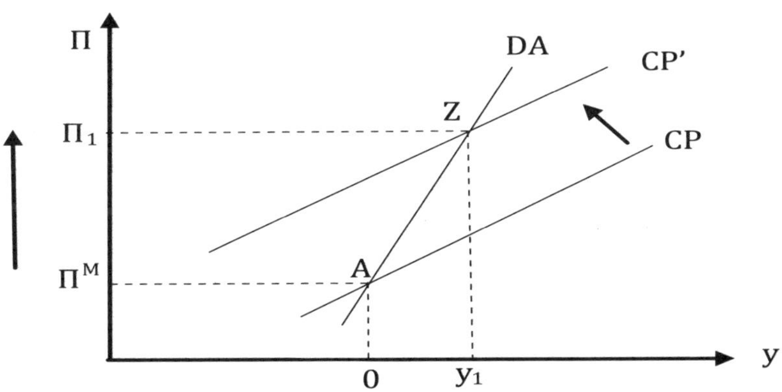

Analisemos graficamente os efeitos de um choque de oferta positivo sobre a taxa de inflação e o nível de atividade, se $e < 0$. No gráfico 7.4, um choque de oferta

[3] O equilíbrio é estável do ponto de vista marshalliano, se ocorre um afastamento do produto da posição de equilíbrio e forças reguladoras do mercado fazem com que a economia retorne ao ponto de equilíbrio inicial. A este respeito, ver Takayama (1996, chapter 3, A).

positivo desloca a economia do equilíbrio *A* para o equilíbrio *Z*, aumentando a taxa de inflação e expandindo o nível de atividade. A política monetária é uma fonte de efeitos desestabilizadores sobre a taxa de inflação. Após um choque de oferta positivo ($\varepsilon_2 > 0$), a sequência de eventos é:

$$\uparrow\Pi \rightarrow \downarrow r \rightarrow \uparrow y \rightarrow \uparrow\Pi \ldots$$

A política monetária exacerba os aumentos na taxa de inflação porque reduz a taxa de política.

Analisemos este ponto algebricamente. O sistema macroeconômico é dado pela curva de demanda agregada e pela curva de Phillips. Consideremos que $\varepsilon_1 = 0$ e calculemos o equilíbrio macroeconômico. Seja $n = \frac{1+bf}{be}$, temos que:

$$y = \left(\frac{-1}{d+n}\right)\varepsilon_2$$

$$\Pi = \Pi^M + \left(\frac{n}{d+n}\right)\varepsilon_2$$

Para que um choque inflacionário ($\varepsilon_2 > 0$) seja parcialmente acomodado pelo banco central, é suficiente que $e > 0$, já que $n > 0$ e $\frac{n}{d+n} < 1$. Se $e > 0$, o equilíbrio macroeconômico é estável e o banco central combate parte do choque inflacionário reduzindo o nível de atividade. No entanto, se $e < 0$ e, adicionalmente, $d + n < 0$, um choque de oferta positivo eleva o hiato do produto e a taxa de inflação aumenta mais que proporcionalmente. Neste caso, o equilíbrio macroeconômico é instável e a política monetária exacerba os choques inflacionários.

A análise permite enunciar o seguinte princípio.

Princípio de Taylor (Taylor 1999): um valor positivo do parâmetro e na regra de Taylor é uma condição suficiente para a estabilidade macroeconômica.[4]

O princípio de Taylor também é válido para a regra monetária ótima. Lembremos que podemos escrever a regra ótima como:

$$r^* = r_n + \left(\frac{d}{b\lambda}\right)(\Pi - \Pi^M) + \frac{1}{b}\varepsilon_1$$

[4] Woodford (2001) destaca que a condição permite determinar um equilíbrio único (condição de determinação). Ver também Woodford (2003, Capítulo 2, seção 2.2).

Vemos que r^* varia diretamente com o desvio da taxa de inflação em relação à sua meta, já que $\frac{\partial r^*}{\partial(\Pi - \Pi^M)} = \frac{d}{b\lambda} > 0$.

Se considerarmos a taxa de juros nominal, o princípio de Taylor implica que o desvio da taxa de juros nominal deve ser maior que o desvio da taxa de inflação, de forma a garantir um aumento da taxa de juros real (regra do "mais-que-um"). O princípio de Taylor pode ser apresentado como:

$$\frac{d\,i}{d\,(\Pi - \Pi^M)} = 1 + e > 1$$

Em termos de bem-estar social, se o princípio de Taylor não se cumpre, a política monetária não é ótima, já que a perda social provocada pela política monetária é maior. No gráfico 7.5, comparamos o bem-estar social do equilíbrio alcançado frente a um choque de oferta positivo, se a política monetária não cumpre o princípio de Taylor (ponto *C*), e o bem-estar social, se a política monetária cumpre o princípio de Taylor (ponto *B*). Vemos que a perda social é menor no ponto *B*. Apesar da redução do nível de atividade, a menor taxa de inflação permite que seja alcançado um bem-estar social maior, se a política monetária verifica o princípio de Taylor.

Gráfico 7.5: Princípio de Taylor e bem-estar social

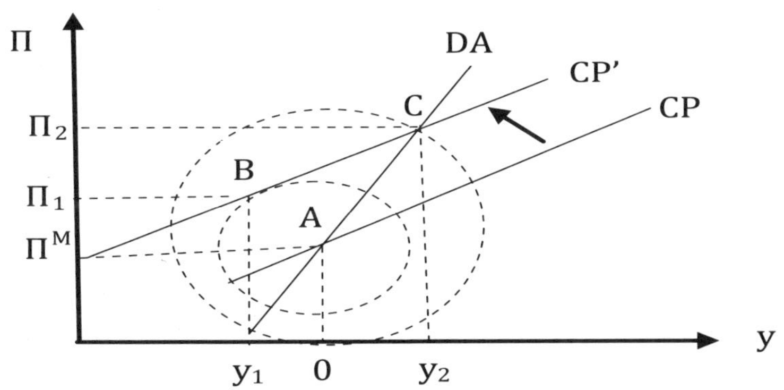

Analisemos algebricamente o resultado. Lembrando que $L = (\Pi - \Pi^M)^2 + \lambda y^2$ e substituindo o produto e a taxa de inflação de equilíbrio na função de perda social, pode-se obter:

$$L = \frac{(n^2 + \lambda)}{(n + d)^2} \varepsilon_2$$

Se $e > 0$ ($n > 0$), então o denominador é maior e L é menor que se $e < 0$. A seguinte proposição conclui a análise.

Proposição: Se não se cumpre o princípio de Taylor ($e < 0$), a política monetária não é ótima.

Por último, se $e < 0$, a preferência implícita do banco central fica mal especificada, já que $\lambda = d\,n < 0$. Se o princípio de Taylor não se cumpre, os desvios do produto em relação ao potencial melhoram implicitamente o bem-estar social.

7.2. METAS DE EXPECTATIVAS DE INFLAÇÃO

No modelo macroeconômico, as relações entre variáveis (taxa de política, nível de atividade e taxa de inflação) não são instantâneas. Na prática, existem defasagens entre essas variáveis. As defasagens podem ser divididas em internas (*inside lag*) e externas (*outside lag*).[5] As primeiras tratam do período de tempo entre o choque e a mudança no instrumento de política (estão dentro do sistema do formulador de política). As segundas, do período de tempo entre a mudança do instrumento e as metas de política. Analisemos como as defasagens externas afetam a execução da política econômica.

Consideremos que o ajuste do hiato do produto (y) a uma variação na taxa de política (r) demora um período e que o ajuste da taxa de inflação (Π) ao hiato do produto (y) outro período. Seja $t = 1$, o período presente, e $t = 2$ e 3, os períodos futuros, podemos representar essas defasagens com as seguintes relações:

$$r_1 \underset{IS}{\rightarrow} y_2 \underset{CP}{\rightarrow} \Pi_3$$

Devido às defasagens, o banco central só pode controlar no presente y_2 e Π_3. O problema de política monetária deve ser redefinido, considerando as variáveis que o banco central controla e as relações estruturais, da seguinte forma:

[5] A este respeito, ver Sørensen e Whitta-Jacobsen (2011, cap. 20, seção 20.2).

$$\min_{r_1} L = \beta^2[(\Pi_3 - \Pi^M)^2 + \lambda\, y_2^2] \quad \text{(FPS)}$$

$$\text{sujeito à: } y_2 = a - b\, r_1 + \varepsilon_{1,2} \quad \text{(IS)}$$

$$\Pi_3 = \Pi^M + d\, y_2 + \varepsilon_{2,3} \quad \text{(CP)}$$

onde $\varepsilon_{1,2}$ é o choque de demanda em 2, $\varepsilon_{2,3}$ é o choque de oferta em 3 e β é o fator de desconto. Substituindo a curva de Phillips e a curva IS na FPS, podemos obter da CPO:

$$r_1^* = r_n + \tfrac{1}{b}\varepsilon_{1,2} + \left[\tfrac{1}{b(d+\lambda b)}\right]\varepsilon_{2,3}$$

O problema desta regra de política é que r_1* depende de choques que vão acontecer no futuro ($\varepsilon_{1,2}$ e $\varepsilon_{2,3}$). Como os choques acontecerão depois da decisão de política, não é possível determinar a taxa de política presente, que deve depender de variáveis conhecidas no momento da decisão.

Uma forma de contornar este problema, proposta por Svensson (1997), é considerar que a regra de política deve ser determinada, a partir das expectativas que os agentes têm no presente (t =1) em relação à taxa de inflação futura (em t = 3). A ideia está embasada no fato de que, se a taxa de política é ótima, então a expectativa inflacionária (racional) é igual à meta de inflação ($E_1(\Pi_3) = \Pi^M$). Mostremos este ponto. Substituindo r_1* na curva IS e y_2 na curva de Phillips, obtemos:[6]

$$\Pi_3 = \Pi^M + \left(\tfrac{\lambda b}{d+\lambda b}\right)\varepsilon_{2,3}$$

Considerando a HER, temos:

$$E_1(\Pi_3) = \Pi^M$$

Concluímos que, se a taxa de política é ótima, então a expectativa de inflação (variável conhecida em 1) é igual à meta de inflação. A expectativa de inflação é um bom guia para a condução da política monetária e funciona como uma meta intermediária. Se no período corrente a expectativa de inflação ($E_1(\Pi_3)$) converge para a meta de inflação, então a taxa de inflação efetiva (Π_3) também deve convergir para ela. Esta previsão permite calibrar a taxa de política, de forma a alcançar o objetivo final da política monetária.

[6] O choque de demanda $\varepsilon_{1,2}$ é eliminado da inflação em t=3, pois é compensado por r_1*.

A seguinte proposição sintetiza a análise.

Proposição de Svensson: Se existem defasagens nas reações das variáveis macroeconômicas e se as expectativas são racionais, as expectativas de inflação são um bom guia para alcançar a política ótima. O banco central deve calibrar a taxa de política, de forma que as expectativas de inflação igualem a meta de inflação. O regime de política monetária é de "meta para as expectativas de inflação".

7.3. SUAVIZAÇÃO DA TAXA DE JUROS

Os bancos centrais procuram suavizar as flutuações da taxa de política por volta da taxa de juros natural, reduzindo os ajustes da taxa de política em resposta a choques. As razões deste fato estilizado ainda não são bem estabelecidas, mas podemos considerar, de forma geral, que resulta devido à existência de vários tipos de incerteza, que criam insegurança nos bancos centrais em relação a suas decisões. Algumas dessas incertezas são: a) incerteza em relação ao modelo utilizado; b) incerteza em relação aos dados utilizados; c) incerteza em relação aos parâmetros do modelo ("*à la* Brainard"). Analisemos em primeiro lugar como incorporar este fato estilizado no modelo e apresentemos uma explicação.

Uma forma de inserir este fato estilizado é incorporando os desvios da taxa de política em relação à taxa de juros natural na FPS:

$$L = (\Pi - \Pi^M)^2 + \lambda y^2 + \psi (r - r_n)^2$$

onde $\psi > 0$ é um parâmetro. A suavização dos juros equivale a impor uma restrição na regra para ajustar a taxa de política, já que existe um custo de ajustamento (afastar r de r_n). Esse custo reduz os afastamentos de r em relação r_n, quando acontecem choques de oferta ou de demanda. Analisemos este ponto. Substituindo a curva de Phillips e a curva IS na FPS e minimizando em relação a y, obtemos y^*. Substituindo y^* na curva IS, obtemos:

$$r^* = r_n + \left[\frac{b(d^2+\lambda)}{b^2(d^2+\lambda)+\Psi}\right]\varepsilon_1 + \left[\frac{d}{b[(d^2+\lambda)+\Psi]}\right]\varepsilon_2$$

Os coeficientes de ε_1 e ε_2 diminuem, se o banco central deseja suavizar mais a taxa de política (aumenta ψ).

Uma forma alternativa de modelar a suavização da taxa de juros é considerar que o banco central utiliza uma regra de Taylor:

$$r^{RT} = r_n + e\,(\Pi - \Pi^M) + fy$$

e suaviza o ajuste da taxa de juros, usando um processo adaptativo:

$$r_t = (1 - \rho)\, r^{RT} + \rho\, r_{t-1},$$

onde $0 \leq \rho \leq 1$ é o grau de suavização.[7] Substituindo a regra de Taylor no processo de suavização, obtemos a regra de política:

$$r_t = [(1 - \rho)\, r_n + \rho\, r_{t-1}] + [(1 - \rho)\, e]\,(\Pi - \Pi^M) + [(1 - \rho) f]\, y$$

Os parâmetros que mostram a reação da taxa de política a desvios da inflação e do hiato do produto diminuem, se aumenta o grau de suavização.

Uma explicação da suavização da taxa de juros é considerar que existe incerteza multiplicativa, supondo que alguns dos parâmetros da estrutura econômica são variáveis aleatórias. Clarida *et al.* (1999, seção 5.2) mostram que, se os parâmetros do modelo são variáveis aleatórias, a resposta da taxa de política a choques é menor que com equivalência de certeza. Analisemos um caso simples.

Suponhamos que o parâmetro d da curva de Phillips é uma variável aleatória e:

$$d \sim N(\bar{d}, \sigma_d^2)$$

Como o banco central conhece a distribuição do parâmetro, mas não sua realização, ele procura minimizar a função de perda esperada. O problema de política monetária é:

$$\min_y E(L) = E\,[(d\,y + \varepsilon_2)^2 + \lambda\, y^2].$$

[7] O nível de suavização costuma ser muito elevado, já que ρ costuma ser maior que 0,90. No Capítulo 14, apresentaremos algumas estimações.

Como $\sigma_d^2 = E(d^2) - \bar{d}^2$, então $E(d^2) = \bar{d}^2 + \sigma_d^2$. Seja $\alpha = E(d\,\varepsilon_2)$. O problema de política pode ser escrito como:

$$\min_y E(L) = (\bar{d}^2 + \sigma_d^2)y^2 + \sigma_\varepsilon^2 + 2\alpha y + \lambda y^2$$

Da CPO, obtemos:

$$y^* = \frac{-\alpha}{\bar{d} + \lambda + \sigma_d^2}\varepsilon_2$$

Consideremos que não existem choques de demanda ($\varepsilon_1 = 0$). Substituindo y^* na curva IS e operando, obtemos a regra monetária:

$$r^* = r_n + \frac{\alpha}{b(\bar{d}^2 + \lambda + \sigma_d^2)}\varepsilon_2$$

Como $\sigma_d^2 > 0$, o banco central modera o ajuste de r^* em relação ao equivalente de certeza, se acontece um choque de oferta.

A seguinte proposição sintetiza a análise.

Proposição: Se os bancos centrais suavizam o ajuste da taxa de juros, a taxa de política reage menos frente a choques.

Na seção 7.6.3, voltamos a revisar os efeitos da incerteza multiplicativa para mostrar que ela gera comportamentos "cautelosos" por parte do banco central.

7.4. BANDA PARA A META DE INFLAÇÃO

Na função de perda social, o banco central pode se importar mais com pequenos desvios do produto em relação ao produto potencial do que com pequenos afastamentos da taxa de inflação. Neste caso, ele pode não reagir a choques inflacionários, esperando a reversão do choque. Este comportamento tem sido denominado por Orphanides e Wilcox (2002) de "abordagem oportunista da desinflação", no sentido de que o banco central espera por uma reversão do choque de oferta, que elimine o desvio da inflação. Para Bernanke e Mishkin (1997), esta estratégia permite determinar uma "banda para a meta de inflação". Esta estratégia tem sido frequentemente adotada por bancos centrais, que definem intervalos para a meta de inflação e não uma taxa de inflação pontual. Apresentemos a análise de Orphanides e Wilcox (2002).[8]

Um ajuste na FPS permite capturar o fenômeno de que, do ponto de vista do bem-estar, os custos de pequenos afastamentos do produto são maiores que os custos de pequenos afastamentos da inflação. Consideremos que a FPS é dada por:

$$L = (\Pi - \Pi^M)^2 + \psi\ |y|$$

onde $\psi \geq 0$ é um parâmetro. Observemos que a função $|y|$ é não diferenciável em $y = 0$ e que:

$$\frac{d\ |\ y\ |}{dy} = 1 \text{ se } y > 0$$

$$\frac{d\ |\ y\ |}{dy} = -1 \text{ se } y < 0$$

O problema de política monetária é dado por:

$$\min_y L = (d\ y + \varepsilon_2)^2 + \Psi |\ y\ |$$

Da CPO, obtemos que a perda marginal da inflação (L_Π) deve ser igual à perda social do produto (L_y):

$$L_\Pi = L_y,$$

sendo:

$$L_\Pi = 2\, d\, \varepsilon_2 + (2\, d^2)\, y$$

$$L_y = -\Psi \frac{d\ |\ y\ |}{dv}$$

No gráfico 7.6, apresentamos as duas perdas. A perda marginal do produto (L_y) é uma função descontínua em $y = 0$. Para valores de $y < 0$, vemos que $L_y = \psi$ e, para

[8] A este respeito, ver Clarida et al. (1999).

$y > 0$, vemos que $L_y = -\psi$. O valor ótimo de y (y^*) é determinado no ponto em que a função L_Π se iguala com a função L_y.

Gráfico 7.6: Perda marginal da inflação e do produto

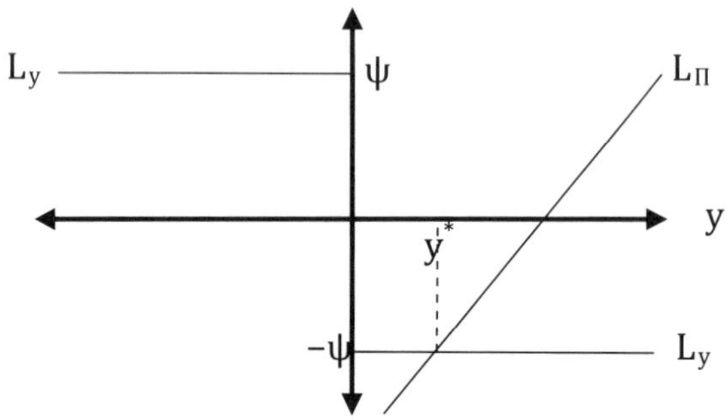

A posição de L_Π depende do choque de oferta (ε_2). Vemos que, se o choque de oferta estiver num certo intervalo, o banco central não precisa mudar o nível de atividade. Em especial:

Se $\varepsilon_2 > \psi/2d$, então $y^* = -(\frac{\varepsilon_2}{d} - \frac{\psi}{2d^2})$;

Se $\varepsilon_2 < -\psi/2d$, então $y^* = -(\frac{\varepsilon_2}{d} + \frac{\psi}{2d^2})$;

Se $\psi/2d \geq \varepsilon_2 \geq -\psi/2d$, então $y^* = 0$.

Esses critérios estabelecem um intervalo para o choque de oferta (ε_2), em que a política monetária é inativa. O intervalo ótimo para a meta de inflação é ψ/d.

O gráfico 7.7 mostra a função de resposta da política monetária a choques de oferta. Se ε_2 está no intervalo ($-\psi/2d$, $\psi/2d$), o hiato de produto ótimo é zero e o banco central deve manter a taxa de política inalterada. Nesta região inativa (na qual $y^* = 0$), a taxa de inflação vai flutuar com os choques de oferta, já que o banco central não vai combatê-los. Se os choques de oferta superam esses intervalos, as repostas de política são similares às já analisadas. Lembremos que a reação convencional depende de forma linear de

$$\varepsilon_2: y^* = (\frac{-d}{d^2 + \lambda})\varepsilon_2.$$

Gráfico 7.7: Função de resposta a choques de oferta

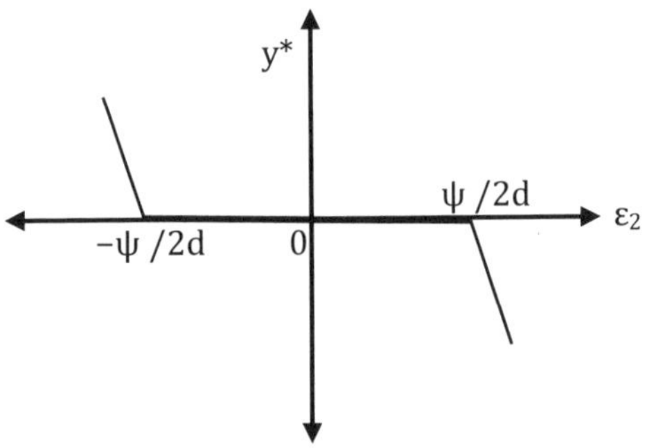

Destaquemos que, no caso do banco central enfrentar um choque de demanda, a função de reação continua sendo a convencional.

A seguinte proposição sintetiza o resultado.

Proposição: Se os custos de pequenos afastamentos do produto são maiores que os custos de pequenos, em termos de bem-estar social, afastamentos da inflação, a abordagem oportunista da desinflação é ótima e equivale a um intervalo (ou banda) para a meta de inflação.

Como destacam Orphanides e Wilcox (2002), a crítica principal à abordagem oportunista é justificar a forma funcional da FPS: por que os custos do produto seriam de primeira ordem (relação linear) e os custos da inflação de segunda ordem (relação convexa)?

7.5. DETERMINAÇÃO OPERACIONAL DA TAXA DE POLÍTICA

A mesa de operações do banco central procura fazer com que a taxa de juros do mercado interbancário (mercado de reservas bancárias) seja igual à taxa de política, através de operações de compra e venda de títulos, que apresentam habitualmente acordos de recompra.[9]

[9] De forma mais precisa, a taxa de política é uma meta intermediária e as operações de compra e venda de títulos, o instrumento de política monetária. Para uma análise dos procedimentos operacionais da política monetária, ver Barbosa (2010, cap. 8, seção 9).

Normalmente, o procedimento utilizado pelos bancos centrais é fixar uma banda para a taxa de juros do interbancário no redor da taxa de política (r^*), com uma taxa mínima ($\underline{r}$) e outra máxima ($\bar{r}$).[10] O banco central não intervém no interbancário, se a taxa de juros básica se situa no interior da banda. Os bancos comerciais com excesso de reservas podem aplicar esses recursos com uma taxa igual à inferior (chamada de *deposity facility*). No caso do banco comercial pedir emprestado ao banco central, deve pagar uma taxa de juros igual à superior (chamada de *marginal lending facility*). Este procedimento permite que a taxa de política permaneça na banda definida.

Analisemos mais formalmente a participação do banco central no mercado de reservas bancárias. Quando aumenta o excesso de demanda no mercado de reservas bancárias (ER), aumenta a taxa de juros do interbancário (r).[11] Consideremos que a relação entre excesso de demanda e taxa de juros no mercado interbancário é linear e dada por:

$$r = (r^* + \varsigma) + \sigma\, ER$$

onde ς e σ são parâmetros do mercado. O parâmetro σ é positivo e depende da sensibilidade da taxa de juros ao excesso de demanda. Por simplicidade, consideremos que $\varsigma = 0$. O banco central determina a banda para a taxa de política:

$$\underline{r} \leq r^* \leq \bar{r}$$

O gráfico 7.8 apresenta o procedimento operacional do banco central no mercado de reservas bancárias. Para excessos de demanda no intervalo ($\underline{ER}$, $\overline{ER}$), a taxa do interbancário fica no intervalo desejado pelo banco central. Se o mercado estiver no ponto B (ou à direita dele), a mesa de operações do banco central empresta aos bancos comerciais, que o solicitam à taxa de juros $\bar{r}$. No ponto A (ou à esquerda dele), os bancos comerciais podem trocar suas reservas por títulos com rentabilidade $\underline{r}$. A mesa de operações implementa a decisão sobre taxa de política, injetando e retirando reservas.

[10] Walsh (2010, cap. 11, seção 11.4) apresenta outros procedimentos operacionais que os bancos centrais utilizam para determinar o instrumento de política.

[11] Se ER é negativo, existe excesso de oferta, que reduz a taxa de juros de mercado.

Gráfico 7.8: Procedimento operacional do banco central

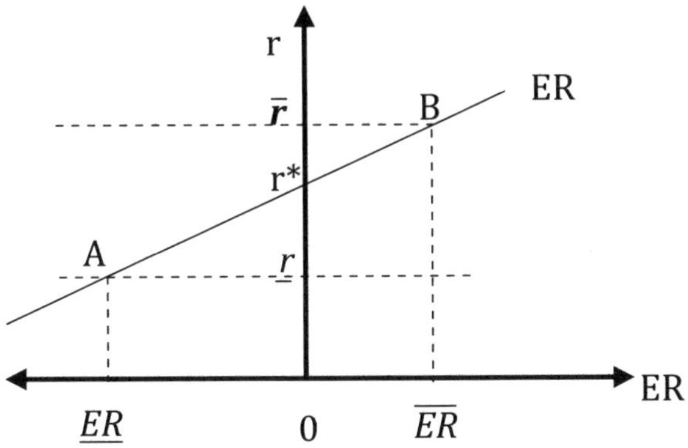

É interessante analisar os efeitos do tamanho da banda para a taxa de política. Se ela for muito pequena ($\bar{r} - \underline{r} \approx 0$), a taxa de juros do interbancário não se afasta da taxa de política ($r \approx r^*$). O banco central faz uma "zeragem automática" do mercado de reservas bancárias. Se o limite superior da taxa de juros do interbancário é maior que a taxa de juros do redesconto (r_D) praticada pelo banco central ($\bar{r} \geq r_D$), poderia ser mais conveniente para os bancos comerciais solicitar um redesconto (ainda que esses dois empréstimos tenham características diferentes). A taxa de juros do redesconto estabelece um limite superior para a taxa de politica.

7.6. DIFICULDADES DE POLÍTICA MONETÁRIA

Analisemos o papel de algumas dificuldades para a política monetária ótima. Consideremos três temas discutidas na literatura: erros na medição do hiato do produto, existência de agentes econômicos com expectativas *backward-looking* e incerteza multiplicativa.

7.6.1. Erros de Medição do Hiato do Produto

As variáveis macroeconômicas podem ser medidas de forma errônea e alguns dados macroeconômicos podem ser corrigidos *a posteriori* das decisões de política monetária. Por exemplo, Orphanides (2003) destaca que os dados disponíveis na década de 1970 indicavam um grande hiato do produto negativo para a economia americana, o que induziu a uma política monetária expansionista por parte do Federal Reserve. A revisão dos dados das Contas Nacionais indicou que o hiato do produto era menor que o estimado inicialmente, mas a política monetária foi estabelecida com dados em tempo real. Quais são as implicações desse erro de medição do hiato do produto para a política monetária ótima? [12]

Consideremos que y^e é o hiato do produto estimado, y o hiato do produto verdadeiro e μ o erro de estimação do hiato do produto (que pode resultar da estimação errada do produto efetivo ou potencial). Consideremos que $\mu \sim N(0, \sigma_\mu^2)$, onde σ_μ^2 mede a incerteza da medição, e que:

$$y^e = y + \mu$$

Em termos do modelo de política ótima, a curva IS é dada por:

$$y^e = (a + \mu) - b\,r + \varepsilon_1$$

Na regra monetária para a taxa de política, devido ao erro de estimação, o banco central vai estimar de forma errônea a taxa de juros natural:

$$r_n^e = (a + \mu)\,/b$$

Em relação ao equilíbrio macroeconômico, se o banco central subestima o hiato do produto ($\mu < 0$), então comete os erros seguintes:

- Subestima a taxa de juros natural: $r_n^e < r_n$;
- Subestima o hiato do produto ótimo: $y^{e}* = (\frac{-d}{d^2+\lambda})\varepsilon_2 + \mu$;
- Promove uma taxa de inflação maior que a meta de inflação: $\Pi = \Pi^M - \frac{\lambda}{d} y^e * - \frac{\lambda}{d}$. [13]

As variâncias do hiato do produto e da taxa de inflação aumentam, já que dependem da incerta medição (σ_μ^2). Vemos que:

$$\mathrm{var}(y^e*) = (\tfrac{d}{d^2+\lambda})^2\, \sigma_{\varepsilon_2}^2 + \sigma_\mu^2$$

$$\mathrm{var}(\Pi) = (\tfrac{\lambda}{d})^2\, [\mathrm{var}(y^e*) + \sigma_\mu^2]$$

A fronteira de política eficiente desloca-se para cima e diminui o bem-estar social.[14]

[12] A este respeito, ver por Sørensen e Whitta-Jacobsen (2011, seção 22.3) e Clarida et al. (1999, seção 5.1.1). Galí (2009) também destaca que as funções que suavizam temporalmente o produto aproximam de forma pobre o produto potencial, gerando erros de medida.

[13] Assim, um aumento da taxa de inflação em relação à meta pode revelar erros de medida. A este respeito, ver Taylor (1998).

[14] A este respeito, ver Galí (2009, seção 3).

A proposição seguinte resume a análise.

Proposição: Um erro na estimação do produto potencial afeta a taxa de política, que não será a ótima. Isto afeta o nível do produto e a taxa de inflação, diminuindo o bem-estar social.

7.6.2. Expectativas *Backward-looking*

Consideremos que uma parte dos agentes econômicos forma suas expectativas racionalmente (*forward-looking*) e que a outra parte não tem informação suficiente, devido aos custos necessários para obter a informação relevante (existe rigidez de informação). Os agentes sem informação suficiente têm expectativas estáticas (*backward-looking*).[15] Em nível macroeconômico, a taxa de inflação esperada para t (Π^e_t) é determinada da seguinte forma:

$$\Pi^e_t = \alpha\, \Pi_{t-1} + (1 - \alpha)\, \Pi^e_{t,t-1}$$

onde Π_{t-1} é a taxa de inflação do período anterior, α é a proporção de agentes com expectativas estáticas ($0 \leq \alpha \leq 1$) e $\Pi^e_{t,t-1}$ é a taxa de inflação esperada pelos agentes que utilizam toda a informação disponível em t–1 (expectativas racionais).

Seguindo os passos estabelecidos na seção 6.5, podemos determinar a taxa de inflação dos agentes que utilizam expectativas racionais:

$$\Pi^e_{t,t-1} = (\frac{\alpha\lambda}{d^2 + \alpha\lambda})\Pi_{t-1} + (\frac{d}{d^2 + \alpha\lambda})\Pi^M$$

Substituindo na equação anterior, obtemos:

$$\Pi^e_t = (1 - \varphi)\, \Pi_{t-1} + \varphi\, \Pi^M$$

onde $\varphi \equiv \frac{(1 - \alpha)d^2}{d^2 + \alpha\lambda}$ é um parâmetro ($0 \leq \varphi \leq 1$) que indica a fração da população que acredita que a taxa de inflação será igual à meta de inflação.[16] Observemos que, se não existe rigidez na informação ($\alpha = 0$), então $\varphi = 1$ e a taxa de inflação esperada é igual à meta de inflação: $\Pi^e_t = \Pi^M$.

---

[15] Um modelo com estas características é desenvolvido por Mankiw e Reis (2002). Ver Sørensen e Whitta-Jacobsen (2011, pp. 651-652).

[16] φ pode ser interpretado como um indicador do grau de credibilidade do banco central. Quanto mais próximo de 1 for φ, maior é o grau de credibilidade do público na meta de inflação do banco central.

Substituindo Π^e_t na curva de Phillips, temos (a seguir, suprimimos o índice t):

$$\Pi = [(1-\varphi)\,\Pi_{-1} + \varphi\,\Pi^M] + d\,y + \varepsilon_2$$

Resolvendo o problema de política, temos o hiato do produto de equilíbrio:

$$y = \left(\frac{-d}{d^2+\lambda}\right)\varepsilon_2 + \left(\frac{d}{d^2+\lambda}\right)(1-\varphi)(\Pi^M - \Pi_{-1})$$

Substituindo y na curva de Phillips e operando, obtemos a taxa de inflação de equilíbrio:

$$\Pi = (1-\omega)\,\Pi_{-1} + \omega\Pi^M + \left(\frac{\lambda}{d^2+\lambda}\right)\varepsilon_2$$

onde $\omega = d + \varphi(1-d)$. Interpretemos o resultado.

Se existe rigidez de informação ($\alpha > 0$), então $\varphi < 1$ e $\omega < 1$. Neste caso, o hiato do produto depende do desvio da inflação passada da meta de inflação ($\Pi_{-1} - \Pi^M$) e a taxa de inflação apresenta persistência inflacionária.[17] Se $\Pi_{-1} \neq \Pi^M$, então o hiato do produto se afasta de zero, a taxa de inflação de sua meta e a perda social (L) é maior. A rigidez de informação reduz o bem-estar social associado a uma política monetária ótima.

A proposição a seguir apresenta a conclusão da análise.

Proposição: Se adquirir informação tem custos e uma parte dos agentes econômicos tem expectativas estáticas (*backward-looking*), então o processo inflacionário apresenta certo grau de persistência e o hiato do produto depende do desvio da inflação passada da meta de inflação. A rigidez de informação piora o bem-estar social.

7.6.3. Incerteza Multiplicativa[18]

Analisemos os efeitos da existência de incerteza multiplicativa (analisada no Capítulo 2, seção 2.2) sobre a política monetária ótima. Da mesma forma que na seção 7.3, consideremos que o banco central tem dúvidas do efeito do hiato do

[17] Williams (2006) analisa a persistência como um fato estilizado do processo inflacionário. Para uma análise mais avançada, ver Fuhrer (2011).

[18] A este respeito, ver Walsh (2010, seção 8.4.7).

produto sobre a taxa de inflação. Podemos modelar essa incerteza no modelo, supondo que, na curva de Phillips ($\Pi = \Pi^M + d\,y + \varepsilon_2$), d é uma variável aleatória. Suponhamos que:

$$d = \overline{d} + \mathrm{v}$$

onde $\overline{d}$ é uma constante e v é um ruído branco com média 0 e variância σ^2_v. O banco central deve decidir a política monetária ótima antes de observar a realização de *v*.

Considerando que ε_2 é dado. Da CPO do problema de política ótima, obtemos:

$$y^* = \left(\frac{-\overline{d}}{\overline{d}^2 + \lambda + \sigma_v^2}\right)\varepsilon_2$$

Se existe incerteza multiplicativa ($\sigma^2_v > 0$), a política monetária ótima propõe que o hiato do produto (y^*) deve reagir menos a choques de oferta (ε_2). Logo, a taxa de política deve reagir menos a choques de oferta. A variância de y diminui frente à incerteza multiplicativa. Nos termos de W. Brainard, o banco central deve reagir de forma mais cautelosa frente a choques de oferta.

Substituindo y^* na curva de Phillips, podemos escrever:

$$\Pi = \Pi^M + \left(\frac{\lambda + \sigma_v^2 - \overline{d}\,(d - \overline{d}}{\overline{d}^2 + \lambda + \sigma_v^2}\right)\varepsilon_2 = \Pi^M + \left(\frac{\lambda + \sigma_v^2 - \overline{d}\,v}{\overline{d}^2 + \lambda + \sigma_v^2}\right)\varepsilon_2$$

A variância de Π aumenta, se σ^2_v aumenta. Com incerteza na relação entre o hiato de produto e a taxa de inflação e frente a choques de oferta, a volatilidade da inflação aumenta. O nível de atividade é mais estabilizado à custa da estabilidade da taxa de inflação. Aparece um viés de estabilidade, no sentido contrário ao gerado pelo compromisso (ver Capítulo 6, seção 6.7).

Proposição: Na presença de incerteza na relação entre hiato de produto e inflação, a taxa de política deve reagir menos a choques de oferta. A política monetária ótima reduz a volatilidade do hiato do produto e aumenta a volatilidade da taxa de inflação. Cria-se um viés de estabilização contrário ao do compromisso.

Este resultado (de que a incerteza multiplicativa leva a comportamentos cautelosos da taxa de política) pode ser relativizado em alguns casos. Walsh (2010, p. 377) destaca o caso em que existem expectativas *backward-looking* e não é conhecido o impacto de Π_{t-1} sobre Π_t. Como não estabilizar a inflação corrente aumenta a variância da inflação do período seguinte, o banco central pode ter um incentivo para responder mais agressivamente a choques de oferta. Apesar de seu apelo intuitivo, o resultado de Brainard não é geral.

7.7. EXPECTATIVAS ADAPTATIVAS E METAS DE INFLAÇÃO

O regime de metas de inflação pode ser apresentado, considerando uma curva de Phillips aceleracionista (onde as expectativas são estáticas). Analisemos a política monetária, considerando as defasagens propostas na seção 7.2.

Seja $t = 1$ o período presente e $t = 2$ e 3 os períodos futuros. A curva de Phillips aceleracionista é dada por:

$$\Pi_3 = \Pi_2 + d\,y_2 + \varepsilon_{2,3}$$

onde $\varepsilon_{2,3}$ é o choque de oferta que acontece em 3. A curva IS com a defasagem proposta é dada por:

$$y_2 = a - b\,\mathrm{r}_1 + \varepsilon_{1,2}$$

onde $\varepsilon_{1,2}$ é o choque de demanda em 2. Substituindo a curva IS na curva de Phillips e lembrando que $r_n = a/b$, vemos que a inflação futura depende da inflação e do hiato do produto corrente:

$$\Pi_3 = \Pi_1 + d\,y_1 + d\,b\,(r_n - r1) + d\,\varepsilon_{1,2} + \varepsilon_{2,2} + \varepsilon_{2,3}$$

Calculemos a taxa de inflação esperada em 1 para o período 3, supondo que Π_1, y_1 e $r1$ são conhecidos:

$$E_1(\Pi_3) = \Pi_1 + d\,y_1 + d\,b\,(r_n - r_1)$$

Se o regime de metas de inflação é estrito, a função de perda social é dada por:

$$L = \beta^2 E_1(\Pi_3 - \Pi^M)^2.$$

sendo β o fator de desconto. A CPO do problema do banco central estabelece que:

$$E_1(\Pi_3) = \Pi^M$$

Substituindo a inflação esperada na CPO e colocando r_1 em evidência, obtemos:

$$r_1^* = r_n + \frac{1}{d\,b}(\Pi_1 - \Pi^M) + \frac{1}{b}y_1$$

A regra de política monetária é similar à estabelecida pela regra de Taylor, já que a taxa de política depende do desvio da inflação corrente e do hiato do produto corrente.

A taxa de inflação do período 3 vai depender da meta de inflação e dos choques que vão acontecer nos períodos 2 e 3: $\Pi_3 = \Pi^M + (d\,\varepsilon_{1,2} + \varepsilon_{2,2} + \varepsilon_{2,3})$. A proposição seguinte sintetiza o resultado obtido nesta seção.

Proposição: A regra de política ótima é similar à regra de Taylor, se a curva de Phillips é aceleracionista e existem defasagens entre a taxa de política, o hiato do produto e a taxa de inflação.

7.8. PRÉ-CONDIÇÕES PARA METAS DE INFLAÇÃO EM PAÍSES EMERGENTES

Svensson (2010b, seção 4.5) destaca que alguns pré-requisitos macroeconômicos e institucionais foram importantes para tornar o regime de metas de inflação mais viável em países emergentes nas décadas de 1990 e 2000. Freedman e Ötker-Robe (2009) ressaltam as condições seguintes:

- Estabilidade de preços como o objetivo primordial da política monetária;
- Ausência de dominância fiscal;
- Independência para a determinação do instrumento de política monetária;
- Amplo consenso nacional sobre a proeminência da meta de inflação;

- Compreensão dos mecanismos de transmissão da política monetária por parte do banco central e capacidade para afetar as taxas de juro de curto prazo;
- Funcionamento adequado do sistema e mercados financeiros.

Freedman e Ötker-Robe (2009) sugerem que estes elementos também podem ser vistos como condições propícias para a introdução de um regime de metas de inflação com sucesso em novos países.

Temas de Discussão

7.1. Regras simples podem ser apropriadas para a política monetária, no sentido de que seus efeitos não diferem significativamente de uma regra ótima. Analise em que condições a regra de Taylor é uma boa apresentação da política monetária ótima.

7.2. Se a política monetária não é compatível com o princípio de Taylor, ela não será ótima e o equilíbrio macroeconômico não será estável. Discuta os efeitos de uma política monetária que não cumpre o princípio de Taylor.

7.3. Se as expectativas são *backward-looking,* então o processo inflacionário apresenta um grau de persistência e o hiato do produto depende do desvio da inflação passada da meta de inflação. Isto piora a capacidade de ajuste da economia e bem-estar social diminui. Analise as expectativas *backward-looking* como uma imperfeição de mercado.

7.4. Os bancos centrais atuam de forma cautelosa ao ajustar a taxa de política. Apresente como pode ser incorporado este fato estilizado (chamado de suavização da taxa de juros) na função de reação do banco e explique as suas causas prováveis.

7.5. A existência de uma banda para a meta de inflação pode estar associada a preferências especiais do banco central em relação ao nível de atividade. Procure explicar em que condições o banco central não deveria reagir a choques de oferta pequenos, estabelecendo uma banda para a meta de inflação, no lugar de uma meta de inflação pontual.

Anexo:

REGIMES MONETÁRIOS ALTERNATIVOS

Nos anos 1990, foram discutidos regimes monetários alternativos ao de metas de inflação. Analisemos as características principais de três alternativas: a regra de Friedman (ou regime de meta monetária), o regime de meta de crescimento do produto nominal e o regime de meta do nível de preços.[1] Finalmente, analisemos como a política monetária pode ser racionalizada em termos da teoria quantitativa da moeda.

1. Regra de Friedman

Friedman (1960) argumenta que estabelecer uma taxa de crescimento constante na oferta monetária permite uma taxa de crescimento estável do produto nominal. Usando a base monetária como instrumento de política monetária, é possível alcançar, no longo prazo, uma meta de inflação e estabilizar o nível de atividade. Analisemos o funcionamento deste regime.[2]

As hipóteses principais do regime são:

a. O multiplicador monetário (relação entre oferta e base monetária) é estável;

b. O produto e o emprego se ajustam a seus níveis naturais após choques, de forma que não se afastam demais de suas tendências de longo prazo;

c. Existe conhecimento limitado em relação ao funcionamento da economia, já que a política monetária afeta a economia real com defasagens longas e variáveis.

O equilíbrio do mercado monetário é dado pela igualdade de oferta (M/P) e demanda (L) de saldos reais: $M/P = L$. Consideremos que não existem choques na demanda de saldos monetários reais, que é dada por:

$$L = k\, Y^{\eta}\, e^{-\beta i}$$

[1] Sørensen e Whitta-Jacobsen (2011, seção 16.3) apresentam uma análise dos dois primeiros regimes.

[2] O Bundesbank alemão adotou este regime de metas monetárias desde a década de 1970 até a formação da União Monetária Europeia.

onde $k > 0$ é um parâmetro, $\eta > 0$ é a elasticidade-renda, $\beta > 0$ é a semi elasticidade-juro e i é a taxa de juros de títulos de curtíssimo prazo e elevada liquidez.[3] Seja $M = (1 + u)\, M_{-1}$ e $P = (1 + \Pi)\, P_{-1}$, onde −1 representa o período anterior e u é a taxa de crescimento da oferta de moeda (instrumento de política monetária). A taxa de crescimento do produto potencial é x.

Consideremos que, no período anterior (em −1), a economia estava no equilíbrio de longo prazo, de forma que $M_{-1}/P_{-1} = L^*$, onde L^* é a demanda de saldos reais de longo prazo. No equilíbrio de longo prazo, a taxa de crescimento de L é $L^* = \eta\, x$, a taxa de inflação $\Pi^* = u - \eta\, x$ (que representa a meta de inflação de longo prazo), a taxa de juros real $r^* = r_n$ e a taxa de juros nominal $i^* = r_n + \Pi^*$. Da condição de equilíbrio no mercado monetário, temos:

$$\frac{(1+u)}{(1+\Pi)}\frac{M_{-1}}{P_{-1}} = kY^{\eta}e^{-\beta i}$$

Aplicando logaritmo, podemos aproximar:

$$u - \Pi + \ln L^* = \ln k + \eta \ln Y - \beta\, i$$

No equilíbrio de longo prazo, temos que:

$$\ln L^* = \ln k + \eta \ln Y_P - \beta\,(r_n + u - \eta\, x)$$

Consideremos que as expectativas inflacionárias são estáticas, de forma que $r = i - \Pi$. Substituindo $\ln L^*$ na equação do equilíbrio monetário, podemos analisar o comportamento da taxa de juros real com a regra de Friedman. Operando, obtemos:

$$r = r_n + \left(\frac{1-\beta}{\beta}\right)(\Pi - \Pi^*) + \frac{\eta}{\beta} y$$

onde $y \equiv \ln Y - \ln Y_P$ é o hiato do produto. De forma similar à regra de Taylor, com a regra de Friedman, a taxa de juros real ajusta-se de forma direta com o hiato do produto (pois $\eta/\beta > 0$) e ao desvio da taxa de inflação em relação à sua meta de longo prazo. Para que o princípio de Taylor se verifique, é necessário que $\beta < 1$: a elasticidade-juro da demanda de saldos reais deve ser menor que 1. Se esta

---

[3] Na equação quantitativa, temos que $\eta = 1$ e $\beta = 0$.

condição não se verifica, o equilíbrio macroeconômico torna-se instável e a política monetária é ineficiente do ponto de vista do bem-estar social.

No modelo, podem ser incorporados choques na demanda de moeda, que gerariam uma volatilidade na taxa de juros e no nível de atividade. A seguinte proposição resume a análise apresentada.

Proposição: A determinação da taxa de juros real pela política monetária utilizando a regra de Friedman é similar ao da regra de Taylor. Para que o princípio de Taylor seja válido (condição de estabilidade macroeconômica), é necessário que $\beta < 1$.

A análise apresentada também pode ser tratada como um regime de meta monetária. Num regime de meta monetária estrita, a FPS é dada por:

$$L = (u - u^*)^2$$

onde $u^* = \Pi^M + \eta\, x$ é a meta de crescimento da oferta monetária. Este regime tende a focalizar na tendência de longo prazo da taxa de inflação e o instrumento de política monetária é a taxa de política (r). A função de reação é dada por:

$$r = r_n + \gamma\,(u - u^*)$$

Esta equação pode ser interpretada como a regra de comportamento da taxa de juros real em um regime de meta monetária.[4]

As críticas habituais ao regime de meta monetária são:

- Existe pouca informação para a construção da função de reação do banco central, que depende só dos parâmetros da função de demanda monetária;
- Outras informações (como a curva IS ou a curva de Phillips) não são utilizadas;
- O crescimento monetário não é o único previsor da taxa de inflação e, na verdade, a correlação entre o agregado monetário e a taxa de inflação tende a ser fraca.

2. Meta para o Crescimento do Produto Nominal

Alguns autores propõem estabelecer uma meta para o produto nominal, já que, se o produto nominal cresce a uma taxa constante, o produto real cresce mais

[4] Neste sentido, ver Svensson (1999).

rápido, quando a taxa de inflação diminui e vice-versa.[5] Analisemos este regime de política monetária.

Seja z a taxa de crescimento do produto real, g a taxa de crescimento do produto nominal ($g = \Pi + z$), x a taxa de crescimento do produto potencial e $\hat{g}$ a meta para a taxa de crescimento do produto nominal ($\hat{g} = \Pi^M + x$). A FPS é dada por:

$$L = (g - \hat{g})^2$$

Neste regime, a taxa marginal de substituição implícita entre a taxa de inflação e a taxa de crescimento do produto é -1 $\left(\frac{\partial z}{\partial \Pi}\Big|_L = -1\right)$. O instrumento de política monetária é a taxa de política (r).

A função de reação deste regime é dada por:

$$r = r_n + \gamma\,(g - \hat{g})$$

onde $\gamma > 0$ é um parâmetro a ser determinado.[6] Essa regra pode ser escrita como $r = r_n + \gamma\,(\Pi - \Pi^M) + \gamma\,(z - x)$. Considerando que, no período anterior, o produto efetivo é igual ao potencial, obtemos:

$$r = r_n + \gamma\,(\Pi - \Pi^M) + \gamma\, y$$

onde y é o hiato do produto. A regra monetária, neste regime, é similar à regra de Taylor, mas os parâmetros para o desvio da inflação e do hiato do produto são iguais (γ).

Uma crítica a este regime é que a política monetária determina o crescimento do produto nominal, mas não sua distribuição entre taxa de inflação e crescimento do produto real. Isto pode gerar uma volatilidade maior na taxa de inflação, devido à falta de uma âncora nominal para as expectativas de inflação. Outra crítica é que, como a meta do produto nominal depende do produto potencial, o banco central pode incorrer em erros de estimação.

A proposição a seguir sintetiza o resultado.

---

[5] Para ver as primeiras propostas desta regra, ver Hall e Mankiw (1994).

[6] Ver Svensson (1999).

Proposição: O regime de meta para o crescimento do produto nominal apresenta características similares ao de meta de inflação, mas a taxa de inflação pode apresentar uma volatilidade maior.

3. Meta do Nível de Preços

Um regime de meta do nível de preços melhora o bem-estar social e provoca um viés de estabilização, se comparado com o regime de meta de inflação.[7] As diferenças nas respostas das variáveis macroeconômicas desses regimes são devidas ao canal de expectativas incorporado em cada regime. Num regime de meta de inflação, um choque oferta positivo leva a acomodar parte do choque, mas o nível de preços nunca retorna ao seu nível original porque a autoridade monetária só se preocupa com a taxa de crescimento dos preços (e não com o nível de preços).[8]

Em um regime de meta de nível de preços, os agentes econômicos esperam que os desvios do nível de preços de hoje sejam revertidos no futuro. Os produtores sabem que um choque de oferta positivo, que gera uma inflação maior neste período, vai se traduzir em deflação em períodos futuros porque o banco central vai corrigir os aumentos iniciais no nível de preços por reduções posteriores. Se os preços são rígidos, as firmas, que podem definir os seus preços hoje, vão aumentá-los menos do que no caso de metas de inflação, por causa da deflação futura antecipada. A exploração deste canal expectacional, que também está presente quando o banco central assume um compromisso no regime de meta de inflação, permite que o banco central estabilize mais a taxa de inflação e menos o hiato do produto na presença de um choque de oferta. Em outras palavras, a diferença entre esses regimes radica no fato de que o regime de meta de preços atua como um mecanismo de compromisso que afeta as expectativas de inflação.

O nível de preços do próximo período é uma variável de estado no regime de meta do nível de preços porque os efeitos sobre o nível de preços persistirão: um aumento no nível de preços hoje afetará o nível de preços amanhã. O desvio temporário da meta de preços será combatido com um desvio compensatório no futuro. Com metas de inflação, um aumento da inflação hoje não afetará a infla-

---

[7] Para uma análise simples deste regime, ver Bauducco e Caputo (2010). Uma análise mais avançada é a de Vestin (2006).

[8] O banco central poderia fazer a promessa de tolerar uma deflação no futuro, atenuando, via expectativas de inflação, o impacto do choque sobre a taxa de inflação. No entanto, um banco central que otimiza período a período tem um incentivo a renegar dessa promessa e evitar uma deflação. Se isso for esperado pelos agentes econômicos, o equilíbrio com compromisso não se sustenta.

ção de amanhã. Apresentemos um modelo para a política monetária com meta para o nível de preços.

A curva de Phillips aumentada por expectativas pode ser escrita como:

$$p_t = p_{t-1} + (p^e_{t+1} - p_t) + d\,y_t + \varepsilon_{2,t} \quad (7.1)$$

onde p é o logaritmo do nível de preços ($\Pi_t = p_t - p_{t-1}$).

Consideremos que, da mesma forma que o regime de meta de inflação, o nível de preços depende do nível do período anterior e de choques de oferta, e que as relações são lineares:

$$p_{t+1} = a\,p_t + b\,\varepsilon_{2,t+1} \quad (7.2)$$

onde a e b são parâmetros. Calculando o nível de preços esperado: $p^e_{t+1} = a\,p_t$. Substituindo p^e_{t+1} na curva de Phillips, obtemos:

$$p_t = (dk)\,y_t + k\,p_{t-1} + k\,\varepsilon_{2,t} \quad (7.3)$$

onde $k \equiv 1/(2 - a)$.

Consideremos que o formulador de política deseja manter o nível de preços constante, de forma que: $p_t = p_{t-1}$. A FPS é dada por

$$L = (p_t - p_{t-1})^2 + \lambda\,y_t^2 \quad (7.4)$$

O problema de política monetária é:

$$\min_y L = [kdy_t + k(p_{t-1} + \varepsilon_{2,t}) - p_{t-1}]^2 + \lambda\,y_t^2$$

Da CPO, obtemos

$$y_t^* = [\frac{(1-k)\,d}{k\,(d^2 + \hat{\lambda})}]\,p_{t-1} - (\frac{d}{d^2 + \hat{\lambda}})\,\varepsilon_{2,t} \quad (7.5)$$

onde $\hat{\lambda} \equiv \lambda/k^2$. Substituindo y_t* na curva de Phillips, obtemos:

$$p_t^* = [k + \frac{(1-k)\,d^2}{d^2 + \hat{\lambda}}]\,p_{t-1} + (\frac{k\,\lambda}{d^2 + \hat{\lambda}})\,\varepsilon_{2,t} \qquad (7.6)$$

O fator de p_{t-1} é o parâmetro a: $a = k + \frac{(1-k)\,d^2}{d^2 + \hat{\lambda}}$. Substituindo os valores de k e $\hat{\lambda}$, podemos obter:

$$\frac{d^2}{\lambda} = (a-1)\,(2-a) > 0$$

Em consequência, o valor do parâmetro a deve estar entre 1 e 2 ($1 < a < 2$). Logo, $k > 1$. Da equação (7.3), vemos que o efeito de y_t sobre p_t é maior no regime de meta do nível de preços que no regime de meta de inflação, devido à natureza *forward-looking* das expectativas de preços.

A regra monetária do regime de meta de preços pode ser obtida colocando-se $\varepsilon_{2,t}$ em evidência nas equações (7.5) e (7.6):

$$\Pi_t = -\tfrac{\tilde{\lambda}}{d}\,y_t \qquad (7.7)$$

onde $\tilde{\lambda} \equiv \lambda/k$.

No regime de meta de inflação (sem compromisso), consideramos que $\Pi^M_t = 0$. Desta forma, obtemos que $p^e_{t+1} = p_t$ e $a = 1$. A regra monetária com meta de inflação pode ser escrita como:

$$\Pi_t = -\tfrac{\lambda}{d}\,y_t \qquad (7.8)$$

Comparando as regras monetárias dos dois regimes (equações (7.7) e (7.8)), vemos que $\tilde{\lambda} < \lambda$, já que $k > 1$. O resultado depende do parâmetro a, que é maior que um no regime de meta para o nível de preços e igual a um no regime de meta de inflação. O regime de metas de preços reduz a variância da taxa de inflação, aumenta a variância do nível de atividade e está próximo do desempenho do regime de meta de inflação com compromisso.

O gráfico 7.9 compara as funções de reação dos regimes de meta de inflação e de nível de preços, mostrando que função de reação do banco central é mais achatada que no regime de meta de preços.

Gráfico 7.9: Funções de reação com meta de inflação e de preço

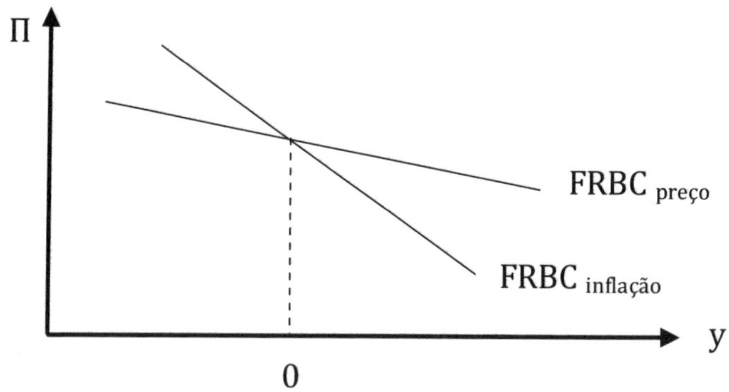

A seguinte proposição sintetiza a conclusão da análise apresentada.

Proposição: O regime de meta do nível de preços reduz a volatilidade da taxa de inflação e aumenta a volatilidade do nível de atividade, se comparado com o regime de meta de inflação. Seu desempenho macroeconômico é similar ao de meta de inflação com compromisso.

Para comparar os efeitos sobre o bem-estar social, apresentemos um exercício numérico com os valores utilizados na seção 6.7 do Capítulo 6. Lembremos que $\lambda = d = 1$, $\Pi^M = 0$ e $\varepsilon_2 = 1$. Seja $p_{t-1} = 0$ e $a = 1{,}5$. Neste caso, $k = 2$ e $\hat{\lambda} = 0{,}25$. O equilíbrio macroeconômico com meta para o nível de preços é: $\Pi = 0{,}4$ e $y = -0{,}8$. A perda social é $L = 0{,}8$. O desempenho do regime de metas para o nível de preços é semelhante ao de meta de inflação com compromisso, mas é superior ao de meta de inflação sem compromisso. Sintetizemos o resultado.

Proposição: O regime de meta para o nível de preços melhora o bem-estar social em relação a um regime de meta de inflação sem compromisso.

O regime de metas de preços apresenta algumas desvantagens. O mecanismo de expectativas do regime perde efetividade, se os agentes formam preços utilizando informação passada; a comunicação do banco central no regime de meta de preços é mais difícil que no regime de meta de inflação e o sistema econômico pode sofrer problemas de inconsistência temporal. Analisemos brevemente estes problemas.[9]

A força do regime vem da possibilidade de afetar as expectativas dos agentes privados. Nos modelos em que as firmas fixam preços de acordo com expectativas *backward-looking*, o regime é menos eficaz. No limite, se todas as firmas são *backward-looking*, a meta para o nível de preço é ineficaz.

Outra dificuldade com o nível de preços é sua implementação. Comunicar uma meta em termos de nível de preço agregado é uma tarefa complicada, podendo ser necessário um considerável período de tempo, antes que o setor privado forme corretamente suas expectativas sobre a evolução da taxa de inflação e do hiato do produto.

A meta do nível de preço não é imune às considerações de inconsistência temporal. Consideremos que, devido a um choque de oferta negativo, há uma deflação no período corrente, que será compensada pela política monetária com inflações futuras, para que o nível de preços retorne à sua meta. As expectativas de inflação futura auxiliam o banco central na estabilização da economia. Em períodos futuros, no entanto, o banco central terá que permitir níveis de inflação positivos, ainda que o choque tenha acabado. Isto cria um incentivo para a autoridade monetária repensar sua política (de forma similar ao caso de compromisso). Se é permitido ao banco central reotimizar a função perda social, ele pode mudar sua política a fim de estabilizar a inflação, gerando um problema de inconsistência temporal.

4. Teoria Quantitativa da Moeda

A política monetária pode ser analisada, utilizando-se um modelo compatível com a teoria quantitativa da moeda e pode ser descrita como uma mudança na oferta de moeda ou na taxa de juros. Uma visão alternativa à política monetária do novo consenso (que pode ser chamada de "monetarista") é desenvolvida a partir de um modelo compatível com a teoria quantitativa da moeda[10]. Em vez de considerar a rigidez nominal de preços, o modelo supõe que o mercado de bônus é segmentado. Apresentemos esta análise, utilizando o modelo de Alvarez *et al.* (2001).

[9] A este respeito, ver Bauducco e Caputo (2010).

[10] Lucas (2007) apresenta de forma simples esta visão alternativa.

Consideremos um marco clássico com preços flexíveis (não existe uma curva de Phillips). A política monetária não afeta a produção e a dotação dos recursos dos agentes é dada. O mercado de bônus (de um período) é segmentado (incompleto), já que uma fração λ dos agentes tem acesso a esse mercado (*traders*) e uma fração 1 – λ não participa dele (*non-traders*). A restrição de recursos da economia (equilíbrio do mercado de bens) é dada por:

$$y = \lambda\, c^{T} + (1 - \lambda)\, c^{N} \quad (7.9)$$

onde y é a oferta de bens, c^T o consumo dos *traders* e c^N o consumo dos *non-traders*. A economia é monetária e prévia à atuação no mercado de bens; moeda e bônus são negociados pelos *traders*.

Consideremos que a demanda de bens é restringida pela disponibilidade de moeda. Os *non-traders* possuem as receitas não gastas do período anterior mais uma fração (variável) das receitas correntes:

$$P_t\, c^N_t = (1 - v_{t-1})\, P_{t-1} y + v_t\, P_t y \quad (7.10)$$

onde v é a fração das receitas gastas. Os *traders* dispõem também do aumento da oferta de moeda, devido às operações correntes de mercado aberto: $\mu = (M_{t-} M_{t-1})/M_{t-1}$. O aumento de moeda dos *traders* é $(M_{t-} M_{t-1})/\lambda$ e sua demanda:

$$P_t\, c^T_t = (1 - v_{t-1})\, P_{t-1} y + v_t\, P_t y + (M_{t-} M_{t-1})/\lambda \quad (7.11)$$

Substituindo (7.9) e (7.10) em (7.11) e considerando que $M_{t-1} = (1 - v_{t-1})\ P_{t-1}\ y$, obtemos a equação de trocas (ou equação quantitativa):

$$M_t \left(\frac{1}{1 - v_t}\right) = P_t\, y \quad (7.12)$$

onde v_t pode ser interpretado como o logaritmo da velocidade de circulação.

A determinação da taxa de juros depende das decisões dos *traders* sobre consumo corrente e futuro. O equilíbrio da taxa de juros nominal deve satisfazer a condição marginal:

$$\frac{1}{1+i_t} = \left(\frac{1}{1+\rho}\right) E_t\left[\left(\frac{U'_{t+1}}{U'_t}\right)\left(\frac{1}{1+\mu_{t+1}}\right)\left(\frac{1-v_{t+1}}{1-v_t}\right)\right] \quad (7.13)$$

onde ρ é a taxa de impaciência. Consideremos que $U(c_t)$ é uma função com aversão ao risco relativa constante (CRRA): $U(c_t) = \frac{c_t^{1-\gamma}}{1-\gamma}$. Pode-se aproximar U'_t = $\exp(-\Phi\ \mu_t)\ y^{-\gamma}$, onde $\Phi = \gamma(1-\bar{v})(\frac{1-\lambda}{\lambda}) > 0$. Substituindo e aplicando logaritmo em ambos os lados de (7.13), obtemos:

$$i_t = \rho - \log\{E_t[\exp(-\phi(\mu_{t+1} - \mu_t))(\frac{1}{1+\mu_{t+1}})(\frac{1-v_{t+1}}{1-v_t})]\}$$

Podemos aproximar novamente:

$$i_t = \rho + \Phi\ [E_t(\mu_{t+1} - \mu_t] + E_t(\mu_{t+1}) + E_t(v_{t+1}) - v_t \quad (7.14)$$

Se o banco central demanda bônus (faz uma operação de mercado aberto), então $\mu_t > 0$ e i_t diminui (efeito liquidez).[11] Se não existe segmentação, o efeito liquidez desaparece (λ = 1 e Φ = 0). Φ deve ser positivo para que a taxa de juros seja um instrumento de controle da inflação no curto prazo. A proposição a seguir destaca este resultado.

Proposição: Para que a taxa de juros seja um instrumento de política monetária, é necessário que o mercado de bônus seja segmentado.

No longo prazo, as relações entre taxa de inflação, taxa de juros nominal e crescimento da moeda são as estabelecidas pela teoria quantitativa. Diferenciando (7.12), vemos que a taxa de inflação depende da taxa de crescimento da moeda e da variação da velocidade de circulação:

$$\Pi_t = \mu_t + (v_t - v_{t-1}) \quad (7.15)$$

É sempre possível atingir uma meta de inflação Π^M. A taxa de crescimento monetário deve ser:

$$\mu_t = \Pi^M - v_t + v_{t+1}$$

[11] O efeito liquidez supõe uma demanda por bônus negativamente inclinada em relação à taxa de juros nominal.

A taxa de juros do mercado aberto:

$$i_t = \rho + \Pi^M + \Phi\ [2\, v_t - E_t(v_{t+1}) - v_{t-1}]$$

Vemos que a flutuação de μ e *i* depende dos choques na velocidade de circulação.

Analisemos o desempenho da política monetária, se o banco central utiliza uma regra de Taylor para determinar a taxa de política:

$$i_t = \rho + \Pi^M + \theta\ (\Pi - \Pi^M) \quad (7.16)$$

onde θ > 0. A dinâmica do modelo pode ser estudada, usando (7.14), (7.15) e (7.16) para eliminar i_t e Π_t:

$$\mu_t - \Pi^M = (\frac{1+\Phi}{\theta+\Phi})\ [E_t(\mu_{t+1} - \Pi^M] + \frac{1}{\theta+\Phi}[E_t(v_{t+1}) - v_t - \theta(v_t - v_{t-1})] \quad (7.17)$$

Se a regra de Taylor é "ativa", θ > 1, existe uma solução única da equação diferencial (7.17) para valores esperados limitados:

$$\mu_t - \Pi^M = \sum_{i=0}^{\infty}(\frac{1+\Phi}{\theta+\Phi})^i\ E_t(s_{t+i}) \quad (7.18)$$

onde $s_t = (\frac{1+\Phi}{\theta+\Phi})\ [v_{t+1} - v_t - \theta(v_t - v_{t-1})]$.

Consideremos que a velocidade de circulação segue um passeio aleatório, de forma que $v_t - v_{t-1} \sim N(0, \sigma^2_v)$. Calculando $E_t(s_{t+k})$ e substituindo em (7.18), obtemos a resposta da taxa de crescimento monetário:

$$\mu_t = \Pi^M = \frac{\theta}{\theta+\Phi}(v_t - v_{t-1}) \quad (7.19)$$

A taxa de juros das operações de mercado aberto pode ser calculada a partir da regra de Taylor:

$$i_t = \rho + \Pi^M + (\frac{\theta\Phi}{\theta+\Phi})(v_t - v_{t-1}) \quad (7.20)$$

Um aumento na velocidade de circulação provoca um aumento na taxa de política. A seguinte proposição sintetiza o resultado alcançado.

Proposição: Choques positivos na velocidade de circulação levam a vendas de bônus do banco central no mercado aberto, que aumentam a taxa de política.

Um aumento da taxa de política com o objetivo de reduzir a taxa de inflação pode ser racionalizado em termos da teoria quantitativa da moeda. Dada a oferta de moeda, a equação de trocas determina o nível de preços. A taxa de juros cumpre um papel na política monetária, se o mercado de bônus é segmentado. Para analisar outras regras monetárias, seria necessário utilizar uma função do objetivo do banco central, num contexto em que os recursos dos agentes (produto) flutuam.

Capítulo 8:

CANAL DO CRÉDITO

O banco central determina a taxa de juros básica (normalmente, a taxa de juros do mercado interbancário), mas as decisões de poupadores e tomadores de crédito dependem de outras taxas de juros do mercado financeiro. Neste capítulo, vamos analisar a relação que existe entre a taxa de política e a taxa de juros de poupadores e tomadores de crédito.

No novo consenso, os efeitos da política monetária dependem da transmissão de variações da taxa de juros básica (ou juros de curto prazo) para o nível de atividade.[1] Os canais de transmissão "abrem" as relações causais que existem no interior da curva IS, do ponto de vista do financiamento das decisões de gasto, e exploram a dualidade que existe entre a análise das decisões de gasto e produto e a análise do financiamento dessas decisões. A análise desses canais não destaca aspectos de economia normativa, mas de economia positiva.

O mecanismo de transmissão começa com a definição da taxa de política monetária. As operações de mercado aberto afetam os encaixes das instituições financeiras. Dos mecanismos diferentes que começam a funcionar, quatro são ativados com o deslocamento das taxas de juro de mercado:

- O canal das expectativas, no qual um aumento no custo de capital reduz a demanda doméstica agregada, através de uma queda no investimento e no consumo de bens duráveis;
- O canal da taxa de câmbio, que opera através do efeito da paridade descoberta de juros sobre as importações líquidas (como veremos no Capítulo 12);
- O canal dos preços dos ativos (ações, títulos e imobiliário), que gera um efeito riqueza que tem um impacto sobre as decisões dos consumidores;
- O canal do balanço, que também está relacionado ao valor de mercado dos ativos financeiros.

É possível distinguir dois canais adicionais: o canal monetarista, relacionado com alterações no preço relativo dos ativos, e o canal dos empréstimos bancários.

[1] Para uma análise tradicional dos mecanismos de transmissão monetária, ver Mishkin (1995).

Os diferentes canais de transmissão da política monetária podem ser apresentados de forma panorâmica através da figura 8.1, desenvolvida por Kuttner e Mosser (2002, p.16).

Figura 8.1: Canais de transmissão da política monetária

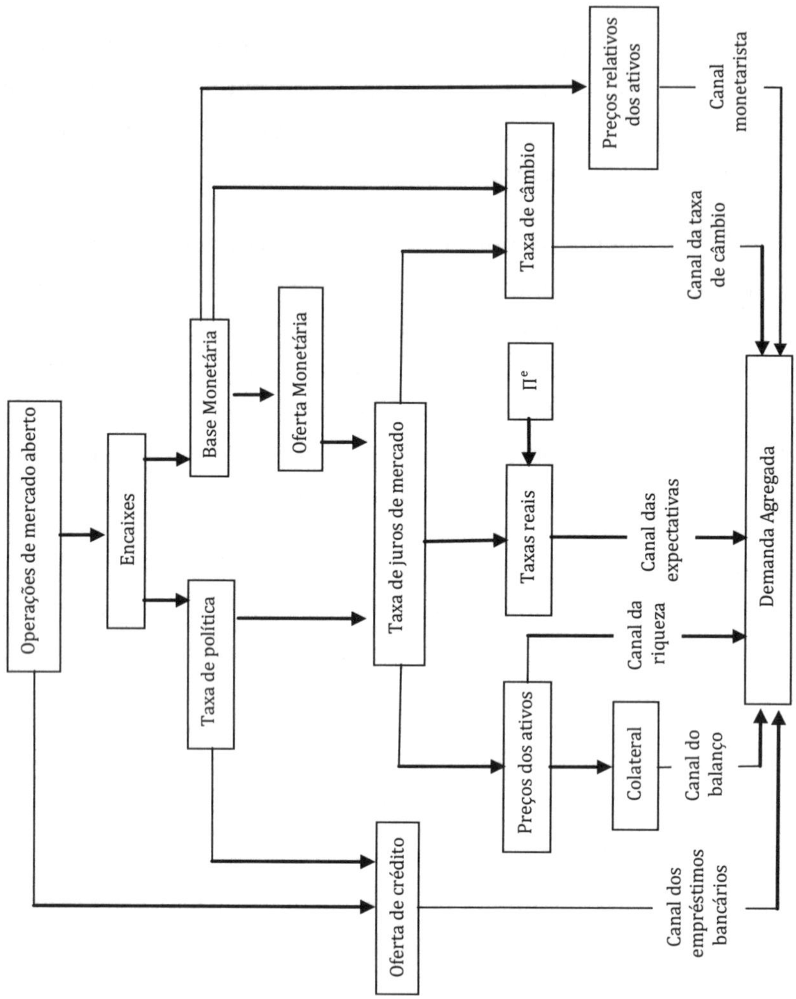

Neste livro, analisamos dois canais de transmissão da política monetária: o canal do crédito (analisado neste capítulo) e o canal das expectativas (analisado no próximo capítulo). No canal do crédito, a taxa de política afeta a oferta e a demanda de crédito e, em consequência, as concessões de crédito e o hiato do produto. Bernanke e Gertler (1995) subdividem o canal do crédito em dois componentes: o canal dos empréstimos bancários (*bank lending channel*) e o canal do balanço (*balance sheet channel*).

Neste capítulo, adaptamos um modelo simples proposto por Woodford (2010) para analisar os efeitos da política monetária sobre o mercado de crédito e seus efeitos sobre o mercado de bens.[2] Na última seção, analisaremos outro mecanismo do canal do crédito, desenvolvido a partir da crise de 2008/9 e chamado de canal da tomada de risco (*risk-taking channel*).

8.1. CANAL DOS EMPRÉSTIMOS BANCÁRIOS

8.1.1. Modelo Convencional

Consideremos inicialmente um modelo convencional de equilíbrio geral dinâmico, no qual não existem intermediários financeiros. O *spread* entre os juros pagos pelos tomadores de crédito e os recebidos pelos poupadores é nulo, de forma que só existe uma taxa de juros (r) e o banco central determina essa taxa de juros (taxa de política).

Em lugar de analisar o mercado de bens considerando a demanda e oferta de bens, analisemos essas decisões, mostrando os fluxos financeiros. As famílias podem poupar no período corrente, ofertando crédito, ou se endividar, demandando crédito. A função de poupança ótima estabelece os microfundamentos para as curvas de oferta e demanda de crédito. Analisemos o mercado de crédito, derivando as curvas de oferta e demanda de crédito, a partir das decisões de poupança das famílias.[3]

A curva de oferta de crédito (curva OC) mostra o volume de crédito (L) que os poupadores desejam financiar, dada uma taxa de juros real (r), e depende diretamente do hiato do produto (y): um aumento de renda não é totalmente consumido, se as expectativas de renda futura são mantidas. A curva OC é dada por:

$$L = A + a\,r + b\,y$$

onde A, a e b parâmetros positivos.

[2] Bernanke e Blinder (1988) apresentam outra versão do canal do crédito, no qual o mecanismo de transmissão é via taxa de juros crédito e não nível de concessões. Nesse modelo, um aumento da taxa de política eleva a taxa de juros do crédito, promovendo uma redução do nível de atividade. No anexo deste capítulo, apresentamos uma versão adaptada desse modelo.

[3] A oferta de crédito é uma linearização da função poupança derivada na seção 1 do anexo do Capítulo 6. No tema para discussão 8.1, apresentaremos um exercício de como se determina a taxa de juros num modelo de equilíbrio geral dinâmico com trocas puras.

A curva de demanda de crédito (curva *DC*) mostra a taxa de juros que os tomadores de crédito estão dispostos a pagar para cada nível de crédito. *DC* depende inversamente de y: com um aumento da renda, os tomadores de crédito têm mais recursos para financiar despesas correntes. A curva *DC* é dada por:

$$L = B - c\,r - d\,y$$

onde B, c e d são parâmetros positivos.

Da condição de equilíbrio no mercado de crédito ($DC = OC$), obtemos a curva IS, que mostra os efeitos da taxa de política sobre o nível de atividade, considerando o financiamento da demanda agregada:

$$y = \left(\frac{B - A}{b + d}\right) - \left(\frac{c + a}{b + d}\right) r$$

O intercepto e a inclinação da curva IS dependem dos parâmetros das curvas *DC* e *OC*. A taxa de juros natural é dada por:

$$r_n = \frac{B - A}{c + a}$$

A taxa de juros natural depende dos componentes autônomos (que não dependem da taxa de juros nem do nível de atividade) da oferta e demanda de crédito e da sensibilidade dessas funções à taxa de juros real. Quanto mais sensíveis sejam essas funções, a taxa de juros natural será menor. A análise apresentada é próxima da teoria dos fundos de empréstimos e destaca o papel do mercado do crédito na determinação da taxa de política. A proposição seguinte sintetiza este resultado.

Proposição: A taxa de juros natural depende das rendas futuras esperadas dos ofertantes e demandantes de crédito e da sensibilidade da oferta e demanda de crédito à taxa de juros real.

Analisemos algebricamente a relação entre a taxa de política (r) e as concessões de crédito (L). Consideremos que a elasticidade-juro da demanda dos tomadores de crédito é maior que a elasticidade-juro da oferta dos poupadores ($c > a$) e que as elasticidades-renda são iguais ($b = d$). Desta forma, vemos que $bc > ad$.

Substituindo a curva IS na curva *DC* (ou *OC*), vemos que a relação entre a taxa de política e as concessões de crédito de equilíbrio é negativa:

$$L = \left(\frac{bB + dA}{b + d}\right) - \left(\frac{bc - ad}{d + b}\right) r$$

Existe uma relação inversa entre volume de crédito e taxa de política. Um aumento da taxa de política reduz o volume de crédito e o nível de atividade.

Derivemos graficamente a curva IS. No gráfico 8.1, consideramos que o hiato do produto aumenta de 0 para y_1, deslocando a curva *OC* para direita (a oferta de crédito aumenta, se aumenta a renda dos poupadores) e a curva *DC* para esquerda em menor proporção (a demanda de crédito diminui, se aumenta a renda dos tomadores de crédito). Os deslocamentos nas curvas de oferta e demanda de crédito levam a uma redução da taxa de juros (*r*) e a um aumento das concessões de crédito (*L*). As configurações de equilíbrio no mercado de crédito (*E* e *E´*) correspondem a pontos sobre a curva IS: os pontos sobre a curva IS são pontos de equilíbrio no mercado de crédito.

Gráfico 8.1: Ajuste no mercado de crédito e curva IS

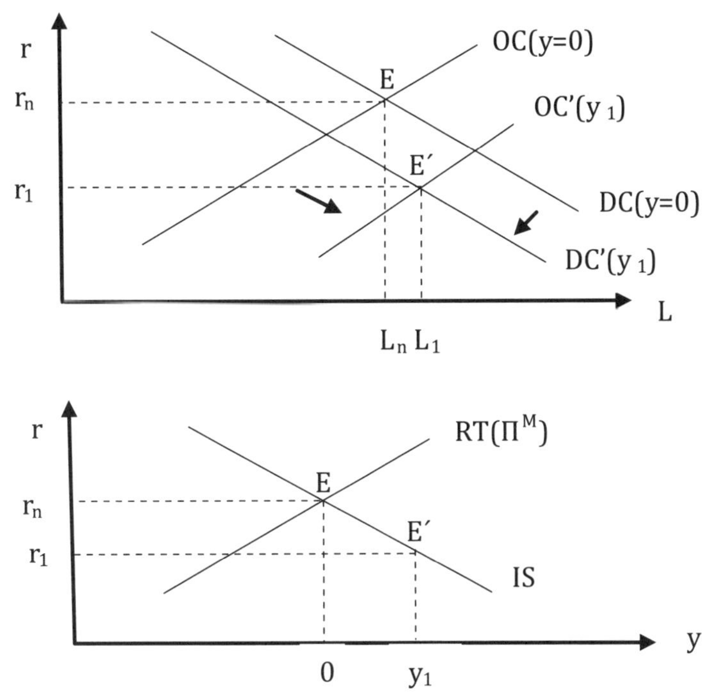

Para completar a análise do canal do crédito, consideremos que o banco central determina a taxa de política (r) através da regra de Taylor (RT). O gráfico 8.1 apresenta a regra de Taylor, dada a taxa de inflação Π^M. Como vimos no Capítulo 6, as curvas IS e RT determinam o equilíbrio macroeconômico. O estado estacionário é caracterizado por: $r = r_n$, $\Pi = \Pi^M$, $y = 0$ e $L = L_n$.

8.1.2. Canal dos Empréstimos Bancários

Com o modelo apresentado na seção anterior, podemos analisar o canal dos empréstimos bancários da política monetária, através de uma descrição sintética. Os efeitos da taxa de política (r) são transmitidos via oferta e demanda de crédito, que alteram as concessões de crédito (L) e o nível do produto (y).

Consideremos que um choque de oferta positivo ($\varepsilon_2 > 0$) eleva a taxa de inflação de Π^M para Π_1 no gráfico 8.2. O banco central reage, elevando a taxa de política para r_1. Devido ao aumento da taxa de juros, a oferta de crédito se expande e a demanda de crédito se contrai em maior medida, provocando uma redução nas concessões de crédito (L_1) e do nível de atividade (y_1). Destaquemos que, quanto maior é o efeito de r sobre y, mais achatada é a curva IS.

Gráfico 8.2: O canal dos empréstimos

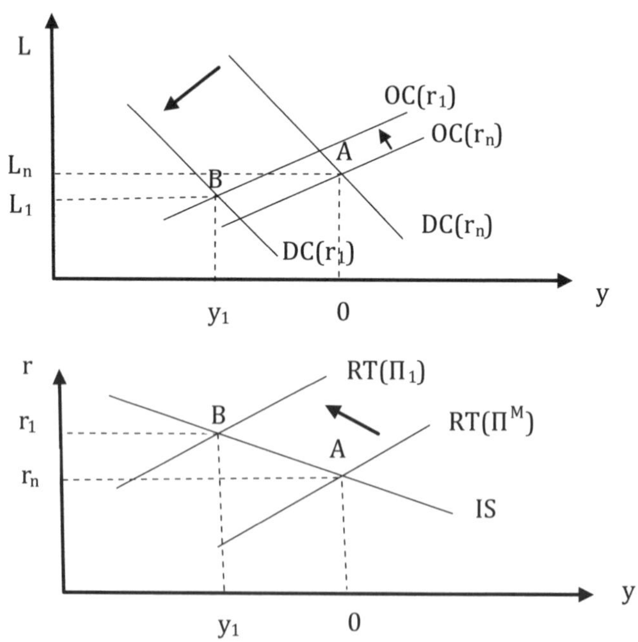

A seguinte proposição sintetiza algumas conclusões do canal dos empréstimos bancários.

Proposição: A taxa de política afeta demanda e oferta de crédito bancário, provocando uma mudança nas concessões de crédito e no nível de atividade. Quanto maiores são os efeitos da taxa de política sobre o hiato do produto, mais achatada será a curva IS.

8.2. CANAL DO BALANÇO

No canal do balanço, a intermediação financeira tem um papel crucial na alocação eficiente da oferta de crédito, intensificando os efeitos da política monetária.[4] Para analisar este canal, vamos expandir o modelo da seção anterior.

8.2.1. Modelo com Intermediários Financeiros

Consideremos que existem intermediários financeiros que pagam uma taxa de juros r para os poupadores (taxa de juros passiva) e cobram uma taxa ρ aos tomadores de crédito (taxa de juros ativa). O *spread* do crédito (ω) é positivo e é determinado por:

$$\omega = \rho - r > 0$$

O *spread* mostra as oportunidades de lucro dos intermediários financeiros e representa uma fricção no mercado de crédito. A taxa de política (r) é a taxa à qual os intermediários financeiros se financiam. A figura 8.1 mostra os fluxos financeiros e as taxas de juros pagas aos poupadores e aos intermediários financeiros. O mercado de crédito é formado pelos intermediários financeiros e os tomadores de crédito.

Figura 8.2: Canal de empréstimos bancários

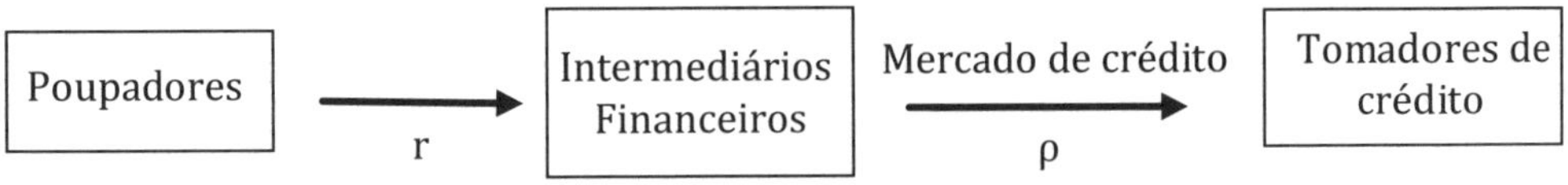

[4] Gameiro et al. (2011) destacam que a inovação financeira e a desregulamentação bancária das últimas décadas provocaram uma diversificação das fontes de financiamento dos bancos, que levaram a enfraquecer o efeito do canal convencional dos empréstimos bancários. Em situações como as da crise financeira de 2008-9, porém, os efeitos quantitativos da política monetária no crédito bancário ganharam novamente importância.

Analisemos o funcionamento do mercado de crédito com intermediários, considerando a demanda de crédito (dos tomadores de crédito) aos intermediários (*DI*) e a oferta de crédito dos intermediários *(OI*).

Demanda de Crédito aos Intermediários (DI)

A curva *DI* estabelece o *spread* (ω) que os tomadores de crédito estão dispostos a pagar aos intermediários financeiros para cada nível de crédito (*L*). Derivamos a curva *DI* no gráfico 8.3, a partir das curvas *DC* e *OC*. Para cada demanda de crédito *L*, existe um *spread* ω. Pode-se ver que, dado *DC* e *OC*, quando diminui *L*, o valor de ω aumenta (o valor de *r* diminui e o de ρ aumenta).

Gráfico 8.3: Demanda aos intermediários

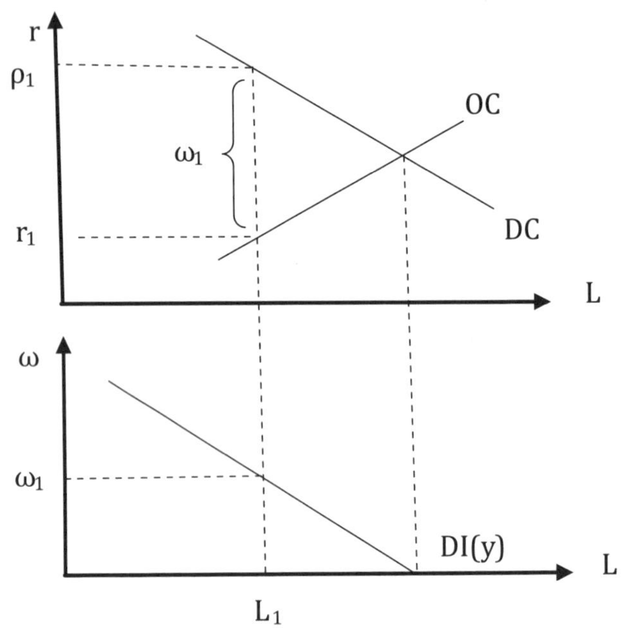

Interpretemos a análise. A curva *DC* determina a taxa de juros máxima (ρ) que os tomadores de crédito aceitam pagar e a curva *OC* a taxa de juros mínima (*r*) que os poupadores aceitam receber, para cada nível de aplicação. Desta forma, $\omega = \rho - r$ é o *spread* máximo que os intermediários financeiros podem obter para cada nível de crédito. Dado *r*, a curva *DI* estabelece o *spread* máximo que os tomadores de crédito aceitam pagar para cada nível de crédito. Derivemos algebricamente a curva *DI*. Seja a curva *DC*:

$$L = B - c\,\rho - d\,y$$

e a curva *OC*:

$$L = A + a\,r + b\,y$$

onde *A*, *B*, *c* e *d* são parâmetros. Lembrando que $\omega = \rho - r$, podemos escrever a curva *DI* como:

$$\omega = \alpha - \beta\,L + \Upsilon y$$

onde $\alpha = \frac{B}{c} + \frac{A}{a}$, $\beta = \frac{1}{c} + \frac{1}{a}$, $\gamma = \frac{b}{a} - \frac{d}{c}$. Destaquemos que *y* é um deslocador da curva *DI* (a posição da curva *DI* depende de *y*).

Oferta dos Intermediários Financeiros (OI)

Os intermediários financeiros são agentes alavancados, que devem cuidar da administração de risco de suas carteiras. Eles devem administrar ativamente seus balanços em resposta a mudanças nas condições dos mercados financeiros e ao tamanho de seus capitais. Essa administração de riscos não deve considerar a média da distribuição dos resultados esperados das instituições financeiras, mas a parte inferior da cauda da distribuição. A preocupação aumenta, se a cauda inferior da distribuição é muito grande.

Uma forma de administrar esse risco consiste em manter capital suficiente para cobrir o valor-em-risco (VaR), o que gera uma restrição em relação a seu grau de alavancagem e limita a oferta de crédito. Consideremos que os intermediários financeiros maximizam o lucro esperado de suas carteiras sujeitos à restrição sobre o grau de alavancagem. Por simplicidade, vamos supor que essa restrição é sempre alcançada (não existe folga na restrição), de forma que ela determine a oferta de crédito.[5]

Analisemos como a restrição do VaR determina a oferta de crédito do intermediário financeiro. De forma simplificada, consideremos que o balanço do intermediário só considera empréstimos, depósitos e capital próprio, como o apresentado na figura 8.2.

[5] Adrian et al. (2010) consideram um modelo mais geral, no qual existem dois tipos de investidores, ativos e passivos, diferenciando seus comportamentos. Essa análise não é incorporada neste livro.

Figura 8.2: Balanço do intermediário financeiro

Ativo	Intermediário Financeiro Passivo
Empréstimos	Depósitos Capital próprio

Como os empréstimos podem se desvalorizar, o intermediário financeiro pode ter perdas grandes em relação a seu capital próprio, se estiver muito alavancado. O VaR permite calcular o limite da alavancagem e estabelece uma restrição aos depósitos (*funding*) que os intermediários podem captar.[6]

No cálculo do VaR, o valor esperado dos serviços dos empréstimos deve cobrir os depósitos, que devem ser pagos no curto prazo. Seja D o valor dos depósitos dos intermediários, L o valor de seus empréstimos, k a fração mínima dos depósitos que deve ser paga, p a probabilidade de *default* dos empréstimos e s a

proporção da taxa de juros dos empréstimos que se espera receber com probabilidade 1 – p. A restrição VaR é satisfeita se:

$$k[D(1+r)] \leq L[s(1+\rho)]$$

Definida a taxa de alavancagem (a) como $a \equiv D/L$, podemos reescrever a restrição do VaR como: $a \leq \frac{s}{k}\frac{(1+\rho)}{(1+r)} \cong (\frac{s}{k})\,\omega$, sendo $\omega \cong \frac{(1+\rho)}{(1+r)}$.

Se a restrição do VaR não apresenta folga por ser sempre alcançada pelo intermediário, a taxa de alavancagem é determinada da seguinte forma:

$$a = \frac{s}{k}\omega$$

Dada esta restrição da taxa de alavancagem e a equação do balanço ($L = D + C$), onde C é o capital próprio do intermediário, podemos obter a curva OI:

[6] Outra restrição sobre a oferta de crédito é dada pelo colateral, já que os intermediários financeiros captam recursos oferecendo ativos particulares como colateral. Neste caso, o funding que podem obter é limitado pelo valor do colateral disponível.

$$L = \frac{C}{1 - \frac{s}{k}\omega}$$

Dado o capital próprio do intermediário, a restrição do VaR impõe um limite ao grau de alavancagem e ao volume de crédito que os intermediários podem oferecer. Vemos que existe uma relação direta entre o *spread* do intermediário financeiro e a oferta de crédito. Sintetizemos este argumento.

Proposição: A oferta de crédito (empréstimos) do intermediário financeiro depende do *spread*, já que, quando aumenta o *spread*, o intermediário pode ficar mais alavancado, captar mais depósitos e emprestar mais.

A curva *OI* também pode ser interpretada, estabelecendo-se o *spread* requerido pelos bancos para intermediar certo volume de crédito entre poupadores e tomadores de crédito.

Consideremos que um aumento do nível de atividade aumenta o valor de mercado dos empréstimos, de forma que a proporção da rentabilidade esperada dos empréstimos com certa probabilidade (s) depende positivamente do hiato do produto (y):

$$s = s(y), s' > 0.$$

Esta hipótese, proposta por Bernanke e Gertler (1995), supõe que o valor dos ativos financeiros é pró-cíclico. Dados C e k, a oferta de crédito do intermediário apresenta uma relação positiva de ω e y. Uma versão linear da curva *OI* é dada por:

$$L = \delta + \chi\, \omega + \varphi y$$

onde δ, χ e φ são parâmetros. O gráfico 8.4 mostra a curva *OI*. Observemos que o hiato do produto é um deslocador da curva *OI*.

Equilíbrio no Mercado de Crédito

A concorrência no mercado de crédito determina o *spread* de equilíbrio do intermediário (ω_1) e o volume de empréstimos (L_1), como vemos no gráfico 8.4. Dadas as curvas *DI* e *OI*, que consideram a relação entre concessões de crédito e o *spread*, determina-se o equilíbrio. Dada a taxa de política (r) pela regra monetária, a taxa de juros ativa do intermediário pode ser obtida considerando-se o *spread* de equilíbrio:[7]

$$\rho_1 = r + \omega_1$$

Gráfico 8.4: Equilíbrio no mercado do crédito

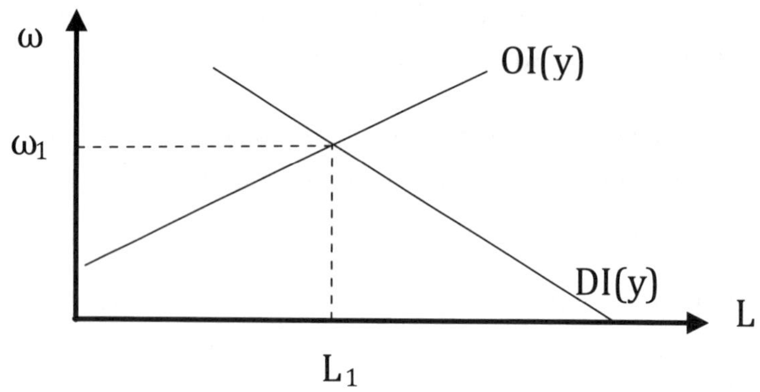

O valor de equilíbrio de ω é obtido algebricamente, igualando-se as curvas *DI* e *OI*. Dado *y*, o *spread* de equilíbrio é dado por:

$$\omega = \frac{\alpha - \beta\delta}{1 + \beta\chi} + \frac{(\Upsilon - \beta\varphi)}{1 + \beta\chi} y$$

A seguinte proposição apresenta a conclusão.

Proposição: A concorrência no mercado de crédito determina os *spreads* dos intermediários financeiros e o volume do crédito (concessões). Dada a taxa de política, determina-se a taxa de juros do crédito (taxa ativa do intermediário).

Destaquemos que o modelo convencional sem intermediários financeiros no mercado de crédito é um caso particular, no qual a curva *OI* é horizontal para ω = 0: o equilíbrio no mercado de crédito é dado por *DC* = *OC*. O que caracteriza a fricção no mercado de crédito é uma curva OI positivamente inclinada, devido à restrição sobre a taxa de alavancagem imposta pelo valor-em-risco.

[7] No mercado de crédito, determina-se, na verdade, a taxa de juros ativa dos intermediários financeiros e o spread é obtido por diferença: $\omega_1 = \rho_1 - r$. A apresentação destaca a determinação do spread.

8.2.2. Canal do Balanço e Acelerador Financeiro

O canal dos empréstimos bancários, analisado no modelo convencional, continua sendo válido após a inclusão de intermediários financeiros. A incorporação deles na análise permite estudar um novo mecanismo, que é chamado de canal do balanço. O canal do balanço centra a atenção no impacto que a política monetária tem sobre a capacidade dos intermediários financeiros de oferecerem crédito.[8] A dependência da oferta de crédito da restrição sobre a taxa de alavancagem desenvolve um mecanismo que propaga e amplifica os efeitos do canal dos empréstimos bancários. Uma redução da taxa de política terá um efeito maior sobre o nível de atividade no modelo com intermediação financeira do que no convencional, já que o aumento do produto eleva a oferta de crédito, que, por sua vez, eleva o produto. Bernanke e Gertler (1995) chamam o efeito de realimentação positiva entre oferta do crédito e produto de canal do balanço ou acelerador financeiro.[9] As relações propostas podem ser visualizadas na figura 8.3, onde é apresentado o canal dos empréstimos bancários e o canal do balanço.

Figura 8.4: Canal do crédito bancário

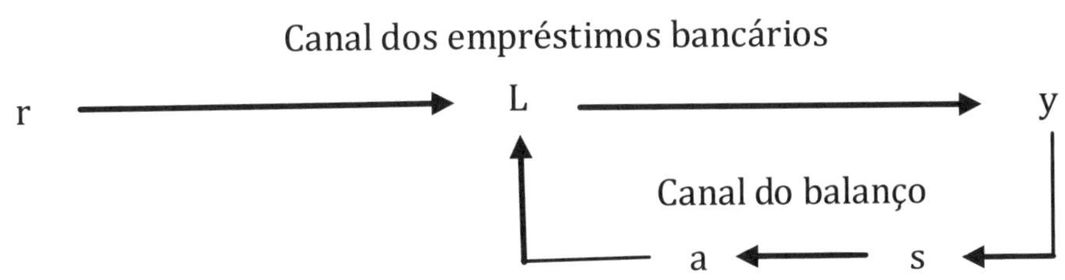

Analisemos mais detidamente o efeito do canal do balanço na curva IS. Como vimos, o aumento de y desloca as curvas DC e OC e, em consequência, a curva DI desloca-se para cima. Isto aumenta ω e diminui r, gerando a curva IS. A inclinação da curva IS, porém, depende também da curva OI. Um aumento de y aumenta o valor de mercado dos empréstimos (Δs) e aumenta a taxa de alavancagem aceitável (Δa), permitindo uma oferta de crédito maior para cada ω e deslocando a

[8] O canal do balanço (balance sheet channel) analisa, tradicionalmente, as restrições ao crédito das empresas não financeiras e das famílias. Mais recentemente, foi estendido para incorporar os efeitos sobre os intermediários financeiros. A este respeito, ver Disyatat (2010).

[9] Kiyotaki e Moore (1997) apresentam outra abordagem, mais aplicável no caso das famílias, na qual o limite ao financiamento depende do valor dos ativos utilizados como colateral. No modelo, choques que influenciam os preços dos ativos afetam a capacidade de endividamento das famílias, o que amplifica o efeito inicial.

curva *OI* para a direita. Isto reduz ω e aumenta *r*. Ao incorporar o efeito balanço dos intermediários financeiros no mercado de crédito, a curva IS torna-se mais horizontal, aumentando a elasticidade-juro da demanda agregada.

Derivemos algebricamente a curva IS com intermediários financeiros, a partir das curvas *DI* e *OI*. Obtemos:

$$r = (\rho - \frac{\alpha - \beta\delta}{1 + \chi\beta}) - (\frac{\Upsilon - \beta\varphi}{1 + \chi\beta})y$$

Vemos que aumentos de χ e φ levam à diminuição da inclinação (em módulo) da curva IS.

A proposição a seguir resume a análise.

Proposição: Os efeitos da taxa de política sobre o produto (canal dos empréstimos bancários) são amplificados pela existência de um mecanismo de realimentação positiva entre oferta de crédito e produto (canal do balanço), chamado de acelerador financeiro. O canal do balanço torna a curva IS mais achatada.

8.2.3. Choques na Oferta de Crédito

Analisemos os efeitos macroeconômicos de choques na oferta de crédito, utilizando o esquema desenvolvido nas seções anteriores. Uma contração da oferta de crédito pode ser provocada por diversos eventos. Entre eles:

- A adoção de políticas macroprudenciais, que afetem a oferta de crédito;
- Choques que deteriorem o valor de mercado dos ativos do setor bancário;[10]
- Aumentos nas restrições sobre alavancagem (por exemplo, aumento no capital requerido), devido a aumento da aversão ao risco dos credores dos intermediários financeiros;
- Aumentos dos requerimentos de margens associadas a empréstimos (colaterais) dos intermediários financeiros.

---

[10] Choques pequenos (em relação às perdas provocadas diretamente) podem ter efeito agregado substancial, se são concentrados em intermediários altamente alavancados, que sofrem reduções significativas em seu capital.

Analisemos graficamente os efeitos de um choque negativo na oferta de crédito. No gráfico 8.5, um choque negativo na oferta de crédito desloca a curva *OI* para a esquerda (cima), reduz *L* e aumenta ω. Dado *r*, a taxa de juros ativa dos intermediários (ρ) aumenta. A curva IS desloca-se para a esquerda (baixo), já que o choque negativo na oferta de crédito provoca um choque de demanda negativo ($\varepsilon_1 < 0$). O choque de oferta negativo gera uma redução do produto (*y*) e da taxa de inflação (Π). Dada a regra de Taylor, o banco central promove uma redução da taxa de política, que estimula o nível de atividade.[11] O aumento do produto desloca as curvas *DI* e *OI* para a direita (expande demanda e oferta de crédito), expandindo as concessões de crédito (até o ponto *Z*).

Gráfico 8.5: Choque negativo na oferta de crédito

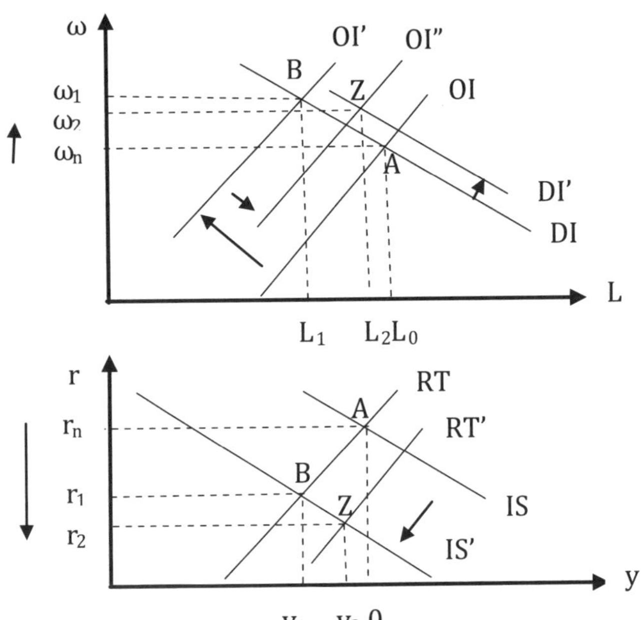

Choques negativos na oferta de crédito geram mecanismos de realimentação positivos, devido ao círculo vicioso provocado pelo canal do balanço. A contração do produto e as perdas adicionais no valor de mercado dos empréstimos dos bancos geram novas reduções dos empréstimos, provocando uma redução drástica do produto e do crédito. Se choques negativos na oferta de crédito promovem choques negativos na demanda agregada de bens e serviços suficiente-

[11] Para uma análise completa dos efeitos de um choque de demanda negativo considerando a regra de Taylor, ver o Capítulo 7 (seção 7.1).

mente grandes, a economia pode entrar numa armadilha deflacionária (ou armadilha da liquidez), provocando uma depressão.[12]

A seguinte proposição sintetiza a análise.

Proposição: Como um choque negativo na oferta de crédito provoca um choque de demanda negativo, a taxa de política deve reagir aos efeitos dos choques na oferta de crédito sobre o nível do produto e a taxa de inflação.

8.3. CANAL DA TOMADA DE RISCO

Após a crise financeira de 2008/2009, desenvolveu-se uma literatura, que descreve novos mecanismos de transmissão para o canal do crédito, com o objetivo de dar conta de fatos estilizados relativos à interação entre a política monetária e a estabilidade financeira. Borio e Zhu (2008) destacam que o canal do crédito pode ter outros mecanismos de transmissão, além dos canais de empréstimos bancários e de balanço, chamado de canal da tomada de risco (*risk taking channel*).[13] Neste canal, a tolerância ao risco dos intermediários financeiros pode mudar no contexto de condições econômicas e financeiras diferentes. Em especial, taxas de política muito baixas podem levar a uma redução da percepção do risco dos intermediários financeiros, encorajando a um aumento na participação de ativos de risco nas suas carteiras e expandindo a oferta de crédito (ou aumentando sua tolerância ao risco em suas carteiras).

O debate sobre a relação entre a taxa de política e a tomada de risco do banco destaca a ideia de que a política de juros não só afeta a quantidade de crédito bancário, mas também afeta a qualidade dos empréstimos. Uma literatura teórica e empírica crescente analisa o papel da política monetária na fragilidade bancária diante da presença de informação assimétrica e risco de liquidez do financiamento.[14] Estes modelos preveem que os bancos podem se envolver em ati-

---

[12] Analisaremos este tema no Capítulo 16.

[13] Bean et al. (2010), do Banco de Inglaterra, e Gameiro et al. (2011), do Banco de Portugal, enfatizam a importância crescente de alguns canais de transmissão da política monetária e a identificação de novos. Destacam que os modelos macroeconômicos devem ser reforçados para captar em detalhes as interações com o sistema financeiro e que é preciso uma combinação de instrumentos (macroprudenciais e de regulação) para combater a acumulação de desequilíbrios financeiros. A este respeito, ver Capítulo 15 (seção 2).

[14] Modelos teóricos são apresentados por Adrian e Shin (2010) e Diamond e Rajan (2012). Análises empíricas que sugerem que taxas de juro baixas reduzem o risco de crédito nas carteiras dos bancos no curto prazo são apresentadas por Gambacorta (2009), Jimenez et al. (2010) e Dell'Ariccia et al. (2013).

vidades de maior risco, quando a política monetária é expansiva e os problemas de agência são graves. Apresentemos um modelo simples de taxa de política, alavancagem e tomada de risco, destacado por Dell'Ariccia *et al.* (2013), em que os bancos operam com responsabilidade limitada e com informação assimétrica sobre a qualidade dos empréstimos.

Consideremos um sistema bancário perfeitamente competitivo, no qual os lucros dos bancos são nulos. Os empréstimos têm risco e precisam ser monitorados para aumentar a probabilidade de reembolso. A taxa de juros desses empréstimos é ρ. Seja q a probabilidade de reembolso de empréstimo ($0 \leq q \leq 1$). Uma diminuição de q significa que o banco assume ou toma mais riscos com os empréstimos. O custo de monitoramento depende diretamente da probabilidade de sucesso e é igual a $\frac{1}{2}cq^2$ por unidade emprestada (sendo c uma constante).

Os bancos recebem depósitos, mas são protegidos por uma responsabilidade limitada: eles só reembolsam os depositantes, em caso de ter o reembolso dos empréstimos. A taxa de depósito é igual à taxa de política (r). Seja K a parcela dos empréstimos financiados com o capital do banco e $1 - K$ a fração financiada por depósitos. O custo de oportunidade dos acionistas de investir no banco é r_E. Esse custo é maior que o custo dos depósitos: $r_E = r + \xi$, sendo $\xi \geq 0$ o prêmio de risco.[15] Consideremos, por simplicidade, que os bancos não têm uma restrição de capital, como a analisada anteriormente. Analisemos como o banco determina o risco que está disposto a assumir, estabelecendo o valor de q.

Como os empréstimos são reembolsados com probabilidade q, a receita unitária líquida do banco, após remunerar os depositantes, é dada por $\rho - r(1 - K)$. Lembremos que, se os empréstimos (L) não são pagos, o banco não tem receita, mas não reembolsa os depositantes por causa da responsabilidade limitada. Consideremos os empréstimos outorgados (L) como uma variável exógena. O lucro esperado dos bancos (π) pode ser escrito como:

$$\pi = \{q[\rho - r(1 - K)] - r_E K - \frac{cq^2}{2}\} L - \{[q(\rho - r(1 - K)] - (r + \xi)K - \frac{cq^2}{2}\} L$$

[15] Assumimos, por simplicidade, que o prêmio de risco sobre o capital próprio (ξ) é independente da taxa de política (r), ainda que possam ser correlacionados através de fatores subjacentes comuns. Os resultados alcançados nesta seção continuam a ser mantidos ainda, se a hipótese é levantada.

Os bancos devem determinar a probabilidade de reembolso e os custos a serem realizados por tal motivo. Os bancos maximizam o lucro esperado em relação a q. Da *CPO*, obtemos:

$$q^* = \frac{\rho - r(1 - K)}{c}$$

A probabilidade de reembolso depende da taxa de juros dos empréstimos. Calculemos ρ. Substituindo q^* na função lucro, temos:

$$\pi = \{\frac{[\rho - r(1 - K)]^2}{2c} - (r + \xi)K\}L$$

Podemos obter a taxa de juros dos empréstimos (ρ), consistente com o equilíbrio competitivo, fazendo π = 0:

$$\rho^* = r(1 - K) + \sqrt{2cK(r + \xi)}$$

Substituindo ρ^* em q^*, obtemos finalmente a probabilidade de reembolso dos empréstimos:

$$q^* = \frac{\sqrt{2cK(r + \xi)}}{c}$$

A probabilidade de reembolso depende de forma direta da taxa de política: $\frac{\partial q^*}{\partial r} > 0$. Também vemos que $\frac{\partial^2 q^*}{\partial r \, \varphi K} > 0$. Um aumento da taxa de política incentiva os bancos a aumentarem o monitoramento de seus créditos, reduzindo sua tolerância ao risco (os bancos assumem menos riscos). Este efeito é potencializado, quando aumenta a parcela de capital próprio dos bancos. Analisemos estes efeitos de forma mais detalhada.

Na *CPO*, vemos que mudanças na taxa de política afetam a probabilidade de reembolso do banco, através de dois canais distintos. Primeiro, por causa da responsabilidade limitada, um aumento na taxa que o banco tem que pagar por seus depósitos reduz os lucros dos bancos e o seu incentivo para monitorar seus empréstimos é menor, levando a que o banco assuma mais riscos. Por outro lado, existe um canal de repasse: a taxa de empréstimos bancários também aumenta, aumentando os lucros dos bancos e melhorando os incentivos do banco para monitorar os empréstimos. Neste modelo, o segundo efeito prevalece.

A força relativa desses dois canais depende do grau de capitalização do banco. Se um banco é totalmente alavancado ($K = 0$), então $q^* = 0$ e o banco não faz nenhum esforço para monitorar seus empréstimos. A decisão de assumir riscos é máxima, já que não tem nenhum incentivo, devido à sua responsabilidade limitada. Se o banco é totalmente financiado com capital próprio ($K = 1$), ele tem um incentivo forte para monitorar os empréstimos, já que a responsabilidade limitada torna-se totalmente irrelevante (todos os recursos são próprios).

A proposição seguinte conclui a análise apresentada.

Proposição: A disposição dos bancos para tomar (assumir) riscos com seus empréstimos é negativamente associada com a taxa de política. Esta relação negativa depende da capitalização dos bancos, já que é menor para bancos mais capitalizados.

Em termos do modelo desenvolvido na seção 8.2.1, o canal da tomada de risco amplifica os efeitos da política monetária, ao afetar a oferta de crédito dos intermediários financeiros: uma redução da taxa de política promove um aumento maior da oferta de crédito, devido à redução da percepção de risco dos intermediários financeiros. Esse efeito se sobrepõe ao efeito do canal do balanço, amplificando os efeitos da taxa de política sobre o nível de atividade e gerando incentivos adicionais para que intermediários financeiros expandam a oferta de crédito. O canal da tomada de risco torna a curva IS mais horizontal. Sintetizemos este argumento.

Proposição: Como a percepção de risco dos intermediários financeiros depende da taxa de política, o canal da tomada de risco amplifica os efeitos da transmissão da política monetária ao incentivar uma expansão maior da oferta de crédito.

Temas de Discussão

8.1. Apresentemos um exercício simples, que ilustra o funcionamento do mercado de crédito em um modelo de equilíbrio geral dinâmico. Consideremos o modelo de dois períodos, apresentado na seção 1 do anexo do Capítulo 6. A economia é formada por duas famílias (*A* e *B*) com funções de utilidade idênticas e não existe intermediário financeiro. A função poupança de cada família no período 1 é dada por

$$S_1 = \frac{\beta Y_1}{1+\beta} - \frac{Y_2}{(1+r_1)(1+\beta)}$$

sendo Y_1 e Y_2 a renda dos períodos 1 e 2, r_1 a taxa de juros real e β o fator de desconto.

Por simplicidade, supomos que a renda da família *A* é positiva no período 1 ($Y^A{}_1$) e nula no período 2 e que a renda da família *B* é positiva no período 2 e igual a $Y^A{}_1$ ($Y^B{}_2 = Y^A{}_1$) e nula no período 1.[16] Como a família *A* tem poupança positiva em 1, oferece crédito nesse período. A família *B* (com poupança negativa) demanda esse crédito.

a. Calcule a oferta de crédito de *A* e a demanda de crédito de *B* (poupança de cada família);

b. Calcule a taxa de juros de equilíbrio (taxa de juros natural) desse mercado. Fazer o gráfico do mercado de crédito;

c. Se existisse um intermediário financeiro, a família *A* ofereceria sua poupança a esse intermediário e a família *B* demandaria esses recursos dele. Logo, teríamos dois mercados financeiros. Comente.

8.2. Se o intermediário financeiro administra o risco de sua carteira através de modelos VaR, a taxa de alavancagem regula sua oferta de crédito. Problemas em sua estrutura patrimonial (por exemplo, aumento na taxa de inadimplência de seus empréstimos) podem afetar sua oferta de crédito e o financiamento dos componentes da demanda agregada. Analise o argumento.

[16] Destaquemos que, como a renda agregada da economia é igual nos períodos 1 e 2, a taxa de crescimento da renda agregada é nula.

8.3. Na fase de auge do ciclo econômico (expansão do componente cíclico do produto), melhoram as condições percebidas de crédito (por exemplo, cai a taxa de inadimplência) e se estabelece um círculo virtuoso de expansão do crédito. Discuta o canal do balanço da política monetária.

8.4. Um choque negativo na oferta de crédito reduz a oferta de crédito para famílias e empresas, aumenta as taxas de juros cobradas pelos intermediários financeiros e afeta o consumo e o investimento. No modelo macroeconômico de política ótima, o banco central deve atuar ao perceber um choque negativo na demanda agregada. Discuta esta proposição.

8.5. Analise os seguintes exercícios de estática comparativa. Grafique os efeitos considerados.

a. Estude os efeitos macroeconômicos de uma redução da aversão ao risco dos poupadores.

Ajuda: Ela promove uma expansão da oferta de crédito (choque positivo na oferta de crédito);

b. Discuta os efeitos macroeconômicos de uma elevação exógena da demanda de crédito.

Anexo:

MODELO DE BERNANKE E BLINDER

Neste anexo, adaptamos o modelo proposto por Bernanke e Blinder (1988) para analisar como a taxa de política (instrumento de política monetária) afeta a taxa de juros do mercado de crédito e a demanda agregada.[1] O destaque é que o canal de transmissão do mercado de crédito para o nível de atividade é a taxa de juros do crédito e não o montante de concessões de crédito.

Consideremos uma versão simplificada e linear do mercado de crédito. A demanda de crédito (*DC*) é dada por:

$$L = \gamma y - \alpha \rho$$

onde γ e α são parâmetros (positivos) e ρ é a taxa de juros real do crédito.[2] A oferta de crédito (*OC*) é dada por:

$$L = \beta (\rho - r) + \eta$$

onde β é um parâmetro positivo que depende do grau de aversão ao risco dos bancos, $\rho - r > 0$ é o *spread* bancário e η é um ruído branco que representa choques na oferta de crédito.

Da condição de equilíbrio no mercado de crédito ($DC = OC$), obtemos a taxa de juros real de equilíbrio do crédito (ρ_e):

$$\rho_e = m r + n y - q \eta$$

onde $m \equiv \beta/\alpha+\beta$, $n \equiv \gamma/\alpha+\beta$ e $q \equiv 1/\alpha+\beta$. Existe uma relação direta entre ρ_e e r, já que um aumento da taxa de política reduz a oferta de crédito e eleva a taxa de juros do crédito. Notemos que, se os títulos públicos de curto prazo e o crédito são substitutos perfeitos, então a oferta de crédito é perfeitamente elástica ($\beta \to \infty$)

---

[1] A adaptação é necessária porque no modelo de Bernanke e Blinder (1988) o instrumento de política monetária é um agregado monetário. Por esse motivo, eles utilizam um modelo IS-LM.

[2] Observemos que, neste modelo, a relação entre demanda de crédito e renda é positiva já que os autores consideram a existência de uma demanda de crédito por motivo transação.

e a taxa de juros do crédito é igual à taxa de política ($\rho_e = r$).[3] Esta hipótese é compatível com o modelo convencional, já que o *spread* bancário é nulo.

Por outro lado, no mercado de bens, espera-se que exista uma relação inversa entre a demanda agregada e a taxa de juros do crédito. Incorporemos este efeito numa curva IS, em que não consideramos outros choques de demanda. Seguindo Bernanke e Blinder (1988), chamemos a nova curva de CC (*commodities and credit*):

$$y = a - b\,r - k\,\rho$$

onde k é parâmetro (positivo). Substituindo ρ_e na curva CC, obtemos:

$$y = \sigma - \tau\,r + \varepsilon_1$$

onde $\sigma \equiv a/(1+kn)$ e $\tau \equiv (b+km)/(1+kn)$ são parâmetros positivos e $\varepsilon_1 \equiv [kq/(1+kn)]\eta$ representa choques de demanda. Dada a taxa de política (r^*), determina-se o hiato do produto (y). O gráfico 8.6 apresenta este resultado.

Gráfico 8.6: Curva CC e a taxa de política

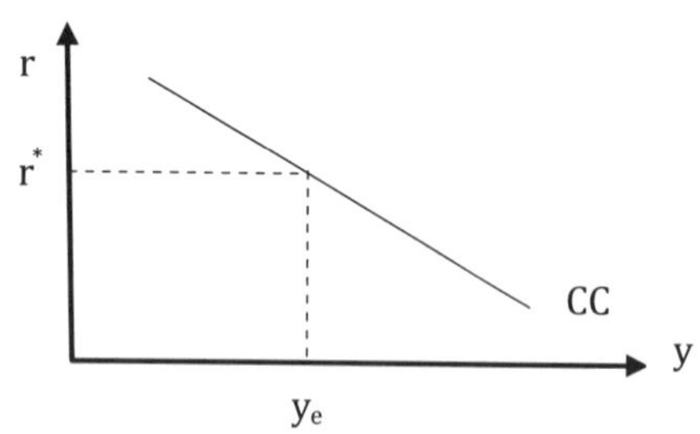

O modelo permite analisar o canal de transmissão da política monetária. Um aumento da taxa de política (r) provoca um aumento da taxa de juros do crédito (ρ) e uma redução do nível de atividade (y). No gráfico 8.6, o movimento de y acontece ao longo da curva CC.

O modelo também permite analisar o efeito de um choque na oferta de crédito. Consideremos um choque negativo na oferta de crédito (η negativo). Ele promove uma redução da oferta de crédito e do nível de atividade, já que ρ aumenta. No

3 As inovações financeiras aumentam, em geral, o grau de substituição entre crédito e títulos públicos de curto prazo.

gráfico 8.6, a curva CC desloca-se para a esquerda. Dada a taxa de política (r^*), o choque na oferta de crédito reduz o nível de atividade (y).

A seguinte proposição sintetiza as conclusões principais do modelo de Bernanke e Blinder.

Proposição de Bernanke e Blinder (1988): Um aumento da taxa de política eleva a taxa de juros do crédito e promove uma redução do nível de atividade. Choques na oferta de crédito promovem choques na demanda agregada, que afetam o nível de atividade.

Capítulo 9:

CANAL DAS EXPECTATIVAS

Neste capítulo, apresentamos outro mecanismo de transmissão da política monetária: o canal das expectativas ou canal da taxa de juros. Neste canal, a taxa de política afeta as taxas de juros dos ativos financeiros de prazos mais longos, que afetam o mercado de crédito e a demanda agregada da economia.

Como os empréstimos são substitutos de ativos financeiros de prazo mais longo, a taxa de juros do crédito depende das taxas de juros de títulos negociados no mercado de capitais. Alterações na taxa de política devem afetar as taxas de juros desses ativos financeiros que, por sua vez, devem afetar oferta e demanda de crédito. Chamemos a taxa de política de taxa de juros de curto prazo (já que, no mercado interbancário, se utilizam títulos de curtíssimo prazo) e a taxa de juros, que afeta as decisões dos empresários e dos consumidores, de taxa de juros de longo prazo. O canal das expectativas analisa os efeitos da taxa de juros de curto prazo sobre as taxas de juros de longo prazo, considerando a existência de ativos financeiros de maturidade diferente.[1]

Neste capítulo, apresentamos inicialmente a curva de rendimentos e as teorias que a explicam. Analisamos depois como atua o canal das expectativas, mostrando os efeitos de anúncios de taxa de política futuras e a determinação das expectativas de taxas futuras. Por último, apresentamos como o banco central controla os juros longos, se suaviza a taxa de juros.

9.1. CURVA DE RENDIMENTOS

A curva de rendimentos é um gráfico que apresenta as taxas de juros de títulos com diferentes termos de maturidade, mas os mesmos riscos, liquidez e impostos. Destaquemos o seguinte fato estilizado, relacionado à política monetária, da curva de rendimentos.[2]

---

1 A este respeito, ver Sachs e Larrain (2000, cap. 20, seção 20.6) e Mishkin (2006, cap. 6). Uma análise mais detalhada é apresentada por Handa (2009, cap. 20, seções 20.1 e 20.2).

2 Para uma análise avançada dos fatos estilizados da curva de rendimentos, ver Gürkaynak e Wright (2012).

Fato Estilizado: Se a taxa de juros nominal de política é menor ou igual que a taxa de juros nominal de equilíbrio ($i \leq i_e$), espera-se que a curva de rendimentos tenha inclinação positiva. Se a taxa de juros nominal de política é maior que a taxa de juros de equilíbrio ($i > i_e$), espera-se que a curva de rendimentos tenha inclinação negativa.

Para explicar esse fato estilizado, destacamos duas teorias: a teoria das expectativas e do prêmio de liquidez ou habitat preferido.

9.1.1. Teoria das Expectativas[3]

Apresentemos esta teoria com um exemplo simples, considerando as hipóteses seguintes. O horizonte temporal de aplicação do agente econômico é de dois períodos ($t = 1, 2$); existem dois títulos de maturidade diferente: um título de curto prazo de um período com uma taxa de juros nominal i_1 e outro título de longo prazo de dois períodos com uma taxa de juros (por período) nominal i_2; os dois títulos são substitutos perfeitos. Os agentes são indiferentes em relação aos dois títulos (não existe preferência por um título em particular).

Os investidores têm duas estratégias de aplicação alternativas dadas por:

Comprar um título de curto prazo em $t = 1$ e renová-lo em $t = 2$. O rendimento esperado da aplicação é: $(1 + i_1)(1 + i^e_1) - 1 = i_1 + i^e_1 + i_1 i^e_1$, onde i^e_1 é a taxa esperada em $t = 2$. Consideremos que $i_1 i^e_1 \approx 0$ (valor de segunda ordem);

Comprar um título de longo prazo em $t = 1$ e mantê-lo em $t = 2$. O rendimento esperado da aplicação é: $(1 + i_2)(1 + i_2) - 1 = 2 i_2 + (i_2)^2$. Consideremos que $(i_2)^2 \approx 0$.

A condição de arbitragem das duas estratégias permite obter: $i_1 + i^e_1 \approx 2 i_2$. Logo:

$$i_2 \cong \frac{i_1 + i_1^e}{2}$$

Vemos que a taxa de juros de longo prazo (i_2) depende da média esperada das taxas de juro de curto prazo no horizonte do título. Em especial, depende das expectativas em relação à taxa de juros de política (i^e_1).

Em geral, espera-se que, se a taxa de política corrente é menor que a de equilíbrio, então ela deve aumentar no futuro (se $i_1 < i_{e,}$ então se espera que $i^e_1 > i_1$). Se,

[3] Esta teoria foi apresentada inicialmente por Fisher (1930).

porém, a taxa de juros de política corrente é igual à de equilíbrio, deve permanecer constante (se $i_1 = i_{e,}$ então se espera que $i^e_1 = i_e$). Nessas condições, no primeiro caso, a curva de rendimentos é positivamente inclinada ($i_2 > i_1$) e, no segundo, a curva de rendimentos é horizontal ($i_2 = i_1$). Como neste último caso a curva de rendimento deveria ser positivamente inclinada, a teoria das expectativas não explica todo o fato estilizado proposto e deve ser ajustada.

9.1.2. Teoria do Habitat Preferido[4]

Consideremos que os agentes têm preferências em relação a títulos de maturidade diferente e que os mercados desses títulos são inter-relacionados. Por exemplo, companhias de seguro e fundos de pensão têm preferências por títulos de maturidade longa. Já os bancos comerciais e as tesourarias das corporações preferem títulos curtos. Desta forma, títulos de maturidades diferentes são substitutos imperfeitos.

Consideremos que os títulos de curto prazo são preferíveis em relação aos de longo prazo. A demanda de títulos de curto prazo é maior, seu preço é maior e sua taxa de juros menor. A diferença entre as taxas de longo e curto prazo, que manifesta a preferência dos agentes econômicos, é chamada de prêmio a termo (ou de liquidez), que é determinado através da oferta e demanda dos títulos.[5]

Pode-se propor que as taxas de juros de longo prazo podem ser descompostas na média dos juros curtos esperados (como na teoria das expectativas) e um prêmio a termo. Continuando com o exemplo apresentado, podemos escrever:

$$i_2 = \frac{i_1 + i_1^e}{2} + \rho_2$$

onde $\rho_2 > 0$ é o prêmio a termo para o título de longo prazo. Os juros longos dependem da expectativa da taxa de política (i^e_1) e das condições do mercado de títulos longos (ρ_2). Por exemplo, um aumento dos juros futuros pode ser consequência de um aumento na taxa de política esperada (política monetária mais apertada) ou de um aumento do prêmio a termo (queda no preço dos ativos longos).

---

[4] Esta teoria foi proposta por Modigliani e Sutch (1967).

[5] Espera-se que, em tempos normais, o prêmio a termo aumente com a maturidade dos títulos. Outro determinante importante do prêmio a termo é o risco de inflação: um risco de inflação maior aumenta o prêmio a termo.

Esta teoria explica o fato estilizado da curva de rendimento. Uma crítica a esta teoria é a dificuldade em modelar os determinantes do prêmio a termo e em estimar suas mudanças, já que ρ_2 varia no tempo. Como i^e_1 e ρ_2 são variáveis latentes (não observadas) que mudam no tempo, é difícil sua identificação.[6]

9.2. CANAL DAS EXPECTATIVAS

O canal das expectativas supõe que a taxa de política (i_1) afeta a taxa de juros de longo prazo (i_2), que, por sua vez, afeta os componentes da demanda agregada e do nível de atividade. A figura 9.1 mostra as relações que o canal das expectativas estabelece.

Figura 9.1: Canal das expectativas

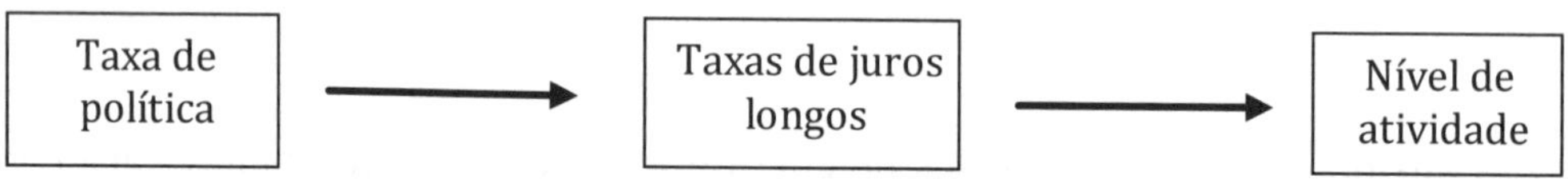

Se as expectativas são *forward-looking*, anúncios (compromissos) de política monetária afetam as decisões dos agentes econômicos. Os mercados podem ser afetados antes que mudanças na taxa de política aconteçam. Por exemplo, o banco central pode sinalizar que vai reduzir a taxa de política no futuro; se os agentes acreditam, os juros longos devem cair e o nível de atividade deve se expandir. Este efeito mostra um dos aspectos do canal das expectativas. Analisemos mais detidamente como anúncios da taxa de política futura afetam o nível de atividade, incorporando a taxa de juros de longo prazo no modelo de política monetária desenvolvido no Capítulo 6. Como existe pouco progresso analítico em modelar um prêmio a termo variável no tempo, apresentemos uma versão compatível com a teoria das expectativas. Em outras palavras, consideremos que o prêmio a termo é constante e igual a zero ($\rho_2 = 0$).[7]

[6] Para uma análise sobre métodos de estimação, ver Kim e Orphanides (2007). Ver também Patterson (2000, cap. 11). Para uma análise empírica simples da curva de rendimentos e da política monetária americana no começo da década de 2000, ver Kozicki e Sellon (2005). Para uma análise avançada dos testes empíricos, ver Gürkaynak e Wright (2012)

[7] A análise deveria considerar os determinantes do prêmio a termo. Isto permitiria explicar melhor a forma da curva de rendimentos e medir de forma mais apurada a relação entre a taxa de política e a taxa de juros de longo prazo. A este respeito, ver, por exemplo, Zampolli (2012, seção 6)

Podemos escrever a curva IS para $t = 1$ da seguinte forma:

$$y_1 = a - b\, r_1 + \varepsilon_{1,1} \quad (9.1)$$

onde $\varepsilon_{1,1}$ são os choques de demanda em $t = 1$. Consideremos que os choques dependem da renda futura esperada pelas famílias, já que essa expectativa afeta as decisões de consumo presente das famílias. Seja:

$$\varepsilon_{1,1} = y^e_2 + \varepsilon_1 \quad (9.2)$$

onde y^e_2 é o hiato do produto esperado em $t = 2$ e ε_1 é um ruído branco. Com a HER, segue-se que: $\varepsilon_1{}^e{}_{,1} = y^e_2$. Aplicando o operador E_1 na curva IS, temos:

$$y^e_2 = a - b\, r_1^e + \varepsilon_1{}^e{}_{,2} = a - b\, r_1^e + y^e_3 \quad (9.3)$$

onde r^e_1 a taxa de política esperada do próximo período. Substituindo (9.3) em (9.2) e (9.2) em (9.1), obtemos:

$$y_1 = (a - b\, r_1) + (a - b\, r_1^e) + y^e_3 + \varepsilon_1$$

Para truncar a série de substituições recursivas, consideremos que $y^e_3 = 0$ (do contrário, as substituições deveriam continuar). Podemos escrever a curva IS:

$$y_1 = 2\,[a - b\,(\frac{r_1 + r_1^e}{2})] + \varepsilon_1 \qquad (9.4)$$

Seja r_2 a taxa de juros real de longo prazo e. Dada a equação de Fischer, a taxa de juros de longo prazo em termos reais é:

$$r_2 = \frac{r_1 + r_1^e}{2}$$

Substituindo r_2 em (9.4), obtemos:

$$y_1 = 2a - (2b)\, r_2 + \varepsilon_1 \qquad (9.5)$$

De (9.5), observamos que, se o banco central sinaliza uma redução na taxa de política futura e o público acredita, então a taxa de política futura (r_1^e) e a taxa de juros de longo prazo (r_2) diminuem e o nível de atividade presente (y_1) se expande. A expansão do produto acontece sem que a taxa de política corrente seja reduzida.

A equação (9.5) mostra que as decisões de famílias e empresários dependem da taxa de juros de longo prazo. Em especial, estas taxas afetam as decisões dos poupadores e dos tomadores de crédito e, em consequência, as concessões de crédito e o nível de atividade.

A seguinte proposição sintetiza a análise.

Proposição: O canal das expectativas da política monetária destaca que mudanças nas expectativas sobre a taxa de política futura afetam a taxa de juros de longo prazo e o nível de atividade.

9.3. EXPECTATIVAS DAS TAXAS DE POLÍTICA

Analisemos como se determinam as expectativas, em relação à taxa de política futura (r_1^e). A partir de (9.5), a curva IS pode ser escrita como:

$$y_1 = 2a - b\,(r_1 + r_1^e) + \varepsilon_1$$

Por outro lado, a curva de Phillips permanece inalterada:

$$\Pi_1 = \Pi^M + d\,y_1 + \varepsilon_{2,1}.$$

Seguindo o procedimento em dois estágios para a solução do problema de política monetária, obtemos y_1*. Substituindo este valor na curva IS, podemos obter a função de reação do banco central para t = 2. A taxa de política do próximo período $r^*_{1,2}$ é dada por:

$$r^*_{1,2} = r_n + \left(\tfrac{d}{b\lambda}\right)(\Pi_2 - \Pi^M) + \tfrac{1}{b}\varepsilon_{1,2}$$

Se a HER é válida e os agentes econômicos acreditam na política do banco central, a taxa de política esperada é dada por $\mathrm{r}_1^e = \mathrm{E}(\mathrm{r}_{1,2})$. Finalmente, temos que:

$$r_1^e = r_n$$

Substituindo este resultado na equação da taxa de juros de longo prazo (r_2), obtemos:

$$r_2 = \frac{r_1 + r_n}{2}$$

A seguinte proposição sintetiza o resultado.

Proposição: Com a hipótese de expectativas racionais, os agentes econômicos determinam a expectativa da taxa de política futura, através da regra monetária ótima. Se existe credibilidade na política monetária do banco central, a taxa de política esperada será dada pela taxa de juros natural.

9.4. EXPECTATIVAS E SUAVIZAÇÃO DA TAXA DE JUROS

Rotemberg e Woodford (1997) apresentam outra explicação de como a taxa de política afeta a taxa de juros de longo prazo. Eles destacam que, se o banco central suaviza a taxa de política, ele manipula a taxa de política esperada e, em consequência, a taxa de juros de longo prazo. Analisemos este mecanismo.

Se o banco central suaviza a taxa de juros,[8] a taxa de política do período próximo ($r_{1,2}$) é dada por:

$$r_{1,2} = (1 - \rho)\, r^*_{1,2} + \rho\, r_1$$

onde r_1 é a taxa de política corrente, $r^*_{1,2}$ é a taxa de política ótima do período 2 e ρ é o coeficiente de suavização. Se o banco central suaviza totalmente a taxa de política ($\rho = 1$), então temos que $r_{1,2} = r_1$. A taxa de política esperada para 2 é $r^e_{1,2} = r_1$. Substituindo na equação de juros longos, vemos que, se $\rho = 1$, a taxa de juros de longo prazo é igual à taxa de política: $r_2 = r_1$. Mudanças na taxa de política afetam diretamente a taxa de juros de longo prazo, se o banco central suaviza a taxa de juros.

A proposição seguinte resume o argumento.

Proposição: Se o banco central suaviza da taxa de juros, a taxa de política controla a taxa de juros de longo prazo, através do canal das expectativas.

---

[8] Ver Capítulo 7, seção 4.

Temas de Discussão

9.1. Um dos problemas da teoria do habitat preferido é identificar se a taxa de juros longa (i_2) varia por mudanças na taxa de política futura esperada (i^e_2) ou no prêmio a termo (ρ_2). O segundo componente pode estar associado à percepção da política monetária (risco de inflação) ou a alterações na demanda de ativos de longo prazo. Comente.

Ajuda: Ler artigo de Kozickie e Sellon (2005)

9.2. O banco central pode implementar sua política monetária através de anúncios (promessas) em relação à sua taxa de política futura. Se o público acredita, o banco central controla as taxas de juros futuras e a curva de rendimento, afetando o nível de atividade corrente. A comunicação é um instrumento de política monetária. Discuta em que medida a comunicação implica em um compromisso do banco central.

9.3. Se o banco central suaviza a taxa de política, ele controla a taxa de juros longos corrente, ao sinalizar a taxa de política futura. Discuta este mecanismo.

Capítulo 10:

TAXA DE INFLAÇÃO ÓTIMA

No modelo do novo consenso, a meta de inflação é uma variável exógena. Neste capítulo, analisamos os determinantes da taxa de inflação ótima no longo prazo. Partindo da análise proposta por Milton Friedman, argumenta-se que a existência de imperfeições (ou falhas) de mercado leva a justificar uma meta de inflação positiva e pequena.[1]

10.1. PROPOSIÇÃO DA LIQUIDEZ TOTAL

Friedman (1969) propõe que a taxa de inflação ótima no longo prazo seja uma taxa de deflação igual à taxa de juros natural. Analisemos esta proposição.

Considerando que existe concorrência perfeita em todos os mercados, o custo marginal de oportunidade de manter saldos reais é dado pelo retorno nominal (i), que seria obtido por um ativo alternativo sem risco (por exemplo, títulos públicos de curtíssimo prazo). O custo marginal de fornecer saldos nominais é quase nulo ($c_p = 0$), já que o governo imprime as notas a custos desprezíveis do ponto de vista macroeconômico. Se a taxa de juros nominal é positiva ($i > 0$), os agentes econômicos demandam menos moeda que a quantidade ótima, já que procuram manter ativos com juros, e incorrem num custo de "sola de sapato" (custo envolvido para fazer transações). Esta situação não é socialmente desejável. Se famílias e firmas maximizam a demanda de saldos reais, o maior benefício social de demandar moeda acontece quando o custo marginal de oportunidade iguala ao custo marginal de produção. Concluindo, a demanda de moeda ótima acontece quando a taxa de juros nominal é igual a zero ($i = c_p = 0$).[2]

O gráfico 10.1 ilustra o argumento de Friedman. O logaritmo da demanda de saldos reais ($\ln m$) é uma função decrescente da taxa de juros nominal e os agentes econômicos escolhem os saldos reais, de forma que o custo marginal de oportu-

[1] Ver também Sørensen e Whitta-Jacobsen (2011, cap. 19). Para uma análise mais avançada, ver Walsh (2010, cap. 2, seção 2.3).

[2] No anexo deste capítulo, analisamos os microfundamentos deste resultado, utilizando o modelo de Sidrauski.

nidade (dado pela demanda de moeda) seja igual a zero (custo marginal social de fornecer saldos reais). No caso da taxa de juros nominal ser $i_1 > 0$, o logaritmo da demanda de saldos reais é m_1 e o custo social é dado pela área do triângulo Am_0m_1. À medida que i tende para zero, o custo social também tende para zero. O nível ótimo de saldos reais é m_0 e a taxa de juros nominal ótima é zero, já que, neste ponto, o custo social (medido pela área sob a curva de demanda de moeda à esquerda de m_0) é mínimo (zero).

Como no longo prazo $i_e = r_n + \Pi^M = 0$, a regra de Friedman (ou regra de Chicago) estabelece que a meta de inflação ótima é dada por:

$$\Pi^M = -r_n < 0$$

Gráfico 10.1: Triângulo do bem-estar

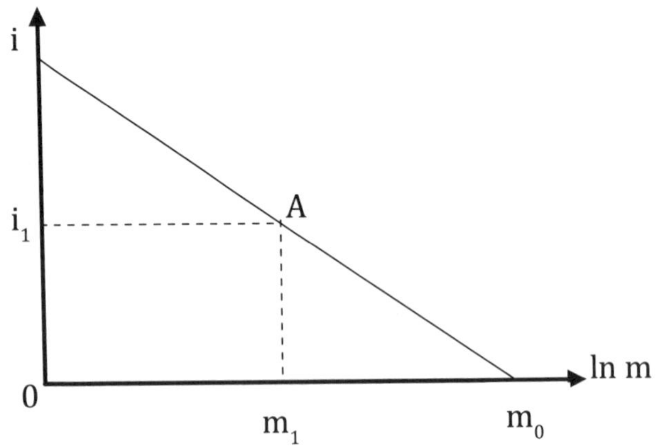

A seguinte proposição sintetiza o argumento de Friedman.

Proposição da liquidez total ou regra de Chicago (Friedman 1969): Numa economia sem fricções, a taxa de inflação ótima no longo prazo é uma taxa de deflação igual ao oposto da taxa de juros natural.

10.2. IMPERFEIÇÕES DE MERCADO

A regra de Friedman considera que existe concorrência perfeita em todos os mercados. Não existem fricções (ou falhas de mercado), como monopólios, custos de ajustamento de preços (custo de cardápio), rigidez para a redução de salários ou impostos, que possam distorcer a eficiência econômica. Consideremos rapidamente sete argumentos que justificam que os bancos centrais determinem metas de inflação positivas (mas pequenas).[3]

a. Custo de Cardápio

Consideremos que a firma tem poder de mercado e que existe um custo positivo para o ajuste de preços (custo de cardápio).[4] O ajuste do preço nominal, que maximiza o fluxo de lucros líquidos descontados e que considera o tamanho e a frequência das mudanças de preços, não seria realizado de forma contínua. Como o preço vai ficar fixo durante um período de tempo, o preço relativo de uma firma cai com a taxa de inflação entre as revisões. Do ponto de vista do bem-estar social, o preço médio da firma deve ser o mais próximo possível do custo marginal. Isto acontece quando a taxa de inflação é positiva e muito pequena, desde que os intervalos de revisão de preços sejam muito longos. Analisemos este argumento.[5]

Consideremos que o custo marginal das firmas é constante; que a elasticidade-preço da demanda é constante; que os agentes conhecem a taxa de inflação e a taxa de juros; e que existe um *continuum* de monopolistas que maximizam lucro. Neste contexto, definimos:

$$Bs = Lm + Ec - Cc - Css$$

onde Bs é o benefício social, Lm o lucro médio da firma, Ec o excedente médio do consumidor, Cc o custo de cardápio e Css é o custo de "sola de sapato". A meta de inflação ótima acontece naquele nível em que o benefício social é máximo.

A relação entre o benefício social (Bs) e a taxa de inflação (Π) é complexa, como podemos observar no gráfico 10.2.[6] Podem se destacar os seguintes fatos estilizados dessa relação:

- Quando os preços mudam mais rapidamente (inflação ou deflação grande), as revisões de preços são mais frequentes. De forma inversa, quando a taxa de inflação tende para zero, os intervalos de ajustes são maiores;

---

[3] Uma análise avançada do tema é Schmitt-Grohé e Uribe (2011).

[4] Esta seção é desenvolvida a partir de Sinclair (2003).

[5] A argumentação apresentada está embasada no modelo de Calvo de formação de preços justapostos, ainda que esse modelo sugira que a meta de inflação ótima é zero. Para uma análise mais detalhada deste ponto, ver a seção 3 do anexo do Capítulo 6.

[6] O gráfico é proposto por Sinclair (2003, p. 348).

- Com deflação, as revisões menos frequentes elevam o preço médio da firma, reduzem sua produção e diminui o lucro médio da firma (*Lm*). Com inflação, aumentos mais frequentes aumentam o preço médio, reduzem a produção e o lucro médio da firma;
- O custo de cardápio (*Cc*) tem seu mínimo, quando $\Pi = 0$. Quando aumenta a taxa de deflação, os *Cc* aumentam;
- Um aumento da taxa de inflação encoraja os agentes a fazerem compras de forma mais frequente, elevando o custo de "sola de sapato" (*Css*).

Consolidando todos esses efeitos, no gráfico 10.2, vemos que *Bs* alcança um mínimo para taxas de deflação baixas e um máximo para taxas de inflação baixas. A taxa de inflação ótima (Π^0) é determinada onde *Bs* é máximo. No gráfico 10.2, o segmento *DC* é o maior e Π^0 é positivo e pequeno. Notemos que a regra de Friedman acontece onde $\Pi^M = -r_n$ (neste ponto, o custo de "sola de sapato" deve ser nulo: $Css = 0$). O benefício social da regra de Friedman é dado pelo segmento *AB*, sendo $AB < CD$.

Gráfico 10.2: Benefícios sociais da taxa de inflação

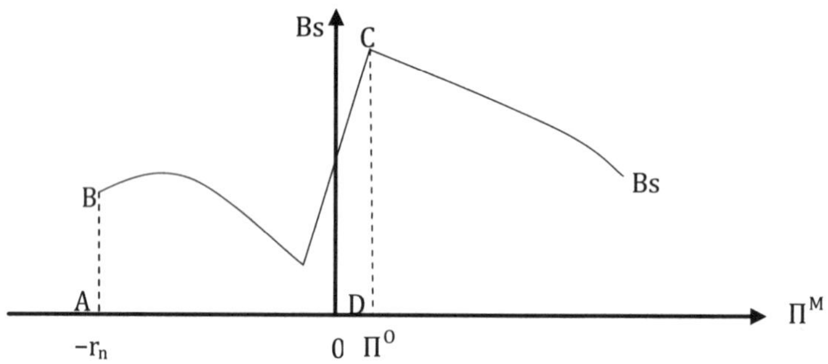

b. Limite Zero da Taxa de Juros

A taxa de juros nominal tem um limite inferior, já que não pode ser negativa. Para que a política monetária possua um espaço de manobra, que permita reduzir a taxa de política quando acontecerem choques de demanda negativos muito fortes, deve existir uma taxa de inflação positiva. Quando a probabilidade de acontecerem grandes choques de demanda negativos é maior, a meta de inflação deve ser maior.[7]

[7] Analisaremos de forma mais detida este tema no Capítulo 16 (seção 1).

Os contra-argumentos dessa proposição são dados pelas seguintes possibilidades:

- Usar outros instrumentos de política monetária (por exemplo, expandir a oferta de moeda);
- Reduzir menos a taxa de política, mas por períodos mais longos;
- Elevar o nível de preços esperado no futuro, porque os agentes podem antecipar gastos;
- Criar mecanismos financeiros, que permitam estabelecer temporariamente taxas de juros nominais negativas.

c. Concorrência Imperfeita

A existência de concorrência imperfeita reduz o nível de atividade em relação ao de concorrência perfeita. A política monetária busca alcançar um nível de atividade maior que o produto potencial, elevando a taxa de inflação. Quando as distorções no mercado de bens e de trabalho aumentam, a meta de inflação deve ser maior.[8]

d. Rigidez dos Salários Nominais para Baixo

Os salários nominais se ajustam lentamente para baixo, podendo levar a excessos de oferta de trabalho persistentes, se acontecem choques de demanda negativos. Os ajustes do salário real são mais fáceis de serem realizados através de variações na taxa de inflação do que de variações no salário nominal.

Como um ajuste mais rápido do salário real permite reduzir as fricções do mercado de trabalho, uma taxa de inflação positiva e pequena pode reduzir a taxa de desemprego natural e a taxa de sacrifício.

e. Imposto Inflacionário

Uma taxa de inflação positiva ($\Pi > 0$) é um imposto implícito sobre os saldos reais e provoca distorções na alocação de recursos, mas os impostos sobre renda, salários ou vendas também provocam distorções. Um imposto inflacionário pequeno pode minimizar algumas distorções, já que afeta toda a economia e substitui outros impostos.[9]

---

[8] No Capítulo 19 (seção 3), analisaremos os efeitos de imperfeições reais sobre a meta de inflação.

[9] Phelps (1973) sugere que, quando o governo não tem acesso aos impostos fixos, mas apenas a instrumentos fiscais distorcivos, a taxa de inflação também deve ser usada como parte de um regime tributário ideal.

Além da eficiência do imposto, devem ser consideradas a equidade e facilidade de arrecadação. Dois problemas do imposto inflacionário são que ele tende a afetar relativamente mais aos pobres que aos ricos e significa uma taxação dupla (se a inflação aumenta, paga-se mais imposto).

f. Solvência de Bancos Varejistas

Uma inflação positiva significa cobrar uma taxa pequena sobre a moeda, que é um substituto imperfeito dos depósitos bancários. O volume maior de depósitos gera um ganho de primeira ordem no bem-estar social e a redução da demanda de moeda, perdas de segunda ordem. Por outro lado, o imposto inflacionário fortalece o balanço dos bancos, reduz o risco de insolvência e melhora a estabilidade financeira.

g. Viés de Qualidade

Os índices de preços oficiais tendem a superestimar a inflação verdadeira, já que alguns aumentos de preços podem significar uma melhora na qualidade do produto ou do serviço. Uma pequena inflação positiva pode ser compatível com a estabilidade de preços verdadeira.

10.3. CONCLUSÃO

A política monetária deveria perseguir uma deflação de bens e serviços em um mundo ideal de concorrência perfeita, mas imperfeições de mercado de vários tipos levam a estabelecer uma taxa de inflação ótima levemente positiva. A escolha da meta para a taxa de inflação depende das fricções que existem no sistema econômico.

A força combinada dos argumentos apresentados fornece uma justificativa de porque a maioria dos países, que utiliza um regime de metas de inflação, estabelece metas de inflação modestamente positivas. As principais fontes de imperfeições de mercado (o lento ajustamento dos preços, a tributação incompleta, o limite inferior zero das taxas de juros nominais, a rigidez dos salários nominais para baixo e o viés de qualidade na inflação efetiva) permitem que, em conjunto, sejam estabelecidas metas de inflação positivas.[10] Essas explicações não são aditivas nem exclu-

[10] Schmitt-Grohé e Uribe (2011) concluem que os motivos apontados levam a taxas de inflação ótimas insignificantes acima de zero, mas destacam que sua análise deixa de lado algumas considerações teóricas potencialmente relevantes para a determinação dessa taxa.

dentes e devem ser tratadas como complementares, não existindo um modelo que determine de forma precisa um valor definido para a meta de inflação ótima.

Temas de Discussão

10.1. A regra de Friedman mostra que estabelecer uma taxa de inflação ótima equivale a determinar a quantidade de moeda ótima. Discuta esta relação, utilizando o modelo de Sidrauski, apresentado no anexo deste capítulo.

10.2. A regra de Friedman seria adequada se todos os mercados do sistema econômico fossem de concorrência perfeita (não existe nenhuma fricção na economia).

10.3. Devido a diversas imperfeições nos mercados, a taxa de inflação ótima deve ser positiva e pequena. Discuta o papel dos custos de ajustamentos de preços e os distintos efeitos envolvidos na análise.

Anexo:

TAXA DE INFLAÇÃO ÓTIMA NO MODELO DE SIDRAUSKI

Apresentemos uma abordagem simples, em tempo discreto, do modelo de Sidrauski (1967). Este modelo oferece microfundamentos para a análise da taxa de inflação ótima apresentada por Friedman (1969). Consideremos um modelo de equilíbrio geral dinâmico, sem incerteza, que envolve uma família com um horizonte de planejamento infinito. A família tem uma renda nominal (Y) e deve escolher quanto consumir (C). O nível de preço desses bens é P. A família pode manter, ao começo de cada período, saldos monetários M, que não pagam juros, e títulos B, que pagam uma taxa de juros nominal (i).

A função de utilidade da família depende dos níveis de consumo e dos saldos reais ($m = M/P$):

$$U\,(\mathrm{C}_{t+i}, \mathrm{m}_{t+i})$$

Esta função de utilidade é uma forma reduzida de um problema mais complicado, no qual manter moeda faz com que as famílias sejam mais eficientes em suas compras e aumenta o tempo de lazer (a moeda reduz o tempo gasto em fazer compras). Em relação aos saldos reais, as derivadas parciais da função utilidade são: $U_{\mathrm{m}} > 0$ e $U_{\mathrm{C}} \geq 0$.

A restrição orçamentária é dada por:

$$P_t\, C_t + (M_{t+1} - M_t) + [B_{t+1} - (1 + i_t)\, B_t] = Y_t$$

Para resolver o problema da família, o Lagrangiano pode ser escrito como:

$$\max_{(C_{t+i},\, M_{t+i+1},\, B_{t+i+1})} L = \sum_{i=0}^{\infty} \beta^i\, U(\mathrm{C}_{t+i}, \mathrm{m}_{t+i}) - \sum_{i=0}^{\infty} \beta^i\, \lambda_{t+i}\, [P_{t+i}\, C_{t+i} + M_{t+i+1} - M_{t+i} + B_{t+i+1} - (1+i_{t+i})B_{t+i} - Y_{t+i}]$$

onde β é o fator de desconto e λ o multiplicador de Lagrange. As CPOs em t (para $i = 0$) são:

para C_t: $U_C(C_t, m_t) - \lambda_t P_t = 0$ (10.1)

para M_{t+1}: $\beta U_m(C_{t+1}, m_{t+1}) \frac{1}{P_{t+1}} - \lambda_t + \beta \lambda_{t+1} = 0$ (10.2)

para B_{t+1}: $-\lambda_t + \beta \lambda_{t+1}(1 + i_{t+1}) = 0$ (10.3)

Podemos escrever (10.1) como:

$$U_C(C_{t+1}, m_{t+1}) \frac{1}{P_{t+1}} = \lambda_{t+1} \qquad (10.1')$$

Substituindo (10.1') em (10.2), obtemos:

$$\lambda_t = \beta U_m(C_{t+1}, m_{t+1}) \frac{1}{P_{t+1}} + \beta U_C(C_{t+1}, m_{t+1}) \frac{1}{P_{t+1}} \qquad (10.4)$$

Substituindo (10.1') e (10.4) em (10.3), obtemos a condição intra-temporal do problema:

$$\frac{U_m(C_{t+1}, m_{t+1})}{U_C(C_{t+1}, m_{t+1})} = i_{t+1} \qquad (10.5)$$

A condição mostra que a taxa marginal de substituição entre consumo e saldos reais deve ser igual ao custo de oportunidade de manter moeda (i). No estado estacionário, temos que:

$$\frac{U_m(C, m)}{U_C(C, m)} = i \qquad (10.6)$$

Como o custo marginal de produzir moeda é nulo e sua utilidade aumenta com o nível de saldos reais, do ponto de vista do bem-estar social, os saldos reais devem ser estabelecidos, de forma que a utilidade marginal dos saldos reais seja nula ($U_m(C, m) = 0$). Isto implica que o nível ótimo da taxa de juros nominal (i^*) deve ser igual a zero:

$$i^* = 0$$

Se $i^* > 0$, a utilidade marginal da moeda é positiva e é conveniente, do ponto de vista do bem-estar, aumentar os saldos reais porque isso diminui o tempo gasto com as compras e aumenta o bem-estar.

Podemos apresentar a análise de outra forma. Como no estado estacionário os saldos reais são constantes, temos que a taxa de crescimento dos saldos nominais (u) é igual à taxa de inflação: $u = \Pi$. Se $i^* = 0$, e dada a equação de Fisher, vemos que a taxa de crescimento ótima da oferta de moeda (u^*) e a taxa de inflação ótima (Π^*) devem ser o oposto da taxa de juros real:

$$u^* = \Pi^* = -r_{\mathrm{n}}$$

O banco central deve determinar a taxa de crescimento da oferta de moeda, de forma que a taxa de juros nominal seja zero.

Apresentemos um exemplo. Consideremos que a função de utilidade é logarítmica:

$$U(\mathrm{C}, \mathrm{m}) = \ln C + \varphi \ln m$$

Podemos escrever a equação (10.6) como:

$$m = \frac{\varphi C}{i} \qquad (10.7)$$

A equação (10.7) pode ser interpretada como uma curva de demanda de saldos reais que depende positivamente do consumo (motivo transação) e negativamente da taxa de juros nominal (custo de oportunidade de manter moeda). Se aplicarmos logaritmo à equação (10.7) e considerarmos que $\ln i \approx i$, obtemos o triângulo do bem-estar apresentado no gráfico 10.1.

Destaquemos que o modelo de Sidrauski exibe uma propriedade chamada de superneutralidade da moeda: os valores do consumo e do produto do estado estacionário são independentes da taxa de crescimento dos saldos nominais. A moeda não é só neutra (mudanças no nível dos saldos nominais não têm efeitos reais), mas superneutra (mudanças na taxa de crescimento dos saldos nominais não têm efeitos reais no estado estacionário).[1]

[1] Para uma análise avançada destas propriedades, ver Walsh (2010, cap. 2, seção 2.2.1).

Capítulo 11:

POLÍTICA MONETÁRIA E FISCAL

Neste capítulo, analisamos a relação que deve existir entre a política monetária e fiscal, se são consideradas como políticas de estabilização descentralizadas. Consideramos, que essas políticas são estabelecidas de forma autônoma, através de um jogo não cooperativo entre o banco central (responsável pela política monetária) e o tesouro nacional (responsável pela política fiscal).[1] Para isso, ampliamos os determinantes da função de perda social e consideramos que cada da instituição procura atender uma parte dela. Esta hipótese tem uma natureza didática, já que permite simplificar a análise e destacar as características da interação estratégica entre as políticas monetária e fiscal.[2]

O objetivo do capítulo é mostrar que a interação das políticas pode levar a situações ótimas do ponto de vista do bem-estar social e que a política fiscal não deve assumir um papel anticíclico, quando acontecem choques de demanda.[3] A análise segue o desenvolvimento de Bofinger e Mayer (2003).

11.1. BLOCOS DO MODELO

Caracterizemos o comportamento do banco central e do tesouro nacional e apresentemos a estrutura econômica.[4]

Banco Central

As decisões do banco central são caracterizadas pela sua FPS e pelo instrumento de política monetária. Como vimos, a FPS do banco central é:

$$L_{BC} = (\Pi - \Pi^{M})^2 + \lambda y^2$$

---

[1] Muitos países têm ministérios de Fazenda no lugar de tesouros nacionais. Mantemos o uso britânico e americano.

[2] Para uma resenha da literatura sobre o consenso da inter-relação entre a política monetária e fiscal, ver Kirsanova et al. (2009)

[3] Uma análise alternativa sobre a interação da política monetária e fiscal é apresentada no anexo deste capítulo, através da teoria fiscal do nível de preços.

[4] Um modelo similar é apresentado por Kirsanova et al. (2005).

onde λ é um parâmetro que mostra as preferências do banco central. O instrumento de política monetária é a taxa de política r.

Tesouro Nacional

O instrumento de política fiscal é o déficit fiscal primário como proporção do PIB (g). O tesouro persegue dois objetivos: alcançar o pleno emprego ($y = 0$) e manter a dívida pública numa trajetória sustentável. Para alcançar essa trajetória, existe um déficit fiscal primário ótimo ou estrutural (g^o) que consideramos nulo ($g^o = 0$). Desvios do déficit fiscal primário (g) em relação a g^o diminuem o bem-estar social.

A FPS do tesouro pode ter uma especificação similar à do banco central:

$$L_T = \beta y^2 + \varphi g^2$$

onde β e φ são parâmetros que mostram as preferências do Tesouro.

Destaquemos que a função de perda social (L) é dada pela soma das FPS do banco central e do tesouro nacional:

$$L = L_T + L_{BC} = (\Pi - \Pi^M)^2 + (\lambda+\beta)\, y^2 + \varphi g^2$$

A função de perda social depende dos desvios da inflação e do produto agregado de seus níveis desejados, mas também depende da estabilidade da dívida pública. Este último argumento pode ser justificado porque uma trajetória explosiva da dívida pública pode gerar instabilidade nos mercados financeiros, já que os preços dos títulos públicos podem cair, e as taxas de juros subir, dramaticamente. No Capítulo 17, destacamos que o objetivo de estabilidade financeira afeta o bem-estar social e deve ser incorporado na função de perda social.[5]

Estrutura Econômica

A estrutura econômica é caracterizada por uma curva IS fiscal e uma curva de Phillips. A curva IS fiscal destaca o impacto do déficit fiscal primário sobre a demanda agregada e o nível de atividade. Ela é dada por:

$$y = a - b\, r + \kappa g + \varepsilon_1$$

[5] Na seção 2 do anexo deste capítulo, apresentamos a teoria fiscal do nível de preços, que destaca os efeitos de uma dívida pública instável (regime fiscal não ricardiano) sobre a dinâmica macroeconômica. Nessa teoria, o tesouro nacional deveria evitar que a economia entre em um equilíbrio instável.

onde κ é um parâmetro (positivo). A relação do déficit fiscal primário e o nível de atividade é motivo de controvérsias, mas podemos colocar que, no modelo novo keynesiano, a relação entre essas variáveis é direta.[6]

A curva de Phillips é similar à analisada até este momento:

$$\Pi = \Pi^M + dy + \varepsilon_2$$

11.2. INTERAÇÃO ESTRATÉGICA DO BANCO CENTRAL E DO TESOURO NACIONAL

A inter-relação entre banco central e tesouro nacional desenvolve um jogo simultâneo, que passamos a analisar. Substituindo a curva IS fiscal e a curva da Phillips em $L_{BC,}$ pode-se escrever o problema do banco central como:

$$\min_r L_{BC} = [\Pi^M + d(a + br - \kappa g + \varepsilon_1) + \varepsilon_2 - \Pi^M]^2 + \lambda(a - br + \kappa g + \varepsilon_1)^2$$

Da CPO, encontramos a função de reação do banco central (FRBC):

$$r^* = r_n + \tfrac{\kappa}{b} g + \tfrac{1}{b}\varepsilon_1 + [\tfrac{d}{b(d^2 + \lambda)}]\varepsilon_2$$

O banco central deve reagir a variações do déficit fiscal. Em especial, deve elevar r^* toda vez que aumentar g, já que $\frac{\partial r^*}{\partial g} = \frac{\kappa}{b} > 0$.

Analisemos agora o comportamento do tesouro nacional. Na curva IS fiscal, vemos que um aumento de g provoca uma elevação de y. O uso de g para estabilizar y cria um dilema para o tesouro nacional porque desestabiliza a trajetória da dívida pública, gerando uma restrição ao uso da política fiscal, que não existe na política monetária: o tesouro nacional deve analisar o benefício social marginal e o custo social marginal de usar g.

Substituindo a curva IS fiscal em $L_{T,}$ podemos escrever o problema do tesouro nacional como:

$$\min_g L_T = \beta(a - br + \kappa g + \varepsilon_1)^2 + \varphi g^2$$

[6] Para uma análise dos microfundamentos dos efeitos da política fiscal num modelo novo keynesiano, ver Woodford (2011).

Da CPO, encontramos a função de reação do tesouro (FRT):

$$g^* = -\left(\frac{\kappa\beta a}{\kappa^2\beta+\varphi}\right) + \left(\frac{\kappa\beta b}{\kappa^2\beta+\varphi}\right)r - \left(\frac{\kappa\beta}{\kappa^2\beta+\varphi)}\right)\varepsilon_1$$

O tesouro nacional deve reagir à taxa de política e a choques de demanda. Em especial, deve elevar g^* toda vez que aumentar r, pois $\frac{\partial g^*}{\partial r} = \frac{\kappa\beta b}{\kappa^2\beta+\varphi} > 0$. Se acontecer um choque recessivo ($\varepsilon_1 < 0$), o tesouro deve elevar o déficit fiscal, pois $\frac{\partial g^*}{\partial \varepsilon_1} = \frac{\kappa\beta}{\kappa^2\beta+\varphi} > 0$. A princípio, a política fiscal deve ser anticíclica, procurando compensar choques no nível de atividade.

As duas funções de reação mostram as estratégias da política monetária e fiscal. Podemos sintetizar os resultados obtidos com a proposição seguinte:

Proposição: A taxa de política dever reagir a choques de demanda e de oferta, mas deve considerar também o instrumento de política fiscal. O déficit fiscal primário deve considerar, em suas decisões, a taxa de política e os choques de demanda.

Dadas às duas funções de reação, determinemos o equilíbrio de Nash do jogo. Igualando FRBC e FRT, obtemos o comportamento dos dois instrumentos de política:

$$r^* = r_n + \frac{1}{b}\varepsilon_1 + \left[\frac{d(\kappa^2+\varphi)}{b(d^2+\lambda)\varphi}\right]\varepsilon_2$$

$$g^* = \frac{d\kappa\beta}{(d^2+\lambda)\varphi}\varepsilon_2$$

Vemos que o comportamento da taxa de política é similar ao que resulta se não considerarmos a política fiscal. Em relação à política fiscal, notemos que o déficit primário resultante depende só de choques de oferta (os choques de demanda são contrabalançados pela política monetária).

Podemos concluir com a seguinte proposição.

Proposição: A interação ótima entre a política monetária e fiscal leva aos seguintes resultados macroeconômicos (equilíbrio de Nash) para os instrumentos de política:

1. Se não existem choques ($\varepsilon_1 = \varepsilon_2 = 0$), então $r^* = r_n$ e $g^* = g^o = 0$;
2. A taxa de política varia com choques de demanda e de oferta;
3. O instrumento de política fiscal só varia com choques de oferta (choques de demanda não devem afetar o déficit fiscal primário).

Interpretemos a proposição graficamente. No gráfico 11.1, apresentamos as funções de reação do banco central (r^*) e do tesouro nacional (g^*). As inclinações dessas funções são positivas e os interceptos de ambas é $r = r_n$. Se não existem choques de demanda e de oferta ($\varepsilon_1 = \varepsilon_2 = 0$), o equilíbrio de Nash da economia é dado pelo ponto *A*. Este resultado é compatível com a análise algébrica, já que, se $\varepsilon_1 = \varepsilon_2 = 0$, então $r^* = r_n$ e $g^* = 0$.

Gráfico 11.1: Equilíbrio de Nash com choque de oferta positivo

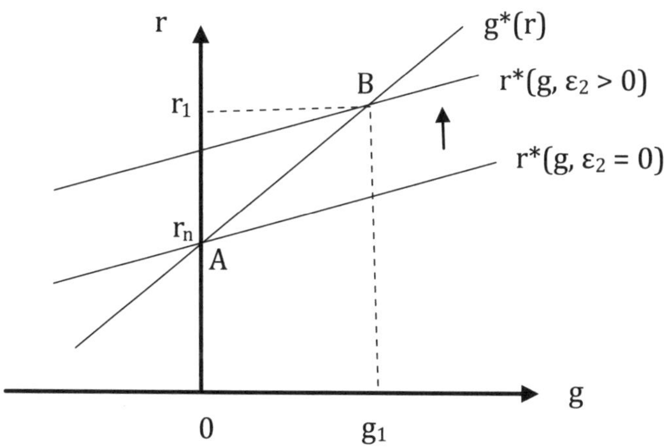

O gráfico 11.1 também mostra o comportamento das duas políticas frente a um choque de oferta positivo ($\varepsilon_2 > 0$). A função de reação do banco central desloca-se, mas a do tesouro nacional não. A economia desloca-se do ponto *A* para o ponto *B*. A taxa de juros real e o déficit fiscal aumentam nas proporções estabelecidas no equilíbrio de Nash. Notemos que, quando acontecem choques de oferta, a dívida pública aumenta (em relação a seu nível ótimo). Se acontecer um choque de oferta positivo, deve-se esperar uma política monetária contracionista e uma política fiscal expansionista (um aumento da taxa de política e um aumento do déficit fiscal).

Se acontecer um choque de demanda negativo ($\varepsilon_1 < 0$), o banco central deve reduzir a taxa de política, mas o tesouro nacional deve manter o déficit fiscal inalterado. A combinação ótima de política supõe uma política monetária expansionista e uma política fiscal inalterada. A política fiscal não tem um papel a cumprir no caso de um choque de demanda, já que ele é todo compensado pela política monetária. O gráfico 11.2 mostra o ajuste dos instrumentos de política monetária e fiscal, quando acontece um choque de demanda negativo. As duas funções de reação deslocam-se e a economia passa do ponto *A* para o ponto *B*.

Gráfico 11.2: Equilíbrio de Nash com choque de demanda negativo

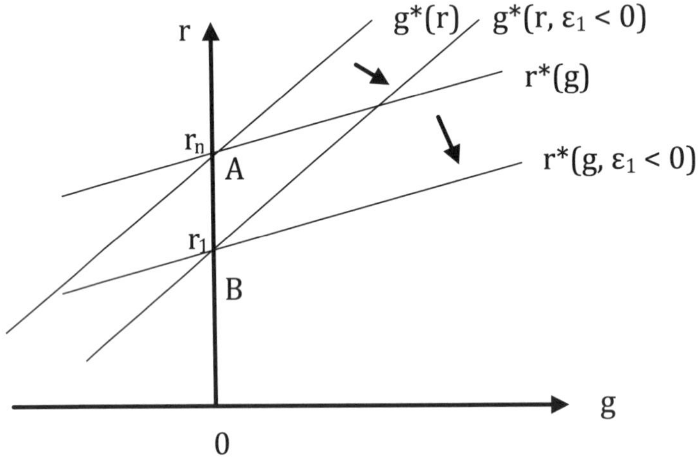

Substituindo r^* e g^* na curva IS fiscal e utilizando a curva de Phillips, podemos achar os valores de equilíbrio de y e Π. O equilíbrio macroeconômico é dado por:

$$y = \left(\frac{-d}{d^2 + \lambda}\right)\varepsilon_2$$

$$\Pi = \Pi^M + \left(\frac{\lambda}{d^2 + \lambda}\right)\varepsilon_2$$

Destaquemos que o equilíbrio macroeconômico alcançado é igual ao obtido, no Capítulo 6, sem política fiscal. Como mostramos, este equilíbrio é ótimo do ponto de vista do bem-estar social (é um *bliss point*). A interação proposta mostra uma recomendação de como as políticas monetária e fiscal devem ser conduzidas. A proposição seguinte conclui a análise.

Proposição: O equilíbrio alcançado pela interação proposta entre banco central e tesouro nacional é ótimo do ponto de vista do bem-estar social.

Analisemos algumas propriedades do modelo proposto. As preferências do banco central e do tesouro nacional afetam a volatilidade do instrumento da outra instituição frente a choques de oferta. Dos resultados obtidos no equilíbrio de Nash, podemos ver que:

- Se o tesouro nacional se torna mais desenvolvimentista (φ menor), então r se torna mais volátil frente a choques de oferta (aumenta a variância de r);
- Se o banco central se torna mais conservador (λ menor), então g se torna mais volátil frente a choques de oferta (aumenta a variância de g).

É interessante analisar o equilíbrio macroeconômico, se o tesouro nacional só se interessa por estabilizar o nível de atividade e desconsidera a sustentabilidade da dívida pública ($\varphi = 0$). A inclinação da FRT é igual à da FRBC ($\frac{\partial r^*}{\partial g} = \frac{\kappa}{b}$) e o equilíbrio de Nash torna-se indeterminado. Voltamos ao problema de Tinbergen, com mais instrumentos que metas, e um dos instrumentos de política deve ser determinado arbitrariamente. Como a taxa de política monetária permite alcançar a meta de inflação e o produto potencial, o instrumento de política fiscal torna-se desnecessário. O gráfico 11.3 apresenta este resultado.

Gráfico 11.3: Equilíbrio de Nash se $\varphi = 0$

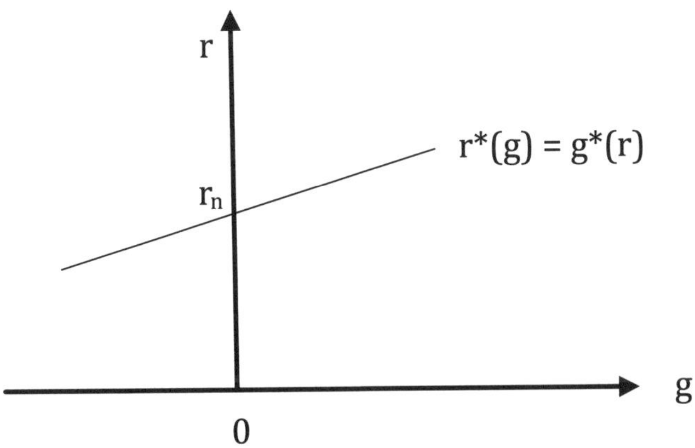

A seguinte proposição sintetiza o resultado.

Proposição: Especializar a política fiscal na estabilidade do nível de atividade não permite determinar endogenamente a combinação (*mix*) ótima de instrumentos de política monetária e fiscal.

11.3. COMENTÁRIOS FINAIS

Se a política monetária e a política fiscal são descentralizadas, a interação estratégica proposta permite que seja alcançado um nível de bem-estar social similar ao do Capítulo 6. Uma "mão invisível" harmoniza as decisões do banco central e do tesouro nacional.

O modelo apresentado tem um caráter normativo, pois permite mostrar como pode ser estabelecida uma organização adequada para a política monetária e fiscal: o banco central deve procurar estabilizar a taxa de inflação e o nível do produto, enquanto que o tesouro nacional deve estabilizar o nível do produto e a trajetória da dívida pública.

Notemos que a política fiscal não deve desempenhar nenhum papel no caso de acontecer um choque de demanda e deve acompanhar a política monetária no caso de um choque de oferta. Na visão do novo consenso, a política fiscal cumpre um papel secundário (ou de segunda ordem) como política de estabilização do ciclo econômico.

Destaquemos que estes resultados são relativos a momentos de normalidade no ciclo econômico. Na presença de choques de demanda grandes, podem acontecer descontinuidades na estrutura econômica (gerando uma depressão) e as recomendações de política monetária e fiscal devem ser modificadas. No Capítulo 16, abordaremos este tema.

Temas de Discussão

11.1. Se acontece um choque de oferta inflacionário, o resultado dos ajustes macroeconômicos é uma combinação de política monetária restritiva (aumento da taxa de política) e de política fiscal expansionista (redução do superávit primário). Discuta as funções de reação do banco central e do tesouro nacional, destacando as respostas dos instrumentos de política monetária e fiscal. Grafique.

11.2. Depois do ajuste macroeconômico, a política fiscal não muda, se acontece um choque de demanda, porque a política monetária consegue compensá-lo. Analise o papel da política fiscal no ajuste macroeconômico, se acontece um choque de demanda negativo.

11.3. Um tesouro nacional mais desenvolvimentista torna a taxa de política monetária mais volátil, se acontece um choque de oferta. Isto pode obrigar o banco central a ser mais conservador. Comente e justifique sua resposta.

Anexo:

ABORDAGENS MONETARISTAS

Apresentemos duas abordagens que analisam a inter-relação entre a política monetária e fiscal em uma abordagem monetarista. Nelas, o banco central não consegue controlar a taxa de inflação de longo prazo, se a política fiscal é dada, sugerindo a necessidade de coordenação dessas políticas.

1. Teoria Monetarista

Sargent e Wallace (1981) destacam as limitações da política monetária para controlar a taxa de inflação, se a política fiscal é dada no marco de um modelo monetarista. Apresentemos uma versão simplificada desse modelo.

Consideremos o modelo de dois períodos, analisado no anexo 1 do Capítulo 6. A poupança da família é:

$$S_1 = \frac{\beta}{1+\beta} Y_1 - \frac{Y_2}{(1+r_1)(1+\beta)}$$

Os poupadores podem ser ricos (com renda Y^r) ou pobres (com renda Y^p). A população (N) é a mesma nos dois períodos (crescimento zero). Existem N^r agentes ricos e N^p agentes pobres, sendo $N = N^r + N^p$. Por simplicidade, a renda dos poupadores é nula no período 2 ($Y^r_2 = Y^p_2 = 0$) e $\beta = 1$. A poupança do agente rico (em termos reais) é $S^r_1 = Y^r_1/2$ e a do pobre $S^p_1 = Y^p_1/2$.

O déficit fiscal (D) pode ser financiado com moeda (M) ou bônus (B) que pagam uma taxa de juros r. Existe uma restrição no mercado de bônus. A demanda mínima de bônus é $\underline{B}$. Se a demanda de bônus é menor que $\underline{B}$, o agente só pode demandar moeda. Consideremos que a poupança dos ricos é maior que $\underline{B}$ e a dos pobres menor: $Y^r_1/2 > \underline{B} > Y^p_1/2$. Os agentes ricos demandam bônus e os pobres demandam moeda.[1]

[1] Não é permitido que os pobres se reúnam em uma firma para ter escala e demandar bônus.

Apresentemos os equilíbrios dos mercados financeiros no período 1. No mercado monetário $M/P = N^p Y^p_1/2$ e no mercado de bônus $B = N^r Y^r_1/2$, onde M é a oferta de moeda e B a oferta de bônus.

A restrição orçamentária do governo (em termos *per capita*) é:

$$d_t = \frac{M_t - M_{t-1}}{N P_t} + b_t - (1+r) b_{t-1} \quad \text{para t = 1, 2.}$$

onde $d = D/N$ e $b = B/N$. A regra monetária do banco central é:

$$M_t = (1 + z)\, M_{t-1} \text{ para } t = 1, 2.$$

onde z é a taxa de crescimento da oferta de moeda. Como vimos no modelo de Sidrauski (anexo do Capítulo 10), no estado estacionário, o equilíbrio monetário supõe que $\Pi = z$.

Substituindo a regra monetária na restrição orçamentária do governo, obtemos:

$$d_t = \left(\frac{z}{1+z}\right)\frac{1}{N}\frac{M_t}{P_t} + b_t - (1+r) b_{t-1} \quad \text{para t = 1, 2.}$$

Política Monetária Restritiva e Inflação Futura

Consideremos que o tesouro não emite bônus ($b_0 = b_1 = 0$) e que o déficit fiscal é constante ($d_0 = d_1 = d$). Então $d = \left(\frac{z}{1+z}\right)\frac{1}{N}\frac{M_1}{P_1} - \left(\frac{z}{1+z}\right)\frac{1}{N}\frac{M_2}{P_2}$. Dada a condição de equilíbrio no mercado monetário, obtemos:

$$d = \left(\frac{z}{1+z}\right)\frac{1}{N}\frac{N^p Y_1^p}{2} = \left(\frac{z}{1+z}\right)\frac{1}{N}\frac{N^p Y_1^p}{2}$$

O valor de z deve satisfazer esta equação para que exista equilíbrio monetário.

Se o banco central decide reduzir a taxa de inflação em 1% com uma política monetária mais apertada, a oferta monetária aumenta menos ($z'_1 < z$). O tesouro vai ter que ofertar bônus para financiar seu déficit ($b_1 > 0$) e vai obrigar o banco central a aumentar a oferta de moeda em 2 (z'_2) para pagar os bônus emitidos e seus juros. A restrição do governo será:

$$d = \left(\frac{z_1'}{1+z_1'}\right)\frac{1}{N}\frac{N^p Y_1^p}{2} + b_1 \qquad \text{em t} = 1$$

$$d = \left(\frac{z_2'}{1+z_2'}\right)\frac{1}{N}\frac{N^p Y_1^p}{2} - (1+r)\, b_1 \quad \text{em t} = 2$$

onde $z'_2 > z$. A taxa de inflação aumenta em *2* ($\Pi_2 = z'_2$). Menos inflação corrente ($z'_1 < z$) leva a mais inflação futura ($z'_2 > z$), se a política fiscal é dada. O banco central não consegue controlar a taxa de inflação de longo prazo.

Se a política fiscal é dada e o banco central decide combater a taxa de inflação corrente, o tesouro nacional deve vender mais bônus. O aumento da dívida pública leva a um aumento dos saldos nominais e da taxa de inflação no período seguinte. Diferente do que ocorre no proposto por Friedman (1968), o banco central não consegue controlar a taxa de inflação de longo prazo. A proposição seguinte conclui a análise.

Proposição: Se a política fiscal é dada, uma política monetária corrente mais apertada pode levar a uma taxa de inflação futura maior.

Ressaltemos que, se o tesouro nacional não emite bônus ($b_0 = b_1 = 0$) e decide elevar o déficit fiscal (d), o banco central deve elevar z, gerando mais inflação. Neste caso, o processo inflacionário depende em última instância da política fiscal.

Política Monetária Restritiva e Inflação Corrente

Consideremos agora que os agentes pobres têm renda positiva no segundo período ($Y^p_2 > 0$). Uma política monetária mais apertada ($z'_1 < z$) leva a um aumento da taxa de inflação do período seguinte ($\Pi_2 = z'_2$). Isto reduz o rendimento (implícito) da moeda, que é dado por $\frac{1}{1+\Pi}$. A demanda de moeda dos agentes pobres, no período corrente, diminui devido ao menor rendimento da moeda:

$$\frac{M_1}{P_1} = \frac{Y_1^p}{2} - \frac{Y_2^p}{2}(1 + \Pi_2)$$

Para que exista equilíbrio no mercado monetário, é necessário que o banco central aumente os saldos monetários (M_1) e a taxa de inflação corrente. Como a política monetária depende da restrição orçamentária do governo, o banco central perde o controle sobre a taxa de inflação corrente. Se a renda dos agentes pobres é positiva, o banco central não pode controlar a taxa de inflação corrente, se a política fiscal é dada.

A proposição seguinte conclui a análise.

Proposição: Uma política monetária corrente mais apertada pode levar a uma taxa de inflação corrente maior, se a política fiscal é dada.

2. Teoria Fiscal do Nível de Preços

A teoria fiscal dos preços, desenvolvida inicialmente por Leeper (1991), destaca o papel das políticas monetária e fiscal na dinâmica do nível geral de preços. Nesta seção, destacamos uma versão simplificada do modelo apresentado por McCallum e Nelson (2005) com o objetivo de mostrar um tipo de inter-relação entre a política monetária e fiscal. No modelo os saldos nominiais são o instrumento de política monetária.

O nível de preços é determinado por um modelo monetarista "à la Cagan", mas com expectativas racionais. Consideremos que as variáveis estão no logaritmo e a oferta nominal de moeda m_t é constante ($m_t = m$). A demanda de saldos reais (m^d_t) depende do produto (Y_t) e da taxa de juros nominal (i_t):

$$m^d_t = c_0 + c_1 Y_t - c_2 i_t$$

onde c_0, c_1 e c_2 são parâmetros da demanda de moeda. Supondo que o produto e a taxa de juros real ($r_t = i_t - E_t(\Pi_{t+1})$) são constantes no tempo, podemos escrever a demanda de moeda de Cagan:

$$m^d_t = \gamma + \alpha (E_t p_{t+1} - p_t)$$

onde $\gamma = c_0 + c_1 Y - \alpha r$, $\alpha = -c_2 < 0$, p o nível de preços e $E_t(\Pi_{t+1}) = E_t p_{t+1} - p_t$. O equilíbrio no mercado monetário é dado por:

$$m - p_t = \gamma + \alpha (E_t p_{t+1} - p_t) \quad (11.1)$$

Para resolver esta equação em diferença expectacional (supondo a HER), pode-se propor que o nível de preços segue um processo autorregressivo:

$$p_t = \Phi_0 + \Phi_1 \, p_{t-1} \quad (11.2)$$

onde Φ_0 e Φ_1 são parâmetros a sere determinados.

Logo:

$$E_t p_{t+1} = \Phi_0 + \Phi_1 p_t = \Phi_0 + \Phi_1 (\Phi_0 + \Phi_1 \, p_{t-1}) \quad (11.3)$$

Substituindo (11.2) e (11.3) em (11.1), obtemos:

$$m - \gamma = \alpha \, [\Phi_0 + \Phi_1 (\Phi_0 + \Phi_1 \, p_{t-1}] + (1 - \alpha) \, (\Phi_0 + \Phi_1 \, p_{t-1})$$

ou

$$(m - \gamma) + 0 \, p_{t-1} = [(1 + \alpha \, \Phi_1) \, \Phi_0] + [\alpha \, \Phi_1^{\,2} + (1 - \alpha) \, \Phi_1] \, p_{t-1} \quad (11.4)$$

Resolvendo o modelo através do método dos coeficientes indeterminados, vemos que:[2]

$$m - \gamma = (1 + \alpha \, \Phi_1) \, \Phi_0$$
$$\alpha \, \Phi_1^{\,2} + (1 - \alpha) \, \Phi_1 = 0$$

Existem dois valores possíveis para Φ_1 e Φ_0 que podemos analisar. Uma solução é $\Phi_1 = 0$. A trajetória do nível de preços:

$$p_t = \Phi_0 = m - \gamma \quad (11.5)$$

Esta solução é chamada de fundamental, já que o nível de preços acompanha a quantidade de moeda.

A outra solução é $\Phi_1 = (\alpha - 1)/\alpha$. A trajetória do nível de preços é:

$$p_t = \frac{m - \gamma}{\alpha} + \left(\frac{\alpha - 1}{\alpha}\right) p_{t-1}$$

[2] Este método é apresentado na seção 3 do apêndice do Capítulo 3.

Esta solução é chamada de bolha, porque o nível de preços cresce a uma taxa constante, apesar de que a quantidade de moeda é constante.[3] A solução da equação em diferença é:

$$p_t = (p_1 - p_e)(\frac{\alpha - 1}{\alpha})^t + p_e \qquad (11.6)$$

onde $p_e = m - \gamma$ é o preço de equilíbrio (igual ao fundamental) e p_1 o nível de preços inicial. Observemos que este equilíbrio é instável porque $(\alpha - 1)/\alpha > 1$. Lembremos que $\alpha < 0$. Na solução de bolha, o nível de preços de equilíbrio não pode ser alcançado, se o preço inicial é diferente do nível de equilíbrio ($p_1 \neq m - \gamma$).

Se $p_1 > p_e$, dada a HER, a taxa de inflação esperada positiva reduz a demanda real de moeda, gerando um aumento de preços, que equilibra o mercado monetário. A inflação resulta da diminuição da demanda de moeda e não pela expansão dos saldos nominais.

O gráfico 12.10 apresenta o diagrama de fase das duas soluções. No caso da solução fundamental, p_t não depende de p_{t-1}. O gráfico destaca a instabilidade da trajetória de preços: se $p_1 \neq p_e$, os preços seguem a trajetória de bolha dada pela equação (11.6).

Gráfico 12.10: Nível de preços na solução fundamental e de bolha

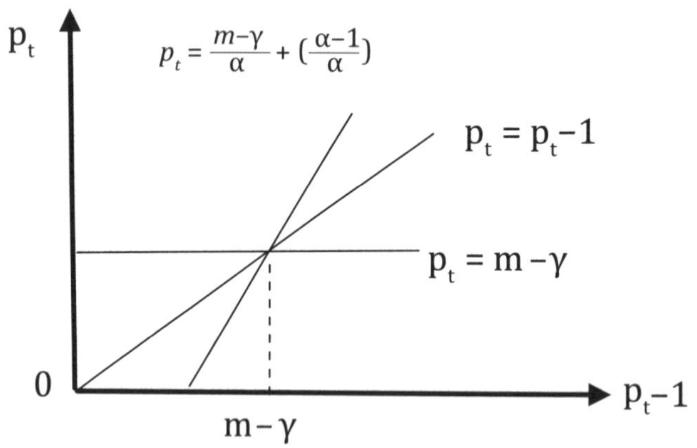

[3] Para uma definição de bolha, ver o anexo do Capítulo 15.

A política fiscal é caracterizada por um superavit primário real do governo constante: $S = > 0$. O tesouro pode emitir um bônus, que dura um período. A restrição orçamentária do tesouro é dada por:

$$B_{t+1} = (1 + r_t)(B_t - S)\text{, para t = 1, 2, ...} \quad (11.7)$$

onde B é a dívida pública em termos reais e r é a taxa de juros real. Notemos que $B^N = B\,P$ é a dívida pública nominal e $i = [(1 + r)(1 + \Pi)] - 1$ é a taxa de juros nominal.[4]

Como a riqueza financeira real dos demandantes dos bônus não pode se elevar sem limite ao longo do tempo, os agentes esperam (no momento corrente) que o valor presente da dívida pública real futura seja finito. A condição de transversalidade para a riqueza real esperada é:

$$\lim_{j \to \infty} \beta^j E_t B_{t+j} = 0 \quad (11.8)$$

onde $\beta = 1/(1+\rho)$ e ρ é a taxa de preferência intertemporal. Esta condição estabelece também uma condição de solvência da dívida pública (b_{t+j} não pode aumentar sem limite ao longo do tempo).

No estado estacionário, B_t é constante no tempo e $r_t = \rho > 0$. O nível de preços (P_t) e a dívida pública nominal (B^N_t) crescem à mesma taxa. Da equação (11.7), obtemos a dívida pública real do estado estacionário:

$$B_t = \frac{(1+\rho)S}{\rho} \text{ (para t = 1, 2, 3, ...)} \quad (11.9)$$

Este resultado também satisfaz a condição (11.8). Da equação (11.9), podemos estabelecer uma relação entre o nível de preços e a dívida pública nominal no estado estacionário:

$$P_t = \frac{\rho}{(1+\rho)S} B_t^N \text{ (para t = 1, 2, 3, ...)} \quad (11.10)$$

No estado estacionário, o nível de preços varia em linha com a dívida pública nominal, como destaca o gráfico 12.11.

[4] A restrição orçamentária do tesouro pode ser escrita como $P_t S_t = \frac{B_{t+1}^N}{(1 + i_t)} - B_t^N$.

Gráfico 12.11: Nível de preços e dívida pública nominal

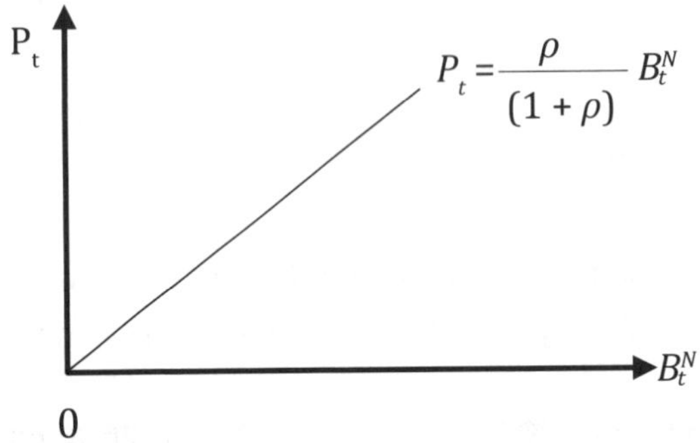

No período 1, a dívida pública nominal inicial é B_1^N e o nível de preços deve satisfazer a condição $P_1 = \frac{\rho}{(1+\rho)S} B_1^N$. Aplicando logaritmo nesta relação, temos que:

$$p_1 = \alpha + b^N_1$$

onde $\alpha = \ln[\rho/(1+\rho)S]$. Se $p_1 \neq p_e$, a política fiscal impõe uma restrição sobre o nível de preços inicial e a trajetória dos preços segue uma trajetória de bolha. Esta solução é chamada de fiscalista.[5] Interpretemos economicamente este resultado.

O tesouro nacional escolhe um superavit primário real ($S > 0$) e a dívida pública real se ajusta a uma trajetória estável no longo prazo. A trajetória do nível de preços é de bolha e a dívida pública nominal acompanha essa expansão. A expansão da oferta de bônus do tesouro nacional é acompanhada pela demanda de bônus. Dada a HER, o aumento do nível de preços gera expectativas de inflação, que estabelecem consistência na carteira de ativos dos agentes econômicos (condição de transversalidade dos demandantes). Como a oferta de moeda estável, a oferta de saldos reais cai ao longo do tempo.

A proposição seguinte sintetiza o resultado da teoria fiscal de preços.

Proposição Fiscalista: Na solução fiscalista, a trajetória do nível de preços é instável e acompanha a dívida pública nominal. A taxa de inflação não é alinhada com a variação da oferta de moeda.

[5] Woodford (1995) chama esta solução de regime não ricardiano porque o tesouro não ajusta o superavit primário.

Para que o nível de preços seja determinado pela equação fundamental, é necessário que não se imponha uma restrição na trajetória de preços: $B^N{}_1 = 0$ e que $S = 0$. A dívida pública real é $b_t = 0$ e satisfaz a condição de transversalidade dos demandantes de títulos. A política fiscal é passiva porque o tesouro nacional ajusta o superavit fiscal primário para controlar a oferta de bônus, permitindo que a política monetária determine o nível de preços. A trajetória de preços é determinada pela solução fundamental ($p_t = m - \gamma$) e a taxa de inflação acompanha a expansão monetária: $\Delta m_t = \Pi_t = 0$. Esta solução é chamada de monetarista.[6]

A teoria fiscal dos preços mostra que, por serem independentes, os instrumentos da política monetária (M) e da política fiscal (S) precisam ser conciliados. A solução monetarista e a fiscalista refletem duas formas de coordenar essas políticas. Na solução fiscalista, a dívida pública real inicial impõe uma restrição ao nível de preços, gerando uma trajetória de bolha. A oferta e demanda de títulos se expande e as expectativas de inflação ajustam a carteira dos demandantes de bônus. Acontece um processo inflacionário, apesar de não existir expansão monetária. Na monetarista, o superavit primário real se ajusta para permitir que a política monetária determine o nível de preços.

[6] Woodford (1995) chama esta coordenação de políticas monetária e fiscal de regime ricardiano, porque o tesouro nacional ajusta o superavit primário para não impor uma restrição ao nível de preços.

Capítulo 12:

POLÍTICA MONETÁRIA NUMA PEQUENA ECONOMIA ABERTA

Os resultados da política monetária mudam, se considerarmos uma economia aberta? O objetivo deste capítulo e do seguinte é responder quais são as principais propriedades da política monetária, no caso de se tratar de uma economia aberta. Os resultados alcançados, nestes dois capítulos, fazem parte de uma nova abordagem da macroeconomia aberta, iniciada pelo trabalho de Obstfeld e Rogoff (1995) e denominada de n*ew open economy macroeconomics* (NOEM).[1]

Neste capítulo, analisamos as principais proposições de política monetária para uma pequena economia aberta, seguindo o trabalho de Bofinger *et al.* (2009).[2] Uma pequena economia aberta é aquela que não afeta os preços dos bens e serviços internacionais, nem as taxas de juros internacionais. As decisões do banco central, porém, afetam a taxa de câmbio da economia. No capítulo seguinte, analisaremos algumas proposições de política monetária para economias grandes e interdependentes.[3] A sequência foi escolhida por simplicidade: primeiro, apresentamos os resultados mais simples (para pequenas economias abertas) e, depois, os mais complexos (para economias grandes e interdependentes).

12.1. CARACTERIZAÇÃO DO PROBLEMA DE POLÍTICA MONETÁRIA

Para caracterizar o problema de política monetária em uma economia aberta, apresentemos os principais blocos do modelo, ressaltando algumas de suas propriedades.

---

[1] Para uma resenha seletiva desta literatura, ver Corsetti (2007). Uma das primeiras resenhas (em nível avançado) é Lane (2001).

[2] No anexo deste capítulo (seção 2), apresentamos um modelo estilizado com seus microfundamentos.

[3] Uma análise alternativa, em nível intermediário, é apresentada por Carlin e Soskice (2010) e por Corsetti e Pesenti (2007). Para uma análise mais avançada (mas não muito detalhada), ver Clarida *et al.* (2001).

12.1.1. Curva IS para uma Economia Aberta

A curva IS para uma economia aberta é dada por:

$$y = a - b\,r + c\,q + \varepsilon_1$$

onde q é o logaritmo da taxa de câmbio real e $c > 0$ parâmetro.[4] Vemos que um aumento da taxa de câmbio real eleva a demanda agregada e o nível de atividade. Isto supõe que a condição Marshall-Lerner é válida e que uma desvalorização real eleva as exportações líquidas.[5]

Na análise da curva IS, consideramos que o hiato do produto externo é zero ($y^i = 0$) e que o efeito da taxa de juros sobre o hiato do produto é maior que o efeito da taxa de câmbio real ($b > c$).

12.1.2. Paridade Descoberta de Juros

Consideremos que o regime é de câmbio flutuante e que o comportamento do mercado de câmbio depende fundamentalmente do fluxo de capitais financeiros, deixando de lado, por simplicidade, o fluxo comercial. A condição de arbitragem entre títulos domésticos e externos estabelece a paridade descoberta de juros (PDJ):

$$i_t = i^i_t + \Delta s^e_{t+1} + \alpha_t$$

onde i^i é a taxa de juros nominal internacional, s o logaritmo da taxa de câmbio nominal, $\Delta s^e_{t+1} \equiv s^e_{t+1} - s_t$ é a taxa de desvalorização nominal esperada, α o prêmio de risco país e o subíndice t tempo.[6] Uma hipótese implícita é que os ativos domésticos e externos não são substitutos perfeitos, de forma que $\alpha > 0$. O prêmio de risco depende da probabilidade de *default* dos papéis domésticos (condição de oferta) e do grau de aversão ao risco dos investidores internacionais (condição de demanda).

---

[4] Na seção 1.2 do anexo do Capítulo 13, apresentaremos os microfundementos da curva IS para uma economia aberta.

[5] A condição Marshall-Lerner é analisada na seção 4 do anexo deste capítulo. Para uma análise da derivação da curva IS para uma economia aberta, ver Sørensen e Whitta-Jacobsen (2011, cap. 23, anexo).

[6] Na seção 1 do anexo deste capítulo, derivamos a PDJ a partir do problema do consumidor.

Para nosso modelo de política monetária, é conveniente escrever a paridade de juros em termos reais. Da equação de Fisher, temos que $i = r + \Pi^e$ e $i^i = r^i + \Pi^{ie}$. A PDJ pode ser escrita:

$$r_t = r^i_t + (q^e_{t+1} - q_t) + \alpha_t$$

onde $\Delta q^e_{t+1} = q^e_{t+1} - q_t = \Delta s^e_{t+1} + \Pi^{ie} - \Pi^e$ é a taxa de desvalorização real esperada.

A PDJ estabelece uma relação intertemporal para a taxa de câmbio real (existe uma relação entre o câmbio esperado do próximo período e o câmbio corrente), o que é inconveniente para nosso modelo estático. Para transformá-la numa relação estática, consideremos que os agentes econômicos supõem que a expectativa do logaritmo da taxa de câmbio real (q^e_{t+1}) é igual ao logaritmo da taxa de câmbio real de equilíbrio de longo prazo (q_e):

$$q^e_{t+1} = q_e$$

A taxa de câmbio real de equilíbrio de longo prazo (q_e) é a taxa de câmbio real que iguala a poupança doméstica e externa ao investimento no longo prazo. Em outras palavras, q_e é a taxa de câmbio real que permite que, no longo prazo, o investimento seja igual à poupança:

$$I = S^d + S^i$$

onde I é o investimento, S^d a poupança doméstica e S^i a poupança externa no longo prazo. Como a taxa de câmbio real de equilíbrio de longo prazo não depende da taxa de juros de política, mas da taxa de juros natural, q_e independe da política monetária.[7] A taxa de câmbio real de equilíbrio de longo prazo é uma variável exógena ao modelo de política monetária.

O gráfico 12.1 ilustra a determinação de q_e. O investimento e a poupança doméstica não dependem da taxa de câmbio real, mas a poupança externa no longo prazo apresenta uma relação inversa com q.

[7] Para uma análise detida dos determinantes da taxa de câmbio real de equilíbrio, ver Terra (2014, cap. 5).

Gráfico 12.1: Taxa de câmbio real de equilíbrio de longo prazo

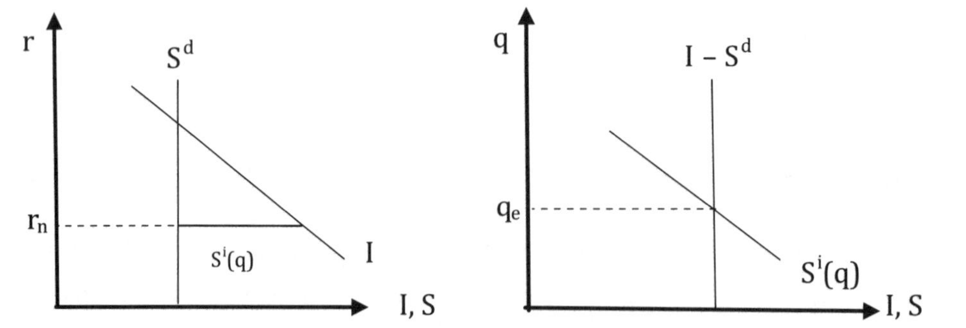

Consideremos que $q_e = 0$.[8] A variável q pode ser entendida como o desvio da taxa de câmbio real de longo prazo. Retirando o subíndice *t*, a PDJ pode ser escrita como:[9]

$$q = -r + r^i + \alpha$$

Com câmbio flutuante, a taxa de câmbio real é uma variável endógena, determinada pela taxa de política monetária. Se o banco central suaviza a taxa de política, também suaviza a taxa de câmbio real.

12.1.3. Choques Cambiais

A taxa de juros real internacional pode ser decomposta na taxa de juros natural (r^i_n) e em um desvio dessa taxa. De igual maneira, o prêmio de risco país pode ser decomposto em um componente mais sistemático ou de longo prazo (α_n) e outro estocástico, que reflete mudanças aleatórias na taxa de política internacional, na avaliação de risco dos ativos ou no grau de aversão ao risco.[10] Os choques cambiais (ε_3) podem ser tratados como desvios da taxa de juros real internacional e do prêmio de risco país:

$$\varepsilon_3 = (r^i - r^i_n) + (\alpha - \alpha_n)$$

[8] Supõe que $Q_e = 1$, sendo Q a taxa de câmbio real e q = log Q. Como Q = P*S/P, a hipótese é compatível com a paridade absoluta de poder de compra (ou lei de preço único): P*S = P.

[9] Podemos interpretar q como o desvio da taxa de câmbio real de seu valor de equilíbrio de longo prazo.

[10] Sørensen e Whitta-Jacobsen (2011, cap. 25, p. 762) também propõem a decomposição do prêmio de risco em um componente permanente e outro estocástico.

Alternativamente, podemos escrever que:

$$r^i + \alpha = (r^i_n + \alpha_n) + \varepsilon_3$$

Os choques cambiais promovem alterações aleatórias da taxa de câmbio real e são temporários. Podem ser representados por um ruído branco (média nula e variância constante) e são independentes dos choques de demanda e de oferta: $cov(\varepsilon_1, \varepsilon_3) = cov(\varepsilon_2, \varepsilon_3) = 0$.[11] A ideia geral é que os choques cambiais são pequenos e revertem rapidamente para sua média. No Capítulo 18, analisaremos os efeitos macroeconômicos, quando essa ideia é deixada de lado.

A PDJ pode ser escrita destacando os choques cambiais:

$$q = - r + r^i_n + \alpha_n + \varepsilon_3$$

Dados r^i_n e α_n, choques cambiais apresentam-se como variações da taxa de câmbio real que não dependem da política monetária (não dependem de r) e estão associadas a desvios acontecidos na taxa de juros internacional ou no prêmio de risco país. Neste sentido, o choque cambial pode ser considerado como o componente de bolha da taxa de câmbio real.[12]

Apresentemos um exemplo de choque cambial. Em alguns países emergentes, como o Brasil, a taxa de câmbio real é afetada pelos preços de *commodities* (combustíveis, metais e produtos agrícolas) no mercado internacional. Um aumento desses preços provoca uma demanda adicional por ativos financeiros brasileiros (domésticos e internacionais, públicos e privados), levando a um aumento de seus preços, a uma redução do risco país em relação a seu nível normal e a um desvio da taxa de câmbio de seu nível de equilíbrio.[13]

---

[11] Por exemplo, no caso de países com moeda-commodity, um aumento dos preços das commodities provoca, ao mesmo tempo, um choque cambial negativo (apreciação cambial), um choque de demanda positivo (pela melhora nos termos de troca) e um choque de oferta também positivo (aumento da taxa de inflação). Assim, $cov(\varepsilon_1, \varepsilon_3) < 0$ e $cov(\varepsilon_2, \varepsilon_3) < 0$. Uma apresentação da intuição teórica da relação entre preços de commodities e taxa de câmbio encontra-se em Fernandez (2003, Capítulo 2, seção 2.2).

[12] O fundamental é dado por $- r + r^i_n + \alpha_n$. Para uma análise do conceito de bolha especulativa, ver o anexo do Capítulo 15 deste livro; uma análise sobre bolha cambial, ver Copeland (2005, cap. 13, seção 13.5).

[13] Os modelos tradicionais não conseguem explicar a taxa de câmbio de países exportadores líquidos de commodities. A busca de uma explicação desenvolveu uma literatura chamada de commodities currencies, que incorpora um indicador de preços de commodities na explicação da taxa de câmbio real de longo prazo. Neste sentido, o real é uma moeda-commodity. Para uma resenha de literatura, ver, por exemplo, Veríssimo et al. (2012).

12.1.4. Canal da Taxa de Câmbio

Numa economia aberta, existe outro canal de transmissão para a política monetária via PDJ: a taxa de política monetária afeta a taxa de câmbio real, que afeta o nível de atividade. Este canal se soma aos analisados anteriormente e é chamado de canal da taxa de câmbio. De forma geral, podemos apresentar os canais de transmissão da seguinte forma:

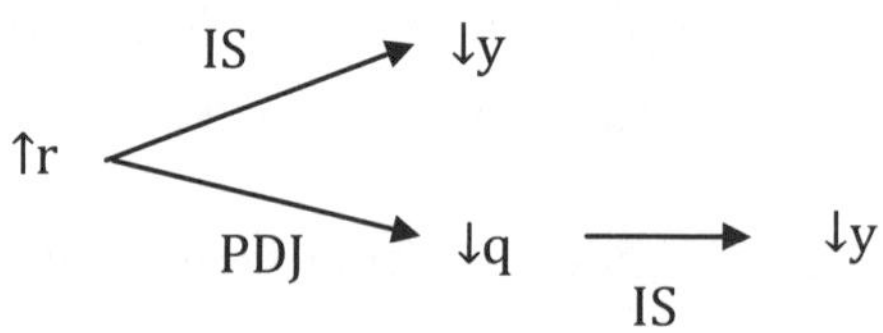

Este novo canal de transmissão torna a política monetária, numa economia aberta, mais potente e a curva IS mais achatada, em relação a uma economia fechada. Comparando as inclinações, vemos que $incl(IS_{aberta}) = \frac{1}{b+c} < incl(IS_{fechada}) = \frac{1}{b}$. Logo, numa economia aberta, é necessário um aumento menor de r para reduzir y de igual forma.

12.1.5. Curva de Phillips para uma Economia Aberta

Em uma economia aberta, a taxa de inflação (Π) é igual à média ponderada da inflação dos bens domésticos (Π^d) e da inflação dos bens importados em moeda doméstica (Π^i). Seja e um parâmetro que mede o grau de abertura (proporção de bens importados na cesta de bens do índice de preços ao consumidor), sendo $0 \leq e \leq 1$. Então: $\Pi = (1 - e)\, \Pi^d + e\, \Pi^i = \Pi^d + e\, (\Pi^i - \Pi^d)$. Como $\Delta q = \Pi^i - \Pi^d$, temos que:

$$\Pi = \Pi^d + e\, \Delta q.$$

A taxa de inflação de bens domésticos é dada pela curva de Phillips de uma economia fechada: $\Pi^d = \Pi^e + d\, y + \varepsilon_2$, onde $0 < d < 1$ é um parâmetro. A curva de Phillips para uma economia aberta é dada por:[14]

$$\Pi = \Pi^e + d\, y + e\, \Delta q + \varepsilon_2$$

O parâmetro e é chamado de coeficiente de repasse.

Por simplicidade, consideremos que o coeficiente de repasse é nulo ($e = 0$). A hipótese elimina outro mecanismo do canal da taxa de câmbio, já que um aumento

[14] Na seção 1.3 do anexo do Capítulo 13, apresentaremos os microfundementos da curva de Phillips para uma economia aberta. Ver também Sørensen e Whitta-Jacobsen (2011, cap. 23, seção 23.5).

da taxa de política reduz a taxa de câmbio real e a taxa de inflação. Como o canal da taxa de câmbio já reduz a taxa de inflação (via contração do nível de atividade), esta hipótese não altera as proposições de política monetária e simplifica a álgebra. Desta forma, a curva de Phillips, a ser apresentada neste capítulo, é idêntica à de uma economia fechada.

12.1.6. Função de Perda Social para uma Economia Aberta

Nos modelos do novo consenso, a FPS é idêntica à de uma economia fechada:

$$L = (\Pi - \Pi^{M})^2 + \lambda y^2$$

onde $\lambda \geq 0$ é um parâmetro. Na análise da FPS, o desvio da inflação e o hiato do produto dão conta das variáveis que afetam o bem-estar de um consumidor em uma economia aberta.[15]

Na segunda metade da década de 2.000, desenvolveu-se um debate sobre a possibilidade de incorporar, na FPS, uma meta para a taxa de câmbio real, que procurasse reduzir o desalinhamento cambial $(q - q_e)$. O argumento mais frequentemente invocado a favor de uma meta cambial é que, considerando certas condições nos mercados de bens e de ativos financeiros, choques cambiais podem levar à taxa de câmbio real longe de seu equilíbrio de longo prazo, provocando efeitos prejudiciais na economia como um todo. No Capítulo 18, incorporaremos o desalinhamento cambial na FPS, já que países emergentes procuram alinhar suas taxas de câmbio reais em relação aos níveis de equilíbrio de longo prazo.

12.1.7. Política Monetária no Longo Prazo

Antes de analisar o funcionamento da política monetária, apresentemos um comentário sobre o que acontece, no longo prazo, em uma pequena economia aberta. O longo prazo é definido como aquele período de tempo necessário para que a paridade de poder de compra seja válida.[16] No longo prazo, $q = q_e$ e $\Delta q = 0$.

A taxa de juros real que deve vigorar no longo prazo é determinada a partir da PDJ:

$$r_n^{L} = r^{i}_n + \alpha_n$$

[15] Neste sentido, ver Clarida et al. (2001).

[16] Este período é maior que o horizonte da política monetária.

onde r_n^L é a taxa de juros natural de longo prazo. Como o banco central não pode afetar r_n^i e α_n, conclui-se que, no longo prazo, a política monetária não tem efeitos reais, já que não pode controlar a demanda agregada.

No longo prazo, o banco central só pode determinar as variáveis nominais Δs e i_e^L (a taxa de juros de equilíbrio de longo prazo), escolhendo Π^M. Lembrando que $\Delta q = \Delta s + \Pi^i - \Pi = 0$, obtemos:

$$\Delta s = \Pi^M - \Pi^i$$

$$i_e^L = r_n^L + \Pi^M$$

Ressaltemos que, no longo prazo, as variáveis reais (produto, taxa de juros real e taxa de câmbio real) são independentes do regime cambial adotado. A escolha do regime cambial não deve afetar o comportamento das variáveis reais em períodos longos.[17]

A seguinte proposição sintetiza os resultados.

Proposição: No longo prazo, o banco central pode escolher a taxa de inflação, a taxa de juros nominal e a taxa de câmbio nominal, mas não pode afetar as variáveis reais (produto, taxa de câmbio e de juros real). A escolha do regime cambial não afeta as variáveis reais no longo prazo.

Esses resultados são compatíveis com a ideia (apresentada na Introdução) de que a política monetária só tem um papel ativo no curto prazo.[18]

12.1.8. Mercado de Câmbio

Consideremos que existem dois mercados de câmbio: à vista e futuro.[19] A taxa de câmbio à vista e a taxa de câmbio futura são determinadas de forma conjunta, já que existe uma relação de arbitragem entre elas. Para analisar este ponto, consideremos a paridade coberta de juros:

$$i = i^i + (s^f - s) + \alpha$$

---

[17] Numa economia aberta, o regime cambial é "neutro" no longo prazo, da mesma forma que a moeda é neutra numa economia fechada. A este respeito, ver Sørensen e Whitta-Jacobsen (2011, p. 711).

[18] Os resultados para uma economia aberta no longo prazo foram obtidos inicialmente pelo enfoque monetário do balanço de pagamentos. Ver Frenkel (1976).

[19] Para uma análise mais detida desta seção, ver Copeland (2005, cap. 3) e Terra (2014, Capítulo 3).

onde s^f é o logaritmo da taxa de câmbio do mercado futuro e s o logaritmo da taxa de câmbio do mercado à vista. O prêmio futuro (s^f − s) deve ser igual ao diferencial de juros:

$$s^f - s = (i - \alpha) - i^i$$

Nas próximas seções, consideraremos dois regimes cambiais e estudaremos as propriedades principais do ponto de vista da política monetária. Analisemos os regimes de câmbio flutuante ("flutuação limpa") e o de câmbio nominal fixo. Ressaltemos que, na análise a seguir, a PPC não é válida, já que consideramos um período de tempo em que a política monetária é ativa (curto prazo).

12.2. POLÍTICA MONETÁRIA COM CÂMBIO FLUTUANTE

A existência ou não de choques cambiais muda as recomendações de política monetária, já que afeta a regra monetária. Por razões didáticas, analisemos por separado o papel dos choques cambiais na política monetária. Consideremos inicialmente que não existem choques cambiais ($\varepsilon_3 = 0$) e, posteriormente, analisemos em separado o papel dos choques cambiais na política monetária.

12.2.1. Política Monetária Sem Choques Cambiais

Se não existem choques cambiais ($\varepsilon_3 = 0$), o problema de política monetária é dado por:

$$\min_r L = (\Pi - \Pi^M)^2 + \lambda y^2$$

$$\text{sujeito à: } y = a - b r + c q + \varepsilon_1$$

$$\Pi = \Pi^e + d y + \varepsilon_2$$

$$q = - r + r^i_n + \alpha_n$$

Por razões didáticas, consideremos o procedimento de solução em 3 estágios:

a. Primeiro, achamos y*, considerando o seguinte problema: $\min_y L$ sujeito à curva de Phillips;

b. Em segundo lugar, substituímos y^* na curva IS;

c. Por último, substituímos q pela PDJ.

Os resultados para cada estágio são:

a. $y^* = (\frac{-d}{d^2 + \lambda})\varepsilon_2$

b. $r^* = \frac{a}{b} + \frac{1}{b}\varepsilon_1 + [\frac{d}{b(d^2 + \lambda)}]\varepsilon_2 + (\frac{c}{b})q$

c. $r^* = [\frac{a}{b+c} + (\frac{c}{b+c})(r_n^i + \alpha_n)] + (\frac{1}{b+c})\varepsilon_1 + [\frac{d}{(b+c)(d^2+\lambda)}]\varepsilon_2$

Substituindo r^* na PDJ e na curva IS, obtemos y^*. Por último, substituindo y^* na curva de Phillips, obtemos o mesmo equilíbrio macroeconômico (valores de y^* e Π^*) que no Capítulo 6. Podemos resumir os resultados alcançados da seguinte forma.

Proposição (Clarida et al. 2001): Em uma pequena economia aberta com câmbio flutuante, os resultados de política monetária são isomorfos aos de uma economia fechada:

a. Se $\varepsilon_1 = \varepsilon_2 = 0$, então $r^* = r_n^C = \frac{a}{b+c} + (\frac{c}{b+c})(r_n^i + \alpha_n)$ é a taxa de juros natural de curto prazo numa pequena economia aberta;

b. A resposta da política monetária a choques de oferta depende das preferências do banco central (parâmetro λ). A resposta a choques de demanda não depende de preferências.

Vemos que os resultados da política monetária com câmbio flutuante são compatíveis com os resultados de uma economia fechada. Por exemplo, em uma economia fechada, $c = 0$, de forma que $r_n = a/b$. O regime de metas de inflação combina muito bem com câmbio flutuante, já que a resposta de política monetária mantém o sistema econômico estável.

A análise gráfica das respostas da política monetária a choques de demanda e oferta também são similares aos de uma economia fechada. A diferença é que definimos uma curva IS/PDJ, incorporando a PDJ na curva IS. A curva IS/PDJ tem a mesma estrutura que a curva IS e é dada por:

$$y = [a + c(r^i_n + \alpha_n)] - (b + c)\, r + \varepsilon_1$$

Os gráficos 12.2 e 12.3 mostram qual deve ser a resposta da política monetária frente a um choque de demanda negativo e a um choque de oferta positivo. Eles são similares aos de uma economia fechada, só substituindo a curva IS pela curva IS/PDJ. A interpretação de qual deve ser o comportamento do banco central é similar à realizada no Capítulo 6.

Gráfico 12.2: Choque de demanda negativo

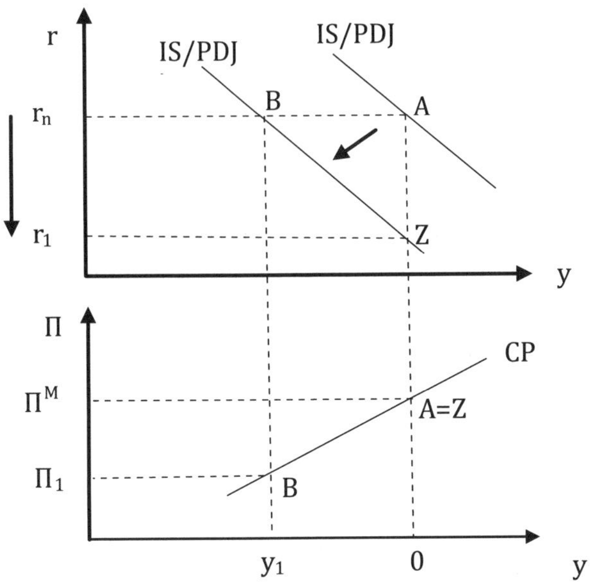

Gráfico 12.3: Choque de oferta positivo

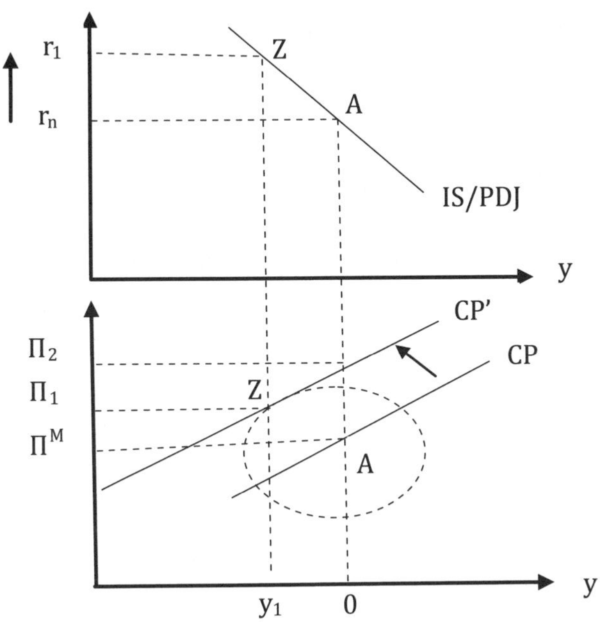

Ressaltemos que q é determinada na PDJ, dado r^*. A interpretação econômica desse resultado é que a taxa de câmbio real é uma variável endógena no modelo, determinada no mercado de câmbio. Apesar de não aparecer nos gráficos, q é facilmente integrada na análise. A taxa de câmbio real depende de forma inversa da taxa de política, que, por sua vez, depende diretamente dos choques de oferta e de demanda. Operando, podemos obter:

$$q = (r_n^L - r_n^c) - (\tfrac{1}{b+c})\,\varepsilon_1 - [\tfrac{d}{(b+c)(d^2+\lambda)}]\,\varepsilon_2$$

No caso de um choque de demanda negativo, a taxa de política diminui, promovendo uma desvalorização cambial (aumento de q), que estimula o nível de atividade. No caso de um choque de oferta positivo, a taxa de política aumenta, gerando uma apreciação cambial (diminuição de q), que permite reduzir a taxa de inflação. Vemos que, com câmbio flexível, os efeitos da taxa de câmbio são estabilizantes, no sentido de que a flutuação da taxa de câmbio no ciclo econômico permite reduzir a volatilidade macroeconômica.

Por outro lado, a taxa de inflação (Π) é mais volátil que a inflação doméstica (Π^d). Como vimos $\Pi = \Pi^d + e\,\Delta q$, então os movimentos da taxa de câmbio real levam a que o índice de preços domésticos (ou bens não comercializáveis) varie menos que o índice de preços ao consumidor.[20]

A seguinte proposição resume as propriedades apresentadas.

Proposição: Com política monetária ótima, o câmbio flutuante atua como um estabilizador automático, mas a taxa de inflação é mais volátil que a taxa de inflação doméstica (taxa de inflação dos bens não comercializáveis)

No longo prazo, $q = 0$. Da equação de q, vemos que esta condição significa que $r_n^L = r_n^C$. Em consequência, $r^i_n + \alpha_n = a/b$: a taxa de juros de longo prazo, para uma pequena economia aberta, deve ser igual à taxa de juros natural de uma economia fechada. Nada garante, no modelo apresentado, que esta relação vai se cumprir.[21]

---

[20] Clarida et al. (2001, p. 252) destacam este efeito.

[21] Na seção 3 do anexo deste capítulo, discutimos este problema do NOEM.

Regra de Taylor

Se o banco central usa a regra de Taylor e câmbio flutuante, os resultados de política monetária também são isomorfos aos de uma economia fechada. A curva de demanda agregada resulta de considerar a curva IS/PDJ e a RT e é dada por:

$$\Pi = \{\Pi^M + \frac{[c(r^i + \alpha) + \varepsilon_1]}{(b+c)e}\} - \{\frac{[1+(b+c)f]}{(b+c)e}\} y$$

Os gráficos dos ajustes da taxa de política a choques são similares aos do Capítulo 6.

12.2.2. Política Monetária com Choques Cambiais

Consideremos agora que a taxa de câmbio real só é determinada, por simplicidade, por choques cambiais (ε_3) que a afastam de seu nível de equilíbrio de longo prazo ($q_e = 0$). A PDJ resulta:

$$q = \varepsilon_3$$

A solução para a regra monetária ótima é dada por:

$$r^* = \frac{a}{b} + \frac{1}{b}\varepsilon_1 + [\frac{d}{b(d^2 + \lambda)}]\varepsilon_2 + (\frac{c}{b})\varepsilon_3$$

A taxa de política deve reagir a choques cambiais. Consideremos um choque cambial negativo ($\varepsilon_3 < 0$) provocado, por exemplo, por uma redução do prêmio de risco país em relação ao nível considerado normal ou um aumento temporário nos termos de troca do país. A apreciação cambial do choque cambial leva a que o banco central diminua a taxa de política (r^*). Analisemos graficamente este resultado.

A curva IS/PDJ é dada por:

$$y = a - b\,r + \varepsilon_1 + c\,\varepsilon_3$$

Conforme vemos no gráfico 12.4, a reação do banco central frente a um choque cambial negativo (que leva a uma apreciação da taxa de câmbio real) deve ser similar à de um choque de demanda negativo, já que a curva IS/PDJ se desloca para a esquerda. Devido à queda do nível de atividade e da taxa de inflação que o choque cambial negativo provoca, o banco central deve reduzir a taxa de política, procurando que a taxa de inflação e o nível de atividade convirjam para os valores iniciais.

Gráfico 12.4: Choque cambial negativo

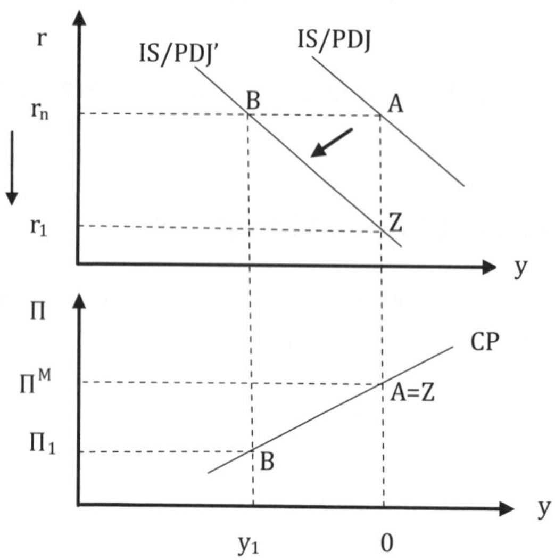

No caso do banco central utilizar uma regra simples, Ball (2002) propõe uma regra de Taylor, na qual a taxa de política reage a choques cambiais:

$$r = r_n + e\,(\Pi - \Pi^M) + fy + h\,\varepsilon_3$$

onde h é um parâmetro positivo ($h > 0$).

A proposição a seguir sintetiza o resultado alcançado.

Proposição: A taxa de política deve responder a choques cambiais temporários (variações de q que independem de r) compensando-os totalmente.

Destaquemos que a análise apresentada supõe um regime com câmbio flutuante, no qual o banco central não intervém nesse mercado. Os ajustes da taxa de câmbio real são gerados por variações na taxa de política.

12.3. POLÍTICA MONETÁRIA COM CÂMBIO NOMINAL FIXO

No regime com taxa de câmbio fixa, a autoridade monetária compromete-se a usar seu instrumento de política para manter a taxa de câmbio fixa.[22] A meta de política monetária é manter a taxa de câmbio nominal (s) constante e o instrumento de política monetária é a taxa de política nominal (i). No modelo apresentado neste capítulo, a taxa de política deve ser ajustada de forma a evitar desequilíbrios no fluxo de capitais. De igual forma que na seção anterior, vamos supor que o banco central não intervém diretamente no mercado de câmbio.

Para analisar as características principais deste regime, vamos supor que o regime de câmbio nominal fixo é crível, de forma que:

$$\Delta s^{e}_{t+1} = 0.$$

Analisemos rapidamente o que acontece se o regime de câmbio fixo não é crível. Consideremos que a taxa de câmbio estabelecida pelo banco central é $\bar{s}$, mas espera-se que, se for mantida, seu valor será $\hat{s}$, sendo $\hat{s} > \bar{s}$. A probabilidade de manter a taxa de câmbio $\hat{s}$ é $\lambda < 1$. A taxa de câmbio esperada para o próximo período será dada pela média dos dois eventos possíveis: $E_t\,(s_{t+1}) = \lambda\,\bar{s} + (1 - \lambda)\,\hat{s}$. A variação esperada da taxa de câmbio será positiva, ainda que a taxa de câmbio permaneça fixa: $\Delta s^{e}_{t+1} = (1 - \lambda)(\hat{s} - \bar{s}) > 0$. Sintetizemos este resultado chamado de problema do peso.[23]

Problema do Peso: Mesmo com expectativas racionais, se existe uma probabilidade de mudança no regime cambial, o erro nas expectativas cambiais será persistente. A taxa de desvalorização esperada será positiva, ainda se o câmbio permanecer fixo.

Outro problema do regime de câmbio fixo é que o banco central deve estar pronto para comprar ou vender reservas internacionais para sustentar o câmbio estabelecido. Essa política é insustentável, se os agentes econômicos esperam que

[22] Na prática, muitos regimes de câmbio fixo permitem que as taxas de câmbio flutuem em bandas estreitas. Para destacar o contraste com a política monetária com câmbio flutuante, consideramos que o câmbio é totalmente fixo.

[23] O problema do peso foi identificado inicialmente no peso mexicano na década de 1970 e também pode acontecer, se o regime não é de câmbio fixo. A este respeito, ver Terra (2014, Capítulos 3 e 6).

as reservas internacionais do banco central irão se esgotar em algum momento futuro. Essas expectativas podem produzir ataques especulativos no mercado de câmbio. Nossa análise considera o caso de regimes sustentáveis de câmbio fixo, para enfatizar algumas das diferenças da política monetária, quando comparada ao câmbio flexível.[24]

Lembremos que a PDJ é dada por $i_t = i^i_t + \Delta s^e_{t+1} + \alpha_t$. Dada a hipótese de credibilidade do regime cambial, podemos estabelecer a regra de política monetária em um regime de câmbio fixo:

$$i_t = i^i_t + \alpha_t$$

Consideremos, por simplicidade, que as expectativas para a taxa de inflação são estáticas ($\Pi^e_{t+1} = \Pi_t$). As equações de Fisher para a economia doméstica e para o país externo são:

$$i_t = r_t + \Pi_t$$
$$i^i_t = r^i_t + \Pi^i_t.$$

Usando as equações de Fisher na regra monetária, obtemos que a regra monetária em termos da taxa de juros real (suprimimos o índice t):

$$r = r^i + \alpha - (\Pi - \Pi^i)$$

A taxa de política depende de duas variáveis domésticas (a taxa de inflação e o prêmio de risco país) e de duas variáveis externas (a taxa de política internacional e a taxa de inflação internacional). Choques de demanda e de oferta afetam a taxa de política, através de seus efeitos sobre a taxa de inflação doméstica ou sobre o prêmio de risco.

A análise realizada permite destacar uma característica imediata da regra monetária com câmbio fixo: a regra não é ótima, no sentido de que não minimiza uma FPS. Ela é uma regra arbitrária em relação ao bem-estar social, a menos que a FPS dependa só dos desvios da taxa de câmbio nominal efetiva em relação à desejada.

---

[24] Para uma análise das explicações de possíveis crises cambiais em regimes de câmbio fixo, ver Terra (2014, Capítulo 9) e Copeland (2005, Capítulo 17). As explicações são divididas em três gerações de modelos, de acordo com a ordem cronológica de seu aparecimento. No anexo do Capítulo 17 deste livro, apresentaremos modelos de crise financeira que correspondem à terceira geração de modelos de crises cambiais.

Analisemos algumas das propriedades da política monetária em um regime cambial fixo. Elas mostram que, em geral, o uso deste regime é pouco recomendável.

12.3.1. Princípio de Taylor

A regra monetária estabelece uma relação negativa entre taxa de política (r) e taxa de inflação (Π). Dado que a taxa de juros nominal doméstica deve ser igual à nominal externa mais o prêmio de risco, um aumento da taxa de inflação doméstica reduz a taxa de política. A taxa de juros real diminui, se aumenta a taxa de inflação, porque a taxa de juros nominal fica inalterada. Analisemos essa relação.

Somando e subtraindo Π^M na regra monetária, podemos escrever a regra monetária com câmbio fixo como uma regra de Taylor da seguinte forma:

$$r = r^i + \alpha - \Pi^M - (\Pi - \Pi^M)$$

Com câmbio nominal fixo, a regra monetária não satisfaz o princípio de Taylor, já que:

$$\frac{\partial r}{\partial(\Pi - \Pi^M)} = -1 < 0$$

Como vimos no Capítulo 7, se a política monetária não satisfaz o princípio de Taylor, a curva de demanda agregada torna-se positivamente inclinada e o equilíbrio macroeconômico pode ser instável. Desenvolvamos a análise. Substituindo a regra monetária na curva IS/PDJ, obtemos a curva de demanda agregada:

$$\Pi = \Pi^i + (\tfrac{1}{b+c})[y - a + b(r^i + \alpha) - \varepsilon_1]$$

A curva de demanda agregada tem a mesma inclinação que a curva IS, mas com sinal oposto: $incl(DA) = -incl(IS) = \frac{1}{b+c}$. No gráfico 12.5, consideramos que a inclinação da curva DA é maior que a inclinação da curva de Phillips (incl(CP) = d), de forma que os equilíbrios macroeconômicos A e Z são instáveis.

A seguinte proposição sintetiza a análise.

Proposição: Com câmbio nominal fixo, a política monetária não satisfaz o princípio de Taylor ($e < 0$) e os equilíbrios macroeconômicos podem ser instáveis.

12.3.2. Choques de Oferta

Analisemos os efeitos da política monetária com câmbio fixo do ponto de vista do bem-estar social. Preferimos, por simplicidade, apresentar só uma análise gráfica. Como no Capítulo 6, analisemos o que acontece com o bem-estar social frente a um choque de oferta positivo ($\varepsilon_2 > 0$).

No gráfico 12.5, vemos que, se acontece um choque de oferta positivo, a taxa de inflação aumenta de Π^M até Π_1. Neste caso, porém, a taxa de política diminui (de r_n para r_2), já que o banco central mantém a taxa de política nominal inalterada. A redução da taxa de juros real eleva o nível de atividade (para y_1) e provoca uma elevação adicional da taxa de inflação (até Π_2). A sequência de eventos pode ser descrita da seguinte forma:

$$\uparrow\varepsilon_2 \rightarrow \uparrow\Pi \rightarrow \downarrow r \rightarrow \downarrow y \rightarrow \uparrow\Pi \ \ldots$$

A sequência de eventos é similar à analisada para a regra de Taylor se $e < o$ no Capítulo 7. Neste caso, não se verifica o princípio de Taylor.

Gráfico 12.5: Choque de oferta positivo com câmbio fixo

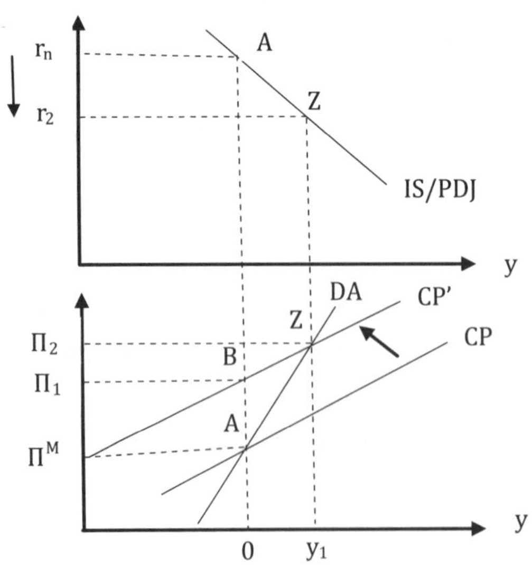

A proposição seguinte sintetiza o resultado alcançado.

Proposição: Frente a um choque de oferta que eleva a taxa de inflação, o banco central reduz a taxa de juros real, exacerbando o aumento da taxa de inflação.

Comparemos o bem-estar social da política monetária, frente a choques de oferta com câmbio fixo, em relação aos obtidos com câmbio flutuante. Deixemos de lado a análise algébrica para realizar a comparação através do gráfico 12.6. Considerando um choque de oferta positivo, a política monetária com câmbio flutuante coloca a economia no ponto *B* e com câmbio fixo, no ponto *C*. Ao analisar os valores das FPSs que passam por cada ponto, vemos que o bem-estar social é maior com câmbio flutuante (a distância de *A* a *B* é menor que a de *A* a *C*). Os desvios da taxa de inflação e do nível de atividade são maiores com câmbio fixo do que com câmbio flutuante. A política monetária com câmbio flexível é uma política ótima do ponto de vista do bem-estar social e com câmbio fixo não.

Gráfico 12.6: Câmbio flutuante e fixo frente a choque de oferta positivo

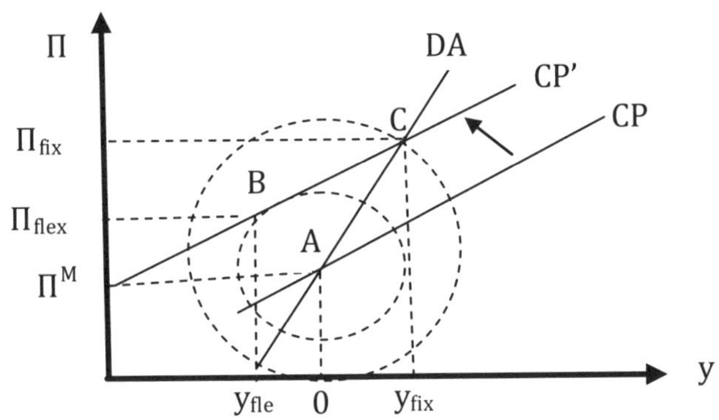

Proposição: Frente a um choque de oferta, a política monetária, em um regime de câmbio nominal fixo, promove um bem-estar social menor do que em um de câmbio flutuante. O regime de câmbio fixo tem resultados subótimos.

12.3.3. Choques de Demanda

Um choque de demanda negativo reduz o nível de atividade, a taxa de inflação e promove um aumenta da taxa de política. Isto gera uma redução adicional do nível de atividade. A sequência de eventos pode ser apresentada da seguinte forma:

$$\downarrow \varepsilon_1 \rightarrow \downarrow y \rightarrow \downarrow \Pi \rightarrow \uparrow r \rightarrow \downarrow y \ \ldots$$

No gráfico 12.7, analisamos os efeitos de um choque de demanda negativo ($\varepsilon_1 < 0$) que desloca a curva DA para a esquerda (de *DA* para *DA'*). A política monetária acentua a queda do nível de atividade. É claro que o resultado macroeconômico alcançado também é subótimo, se comparado com o resultado com câmbio flutuante (o bem-estar social em *Z* é menor que em *A*).

Gráfico 12.7: Choque de demanda negativo com câmbio fixo

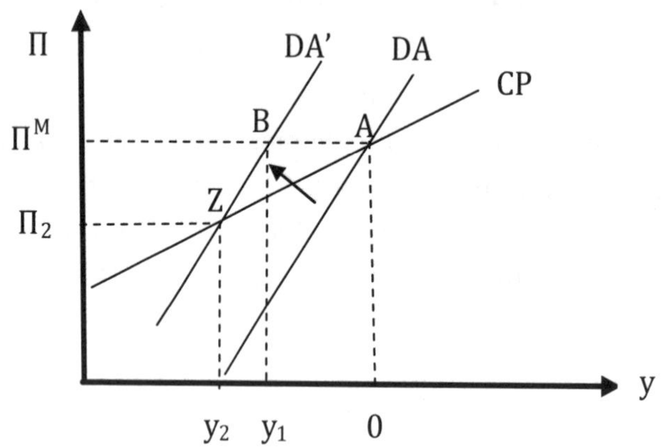

A seguinte proposição resume a análise.

Proposição: Em um regime de câmbio nominal fixo, a política monetária pode acentuar os efeitos recessivos de um choque de demanda negativo. O resultado macroeconômico é subótimo, se comparado ao alcançado com câmbio flutuante.

12.3.4. Choques Cambiais

Analisemos os efeitos de um choque cambial positivo ($\varepsilon_3 > 0$) provocado, por exemplo, por um aumento da aversão ao risco dos investidores. Esse choque gera um aumento do prêmio de risco país (em relação ao considerado normal) e o banco central eleva a taxa de política para evitar a desvalorização da moeda local. O aumento da taxa de política reduz o nível de atividade, que promove uma queda da taxa de inflação e uma nova rodada de aumento na taxa de política (a taxa de juros aumenta pela queda da taxa de inflação).

O gráfico 12.7 também mostra os efeitos de um choque cambial positivo, já que esse choque desloca a curva *DA* para a esquerda. Neste caso, os efeitos recessivos do choque cambial positivo são intensificados. Esses efeitos podem ser representados pela seguinte cadeia de eventos:

$$\uparrow\varepsilon_3 \rightarrow \uparrow\alpha \rightarrow \uparrow r \rightarrow \downarrow y \rightarrow \ \downarrow\Pi \rightarrow \uparrow r\ldots$$

A proposição seguinte conclui a análise.

Proposição: Em um regime de câmbio nominal fixo, a política monetária acentua os efeitos recessivos de um choque cambial positivo.

12.3.5. Zona Monetária Ótima

As propriedades analisadas colocam em evidência que, em um regime de câmbio fixo, a política monetária não pode ajustar os diferentes choques que a economia pode sofrer por ter que sustentar uma determinada taxa de câmbio nominal. Diferente, porém, do modelo Mundell-Fleming, onde a ineficiência da política monetária significa não alterar a configuração de equilíbrio, na análise apresentada, a política monetária acaba pronunciando os desequilíbrios originais.

Existe uma situação em que um regime de câmbio fixo é ótimo do ponto de vista da política monetária. O regime de câmbio fixo pode ser ótimo, se o país ao qual a taxa de câmbio é fixa tem choques de demanda e oferta altamente correlacionados e uma política ótima com câmbio flutuante. Em efeito, o país com câmbio flutuante ajustará de forma ótima sua taxa de política, frente a choques, e a taxa de política do país com câmbio fixo vai acompanhar esse ajuste. O resultado que é ótimo para o país com câmbio flutuante também é alcançado pelo país com câmbio fixo.[25]

Um exemplo de resultados macroeconômicos ótimos com câmbio fixo é dado pelas experiências de Holanda e Áustria no Sistema Monetário Europeu nos anos 1980 e 1990.[26] Esses países tinham uma taxa de câmbio fixa ao marco, mas, como Alemanha, Holanda e Áustria sofreram os mesmos choques nessas décadas, os ajustes da política monetária alemã promoveram resultados eficientes na Áustria e Holanda. A seguinte proposição apresenta este resultado.

[25] Este resultado também é obtido na literatura de zonas monetárias ótimas, onde a correlação de choques entre países tem um papel importante. Para uma análise adicional sobre zonas monetárias ótimas, ver Sørensen e Whitta-Jacobsen (2011, Cap. 25, seção 25.4) e Terra (2014, Capítulo 10, seção 10.2.2).

[26] Ver Bofinger et al. (2009).

Proposição: A política monetária com câmbio fixo pode ser ótima, se o país tem choques altamente correlacionados com o país ao qual a moeda é mantida fixa e esse país apresenta uma política monetária ótima.

12.4. DOMINÂNCIA FISCAL NUMA PEQUENA ECONOMIA ABERTA

Para que a política monetária com câmbio flutuante funcione de forma adequada, são necessárias algumas condições macroeconômicas, como vimos no Capítulo 7 (seção 7.8). Uma delas é que as contas fiscais (em especial, a trajetória esperada da dívida pública) não apresentem desequilíbrios que gerem um descontrole macroeconômico. Se a trajetória da dívida pública é explosiva, podemos ter um fenômeno conhecido como dominância fiscal.[27] Nesta seção, analisamos o comportamento da política monetária em uma economia aberta, se existe dominância fiscal, apresentando um modelo que enfatize o comportamento do mercado de ativos em um regime com flutuação limpa.[28]

Consideremos a seguinte identidade contável:

$$D_{t+1} = (1 + i_t)\,(D_t + G_t)$$

onde D é a dívida soberana nominal, i é a taxa de juros nominal média da dívida e G o déficit primário nominal. Dividindo ambos os membros por Y_{t+1} e multiplicando e dividindo o segundo membro por $Y_{t,}$ obtemos:

$$\frac{D_{t+1}}{Y_{t+1}} = \frac{(1 + i_t)}{(Y_{t+1}/Y_t)}\left(\frac{D_t}{Y_t} + \frac{G_t}{Y_t}\right)$$

Chamemos $d = D/Y$ relação dívida/PIB, $g = G/Y$ relação déficit primário/PIB e seja $c_t = (Y_{t+1}/Y_t) - 1$ a taxa de crescimento do produto em t. Aproximando $\frac{1 + i_t}{1 + c_t} \cong 1 + i_t - c_t$, podemos escrever a equação da dinâmica da dívida pública como:

$$d_{t+1} = (1 + i_t - c_t)\,(d_t + g_t)$$

[27] O conceito de dominância fiscal está embasado na teoria fiscal do nível de preços, desenvolvida nos anos 1990. Para uma análise simplificada dessa teoria, ver a seção 2 do anexo do capítulo anterior.

[28] Uma análise adequada para o caso brasileiro é apresentada por Blanchard (2004).

Na equação, observamos que d_{t+1} depende de forma direta de i_t e g_t. Consideremos que a taxa de juros média da dívida pública (*i*) depende de forma direta da taxa de política (*r*). Podemos escrever que d_{t+1} é uma função (*f*) de r_t e g_t:

$$d_{t+1} = f(r_t, g_t), f_r > 0; f_g > 0.$$

Consideremos que existe certo nível de *d* ($\underline{d}$), a partir do qual os serviços da dívida pública não serão pagos da forma estabelecida (*default*). Podemos definir a probabilidade de *default* da dívida pública (Pr_{t+1}) da seguinte forma:

$$Pr_{t+1} = \text{prob}(d_{t+1} > \underline{d})$$

A probabilidade de *default* da dívida pública aumenta, se aumenta a taxa de política (r_t) ou se aumenta a relação déficit fiscal primário/PIB (g_t).

Como a probabilidade de *default* é um dos determinantes do prêmio de risco país (α), além da aversão ao risco dos investidores em títulos públicos, esse prêmio também depende diretamente de *r* e *g*:

$$\alpha_t = \alpha(r_t, g_t).$$

Blanchard (2004) propõe que, para taxas de juros reais elevadas, o risco país aumenta mais que proporcionalmente com a taxa de juros real, considerando uma relação não linear entre α e *r*. Assim, $\alpha_r' > 0$ e $\alpha_r'' > 0$, sendo α' e α'' as derivadas parciais de primeira e segunda ordem em relação a *r*.[29]

Incorporemos esta especificação do prêmio de risco país na PDJ (desconsideramos o subíndice *t*):

$$q = -r + r^i + \alpha(r, g)$$

Se a taxa de juros doméstica aumenta, o retorno esperado do ativo doméstico aumenta, atraindo o capital internacional, mas, por outro lado, aumenta o risco de *default*, promovendo uma fuga de capitais. Se r é elevada, um aumento adicional da taxa de política pode promover, em termos líquidos, uma fuga de capitais, levando a uma desvalorização (aumento de *q*). O efeito da taxa de juros sobre o prêmio de risco assume a forma de uma externalidade negativa e gera uma não

---

[29] No mesmo sentido, ver Arida (2002).

linearidade na PDJ.[30] As relações de causalidade propostas podem ser sintetizadas da seguinte forma:

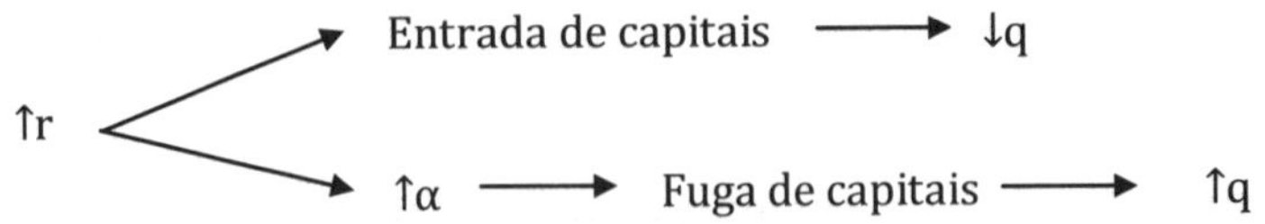

Consideremos que, devido a um choque grande no déficit fiscal primário (Δg), a dívida pública ingressa numa região em que a probabilidade de default é elevada e que a relação entre taxa de câmbio real e taxa de política torna-se positiva (o efeito de um aumento de r é maior sobre o prêmio de risco do que sobre o retorno do ativo). Neste caso, a economia encontra-se num equilíbrio macroeconômico com dominância fiscal, e a PDJ pode ser escrita pela seguinte equação:

$$q = r^i + \varphi r$$

onde φ é um parâmetro positivo ($\varphi > 0$).[31]

Por simplicidade, consideremos que existe um regime de meta de inflação estrita, dominância fiscal e que o banco central utiliza uma regra de Taylor, onde f = 0. O modelo macroeconômico é dado pelas seguintes equações: [32]

$$\begin{aligned} y &= a - b\,r + c\,q + \varepsilon_1 && \text{IS} \\ q &= r^i + \varphi r && \text{PDJ} \\ \Pi &= \Pi^M + d\,y + \varepsilon_2 && \text{CP} \\ r &= r_n + e\,(\Pi - \Pi^M) && \text{RM} \end{aligned}$$

A curva IS/PDJ é dada por:

$$y = (a + r^i) + (c\,\varphi - b)\,r + \varepsilon_1$$

---

30 Um aumento de r aumenta α, que, por sua vez, aumenta r (através da PDJ). Isto gera uma realimentação positiva e uma não linearidade entre essas variáveis. Romer (2006, pp. 607-613) apresenta uma hipótese similar ao supor que a probabilidade de default depende da taxa de juros.

31 Para uma análise da instabilidade da trajetória fiscal e de seus pontos de ruptura, ver Greenlaw et al. (2013, seção 2).

32 Dominância fiscal acontece numa região específica da economia. A análise desta seção trata do que acontece no redor dessa região. A análise do equilíbrio é local e não global.

sendo $c\,\varphi - b > 0$. Substituindo a regra monetária na curva IS/PDJ, obtemos a curva de demanda agregada:

$$\Pi = \Pi^M - \left[\frac{a + cr^i + (c\varphi - b)r_n + \varepsilon_1}{\beta e}\right] + \left(\frac{1}{\beta e}\right)y$$

A curva IS/PDJ e a curva de demanda agregada (DA) são positivamente inclinadas, como vemos no gráfico 12.8.

Gráfico 12.8: Equilíbrio macroeconômico com dominância fiscal

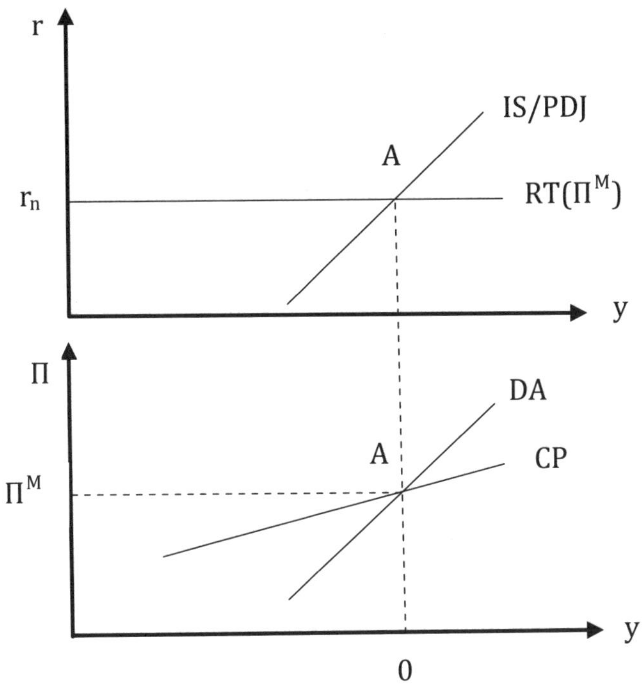

O equilíbrio *A* é instável. Neste caso, um aumento da taxa de política desvaloriza a moeda doméstica, eleva o nível de atividade e a taxa de inflação. As relações podem ser descritas da seguinte forma:

$$\uparrow r \rightarrow \uparrow q \rightarrow \uparrow y \rightarrow \uparrow \Pi$$

Com dominância fiscal, a política monetária não atua de forma adequada, já que a instabilidade na trajetória da dívida pública "contamina" o cenário macroeconômico: a trajetória de Π torna-se divergente e não converge para Π^M. Na verdade, o banco central não consegue controlar a taxa de política, que é determinada pela demanda de títulos públicos, mudando a causalidade entre as variáveis. É a dinâmica da dívida pública que "comanda" a taxa de juros e a taxa de inflação.

Se a economia encontra-se num equilíbrio com dominância fiscal, uma redução da relação déficit fiscal primário/PIB pode gerar uma dinâmica sustentável da dívida pública, reduzindo o risco país e permitindo que a economia volte para um equilíbrio macroeconômico normal e estável. A variável g assume a forma de uma variável *sunspot*, permitindo que a economia se desloque de um equilíbrio a outro.

A proposição a seguir apresenta a conclusão da análise.

Proposição: Com dominância fiscal e um regime de câmbio flutuante, o equilíbrio macroeconômico é instável e a política monetária não atua de forma adequada, já que aumentos da taxa de política provocam aumentos da taxa de câmbio real e da taxa de inflação. Neste caso, deve-se estabilizar a trajetória da dívida pública, utilizando a política fiscal.

Temas de Discussão

12.1. Se não existem choques cambiais e a taxa de câmbio é flutuante, uma política monetária ótima deve ser conduzida de forma similar a uma economia fechada, ignorando as flutuações da taxa de câmbio. Comente a proposição.

12.2. Choques cambiais são dados por alterações da taxa de câmbio real que independem da política monetária (taxa de política). Apresente o conceito de choque cambial discutido no capítulo.

12.3. Por que a taxa de política deve reagir a choques cambiais quando a taxa de câmbio é flutuante? Justifique sua resposta.

12.4. No longo prazo, o regime cambial é irrelevante para a política monetária. Isto é compatível com a neutralidade da moeda no longo prazo. Discuta e justifique sua resposta.

12.5. O regime de câmbio nominal fixo não permite que aconteça uma política monetária ótima e torna o mercado de bens instável. Por outro lado, esse regime pode apresentar outros problemas, como a possibilidade de acontecerem ataques especulativos. Por esses motivos, em termos gerais, esse regime cambial deve ser evitado. Comente.

12.6. Em uma pequena economia aberta com câmbio flexível, se a trajetória da dívida pública está fora de controle, um aumento da taxa de política aumenta mais que proporcionalmente a probabilidade de *default* e promove fuga de capitais, desvalorização da moeda doméstica e aumento da taxa de inflação. Neste caso, a economia encontra-se numa região instável e com dominância fiscal. Qual deveria ser a política a ser implementada? Justifique a resposta.

Anexo:

TÓPICOS ADICIONAIS

1. Paridade Descoberta de Juros

Da CPO do problema do consumidor apresentado na seção 1 do Capítulo 6, temos que:

$$\frac{C_{t+1}}{C_t} = \beta(1 + i_t)$$

onde β é o fator de desconto e *i* a taxa de juros nominal de um ativo doméstico. Numa economia aberta, caso o consumidor decida demandar um ativo externo, ele deve comprar a moeda externa à taxa de câmbio S_t e vender essa moeda no próximo período à taxa de câmbio esperada $E_t S_{t+1}$. Consideremos que o ativo doméstico e o externo são substitutos perfeitos e não existe um prêmio de risco. A CPO do problema do consumidor é:

$$\frac{C_{t+1}}{C_t} = \beta(1 + i_t^i)\frac{E_t S_{t+1}}{S_t}$$

onde i^i é a taxa de juros nominal do ativo externo.

Se existe arbitragem perfeita e o consumidor explora todas as oportunidades, a rentabilidade esperada dos dois ativos deve ser igual. Combinando as duas equações, obtemos a PDJ:

$$1 + i_t = (1 + i_t^i)\frac{E_t S_{t+1}}{S_t}$$

Aplicando logaritmo em ambos os lados e aproximando, obtemos a paridade descoberta de juros (PDJ) em termos nominais:

$$i_t \approx i^i_t + s^e_{t+1} - s^e_t = i^i_t + \Delta s^e_{t+1}$$

Em termos reais, a PDJ implica que:

$$1 + r_t = (1 + r_t^i)\frac{E_t Q_{t+1}}{Q_t}$$

Como na decisão das famílias, um mais a taxa de juros real deve ser a igual à taxa marginal de substituição intertemporal ($1 + r_t = TMSI_t$), obtemos:

$$TMSI_t = TMSI_t^i \frac{E_t Q_{t+1}}{Q_t}$$

As taxas de substituição intertemporal devem ser equalizadas entre os países. Isto implica que o risco decorrente de movimentos na riqueza das famílias é compartilhado com o resto do mundo e a equação estabelece a condição de partilha de riscos (*risk sharing condition*). Em alguns modelos, esta condição substitui a PDJ.

Se acontecerem desvios na paridade de poder de compra, movimentos da taxa de câmbio real podem levar a diferenças entre a renda real doméstica e externa e a diferenças na evolução do consumo entre os países.

2. Modelo Estilizado do NOEM

Apresentemos um modelo estilizado com microfundamentos baseado em Corsetti (2007). O modelo destaca os mecanismos de transmissão internacional e as propriedades alocativas da taxa de câmbio e é uma extensão do modelo apresentado no Capítulo 5 (seção 5.5) deste livro.

Consideremos dois países, o país local e o país externo (i), especializados na produção de bens comercializáveis. Os consumidores locais demandam bens dos dois países, de forma que o nível de consumo e o nível de preços ao consumidor envolvem uma cesta dos bens produzidos nos dois países. Supondo que a elasticidade de substituição entre bens locais e importados é igual a 1, um aumento da produção local gera uma redução proporcional de seu preço. A função de utilidade dos consumidores locais é: $U = \ln C - l$, onde C representa o consumo agregado e l o nível de emprego.

Seja μ o valor nominal da inversa da utilidade marginal do consumo: $\mu = P\,C$. Como não existe bem de capital, μ representa a demanda agregada nominal. Se o mercado de trabalho é de concorrência perfeita, da CPO do problema das famílias, temos que o salário nominal (W) é proporcional a μ: $W = \mu$. Seja ε a taxa de câmbio nominal e $\varepsilon P^{i}/P$ a taxa de câmbio real. Supondo que o mercado internacional de ativos financeiros é completo, a relação de preços relativos (taxa de câmbio real) deve ser igual à relação entre as utilidades marginais do consumo externo e doméstico: $\frac{\partial U^{*}/\partial C^{*}}{\partial U/\partial C} = \frac{P^{*}\varepsilon}{P}$. Dadas as funções de utilidade e reorganizando, temos que $\varepsilon = \mu/\mu^{i}$.

A função de produção é linear no trabalho: $Y = Z\,l$. O custo marginal é dado por $W/Z = \mu/Z$. O mercado de bens é de concorrência imperfeita e existe rigidez nominal nos preços dos bens domésticos. Os preços são definidos no período anterior da seguinte forma: $P = m\,E(\mu/Z)$, sendo m o *mark-up* e E o operador esperança. Os preços dos bens exportados podem ser determinados na moeda local ou na externa.

O modelo não analisa a acumulação de capital nem o investimento internacional, não tendo espaço para a análise dos ajustes no mercado financeiro. Enfatiza os mecanismos do ajuste de preços em resposta a choques.

O equilíbrio macroeconômico é determinado por três relações:

1. *DA* (demanda agregada): $C = \mu/P$;
2. *OA* (oferta agregada): $C = \tau\,Y = \tau\,Z\,l$; sendo τ a relação entre preços dos bens domésticos e dos bens importados ou termo de troca;
3. *NR* (emprego natural): l^{flex} que é o nível de emprego com preços flexíveis.

Devido ao poder de mercado das firmas, l^{flex} é menor que o eficiente, no sentido de que a taxa marginal de substituição entre trabalho e consumo é diferente da taxa marginal de transformação.

Podem-se definir dois equilíbrios na economia: um com preços flexíveis e outro com rigidez nominal. O primeiro equilíbrio é determinado pelas relações NR e OA. Dado μ, os preços ajustam-se ao equilíbrio. Com rigidez nominal, o equilíbrio é determinado por DA e OA e aparece um hiato de emprego (l^{flex} – l). No gráfico 12.9, apresentamos o equilíbrio com preços flexíveis no espaço (*C*, *l*). A curva de indiferença *I* mostra o bem-estar alcançado pelas famílias.

Gráfico 12.9: Equilíbrio com preços flexíveis

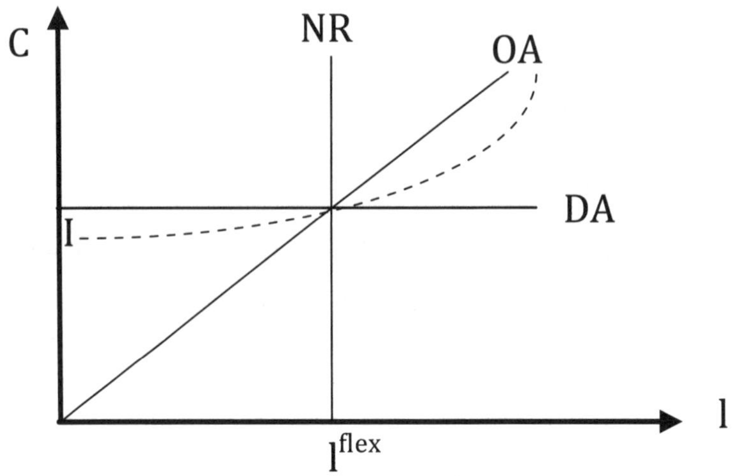

Se os preços de exportação são fixados na moeda do produtor, os preços dos bens importados movem-se com a taxa de câmbio, os termos de troca do país local ($\varepsilon P^{i}_{M}/P_{X}$) deterioram-se com uma desvalorização não esperada e vale a lei de preço único: $P^{i}_{M} = P_{X}/\varepsilon$ e $P_{M} = \varepsilon P^{i}_{X}$. Neste contexto, choques monetários ($\Delta\mu$) provocam dois efeitos: aumentam a renda real do produtor local, mas reduzem a renda real do consumidor local. Em termos do gráfico 12.9, elevam a curva DA e deslocam, no sentido horário, a curva OA. O novo equilíbrio pode ficar à direita ou à esquerda da curva de indiferença *I* (o resultado depende do poder de mercado dos produtores e da externalidade dos termos de troca, que depende do grau de abertura e de substituição entre bens locais e externos).

O repasse da taxa de câmbio aos bens importados não é completo no curto prazo e os desvios da lei de preço único são grandes e persistentes. Alguns autores propõem que os preços sejam formados na moeda onde os bens são vendidos, com implicações importantes para o papel da taxa de câmbio na transmissão dos choques.[1]

[1] Para uma análise detalhada destes temas, ver Corsetti e Pesenti (2008). Voltaremos a este modelo no anexo do Capítulo 13.

Destaquemos que as famílias podem diversificar suas carteiras com títulos domésticos e externos, reduzindo o risco de consumo e renda. Como vimos, se os mercados financeiros internacionais são completos, a relação de utilidades marginais do consumo doméstica e externa deve ser proporcional aos preços relativos do consumo (taxa de câmbio real). Dada a função de utilidade, obtemos a relação de partilha de risco: $P\, C = \varepsilon\, P^i\, C^i$. Dadas as relações de preços, podemos reescrever como: $P_M\, C_M = \varepsilon\, P^i_X\, C^i_X$. A partilha de risco pelos consumidores leva a que o saldo comercial dos dois países seja nulo.

3. Estado Estacionário numa Pequena Economia Aberta

Existe um problema teórico no modelo novo-keynesiano para uma pequena economia aberta. Ele resulta de uma inconsistência entre decisões de consumo e demanda de ativos financeiros. Analisemos essa incongruência.

Da solução do problema da família analisado no anexo do Capítulo 6 (seção 1), obtemos:

$$Y_1 = \frac{(1+\rho)}{(1+r_1)} Y_2$$

Por outro lado, supondo que o prêmio de risco é nulo, a PDJ é dada por:

$$r_1 = r^i_1 + \Delta q^e_2$$

No estado estacionário (longo prazo), deve acontecer que $Y_1 = Y_2 = Y_P$ e $\Delta q^e_2 = 0$. Do problema da família, vemos que a taxa de juros natural deve ser igual à taxa de preferência intertemporal ($r_n = \rho$). Da PDJ, a taxa de juros natural doméstica deve ser igual à taxa de juros natural internacional ($r_n = r^i_n = \rho^i$). Das duas condições, vemos que, no estado estacionário, a taxa de impaciência deve ser igual nos dois países:

$$\rho = \rho^i$$

Como no modelo apresentado as duas variáveis são exógenas, a igualdade só acontece por acaso.[2] Uma das variáveis deve se tornar endógena para que exista um mecanismo de ajuste. Uma possibilidade é considerar que a taxa de desconto intertemporal doméstica (ρ) depende do nível de consumo. Uma segunda alternativa é incorporar o prêmio de risco de longo prazo (α_n) e considerar que é uma variável endógena, já que depende do nível de consumo. Isso permitiria que $\alpha_n = \rho - \rho^i$. O problema destas duas hipóteses é que são arbitrárias. Outra possibilidade é abandonar a hipótese de família representativa e considerar um modelo com famílias heterogêneas.[3]

A seguinte proposição sintetiza a análise.

Proposição: Em uma pequena economia aberta com agente representativo, deve-se fazer uma hipótese arbitrária para que a solução do problema da família apresente um estado estacionário. Do contrário, deve-se abandonar a hipótese de família representativa e considerar famílias com preferências heterogêneas.

4. Condição Marshall-Lerner

Seja NX as exportações líquidas, $q\ IM$ o total de importações e $NX = E - q\ IM = 0$. Logo, $IM = E/q$. Derivando NX em relação a q e substituindo IM, obtemos:

$$\frac{dNX}{dq} = IM\ (\varepsilon_e + \varepsilon_{IM} - 1)$$

onde $\varepsilon_e = \frac{q}{E}\frac{dE}{dq}$ é a elasticidade-câmbio das exportações e $\varepsilon_{IM} = \frac{q}{IM}\frac{dIM}{dq}$ é a elasticidade câmbio das importações. A condição de estabilidade no mercado de câmbio requer que uma desvalorização da taxa de câmbio real aumente as exportações líquidas: $\frac{dNX}{dq} > 0$. Para que isto aconteça, é necessário que a soma das duas elasticidades seja maior do que 1.

A condição a seguir conclui a análise.

---

2 Em termos do modelo proposto no capítulo, como vimos na seção 12.2.1, esta condição significa que, no longo prazo, deve-se verificar que $a/b = r^i_n$.

3 A este respeito, ver Barbosa (2011). Para uma análise avançada, ver Schmitt-Grohé e Uribe (2003).

Condição Marshall-Lerner: Para que o mercado de câmbio seja estável

$(\frac{dNX}{dq} > 0)$, é necessário que $\varepsilon_E + \varepsilon_{IM} > 1$.

Na curva IS para economia aberta, consideramos que a condição Marshall-Lerner é válida e que um aumento da taxa de câmbio real aumenta as exportações líquidas, a demanda agregada e o nível de atividade.

Capítulo 13:

INTERDEPENDÊNCIA E COORDENAÇÃO DE POLÍTICAS MONETÁRIAS

Neste capítulo, analisamos o papel da política monetária, quando economias grandes e interdependentes com regimes de câmbio flutuante enfrentam choques nos mercados de bens. Os bancos centrais devem considerar as respostas dos outros bancos centrais, num contexto em que existem efeitos de transbordamento (*spillover*) entre as economias. Seguindo Clarida *et al.* (2002), consideremos que a interdependência se refere a transbordamentos na oferta agregada, que afetam os coeficientes da curva de Phillips e, em consequência, os coeficientes da regra monetária ótima. Nessas circunstâncias, o equilíbrio de Nash do jogo não cooperativo não é Pareto ótimo e a cooperação entre os dois países melhora o bem-estar social de ambos. Como os resultados são obtidos a partir de hipóteses específicas, eles destacam propriedades especiais da política monetária.[1]

Na última seção, apresentamos outro modelo que analisa o efeito que as relações internacionais têm sobre a política monetária de países interdependentes, através de um modelo desenvolvido por Corsetti e Pesenti (2008).

13.1. INTERDEPENDÊNCIA ENTRE PAÍSES

Consideremos que o mundo é formado por dois países iguais (o doméstico e o externo). Os preços estão na moeda de cada país e medimos a taxa de câmbio como o preço da moeda doméstica por unidade da moeda externa. O regime cambial é de flutuação limpa nos dois países. As decisões de política monetária de cada país geram um jogo não cooperativo simétrico.

[1] Os resultados apresentados são compatíveis com os propostos por Clarida et al. (2002) e fazem parte da literatura desenvolvida pelo NOEM na década de 2000. De uma geração anterior de modelos que analisaram a interdependência e a cooperação entre países, Sachs (1983) tem resultados qualitativos similares.

Seguindo Clarida *et al.* (2002), a hipótese básica do modelo é que o produto potencial doméstico (e o hiato do produto) depende do custo marginal doméstico (*cm*), que, por sua vez, depende da taxa de câmbio real (variável *proxy* dos termos de troca). Por último, a taxa de câmbio real depende do nível de atividade externo (hiato do produto externo).[2] Podemos representar essas relações da seguinte forma:

$$y^i \rightarrow q \rightarrow cm \rightarrow y$$

Essas relações também são válidas para o país externo, determinando uma inter-relação entre os hiatos de produto doméstico e externo, que é mediada pela taxa de câmbio real. Essas relações supõem que uma expansão relativa do nível de atividade doméstico em relação à do parceiro provoca uma depreciação da taxa de câmbio real. Assim:

$$\Delta q = \alpha\,(y - y^i) \quad (13.1)$$

onde $\alpha \geq 0$ é a sensibilidade da taxa de câmbio real ao diferencial dos hiatos do produto.[3] O parâmetro α mede o efeito transbordamento entre países: se α é igual a zero, não existe esse efeito, mas, se $\alpha \rightarrow \infty$, o efeito é muito intenso.

As curvas de Phillips de cada país podem ser escritas da seguinte forma:

$$\Pi = \Pi^M + d\,y + e\,\Delta q + \varepsilon_2 \qquad (13.2)$$
$$\Pi^i = \Pi^M + d\,y^i - e\,\Delta q + \varepsilon_2^{\,i}$$

onde *e* é o coeficiente de repasse. Substituindo (13.1) em (13.2), obtemos as curvas de Phillips para economias abertas interdependentes:

$$\Pi = \Pi^M + (d + \beta)\,y - \beta\,y^i + \varepsilon_2 \quad (13.3)$$
$$\Pi^i = \Pi^M + (d + \beta)\,y^i - \beta\,y + \varepsilon_2^{\,i}$$

onde $\beta \equiv e\alpha$ é uma medida do grau de interdependência entre países.[4]

---

[2] Na seção 1 do anexo deste capítulo, apresentamos um modelo simples que destaca estas relações. Além do efeito transbordamento, apresentamos, no anexo, os fundamentos microeconômicos para a análise de uma economia aberta do ponto de vista novo keynesiano.

[3] Alternativamente, a equação (1) pode ser escrita como: $y = (\Delta q/\alpha) + y^i$.

[4] Se $\beta = 0$, não existe interdependência entre os países, já que $\alpha = 0$. No outro extremo, se $\beta \rightarrow \infty$, a interdependência é total.

13.2. JOGO NÃO COOPERATIVO

Por simplicidade, consideremos que as curvas IS de cada país não consideram os efeitos da taxa de câmbio real sobre o nível do produto.[5] Assim, as curvas IS são:

$$y = a - b\,r + \varepsilon_1 \quad (13.4)$$

$$y^i = a - b\,r^i + \varepsilon_1^{\,i}$$

As Funções de Perda Social são similares às utilizadas nos capítulos anteriores. Por simplicidade, consideremos que as metas de inflação dos dois países são iguais ($\Pi^M = \Pi^{Mi}$):

$$L = (\Pi - \Pi^M)^2 + \lambda y^2$$
$$L^i = (\Pi^i - \Pi^M)^2 + \lambda y^{i2}.$$

A política monetária do país doméstico é determinada pelo seguinte problema:

$$\min_y \; L = \Pi^2 + \lambda y^2$$
$$\text{sujeito à: } \Pi = \Pi^M + (d + \beta)\, y - \beta\, y^i + \varepsilon_2$$

Notemos que, na decisão da política doméstica, considera-se que o hiato de produto externo é dado (y^i dada). Da CPO, obtemos a função de reação do país doméstico:

$$y = \left[\frac{-(d+\beta)}{(d+\beta)^2 + \lambda}\right]\varepsilon_2 + \left[\frac{(d+\beta)\beta}{(d+\beta)^2 + \lambda}\right] y^i$$

De forma simétrica, a função de reação do país externo é:

$$y^i = \left[\frac{-(d+\beta)}{(d+\beta)^2 + \lambda}\right]\varepsilon_2^i + \left[\frac{(d+\beta)\beta}{(d+\beta)^2 + \lambda}\right] y$$

[5] Alternativamente, a hipótese significa que c = 0.

Substituindo uma função de reação na outra, obtemos o equilíbrio de Nash do jogo não cooperativo:

$$y^{*} = \frac{-\eta}{(1-\eta^{2}\beta^{2})}(\varepsilon_2 + \eta\beta\varepsilon_2^{i}) \quad (13.5)$$

$$y^{i^{*}} = \frac{-\eta}{(1-\eta^{2}\beta^{2})}(\varepsilon_2^{i} + \eta\beta\varepsilon_2)$$

onde $\eta = \frac{d+\beta}{d^2 + d\beta + \lambda}$. Vemos que, se não acontecem choques de oferta, então $y^* = y^{i*} = 0$, mas, se acontecem choques de oferta positivos, então os hiatos do produto serão negativos. O gráfico 13.1 mostra as funções de reação de cada país (FR) e o equilíbrio de Nash, se acontece um choque de oferta positivo e igual nos dois países ($\varepsilon_2 = \varepsilon_2^{i} > 0$).

Gráfico 13.1: Equilíbrio de Nash do jogo não cooperativo com choque de oferta positivo

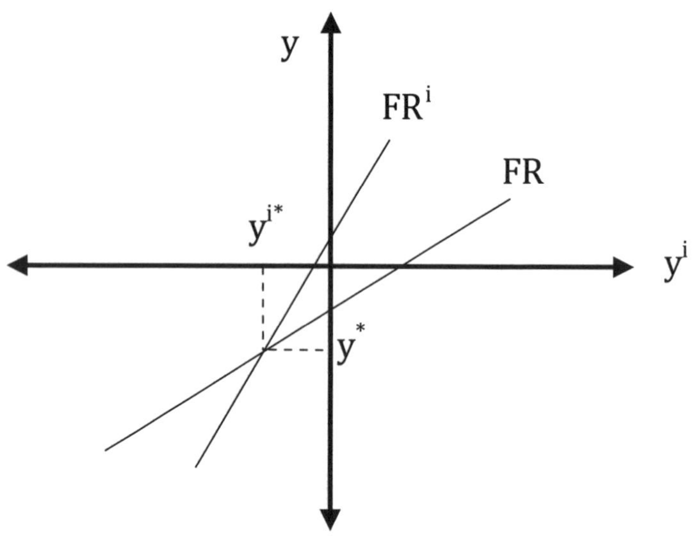

Substituindo y^* e y^{i*} nas curvas IS, obtemos as regras monetárias ótimas para os dois países. Para o país doméstico, obtemos:

$$r^{*} = r_n + \frac{1}{b}\varepsilon_1 + \left[\frac{\eta}{b(1-\eta^{2}\beta^{2})}\right](\varepsilon_2 + \eta\beta\varepsilon_2^{i}) \quad (13.6)$$

onde $r_n \equiv a/b$ é a taxa de juros natural.[6] Diferente do que acontece com um país pequeno, se as economias são interdependentes, as taxas de política devem reagir a choques de oferta do outro país.[7]

Substituindo y^* e y^{i*} nas equações (13.3), obtemos as taxas de inflação do país doméstico:

$$\Pi^* = \Pi^M + [\frac{1-(d+\beta)\eta}{1-\eta^2\beta^2}](\varepsilon_2 + \eta\beta\varepsilon_2^i) \qquad (13.7)$$

Vemos que a taxa de inflação doméstica depende dos choques de oferta doméstico e externo. Combinando (13.7) em (13.6), obtemos a seguinte regra monetária para a taxa de política do país doméstico:

$$r^* = r_n + \frac{1}{b}\varepsilon_1 + [\frac{\eta}{b[(1-(d+\beta)\eta]}](\Pi - \Pi^M) \qquad (13.8)$$

onde $\frac{\eta}{b[(1-(d+\beta)\eta]} > 0$. A taxa de política só depende da taxa de inflação doméstica, que é um indicador suficiente dos choques de oferta nos dois países.

A proposição seguinte sintetiza a análise.

Proposição de Clarida et al. (2002): O problema de política monetária para países interdependentes é isomórfico ao de uma economia fechada. A regra monetária ótima do país doméstico com discrição pode ser expressa como uma regra simples, que é linear na taxa de juros natural e no desvio da taxa de inflação doméstica em relação à sua meta. As considerações da economia aberta afetam o coeficiente da taxa de política, em relação à diferença da taxa de inflação e sua meta.

Finalmente, existem algumas implicações da análise para a taxa de câmbio nominal e real. Como $\Delta q = \alpha\,(y - y^i)$, temos que:

$$\Delta q = \frac{\eta\alpha\,(\varepsilon_2^i - \varepsilon_2)}{1+\eta\beta} \qquad (13.9)$$

---

[6] Numa economia aberta, os parâmetros a e b devem ser diferentes dos de uma economia fechada. A taxa de juros natural para uma economia aberta é diferente da de uma economia fechada. Clarida et al. (2002) apresentam os microfundamentos desta análise. Ver seção 1.2 do apêndice deste Capítulo.

[7] Por outro lado, pode-se ver que, se não existe efeito transbordamento ($\beta = 0$), da equação (13.6) obtemos a taxa de política de uma economia fechada: $r^* = r_n + \frac{1}{b}\varepsilon_1 + [\frac{d}{b(d^2+\lambda)}]\varepsilon_2$

Vemos que, se $\varepsilon_2^i = \varepsilon_2$, então $\Delta q = 0$. A redução do hiato do produto no país doméstico tende a apreciar sua taxa de câmbio real, mas o efeito sobre a taxa de câmbio real é contrabalanceado pela redução do hiato do produto do país externo. Se os dois países ajustam seus hiatos de produto igualmente, a taxa de câmbio real permanece inalterada.

Analisemos o comportamento da taxa de câmbio nominal. Como $\Delta s = \Delta q - \Pi^i + \Pi$, podemos obter:

$$\Delta s = \frac{[\eta\alpha + \eta\,(d + \beta) - 1](\varepsilon_2^i - \varepsilon_2)}{1 + \eta\beta} \qquad (13.10)$$

A taxa de câmbio nominal também responde a diferenças relativas nos choques de oferta: o país que experimenta maiores choques de oferta terá uma apreciação de sua moeda, resultante da contração do hiato de produto, necessária para amortecer as pressões inflacionárias.

Destaquemos que não é ótimo fixar a taxa de câmbio nominal, quando acontecem choques na economia: a flutuação da taxa de câmbio nominal evita variações na taxa de inflação, que seriam custosas do ponto de vista do bem-estar social. Podemos sintetizar esta análise nos seguintes termos:

Proposição: Considerando um equilíbrio não cooperativo, um regime de câmbio flutuante é ótimo.

Na análise, os países não precisam reconhecer o caráter de jogo, já que cada um decide sua política monetária de forma independente. A única hipótese requerida é que na equação (13.1) o parâmetro α seja positivo ($\alpha > 0$). Por outro lado, apesar de os bancos centrais terem a intenção de reduzir o nível de atividade para reduzir a taxa de inflação, suas ações podem ser entendidas como se utilizasse o canal do câmbio para_suas políticas anti-inflacionárias.

13.3. COOPERAÇÃO

Em vez de ajustar suas economias de forma autônoma, considerando o nível de atividade do outro país como dado, os dois países podem coordenar suas políticas monetárias. Na cooperação, procura-se maximizar a média ponderada das duas FPS, ponderadas pelos pesos relativos dos níveis de atividade de cada país.[8]

Como os países são iguais, o problema de política monetária a ser resolvido é:

$$\min_{(y,y^i)} [\frac{1}{2}(L + L^i)]$$

$$\text{sujeito à: } \Pi = \Pi^M + (d+\beta)\, y - \beta\, y^i + \varepsilon_2$$

$$\Pi^i = \Pi^M + (d+\beta)\, y^i - \beta\, y + \varepsilon_2^i$$

Das CPOs, obtemos:

$$y^* = -(\mu\, \varepsilon_2 + \nu\, \varepsilon_2^i) \quad (13.11)$$

$$y^{i*} = -(\mu\, \varepsilon_2^i + \nu\, \varepsilon_2)$$

onde $\mu \equiv (\frac{\tau}{1-4\beta^2\tau^2})(1-\frac{2\beta^2\tau}{d+\beta})$, $\nu \equiv (\frac{\tau}{1-4\beta^2\tau^2})(2\beta - \frac{\beta}{d+\beta})$ e $\tau \equiv \frac{d+\beta}{(d+\beta)^2+\beta+\lambda}$.

Substituindo y^* e y^{i*} nas curvas de Phillips (equações (13.3)), obtemos:

$$\Pi^* = \Pi^M + \xi\, \varepsilon_2 + \Psi \varepsilon_2^i \qquad (13.12)$$

$$\Pi^{i*} = \Pi^M + \xi\, \varepsilon_2^i + \Psi \varepsilon_2$$

onde $\xi \equiv 1-(d+\beta)\mu + \beta\nu$ e $\Psi \equiv \beta\mu - (d+\beta)\nu$. Pode-se ver que, se não existe interdependência entre os países (β = 0), o equilíbrio cooperativo é equivalente ao obtido em uma economia fechada.

O equilíbrio com cooperação é ótimo, já que permite alcançar o menor valor possível de perda social nos dois países. O equilíbrio de Nash não é ótimo porque difere do equilíbrio com cooperação (a menos que não existam efeitos de transbordamento). Os bancos centrais podem melhorar o bem-estar social dos dois países com a coordenação de políticas monetárias. Em especial, o resultado cooperativo elimina a tentação de que cada país procure individualmente apreciar sua moeda para combater um choque de oferta positivo, evitando que as políticas monetárias sejam desnecessariamente restritivas.

8 Em outras palavras, na cooperação os hiatos do produto dos dois países são determinados de forma simultânea.

Resumimos a análise com a proposição seguinte.[9]

Proposição de Clarida et al. (2002): A cooperação de políticas monetárias promove um ganho de bem-estar, a menos que β = 0.

Derivemos as implicações da cooperação para o comportamento da taxa de política. Substituindo y^* na curva IS, obtemos a regra ótima para a taxa de política do país doméstico:

$$r^* = r_n + \tfrac{1}{b}\varepsilon_1 + \tfrac{1}{b}(\mu\,\varepsilon_2 + \nu\varepsilon_2^i) \qquad (13.13)$$

Colocando ε_2 e ε_2^i em função dos desvios das taxas de inflação doméstica e externa em relação à meta de inflação e substituindo em (13.13), podemos reescrever a regra ótima do país doméstico como:

$$r^* = r_n + \tfrac{1}{b}\varepsilon_1 + \tfrac{1}{b}[\chi(\Pi^* - \Pi^M) + \omega(\Pi^{i*} - \Pi^M)] \qquad (13.14)$$

onde $\chi \equiv \mu\xi' - \nu\Psi'$, $\omega \equiv \nu\xi' - \mu\Psi'$, $\xi' \equiv \frac{\xi}{\xi^2 - \Psi^2}$, $\Psi' \equiv \frac{\Psi}{\xi^2 - \Psi^2}$. No equilíbrio cooperativo, a taxa de inflação doméstica não é um indicador suficiente dos choques de oferta doméstico e externo, de forma que uma regra monetária para a taxa de política deve depender também da taxa de inflação externa. Resumimos.

Proposição de Clarida et al. (2002): A regra monetária ótima do país doméstico, no equilíbrio cooperativo com discrição, pode ser expressa como uma regra simples, que é linear na taxa de juros natural, na taxa de inflação doméstica e na taxa de inflação externa.

Com cooperação, a variação da taxa de câmbio real é dada por:

$$\Delta q = \alpha(\mu - \nu)(\varepsilon_2^i - \varepsilon_2)$$

A expressão é similar à do caso não cooperativo, exceto que a sensibilidade a choques de oferta difere. No equilíbrio cooperativo, o regime de câmbio flutuante também é ótimo.

---

9 Rogoff (1985b) obtém um resultado diferente, já que a cooperação internacional pode ser contraproducente porque exacerba o problema de credibilidade dos bancos centrais com o setor privado.

Ressaltemos que, apesar de a análise estabelecer um princípio geral, é necessário identificar as áreas específicas onde os ganhos de cooperação podem ser alcançados e resolver os conflitos políticos e sociais que a cooperação pode gerar em cada um dos países.

13.4. OUTROS ASPECTOS DA COOPERAÇÃO

13.4.1. Metas e Instrumentos

Ostry e Ghosh (2013) mostram o papel do princípio de Tinbergen na teoria da coordenação internacional de políticas.[10] Consideremos dois países simétricos. A função de perda social de cada país tem dois objetivos (Y_1 e Y_2) e é dada por:

$$L = ½\,(Y_1^{\,2} + \omega\, Y_2^{\,2}).$$

Cada país tem um instrumento de política e as metas são afetadas pelo instrumento doméstico (X) e o instrumento externo (X^i). De forma simplificada, seja:

$$Y_1 = a_1 X + b_1 X^i - \varepsilon$$
$$Y_2 = a_2 X$$

No equilíbrio não cooperativo (equilíbrio de Nash), o formulador de política doméstico determina X considerando que X^i é dado. O valor do instrumento (X_N) é:

$$X_N = \frac{a_1\,\varepsilon}{a_1(a_1 + b_1) + \omega\, a_2^2}$$

No equilíbrio cooperativo, o planificador global toma conta não só dos efeitos das políticas domésticas como dos efeitos de transmissão externos. O planificador global maximiza uma média ponderada da função de perda dos países:

$$L_C = 0{,}5\,L + 0{,}5\,L^i$$

[10] Na seção 2.3 do anexo deste capítulo, apresentamos uma análise geral da teoria da coordenação internacional de políticas, a partir de Ostry e Ghosh (2013, Box 1, página 9).

O valor do instrumento doméstico no equilíbrio cooperativo é

$$X_C = \frac{(a_1 + b_1)\varepsilon}{(a_1 + b_1)^2 + \omega a_2^2}$$

Como o planejador central considera os multiplicadores de transmissão doméstica e externa (e não só os efeitos domésticos), o bem-estar aumenta com a cooperação.

Consideremos que só existe uma meta de política (Y_1) e que $\omega = 0$. Neste caso, $X_N = X_C$.[11] Se existe uma meta e um instrumento, a cooperação não melhora o bem-estar dos países, tornando-se desnecessária. É preciso ter mais metas que instrumentos para que a cooperação internacional melhore o bem-estar dos países.

A proposição seguinte sintetiza a análise.

Proposição: Se o número de instrumentos de política é igual ao número de metas, os resultados cooperativos e não cooperativos são iguais e não existe ganho na coordenação internacional.

13.4.2. Incerteza

A existência de incerteza multiplicativa (incerteza em relação ao estado da economia) pode aumentar os ganhos da cooperação, se aumenta a magnitude do efeito transbordamento. Analisemos esta proposição, seguindo Ostry e Ghosh (2013, Box 4).

Consideremos o caso simples em que um país doméstico tem uma meta e um objetivo. Como vimos na subseção anterior, neste caso, a coordenação internacional não melhora o bem-estar social. O problema de política é:

$$\min L = \tfrac{1}{2} E(Y_1)^2$$

sujeito à $Y_1 = a X + b X^i - \varepsilon$

sendo ε uma variável aleatória com média $\overline{\varepsilon}$ e variância σ^2_ε. Suponhamos que os multiplicadores de política a e b são incertos, com médias $\overline{a}$ e $\overline{b}$ e variâncias σ^2_a

[11] O mesmo resultado é obtido, se consideramos que $a_2 = 0$. Neste caso, Y_2 não é uma meta porque não é afetada por nenhum instrumento.

e σ^2_b. Também a, b e ε são não correlacionados. Os resultados do equilíbrio de Nash (não cooperativo) e do equilíbrio cooperativo são:

$$X_N = \frac{\bar{a}\,\bar{\varepsilon}}{\bar{a}(\bar{a}+\bar{b}) + \sigma_a^2}$$

$$X_C = \frac{(\bar{a}+\bar{b})\,\bar{\varepsilon}}{(\bar{a}+\bar{b})^2 + \sigma_a^2 + \sigma_b^2}$$

Como na subseção anterior, se não existe incerteza multiplicativa ($\sigma^2_a = \sigma^2_b = 0$), as políticas cooperativas e não cooperativas coincidem e não existem ganhos da cooperação. Se existe, porém, incerteza multiplicativa ($\sigma^2_a > 0$ ou $\sigma^2_b > 0$), a coordenação permite ganhos de bem-estar.[12]

A proposição seguinte resume a análise.

Proposição: A incerteza multiplicativa é um incentivo para a cooperação internacional de políticas.

Por outro lado, podemos ver que, se aumenta a incerteza do multiplicador doméstico ($\sigma^2_a \to \infty$), os ganhos da cooperação se reduzem ($X_N = X_C = 0$). Mas, se a incerteza do multiplicador externo aumenta ($\sigma^2_b \to \infty$), o formulador de política doméstico ignora este efeito em suas políticas, fortalecendo os incentivos para a coordenação. A proposição seguinte conclui a análise.

Proposição: Um aumento na incerteza do multiplicador doméstico diminui os incentivos da cooperação, mas um aumento na incerteza do multiplicador externo fortalece a escolha da coordenação internacional.

13.4.3. Outro Mecanismo de Amplificação das Políticas Monetárias

Taylor (2013) apresenta um mecanismo de transbordamento das políticas monetárias, se as decisões dos bancos centrais seguem, em algum grau, as dos outros bancos centrais. Analisemos este mecanismo.

---

[12] A incerteza aditiva ($\sigma^2_\varepsilon > 0$) é irrelevante como incentivo à cooperação.

Sejam z e z^i os determinantes domésticos da taxa de política (uma combinação de desvio da taxa de inflação e hiato do produto) das regras monetárias do banco central doméstico e internacional. Consideremos que a taxa de política de um banco central reage à taxa de política de outro banco central e que essa relação é linear. As regras de política dos dois bancos centrais podem ser escritas como:

$$i = z + \alpha\, i^i$$

$$i^i = z^i + \alpha^i\, i$$

onde α e α^i são parâmetros positivos e menores ou iguais a 1 ($0 < \alpha \leq 1$ e $0 < \alpha^i \leq 1$). Resolvendo para i, temos que:

$$i = \beta\,(z + \alpha\, z^i)$$

onde $\beta = \dfrac{1}{1 - \alpha\alpha^i} > 1$. Se acontecer uma variação nos determinantes domésticos da regra monetária ($\Delta z > 0$), a resposta do banco central doméstico é amplificada por causa da inter-relação entre os bancos centrais ($\Delta i = \beta\, \Delta z$).

O gráfico 13.2 ilustra o resultado. Um aumento de z_0 para z_1 na função de reação do país doméstico provoca um aumento mais que proporcional na taxa de política, devido à reação dos bancos centrais. O equilíbrio passa do ponto *A* para o ponto *B*.

Gráfico 13.2: Amplificação da política monetária

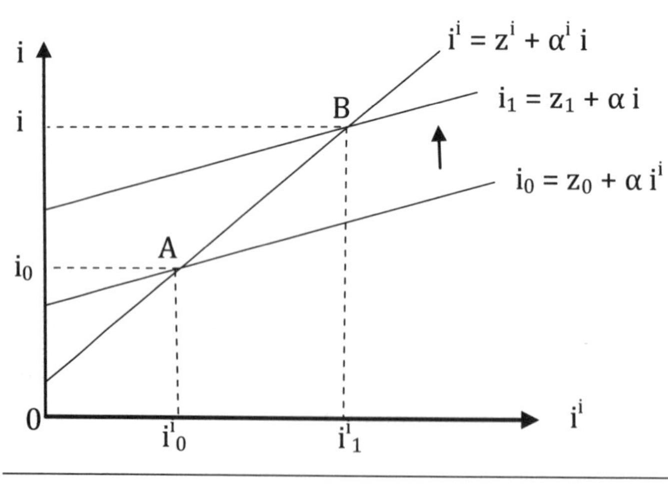

A seguinte proposição conclui a análise.

Proposição: Se as regras de política dos bancos centrais dependem das decisões dos outros bancos centrais, existe um mecanismo de realimentação positivo entre as políticas monetárias, que amplifica os desvios da taxa de política.

13.4.4. Cooperação e Comércio Internacional

Analisemos como as relações do comércio internacional afetam a conduta dos bancos centrais, se os países são interdependentes. Utilizemos o modelo de Corsetti e Pesenti (2008), já delineado no Capítulo 5 e no anexo do Capítulo 12.

Consideremos dois países iguais, o país doméstico (por exemplo, Alemanha) e o externo (por exemplo, Estados Unidos de América). A curva de demanda agregada do país doméstico é $C = \mu/P$. A cesta de bens consumidos é formada por bens domésticos ($P_d C_d = ½ P C$) e importados, sendo P_d o preço dos bens domésticos e P_i o preço dos importados. O índice geral de preços é $P = 2 P_d^{½} P_i^{½}$. A curva de oferta agregada é $C = ½ Z l$, já que são consumidos metade dos bens produzidos. A outra metade é exportada e trocada por bens importados. Por último, a taxa de câmbio é determinada por $\varepsilon = \mu/\mu^i$ e o emprego de pleno emprego por $l^{flex} = 1/m$.

Consideremos que as exportações dos dois países são determinadas na moeda do país externo. Chamemos a moeda internacional de dólar. Neste caso, o coeficiente de repasse dos países é assimétrico: é zero no país externo e total no país doméstico. Uma apreciação da moeda local diminui o preço de suas importações, mas não afeta o preço das importações no país externo. No país doméstico, os benefícios dos consumidores devido ao maior poder de compra são compensados pela perda de lucro das firmas: as receitas da exportação diminuem a uma taxa $1/\varepsilon$. No país externo (EUA), variações da taxa de câmbio não afetam as decisões dos consumidores, nem os *mark-ups* das firmas.

Transmissão de Choques

Analisemos a transmissão de um aumento de produtividade no país externo. O banco central desse país promove uma política monetária expansionista. No país local, acontece uma apreciação cambial, uma queda no preço dos bens importados e no nível geral de preços. Aumenta a demanda agregada (consumo) local, o nível de emprego e o bem-estar social.

O país externo é isolado de choques na taxa de câmbio ou na produtividade do país local, já que não existe transbordamento do país local para o país externo (Y^i e C^i não são afetados). Devido ao papel predominante do país externo no comércio internacional, a existência de uma moeda internacional gera assimetrias entre os países na transmissão de choques.

Coordenação Internacional

Sem coordenação, o país doméstico maximiza o bem-estar social (W), considerando μ^i como dado. O problema de política do país local é:

$$\max_{\mu}[E \ln \mu + \frac{1}{2} E \ln \mu^i - \frac{1}{2} \ln E(\mu / Z) - \frac{1}{2} \ln E(\mu^i / Z^i) + k$$

Da CPO do problema, achamos a função de reação do banco central doméstico:

$$\mu = \alpha Z$$

A política monetária do país doméstico depende das condições locais, tendo uma visão introspectiva que busca estabilizar os *mark-ups* domésticos.

O problema de política do país externo é:

$$\max_{\mu}[E \ln \mu^i - \frac{1}{2} \ln E(\mu^i / Z^i) - \frac{1}{2} \ln E(\mu^i / Z) + k$$

Da CPO, obtemos:

$$\frac{1}{2} \frac{\mu^i / Z^i}{E(\mu^i / Z^i)} + \frac{1}{2} \frac{\mu^i / Z}{E(\mu^i / Z)} = 1$$

A política monetária do país externo depende dos choques de produtividade do país local (Z). O país que emite a moeda internacional responde otimamente a choques que afetam a economia mundial.

No caso cooperativo, os dois países maximizam o bem-estar social médio, ponderado pela participação de cada um no consumo: $0{,}5\ W + 0{,}5\ W^i$. No país doméstico, a política monetária ótima coincide no caso cooperativo e não cooperativo, mas não para o país externo. O incentivo para a cooperação é unilateral, já que a cooperação só muda a regra monetária do país externo. Para que este país entre num acordo cooperativo em matéria de política monetária, deve-se analisar qual seria o incentivo que ele teria. Existe uma assimetria no funcionamento das políticas monetárias.[13]

A seguinte proposição conclui a análise.

Proposição: Um acordo de cooperação internacional afeta a regra monetária ótima do país que emite a moeda internacional, mas não a regra do outro país. A realização do acordo depende da elaboração de um incentivo para o país com moeda internacional.

Temas de Discussão

13.1. Uma possível interdependência entre países refere-se a transbordamentos na oferta agregada, que afetam os coeficientes da curva de Phillips. Nesse caso, o produto do país externo afeta a taxa de câmbio real (ou os termos de troca) e os custos marginais do país doméstico, que, por sua vez, afetam o produto potencial doméstico. Com a ajuda da seção 1.1 do anexo deste capítulo, analise as razões deste efeito transbordamento.

13.2. Para que exista cooperação entre países, deve existir interdependência entre eles. Em especial, o instrumento de política monetária de um deve afetar o bem-estar social do outro. A interdependência cria incentivos para que sejam coordenadas as políticas monetárias dos dois países. Mostre que, nesse caso, a coordenação de políticas monetárias aumenta o bem-estar dos dois países.

13.3. Considerando os problemas de comércio internacional, se um país emite a moeda internacional, variações da taxa de câmbio não afetam as decisões dos consumidores, nem os *mark-ups* das firmas. Esse país fica isolado dos outros países, pois não existe transbordamento das políticas monetárias dos outros países. A realização de um acordo de cooperação depende de estabelecer um incentivo para o país com moeda internacional. Discuta que tipo de incentivos poderiam ser estabelecidos para que o país com moeda internacional esteja disposto a cooperar em matéria de política monetária.

---

13 Esta é uma das dimensões do "privilégio exorbitante" (a expressão é de Valéry Giscard D'Estaing), que os Estados Unidos dispõem pelo fato do dólar ser uma moeda internacional. Para uma análise geral desse privilégio exorbitante, ver Eichengreen (2010).

Anexo:

FUNDAMENTOS DE POLÍTICA MONETÁRIA EM ECONOMIAS ABERTAS

1. Microfundamentos para Economias Abertas

Este anexo é desenvolvido a partir de Clarida (2009), que apresenta algumas intuições e discernimentos sobre a natureza do modelo utilizado para economia aberta.

1.1. Efeito Transbordamento

Consideremos o modelo de dois países, desenvolvido por Clarida *et al.* (2002), no qual existe um efeito transbordamento: o produto externo afeta o produto potencial doméstico. Analisemos este efeito.

Seja $P = P_H^{1-\gamma} P_F^{\gamma}$, onde γ é a participação dos gastos dos bens importados no consumo ($0 < \gamma < 1$) e $S = P_F / P_{H,}$ os termos de troca. Temos que:

$$P_H = P/S^{\gamma} \quad (13.15)$$

Os bens domésticos são produzidos com trabalho N. Consideremos que a função de produção é $Y = A\,N$, onde Y é a produção do bem doméstico. O custo marginal real (*cm*) é dado por:

$$cm = \frac{W}{P_H}\frac{1}{A} = \frac{W}{P}\frac{S^{\gamma}}{A} \qquad (13.16)$$

A função de utilidade das famílias é $U = \frac{C^{1-\alpha}}{1-\sigma} - \frac{N^2}{2}$, sendo 1/σ a elasticidade de substituição intertemporal do consumo. Consideremos que essa elasticidade é menor que 1, de forma que $\sigma > 1$. Da CPO para o emprego, obtemos a oferta de trabalho:

$$W/P = C^{\sigma} N = C^{\sigma}\, Y/A \quad (13.17)$$

Os bens domésticos são consumidos localmente ou exportados e trocados por bens importados. A conta-corrente está em equilíbrio e o consumo satisfaz:

$$C = Y^{1-\gamma} Y^{*\gamma} \quad (13.18)$$

onde Y^* é o produto externo. Os termos de troca que permitem este equilíbrio são:

$$S = Y / Y^* \quad (13.19)$$

Substituindo (13.17), (13.18) e (13.19) em (13.16), obtemos:

$$cm = A^{-2}\, Y^{a}\, Y^{*b} \quad (13.20)$$

onde $a = (1-\gamma)\sigma + \gamma - 1$ e $b = \sigma\gamma - \gamma$. A elasticidade do custo marginal em relação ao produto externo é dada por b. Se $\sigma > 1$, temos que $b > 0$. Um aumento do produto externo eleva os custos marginais das empresas domésticas. Analisemos este efeito. Um aumento do produto externo provoca uma redução dos termos de troca (melhora nos termos de troca).

Se todos os preços são flexíveis, o nível de preços (P_H) será igual a um *mark-up* constante (k) sobre os custos marginais nominais (c). O custo marginal real (cm) é dado por:

$$cm = c/P_H = 1/k \quad (13.21)$$

Igualando (13.20) e (13.21) e colocando Y em evidência, obtemos o produto potencial doméstico (Y_P):

$$Y_P = (A^2 / Y^{*b}\, k)^{1/a} \quad (13.22)$$

Um aumento do produto externo provoca uma redução do produto potencial doméstico. Este efeito depende do grau de abertura (γ): em economias mais abertas, o efeito transbordamento é maior. O produto potencial depende do desenvolvimento global.

A seguinte proposição sintetiza a análise:

Proposição: O produto externo afeta o produto potencial doméstico, através de um efeito transbordamento sobre os custos marginais das empresas domésticas.

1.2. Curva IS de Economias Abertas

Na equação de Euler do problema intertemporal do consumidor (ver Wickens 2008), temos que:

$$c_t = E_t c_{t+1} - \frac{1}{\sigma}(i_t - E_t \Pi^{C}_{t+1})$$

onde *c* é o desvio do consumo do estado estacionário, *i* é a taxa de juros nominal e Π^C é a taxa de inflação do índice do preço ao consumidor. Como vimos no Capítulo 12, a inflação ao consumidor depende dos preços domésticos (Π_{t+1}) e dos bens importados ($\gamma\ \Delta s_{t+1}$, sendo s o desvio do logaritmo dos termos de troca do estado estacionário): $\Pi^C_{t+1} = \Pi_{t+1} + \gamma\ \Delta s_{t+1}$. Consideremos também que:

- Existe equilíbrio na balança comercial (as variáveis estão no logaritmo): $y_t = c_t + \gamma\ s_t$;
- $E_t y_{t+1} = \rho\ y_t$ e que $E_t s_{t+1} = \rho\ s_t$.[1]

Substituindo todas estas hipóteses na equação de Euler, obtemos a curva IS para uma economia aberta:

$$y_t = \Upsilon(1 - \frac{1}{\sigma})s_t - [\frac{1}{(1-\rho)\sigma}](i_t - E_t \Pi_{t+1})$$

Observemos que, como $\sigma > 1$, um aumento dos termos de troca (*s*) melhora a demanda por bens locais (*y*). A curva IS pode ser reescrita em termos de hiato do produto. Seja y_P o logaritmo do produto potencial e $\tilde{y} = y - y_P$ o logaritmo do hiato do produto. Lembrando que $s = y - y^*$, podemos reescrever a curva IS como:

$$\tilde{y}_t = E_t(\tilde{y}_{t+1}) - \frac{1}{\sigma_0}(i_t - E_t \Pi_{t+1} - rn_t)$$

onde $rn_t = \sigma_0\ E_t(1 + \Delta y_{Pt}) + k_0\ E_t(\Delta y^*_{t+1})$ é a taxa de juros natural de uma economia aberta, $\sigma_0 = \sigma - k_0$ e $k_0 = \gamma\ (\sigma - 1)$. Destaquemos dois aspectos do resultado obtido:

- A taxa de juros natural de uma economia aberta depende da taxa de crescimento esperada da economia externa (Δy^*);

[1] A este respeito, ver Clarida et al. (2002).

- A inclinação da curva IS depende de $\sigma > 1$. Notemos que, se aumenta σ, aumenta o grau de abertura da economia, a curva IS torna-se mais horizontal e a potência da política monetária aumenta. Este ponto mostra o canal do câmbio, apresentado no Capítulo 12.

1.3. Curva de Phillips de Economias Abertas

Consideremos o modelo de Calvo, onde os preços dos bens intermediários domésticos são rígidos e uma parte das firmas $(1-\theta)$ ajusta seus preços em cada período de tempo. Como vimos no anexo do Capítulo 6, a taxa de inflação depende do logaritmo do custo marginal real (cm) e das expectativas de inflação:

$$\Pi_t = \delta \, cm_t + \beta \, E_t \, \Pi_{t+1}$$

onde $\delta = \dfrac{(1-\theta)(1-\beta\theta)}{\theta}$. Em uma economia aberta, supondo que o mark-up dos salários é nulo, cm_t depende de:

$$cm_t = \phi \, n_t + \sigma \, c_t + \gamma \, s_t - a_t$$

Uma melhora nos termos de troca (redução de s) reduz o custo marginal real e a taxa de inflação. O coeficiente de repasse depende do grau de abertura da economia (γ).

Pode-se expressar os custos marginais de outra forma: $cm_t = k\, y_t + k_0 - (1 + \phi)$ a_t, sendo $k = \sigma\,(1-\gamma) + \gamma + \phi$. Como $y_t = \dfrac{1}{k}[(1+\emptyset)a_t - k_0 y^*]$, temos que $cm_t = k\,\tilde{y}_t$. Substituindo na equação de inflação, temos a curva de Phillips de uma economia aberta:

$$\Pi_t = \beta \, E_t \, \Pi_{t+1} + \lambda \, \tilde{y}_t$$

onde $\lambda = \delta\, k$. A inclinação da curva de Phillips depende de σ e a curva de Phillips é mais achatada, se aumenta o grau de abertura da economia (γ).

2. Política Monetária em Economias Abertas

2.1. Regra de Política Monetária de Economias Abertas

Vimos que a curva IS e a curva de Phillips para uma economia aberta são isomórficas às de uma economia fechada (só mudam os parâmetros). Pode-se mostrar (ver Clarida *et al.* 2002) que a função de perda social também mantém a mesma estrutura. A política monetária ótima pode ser escrita como uma regra de Taylor *forward looking*:

$$i_t = rn_t + \psi E_t \Pi_{t+1}$$

onde $\Psi = 1 + \frac{\xi\sigma_0(1-\rho)}{\rho} > 1$, sendo ξ um parâmetro de *mark*-up. Vemos que, se aumenta o grau de abertura (γ), então diminui o parâmetro ψ (porque σ_0 diminui). Em uma economia aberta, o banco central dá maior peso, em suas preferências, à estabilidade da inflação e "se inclina menos contra o vento". Este resultado está associado ao canal do câmbio (curva IS é mais achatada). A política monetária é mais potente numa economia aberta porque um aumento da taxa de política reduz o consumo e melhora os termos de troca (provoca uma apreciação), que reduz as exportações líquidas.

2.2. Política Monetária e Taxa de Câmbio Nominal

A política monetária ótima pode ser escrita em função de outras variáveis endógenas.[2] Consideremos que o regime é de câmbio flutuante e coloquemos a regra monetária ótima em função do logaritmo da taxa de câmbio nominal (e). Da definição de termos de troca, temos que: $\Delta s_t = \Delta e_t + \Pi^*_t - \Pi_t$. Se considerarmos que $\Pi^*_t = 0$, então $\Pi_t = \Delta e_t - \Delta s_t$. Lembrando que $E_t \Pi_{t+1} = \rho \Pi_t$, temos que $E_t \Pi_{t+1} = \rho (\Delta e_t - \Delta s_t)$. Somando e subtraindo $E_t \Pi_{t+1}$ na regra monetária ótima, obtemos:

$$i_t = rn_t + (\psi - 1) E_t \Pi_{t+1} + \rho (\Delta e_t - \Delta s_t)$$

A taxa de política nominal depende de taxa de desvalorização nominal (Δe_t) e da taxa de variação dos termos de troca (Δs_t). Se a taxa de desvalorização é maior que o crescimento dos termos de troca ($\Delta e_t > \Delta s_t$), a taxa de inflação aumenta

[2] Existe uma solução em que a taxa de política depende dos choques do modelo (variáveis exógenas), mas existem muitas formas de escrever essa solução com variáveis endógenas.

e o banco central deve elevar a taxa de juros nominal. Já se $\Delta e_t = \Delta s_{t,}$ a taxa de inflação não muda e o banco central não precisa elevar a taxa de juros nominal.

2.3. Coordenação Internacional de Políticas

Ostry e Ghosh (2013, Box 1) apresentam, de forma geral, a teoria da coordenação internacional de políticas. Consideremos dois países simétricos. A função de perda social de cada país tem dois objetivos (Y_1 e Y_2) e é dada por $L(Y_1, Y_2)$. Cada país tem um instrumento (X e X^i). Para o país doméstico, a relação entre metas e instrumentos é dada por:

$$Y_1 = a_1 X + b_1 X^i$$
$$Y_2 = a_2 X + b_2 X^i$$

onde a_1 e a_2 são os multiplicadores domésticos e b_1 e b_2 são os multiplicadores externos.

No equilíbrio não cooperativo (equilíbrio de Nash), o formulador de política doméstico determina X, considerando que X^i é dado. A CPO do problema do formulador de política doméstico é: $\left.\frac{\partial L}{\partial X}\right|_{X^i} = \frac{\partial L}{\partial Y_1} a_1 + \frac{\partial L}{\partial Y_2} a_2 = 0$. Então:

$$\frac{\partial L / \partial Y_1}{\partial L / \partial Y_2} = -\frac{a_2}{a_1}$$

A decisão do formulador doméstico supõe que a taxa marginal de substituição entre metas deve ser igual à taxa marginal de transformação atingível entre as metas pelo uso do instrumento doméstico.

Partindo do equilíbrio de Nash, uma mudança em X^i afeta o bem-estar doméstico. Podemos calcular:

$$\frac{\partial L}{\partial X^i} = \frac{\partial L}{\partial Y_1} b_1 + \frac{\partial L}{\partial Y_2} b_2 = \frac{1}{a_1} \frac{\partial L}{\partial Y_2} (a_1 b_2 - a_2 b_1)$$

Em termos gerais, o instrumento externo deve afetar o bem-estar doméstico ($\partial L/\partial X^i \neq 0$). X^i não afeta o bem-estar doméstico ($\partial L/\partial X^i = 0$), se algumas das condições seguintes acontecem:

- $\partial L/\partial Y_2 = 0$: Y_2 não é meta de política;
- $\frac{a_1}{a_2} = \frac{b_1}{b_2}$: a relação dos efeitos da política doméstica sobre as metas é idêntica à relação dos efeitos da política externa

No equilíbrio cooperativo, o planejador global minimiza uma média ponderada das funções de perda social de cada país: $L^C = 0{,}5\ (L + L^i)$. A CPO do problema do planejador global requer que $\frac{\partial L^C}{\partial X} = 0{,}5(\frac{\partial L}{\partial X} + \frac{\partial L^i}{\partial X}) = 0$. Então:

$$\frac{\partial L/\partial Y_1}{\partial L/\partial Y_2} = -\frac{(a_2 + b_2)}{(a_1 + b_1)}$$

A taxa marginal de transformação atingível entre as metas pelo uso do instrumento doméstico depende dos multiplicadores domésticos e externos porque o problema do planejador global considera tanto os efeitos da transmissão doméstica quanto externa.

A seguinte proposição conclui a análise.

Proposição: A cooperação internacional pode elevar o bem-estar dos países, porque considera os efeitos de transmissão domésticos e externos.

Ostry e Ghosh (2013) propõem uma analogia com a teoria do comércio internacional: o equilíbrio não cooperativo é compatível com o caso de Autarquia e o cooperativo com o caso do Livre Comércio (a taxa marginal de transformação é igual à relação de preços internacionais determinados pela produção e o consumo doméstico e externo).

Capítulo 14:

ANÁLISES EMPÍRICAS DO NOVO CONSENSO

Neste capítulo, apresentamos algumas das análises empíricas realizadas pelo novo consenso sobre as características da política monetária. A apresentação não é exaustiva e ilustra algumas das metodologias empíricas mais utilizadas. Notadamente, destacamos os trabalhos seminais.

São tratados quatro temas:

- Estimação das funções de reação dos bancos centrais;
- Estimação da taxa de juros natural e do produto potencial;
- Importância de utilizar um regime de meta de inflação;
- Determinação das metas de inflação ajustadas pelo Banco Central do Brasil no período 2003-2005.

Cada tema é analisado numa seção. Na última seção, abordamos alguns tópicos que são importantes na prática dos bancos centrais.

14.1. FUNÇÕES DE REAÇÃO DOS BANCOS CENTRAIS

Apresentemos a função de reação dos bancos centrais de países desenvolvidos, proposta por Clarida *et al.* (1998).[1] Consideremos uma regra de Taylor *forward-looking*:

$$i_t^T = i_e + e(E_{t-1}\Pi_{t+n} - \Pi^M) + f\,E_{t-1}y_t \quad (14.1)$$

onde e, f são os parâmetros da regra de Taylor, n = 12 meses e y é o hiato do produto. A hipótese nula do teste é dada pelo princípio de Taylor:

$$e > 1$$
$$f > 0$$

[1] Outro trabalho seminal na análise empírica de funções de reação dos bancos centrais é Judd e Rudebusch (1998).

Os bancos centrais suavizam a taxa de juros, de forma que:

$$i_t = (1 - \rho)\, i^T_t + \rho\, i_{t-1} + v_t \quad (14.2)$$

onde $0 \leq \rho \leq 1$ é o grau de suavização e v variável ruído branco que representa choques na política monetária. Substituindo (14.1) em (14.2), obtemos a forma reduzida do modelo:

$$i_t = a_0 + a_1\, \Pi_{t+n} + a_2 y_t + a_3\, i_{t-1} + \varepsilon_t \quad (14.3)$$

onde $a_0 \equiv (1-\rho)\alpha$, $a_1 \equiv (1-\alpha)e$, $a_2 \equiv (1-\rho)f$, $a_3 \equiv \rho$, $\alpha \equiv i_e - e\,\Pi^M$ e $\varepsilon \equiv (1-\rho)[e(\Pi_{t+n} - E_{t-1}\Pi_{t+n}) + f(y_t - E_{t-1}y_t)] + v_t$. Sob a HER, temos que $E(\varepsilon_t) = 0$.

A equação (14.3) deve ser estimada pelo método generalizado de momentos (MGM), já que todas as variáveis são endógenas. Os parâmetros ρ, α, *e* e *f* são identificáveis, mas Π^M e r_n não. Para identificar Π^M, lembremos que $i_e = r_n + \Pi^M$. Logo, $\alpha = r_n + (1-e)\,\Pi^M$ e:

$$\Pi^M = \frac{r_n - \alpha}{e - 1} \quad (14.4)$$

Finalmente, consideremos que r_n é determinada pela média da taxa de juros real da amostra.

Os resultados da estimação de Clarida *et al.* (1998) dos parâmetros para EUA, Alemanha e Japão são apresentados no quadro 14.1.

Quadro 14.1: Funções de reação de bancos centrais: EUA, Alemanha e Japão

Período	Instituição	e	f	ρ	Π^M	r_n
1979-94	Federal Reserve	1,79	0,07	0,92	4,04	3,48
1979-93	Bundesbank	1,31	0,25	0,91	1,97	3,76
1979-94	Banco do Japão	2,04	0,08	0,93	2,03	3,32

Vemos que:

a. $e > 1$, o princípio de Taylor é válido nos 3 países;

b. $f > 0$, os bancos centrais respondem aos hiatos do produto;

c. $\rho > 0,9$, os bancos centrais suavizam os juros de forma acentuada;

d. $r_n \approx 3{,}5$;

e. As metas de inflação foram: $\Pi^M{}_{EUA} \approx 4$ e $\Pi^M{}_{Alemanha} = \Pi^M{}_{Japão} \approx 2$.

Clarida *et al.* (1998) destacam que, para o período anterior a 1979, as taxas de juros efetivas são sistematicamente menores que as sugeridas pela equação (14.3). Em outro trabalho (Clarida *et al.* 2000), os autores estimam em separado as funções de reação do Federal Reserve na era pré e pós-Volcker. Os resultados são apresentados no quadro 14.2.

Quadro 14.2: Função de reação do Federal Reserve

Período	e	f	ρ	Π^M
1960-79	0,83	0,27	0,68	4,24
1979-96	2,15	0,93	0,79	3,58

Vemos que na, era pré-Volcker, a política monetária americana não respeitou o princípio de Taylor ($e < 1$).

Clarida *et al.* (1998) estimam a seguinte função de reação para Inglaterra, França e Itália:

$$i_t^T = i_e + e\,(E_{t-1}\Pi_{t+n} - \Pi^M) + f\,E_{t-1}y_t + \Psi E_{t-1}z_t$$

onde z é a taxa de juros alemã.[2] Os resultados da estimação são apresentados no quadro 14.3.

Quadro 14.3: Funções de reação de bancos centrais: Inglaterra, França e Itália

Período	Instituição	e	f	ρ	Π^M	r_n	ψ
1979-90	Banco da Inglaterra	0,98	0,19	0,92	2	5,72	0,6
1983-89	Banco da França	1,13	0,88	0,95	2	6,01	1,14
1981-89	Banco da Itália	0,90	0,22	0,95	2	6,94	0,59

Devido ao câmbio fixo com o marco, o parâmetro e fica muito próximo de 1. No caso do Banco da Itália, claramente o princípio de Taylor não pode ser aceito.

[2] No período analisado, esses países faziam parte do Sistema Monetário Europeu e a flutuação de suas moedas era mantida próxima da do marco.

No caso de países emergentes, é interessante saber se as taxas de política reagem a choques cambiais. Numa análise das funções de reação de bancos centrais de países emergentes, Mohanty e Klau (2004) incluem variações da taxa de câmbio real (Δq) e estimam a seguinte função de reação:

$$i_t = a_0 + a_1 \Pi_{t+n} + a_2 y_t + a_3 i_{t-1} + a_4 \Delta q_t + a_5 \Delta q_{t-1} + \varepsilon_t$$

A resposta de i_t a variações de q é dada pela soma $a_4 + a_5$.

Os parâmetros a_4 e a_5 estimados para alguns países são apresentados no quadro 14.4.

Quadro 14.4: Funções de reação de bancos centrais emergentes

País	a_4	a_5	$a_4 + a_5$
Brasil	-0,33	0,23	-0,10
Chile	0,35	-0,35	0
Coréia do Sul	-0,21	-0,08	-0,29
Hungria	-0,19	0,04	-0,15
India	-0,09	-0,09	-0,18

Vemos que os bancos centrais dos países emergentes respondem a variações da taxa de câmbio real no período estimado. Uma exceção é o Banco Central do Chile, que parece não reagir a variações da taxa de câmbio real.

14.2. ESTIMAÇÃO DA TAXA DE JUROS NATURAL

A taxa de juros natural (r_n) é uma variável latente (não observada) que varia no tempo. Laubach e Williams (2003) utilizam o filtro de Kalman para estimar uma taxa de juros natural conjuntamente com o produto potencial (outra variável não observada) para a economia americana. Apresentemos uma versão simplificada desse modelo.[3]

As equações de medida do modelo (com dados trimestrais) são dadas pela curva IS e pela curva de Phillips. O hiato do produto depende de hiatos do produto defasados e de hiatos da taxa de juros (também defasados). A taxa de inflação

[3] No anexo do capítulo (seção 1), apresentamos uma análise sobre a estimação de variáveis latentes, utilizando o problema de extração de sinal.

depende da tríade formada por expectativas (que são autorregressivas), hiato do produto e choques de oferta. A forma funcional proposta é:

Curva IS:

$$y_t = a_{y,1} y_{t-1} + a_{y,2}\, y_{t-2} + \frac{a_r}{2} \sum_{j=1}^{2} (r_{t-j} - r_{n,t-j}) + \varepsilon_{1,t}$$

Curva de Phillips:

$$\Pi_t = B_\Pi(L)\,\Pi_{t-1} + b_y y_{t-1} + b_i(\Pi_t^i - \Pi_t) + b_o(\Pi_{t-1}^o - \Pi_{t-1}) + \varepsilon_{2,t}$$

onde y é o hiato do produto, r a taxa de juros real de política *ex-ante*, Π^i o núcleo da inflação de importações (sem petróleo, computadores e semicondutores), Π^o a inflação do petróleo importado, a's e b's são parâmetros a serem estimados e $B_\Pi(L)$ é um polinômio. É imposta a restrição de que $\Sigma B_\Pi = 1$. Π^i e Π^o representam choques de oferta.

As equações de estado (referidas às variáveis não observáveis) são:

$$r_{n,t} = c\, g_t + z_t$$
$$z_t = D_z(L)\, z_{t-1} + \varepsilon_{3,t}$$
$$Y_{p,t} = Y_{p,t-1} + g_{t-1} + \varepsilon_{4,t}$$
$$g_t = g_{t-1} + \varepsilon_{5,t}$$

onde Y_p é o logaritmo do produto potencial, g a taxa de crescimento do produto potencial e z são outros determinantes da taxa de juros natural. Podemos destacar alguns pontos:

- Do modelo de escolha intertemporal do consumidor, pode-se deduzir que r_n depende da taxa de desconto intertemporal, da elasticidade de substituição intertemporal do consumo e da taxa de crescimento do consumo.[4] Essas variáveis são representadas por z;

- Y_p e g são geradas por passeios aleatórios.

O filtro de Kalman estima os parâmetros e os desvios padrões, usando o método de máxima verossimilhança. Existem alguns problemas de estimação que

[4] Ver anexo do Capítulo 6 (seção 1).

devem ser contornados (o principal é que z_t é uma variável $I(0)$ e g_t é $I(1)$, razão pela qual a variância de g_t é muito grande em relação à variância de z_t). Considerando que $z_t \sim AR(2)$, apresentamos os principais resultados para os EUA no período1961-I até 2002-II:

- Os principais parâmetros estimados são: $\Sigma a_y = 0{,}925$; $a_r = -0{,}119$; $b_y = 0{,}057$; $c = 1{,}008$;[5] $\sigma(r_n) = 2{,}78$;
- r_n flutua chegando a 5% no final da década de 1960 e estabilizando em 3% após a década de 1980. No começo dos anos 1990, cai para quase 1% (na recessão da Guerra do Golfo);
- g cai de 3,5% no começo da década de 1960 para 3% no começo da década de 2000.

Destaquemos que o desvio padrão de r_n é elevado, o que mostra que os resultados apresentados têm uma imprecisão elevada. Laubach e Williams (2003) acrescentam que a imprecisão aumenta, se só se usam as observações passadas e presentes na estimação (estimação em "tempo real"). Este é um dos problemas mais importantes da teoria da política monetária do novo consenso: a implementação de política depende da estimação de variáveis latentes (r_n, y_p e q_e), mas os métodos empíricos hoje existentes são muito imprecisos.[6]

14.3. O REGIME DE METAS DE INFLAÇÃO IMPORTA?

Em um trabalho seminal, Ball e Sheridan (2004) comparam o desempenho da taxa de inflação de países que utilizam o regime de meta de inflação com o desempenho dos que não utilizam esse regime. Eles acham que os países que utilizam meta de inflação reduziram suas taxas de inflação, depois de começar a utilizar esse regime, mas que esse efeito desaparece, quando se controla o mau desempenho passado. Eles sugerem que isto é devido a uma reversão para a média dos processos inflacionários desses países.[7]

Ball e Sheridan (2004) utilizam regressões *cross-section* para países e examinam os fatores que afetaram a mudança brusca da taxa de inflação entre o período de

---

[5] Vemos que $c \neq 0$.

[6] Para uma análise para América Latina, ver Magud e Tsounta (2012).

[7] Esta seção segue a análise de Willard (2006).

1960-85 e a década de 1990, quando o regime de metas de inflação começou a ser praticado. As regressões estimadas por Ball e Sheridan, utilizando o método de mínimos quadrados ordinários, são da seguinte forma:

$$\Delta\Pi_i = \alpha + \beta\, T_i + \psi\, \Pi^*_i + \varepsilon_i$$

onde i é um índice de países, Π é a taxa de inflação após o país utilizar o regime de metas de inflação, Π^* é a taxa de inflação anterior ao regime de meta de inflação, $\Delta\Pi = \Pi - \Pi^*$ é a diferença entre a taxa de inflação posterior e anterior à utilização de metas de inflação e T é o indicador de que o país utiliza metas de inflação. O interesse do modelo é estimar o parâmetro β e ver se é grande e significativo. O resultado alcançado por Ball e Sheridan (2004) é que o regime de meta de inflação foi irrelevante para a redução da taxa de inflação nos países que usaram esse regime.

Dentre as várias críticas realizadas, Willard (2006) destaca o problema de endogeneidade no procedimento utilizado: países com histórico de inflação alta ou expectativas de inflação futura alta são mais propensos a adotar o regime de meta de inflação e a redução da taxa de inflação pode não estar associada ao regime escolhido. O problema de endogeneidade pode ser contornado, usando-se um instrumento ou utilizando-se uma equação adicional. Willard (2006) propõe utilizar a equação seguinte:

$$T_i = \delta + \rho\, \Pi^*_i + u_i$$

A forma reduzida do modelo é:

$$\Pi_i = (\alpha + \beta\,\delta) + (1 + \beta\,\rho + \psi)\, \Pi^*_i + (\varepsilon_i + \beta\, u_i)$$

Como o parâmetro β não é identificável, deve-se estabelecer alguma hipótese adicional para sua identificação.

As estimações de Willard (2006) sugerem que estabelecer um regime de meta de inflação tem um efeito pequeno e insignificante sobre a taxa de inflação. Não é totalmente claro que o regime de meta de inflação tem reduzido a taxa de inflação, mas países em desenvolvimento fornecem evidência mais convincente de que o regime de meta de inflação importa.[8] Isto sugere que esse regime pode ser uma estratégia de política monetária útil para esses países.

[8] Ver IMF (2006).

14.4. A EXPERIÊNCIA BRASILEIRA COM METAS DE INFLAÇÃO AJUSTADAS (2003-2005)

O Banco Central do Brasil reagiu ao surto inflacionário acontecido em 2002, reajustando as metas de inflação para os anos 2002 e 2003.[9] O Banco Central do Brasil utilizou uma metodologia especial para calcular os efeitos dos choques inflacionários sobre os distintos componentes do índice de preços. Por outro lado, o Banco Central do Brasil decidiu ajustar as metas de inflação estabelecidas pelo Conselho Monetário Nacional (CMN) para os anos 2003 e 2004 com os seguintes critérios:

- Acomodar todos os efeitos do choque sobre os preços administrados em 2003 e 2004;
- Acomodar 66,7% do choque secundário (inércia do choque nos anos seguintes) em 2003 e 60% do choque em 2004.

O choque secundário (inércia total) foi calculado em 4,2% para 2003 e 1% para 2004. A meta de inflação ajustada para 2003 foi de 8,5% e a meta de 2004 de 5,5%. O quadro 14.5 sintetiza os cálculos realizados para determinar as metas de inflação ajustadas.

A taxa de inflação (efetiva) foi de 9,3% em 2003 e de 7,6% em 2004. As taxas de crescimento do PIB foram, respectivamente, 1,1% e 5,7%. Destaquemos que, segundo simulações de Fraga *et al.* (2003), alcançar a meta de inflação de 4,0% em 2003 implicaria numa queda forte do PIB nesse ano (-7,3%).

Quadro 14.5: Metas de inflação ajustadas no Brasil

Item	2003	2004
a- Meta de Inflação do CMN	4,0	3,75
b- Choque nos Preços Administrados	1,7	1,1
c- Inércia a ser acomodada	2,8	0,6
d- Meta de Inflação Ajustada (d = a + b + c)	8,5	5,5

Fonte: Banco Central do Brasil (2003)

No final do terceiro trimestre de 2004, um novo surto inflacionário levou a que o Banco Central do Brasil ajustasse a meta de inflação de 2005, estipulada em 4,5% pelo Conselho Monetário Nacional. Calculando a inércia herdada de 2004

[9] Ver Banco Central do Brasil (2003) e Fraga et al. (2003).

em 0,9% e decidindo que acomodaria dois terços desse choque, adicionou 0,6% à meta inicial. O Banco Central do Brasil anunciou uma meta de inflação ajustada de 5,1% em 2005.[10] Em 2005, a taxa de inflação foi de 5,7% e a taxa de crescimento do PIB de 3,2%.

14.5. A PRÁTICA DA POLÍTICA MONETÁRIA

Blinder (1998) destaca que, além da teoria (ou "ciência") da política monetária, existe uma "arte" relativa à implementação desses critérios na prática dos bancos centrais. Hammond (2012) analisa o estado dessa "arte", a partir do estudo das características institucionais dos países que utilizam o regime de metas de inflação.[11] Ele descreve, para cada país, a concepção do regime de metas de inflação; o processo de tomada de decisão; os arranjos legais, institucionais e de prestação de contas; os modelos utilizados e as previsões realizadas pelos bancos centrais e suas estratégias de comunicação. Independentemente desses aspectos específicos, podemos fazer alguns comentários gerais sobre a atuação dos bancos centrais.[12]

Em primeiro lugar, o banco central deve reconhecer que existe um choque e que a economia está se afastando de uma trajetória considerada normal. Para isso, é necessário ter marcos de referência para as principais variáveis macroeconômicas: produto potencial, taxa de juros natural, meta de inflação, taxa de câmbio real de equilíbrio, taxa de desemprego natural, *spread* do crédito normal e preço do fundamental de ativos financeiros. Um problema é que a estimação dessas referências ainda é sujeita a muitas imprecisões e gera controvérsias relativas à sua estimação empírica.[13] Isto obriga os bancos centrais a atuarem de forma pragmática para inferir sobre o balanço da oferta e a demanda dos mercados, analisando conjuntamente essas estimações com outros indicadores dos mercados do produto, do trabalho e financeiros, além de análises qualitativas em re-

[10] Ver Banco Central do Brasil (2004).

[11] No começo de 2012, vinte e sete países utilizavam o regime de metas de inflação: África do Sul; Armênia; Austrália; Brasil; Canadá; Chile; Colômbia; Coreia do Sul; Filipinas; Gana; Guatemala; Hungria; Indonésia; Islândia; Israel; México; Noruega; Nova Zelândia; Peru; Polônia; Reino Unido; República Checa; Romênia; Sérvia; Suécia; Tailândia e Turquia.

[12] Na seção 2 do anexo deste capítulo, apresentamos uma proposta para a avaliação (ex-post) da política dos bancos centrais.

[13] Para uma análise simples dessas dificuldades no caso da taxa de desemprego natural, ver Staiger et al. (1997).

lação ao estado da economia.[14] A existência de choques que afastam a economia de seu nível natural não é fácil de ser estabelecida.

Assumindo que existem choques, os bancos centrais devem identificar sua natureza porque as recomendações de política monetária diferem conforme o choque. Como vimos, os choques podem afetar o mercado de bens (o nível da demanda agregada ou a taxa de inflação), o mercado de câmbio (via risco país ou juros internacionais) ou o mercado financeiro (em especial o mercado de crédito ou a bolsa de valores). Os choques normalmente são correlacionados entre si e se originam em eventos que mudam o cenário considerado básico pelos agentes econômicos.[15]

Outro aspecto importante a considerar é a persistência dos choques, já que eles podem reverter rapidamente ou persistir por um tempo prolongado. O problema é que dificilmente conhecemos *ex-ante* a persistência do choque, gerando novos interrogantes sobre as decisões corretas de política monetária a serem adotadas.

A seguinte proposição procura resumir os problemas listados.

Proposição: A prática da política monetária deve estabelecer a existência, natureza e persistência dos choques que afetam o sistema econômico, mas não existem métodos totalmente desenvolvidos a este respeito.

Temas de Discussão

14.1. As pesquisas empíricas destacam a importância de verificar se o princípio de Taylor é seguido pelos bancos centrais porque ele mostra o desempenho da política monetária. Comente.

14.2. A estimação do produto potencial e da taxa de juros natural (variáveis latentes) é sujeita a erros. Diversos métodos podem apresentar resultados substancialmente diferentes. Por isso, é necessário que os bancos centrais atuem com parcimônia em relação a esses resultados e utilizem outras estatísticas dos mercados do produto, de trabalho e financeiros, além de análises qualitativas do estado da economia. Comente.

---

[14] A este respeito, ver Mishkin (2007) e Borio et al. (2013).

[15] Em geral, são eventos que não eram considerados como os mais prováveis de acontecer ou que não constituem parte do cenário mais provável.

14.3. Elevar a taxa de política reduz a taxa de inflação independentemente do marco institucional existente na economia, mas, se um regime de metas de inflação é implementado em países com marcos institucionais frágeis (os bancos centrais têm pouca credibilidade), seus efeitos podem ser mais eficazes. O regime de metas de inflação é especialmente recomendado para países emergentes. Justifique o argumento apresentado.

14.4. Se existem choques de oferta suficientemente grandes, os bancos centrais podem mudar suas metas de inflação para acomodar parte desses choques. O anúncio de metas ajustadas para esses casos permite suavizar o ciclo econômico, como mostra a experiência brasileira no período 2002-2005. Discuta como o Banco Central do Brasil ajustou as metas de inflação nesse período.

Anexo:

TEMAS COMPLEMENTARES

1. Problema de Extração de Sinal

As variáveis latentes podem ser estimadas, utilizando-se algumas propriedades de esperança condicional que se apresentam como um problema de extração de sinal.[1] Consideremos uma variável aleatória observada x. Esta variável pode ser decomposta em duas variáveis não observadas: y (chamada de sinal) e u (ruído). Temos que:

$$x = y + u$$

Apesar de y e u serem não observáveis, são conhecidas as funções de distribuição do sinal e do ruído e, em consequência, da variável x. Consideremos que o conjunto de informações disponíveis é dado por:

$$y \sim N(\bar{y}, \sigma^2)$$
$$u \sim N(0, \tau^2)$$
$$x \sim N(\bar{y}, \sigma^2 + \tau^2)$$
$$\text{cov}(x, y) = \sigma^2$$

O problema de extração de sinal destaca que é possível estimar o valor esperado do sinal, a partir da observação de x e utilizando o conjunto de informação disponível.

Proposição (Problema de Extração de Sinal): a esperança condicional do sinal de uma variável aleatória ao valor dessa variável é dada por:

$$E(y/x) = (1 - b)\,\bar{y} + b\,x$$

onde $b = \dfrac{1}{1+d}$ é um parâmetro $(0 < b < 1)$ e $d = \dfrac{\tau^2}{d^2}$ é a relação ruído-sinal $(d > 0)$.

---

[1] O problema de extração de sinal foi utilizado por Lucas (1972) para derivar a curva de oferta agregada.

Analisemos uma prova da proposição. Como as variáveis são normalmente distribuídas, a esperança condicional de y depende linearmente de x:

$$E(y/x) = a + b\,x$$

onde a e b são parâmetros que devem ser determinados. Por outro lado, temos que:

$$\bar{y} = E(y) = E[E(y/x)] = a + b\,E(x) = a + b\,\bar{y}$$

Como $\bar{y} = a + b\,\bar{y}$, temos que $a = (1 - b)\,\bar{y}$. Substituindo em $E(y/x)$, temos que:

$$E(y/x) = (1 - b)\,\bar{y} + b\,x$$

Calculemos o valor de b. Como o erro de previsão do sinal $(y - E(y/x))$ não é correlacionado com a variável observável (x), temos que:

$$\text{cov}[x, y - E(y/x)] = \text{cov}[x, y - (1 - b)\,\bar{y} - b\,x] = 0$$

Operando, obtemos: $\text{cov}\,(x, y) - b\,\text{var}(y) = \sigma^2 - b\,(\sigma^2 + \tau^2) = 0$. Então:

$$b = \frac{\sigma^2}{\sigma^2 + \tau^2} = \frac{1}{1 + d}$$

2. Avaliação da Política Monetária

É natural que as decisões dos bancos centrais sejam monitoradas e avaliadas. Prestar conta de suas atividades estabelece um forte incentivo para que os bancos centrais cumpram seus mandatos e os motivam a desenvolver suas análises de política monetária da melhor forma possível. Os interrogantes em relação à prática da política monetária geram polêmicas sobre sua avaliação. É possível fazer *a posteriori* uma avaliação do que poderia ter sido feito, mas a política monetária é implementada utilizando as informações e o conhecimento disponível no momento da decisão. Svensson (2010a) apresenta algumas sugestões relativas a princípios e métodos apropriados para realizar uma avaliação da política monetária. Analisemos a proposta para uma política monetária ótima *ex-ante*.

De um ponto de vista *ex-ante* e considerando um tempo "real", dado pelas condições e informações que imperavam no momento da decisão, o conflito de política entre a variabilidade condicional das previsões de inflação e do produto pode ser ilustrado, usando-se uma função de perda social intertemporal projetada. Essa função pode ser escrita como:

$$L = \sigma_{\Pi} + \lambda \sigma_{Y}$$

onde $\sigma_{\Pi} = \sum_{\tau=0}^{\infty} \delta^{\tau} (\Pi_{t+\tau,t} - \Pi^{M})^2$ é a soma descontada (pelo fator de desconto δ) do desvio da inflação projetada em relação à meta de inflação e $\sigma_Y = \sum_{\tau=0}^{\infty} \delta^{\tau} (Y_{t+\tau,t} - Y^{P}_{t+\tau,t})^2$ é o produto projetado em relação ao produto potencial projetado. Analisemos graficamente a avaliação de política.

No gráfico 14.1, definimos a linha de isoperda (*I*) da função de perda social intertemporal projetada. A função de isoperda supõe um número elevado de cenários alternativos por parte do banco central e é negativamente inclinada (com inclinação −1/λ). Na prática, o número de cenários alternativos é pequeno e I não é contínua. O valor de λ pode ser estimado, a partir da análise realizada na seção 7.1.[2] Por outro lado, definimos a curva de Taylor projetada (ou fronteira eficiente *ex-ante*) como o conjunto de projeções possíveis eficientes (*F*).[3] A fronteira é eficiente, no sentido de que não existe outra simulação de política possível, que tenha menor soma dos quadrados do desvio da inflação, projetada sem ter maior soma dos quadrados do hiato do produto projetado. A política ótima *ex-ante* (*P*) é dada pela política com projeções possíveis que apresenta menor perda intertemporal e é determinada pela tangência entre a curva de Taylor projetada (*F*) e a linha de isoperda (*I*).[4]

Gráfico 14.1: Política monetária ótima ex-ante

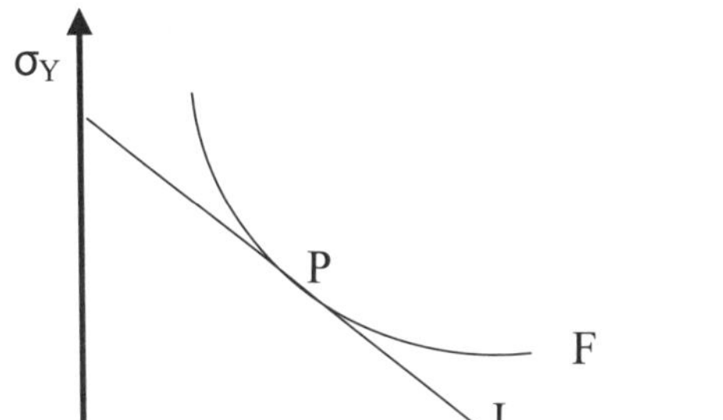

[2] Svensson (2010a) sugere como interpretar λ = 1.

[3] Esta curva é uma modificação da fronteira de política eficiente, analisada no Capítulo 6 (seção 6.4).

[4] A este respeito, ver Svensson (2010b).

A seguinte proposição sintetiza a análise.

Proposição de Svensson (2010a): Uma política monetária eficiente de um ponto de vista *ex-ante* é determinada pela política com projeções possíveis que, dada a preferência do banco central, apresente menor volatilidade na taxa de inflação e no produto agregado.

Svennson (2011a) apresenta um exemplo de avaliação de política monetária. Ele utiliza os métodos sugeridos para fazer uma avaliação da prática do Federal Reserve e do Riksbank sueco no segundo semestre de 2010. No verão de 2010, as previsões de inflação do Federal Reserve e do Riksbank estavam abaixo de suas metas e suas previsões de desemprego acima das taxas sustentáveis. As condições macroeconômicas em ambos os países eram consistentes com uma política monetária expansionista. O Federal Reserve manteve a taxa de política mínima e começou a comunicar um possível afrouxamento monetário no futuro (lançando o QE2 no outono de 2010). Em contraste, o Riksbank começou um período de forte aperto monetário. Svennson (2011a) acha que os argumentos contra a política monetária mais frouxa do Federal Reserve e a favor do aperto do Riksbank não são convincentes e que o Riksbank atuou de forma errada (e teve sorte) e que o Federal Reserve atuou de forma certa (e foi azarado). A economia sueca apresentou um desempenho melhor do que o esperado, devido às condições financeiras, que eram melhores do que as consistentes com a trajetória da taxa de política do *Riksbank* (sem o aperto monetário, o desempenho macroeconômico sueco teria sido ainda melhor). A economia americana teve um desempenho pior do que o esperado por causa de outros fatores além da política monetária e, sem a flexibilização da política monetária, o desempenho da economia americana teria sido ainda pior.

Parte 3

REVISANDO O NOVO CONSENSO

Capítulo 15:

REPENSANDO A POLÍTICA MONETÁRIA APÓS A CRISE DE 2008-9

A análise da teoria da política monetária centra a atenção sobre como os bancos centrais devem atuar frente a diversos tipos de choques temporários com o objetivo de suavizar seus efeitos macroeconômicos. Galí (2009) avalia que os modelos do novo consenso oferecem um quadro coerente para a condução e o desenho prático da política monetária. Eles oferecem uma ferramenta flexível, capaz de acomodar um número grande de características ausentes no modelo básico, incluindo aspectos de economias abertas, informação imperfeita e aprendizado, desemprego, fricção no crédito etc. A adoção por parte dos bancos centrais e outras instituições de modelos de escala média com essa abordagem garante que pelo menos algumas das análises quantitativas destinadas à simulação de políticas ou à previsão sejam apoiadas por uma rigorosa modelagem macroeconômica.[1] A crise econômica de 2008-9, porém, desencadeou um debate intenso em relação às propriedades da política monetária na abordagem do novo consenso. Neste capítulo, procuramos sintetizar alguns desses temas, apresentando os argumentos de forma genérica e não exaustiva. Alguns detalhes podem ser encontrados nas referências bibliográficas apresentadas.

Existem vários pontos de vista em relação às mudanças que deveriam ser realizadas nas recomendações da política monetária, mas destacamos a proposta iniciada no Fundo Monetário Internacional por Blanchard *et al.* (2010), relativa às lições aprendidas durante a crise e suas implicações para o ajuste da teoria da política monetária.[2] Esse trabalho reflete a ideia de que nos modelos do novo consenso devem ser incorporadas fricções ou imperfeições de mercado (especialmente nos mercados financeiros), que permitam o aperfeiçoamento

---

[1] Para uma resenha das evidências empíricas dos modelos novo keynesianos, ver Hatcher e Minford (2013).

[2] Outras análises sobre os desafios do novo consenso são de Svensson (2010b, seção 5.2 e 2010c), Caballero (2010), Kocherlakota (2010), Stark (2010), International Monetary Fund (2010), Mishkin (2011), Walsh (2011), Cecchetti (2011), Borio (2011), Ortiz (2011) e Eichengreen et al. (2011). Para uma análise do ponto de vista do Banco Central do Brasil, ver Sales e Barroso (2012).

das proposições de política monetária. Bayoumi *et al.* (2014) analisam o estado desse debate em abril de 2014, extraem conclusões de política monetária sempre que possível e estabelecem as questões para as quais não é possível extrair conclusões.

Neste capítulo introdutório, destacamos as conclusões relativas a três grandes temas: regime de metas de inflação, estabilidade financeira e regime cambial.

15.1. REGIME DE META DE INFLAÇÃO

A estabilidade do produto e da taxa de inflação deve ser mantida como objetivo de política monetária. A hipótese da taxa de desemprego natural também deve ser mantida, já que continua se acreditando que não existe um conflito entre taxa de inflação e taxa de desemprego no longo prazo. Em termos teóricos, deve-se continuar supondo que existe uma trajetória subjacente de equilíbrio geral com preços flexíveis, que constitui o marco de referência para a análise da dinâmica macroeconômica.

Duas propostas têm sido levantadas em relação a correções do regime de metas de inflação, ainda que nenhuma delas tenha sido implementada, já que o debate ainda é incipiente:

- Estabelecer metas de inflação maiores, rediscutindo os custos e os benefícios da inflação.[3] O debate outorga mais destaque ao caso da armadilha deflacionária (analisada no próximo capítulo), mas também está associado ao papel que as fricções do mercado de trabalho e de bens desempenham no equilíbrio macroeconômico (analisado no Capítulo 19);

- Regime alternativo de política monetária baseado em metas para o nível geral de preços e não para a taxa de inflação.[4] Este regime já foi analisado no começo dos anos 1990, mas voltou a ser proposto novamente como substituto do regime de metas de inflação.

---

[3] Para uma análise da proposta para estabelecer metas de inflação mais elevadas, ver Walsh (2011, seção 4).

[4] No anexo do Capítulo 7, analisamos as características principais deste regime. Para novas análises da proposta de meta para o nível de preços, ver Walsh (2011, seção 5) e Svensson (2010b, seção 5.1).

15.2. ESTABILIDADE FINANCEIRA

Uma lição da crise financeira é que inflação e produto estável são condições necessárias, mas não suficientes do ponto de vista do bem-estar social, já que se deve evitar também que se criem grandes desequilíbrios financeiros.

Antes da crise financeira global, tinha-se a visão de que as considerações sobre estabilidade financeira não deveriam desempenhar um papel nas decisões sobre política monetária, porque a política monetária não teria nenhuma influência sobre a estabilidade financeira. Os bancos centrais, no entanto, tiveram que admitir que a política monetária gera consequências para a estabilidade financeira, pois exigiria uma sorte considerável para que os objetivos tradicionais de política monetária (estabilização do nível de atividade e da taxa de inflação) coincidissem com os da estabilidade financeira. Os bancos centrais e os outros reguladores macroprudenciais devem monitorar e avaliar em que medida as posições financeiras assumidas por instituições alavancadas representam um risco para a estabilidade financeira. De forma mais específica, os bancos centrais devem analisar se a cauda inferior da distribuição dos resultados futuros do conjunto de instituições financeiras é muito grande, de forma a gerar um risco sistêmico.

A estabilidade financeira deve ser considerada como uma política independente da política monetária. A proposição de considerar a política monetária e a de estabilidade financeira como independentes é chamada de princípio da separação.[5] Os argumentos favoráveis a este princípio são fricções, que surgem nos mercados financeiros.[6] Alguns exemplos dessas fricções são:

- Segmentação dos mercados financeiros e limites para a arbitragem de juros (devido, por exemplo, à complexidade dos mercados e às dificuldades de analisar informações relevantes). O banco central precisa, às vezes, intervir nos mercados financeiros, pois usar só a taxa de política pode ser insuficiente;
- Bolhas especulativas nos mercados financeiros.[7] Desde os anos 1990, especialmente no começo de 2000 após o estouro da bolha nas empresas de tec-

[5] Ver, por exemplo, Tombini (2012) e De Gregorio (2012).

[6] Canuto e Cavallari (2013, seções 1 e 2) apresentam os desafios de integrar as relações macrofinanceiras e a regulação macroprudencial com a política monetária.

[7] No anexo deste capítulo, apresentamos o conceito de bolha de ativos financeiros e descrevemos sua dinâmica.

nologia da informação, o debate da política monetária em relação às bolhas de ativos financeiros apresenta duas alternativas: o banco central deve procurar atuar preventivamente (*"leaning aginst the wind"*) ou intervir após o estouro da bolha (*"cleaning the market"*);[8]

- Não neutralidade macroeconômica da regulação financeira. A regulação financeira pode amplificar os choques financeiros.[9]

Algumas variáveis macroeconômicas podem ser consideradas como indicadores de metas da política de estabilidade financeira, da mesma forma que, como vimos no Capítulo 10, a estabilidade da dívida pública é uma meta para a política fiscal. As variáveis que podem ser utilizadas com essa finalidade são o preço dos ativos financeiros, o estoque crédito agregado, o *spread* dos intermediários financeiros, o grau de alavancagem e o grau de endividamento.

Os instrumentos da política de estabilidade financeira, que Blanchard *et al.* (2010) chamam de instrumentos regulatórios cíclicos, seriam os requerimentos de capital e de liquidez para os bancos comerciais e de investimento, as regras para o crédito e o valor dos ativos financeiros envolvidos, os requerimentos de margens nas bolsas de valores e as regras para alavancagem e tomada de riscos.

Uma questão central no debate é se as regras para a política monetária devem considerar como objetivo os indicadores de estabilidade financeira. A resposta majoritária parece ser não. A taxa de política monetária é pouco eficiente para alcançar a estabilidade financeira. São os instrumentos regulatórios cíclicos que devem ser usados para alcançar a estabilidade financeira. É claro que o marco regulatório financeiro deve adquirir uma dimensão macroeconômica (analisando, por exemplo, seu caráter cíclico e o risco sistêmico das crises financeiras) e considerar a interação entre autoridades monetárias e regulatórias. Svensson (2011b) sugere que a inter-relação entre política monetária e política de estabilidade financeira deveria ser similar à estabelecida entre política monetária e fiscal no Capítulo 10.[10]

---

8 A respeito do debate "*lean vs. clean*", ver Mishkin (2011) e Shirakawa (2010b).

9 Ver Shirakawa (2010a), presidente do Banco de Japão entre abril de 2008 e março de 2013, que apresenta uma visão sobre o papel dos bancos centrais à luz da experiência japonesa sobre bolhas, crises financeiras e deflação.

10 Caruana (2010) e Eichengreen *et al.* (2011) apresentam algumas propostas para analisar este tema. Longe de se ter um consenso, as propostas possuem algumas características diferentes.

Existem outros temas de debate. Um deles é se e o banco central deve assumir as funções da política monetária e da política de estabilidade financeira ou se essas funções deveriam ser realizadas por instituições diferentes.[11] O outro tema é a dimensão internacional da estabilidade financeira, devido à internacionalização dos agentes financeiros. No Capítulo 17 (seção 4), abordamos um dos problemas que a globalização dos bancos provoca na estabilidade financeira.

As ideias sobre a inter-relação entre a política monetária e a política de estabilidade financeira (em tempos normais) podem ser sintetizadas, seguindo Woodford (2010), da seguinte forma:

- A taxa de política monetária é eficiente para alcançar metas para a taxa de inflação ou para o nível do produto, mas seu papel para evitar crises de crédito é controverso. Ajustes na taxa de política têm efeitos desprezíveis sobre o risco de instabilidade financeira, exceto quando o nível de alavancagem é muito elevado e pequenas mudanças no valor dos ativos têm efeitos substanciais no capital dos intermediários financeiros;
- Como as crises de crédito são mais prováveis quando os intermediários financeiros são altamente alavancados, pois o tamanho do choque de crédito requerido para ter uma crise é menor, melhoras na supervisão e regulação macroprudencial reduzem as situações em que essas crises importam para a política monetária;
- É difícil defender o argumento de que a instabilidade financeira e o uso de indicadores de risco deveriam ser totalmente ignorados nas decisões de política monetária.

No capitulo 17 elaboramos melhor estes temas através de alguns modelos específicos.

15.3. INTERVENÇÃO NOS MERCADOS DE CÂMBIO

Alguns bancos centrais, especialmente nos países emergentes, suavizam a volatilidade ou a tendência da taxa de câmbio, promovendo, às vezes, discrepâncias entre sua retórica e sua prática, afetando sua transparência e credibilida-

[11] Tombini (2012) considera que o debate aponta para a unificação das duas políticas pelos bancos centrais. Para uma análise histórica das funções dos bancos centrais, ver Goodhart (2010).

de. Esses bancos centrais adotam regimes de câmbio administrado, utilizando como instrumento de política cambial a acumulação de reservas internacionais, através de intervenções esterilizadas.[12] No Capítulo 18, analisamos as características da inter-relação da política monetária e da política cambial em um regime de câmbio administrado, destacando a racionalidade das decisões dos bancos centrais.

O principal argumento para intervir nos mercados de câmbio é que os choques cambiais podem ser grandes e persistentes, afastando a taxa de câmbio real de seu nível de longo prazo por períodos prolongados. Esse desalinhamento cambial pode provocar distorções persistentes na estrutura econômica, justificando a intervenção cambial.

Medidas macroprudenciais ou de regulação cambial, como evitar o descasamento de dívidas em moeda estrangeira, também podem ser tomadas na área cambial. Ostry *et al.* (2011) admitem que, sob certas circunstâncias, os controles de capitais são instrumentos de política que permitem recuperar o controle da política macroeconômica (por exemplo, num quadro de inflação elevada, apreciação cambial e reservas internacionais elevadas) e/ou reduzir a fragilidade financeira. Seja por motivos macroeconômicos ou prudenciais, existem circunstâncias em que os controles de capitais são instrumentos legítimos de política cambial frente a ondas de fluxo de capitais.[13]

15.4. CONCLUSÃO

Uma conclusão importante das lições aprendidas após da crise financeira de 2008-9 é que existem fricções ou distorções nos mercados financeiros que não tinham sido consideradas nos modelos do novo consenso. O novo consenso destacou a rigidez nominal de preços de bens e serviços como a fricção chave no ciclo econômico, mas negligenciou fricções (falhas ou imperfeições de mercado) que acontecem em outros mercados, especialmente nos mercados financeiros. Ao não incorporar essas fricções nos modelos, esses mercados não interferem no ciclo econômico e a transmissão dos choques não gera rupturas neles, já que eles se ajustam rapidamente. Os mercados sem fricções supõem

[12] Para uma análise da resposta de países emergentes aos desequilíbrios da economia mundial, ver De Gregorio (2011) e Canuto e Cavallari (2013,seção 3).

[13] Ver também De Gregorio (2012).

implicitamente que são de concorrência perfeita e que são neutros do ponto de vista da transmissão de choques.

A política monetária deve interagir com outras políticas macroeconômicas, notadamente a política de estabilidade financeira e a política de intervenção cambial, expandindo sua "caixa de ferramentas", e os modelos devem expandir a análise da estrutura econômica, incorporando as relações necessárias.[14]

A seguinte proposição resume a análise do capítulo:

Proposição: Nos modelos do novo consenso, deve-se incorporar as fricções nos mercados financeiros, analisando também a interação da política monetária com a política de estabilidade financeira e a política de intervenção cambial. Deve-se definir as metas e os instrumentos das políticas novas e adequar os modelos macroeconômicos para captar as relações estruturais novas. Também se deve discutir alguns aspectos institucionais, como a criação ou não de novas instituições de regulação financeira.

No próximo capítulo, analisaremos os efeitos de grandes choques de demanda, que geram uma economia da depressão, sobre a política monetária. As não linearidades geradas nesse caso foram revisitadas a partir da crise de 2008-9. Nos dois capítulos seguintes, apresentamos os desenvolvimentos recentes, relativos às inter-relações da política monetária com a política de estabilidade financeira e de intervenção cambial. No último capítulo, apresentamos os efeitos de fricções nos mercados de trabalho e de bens (chamadas de fricções reais) sobre a política monetária. Essas fricções ajudam a completar a análise dos efeitos provocados pelas imperfeições de mercado.

Como veremos, essas inter-relações levam a reconsiderar algumas das recomendações realizadas pelo novo consenso para a política monetária. Destaquemos que o debate das proposições destes quatro últimos capítulos ainda não está consolidado e é motivo de fortes controvérsias. É necessária mais pesquisa teórica e empírica para consolidar algumas das ideias apresentadas. Os desafios para a teoria da política monetária surgidos desde a crise financeira de 2008 ainda estão sendo desenvolvidos. A discussão sobre soluções de política monetária que permitam alcançar um crescimento sustentável e salvaguardar a

[14] Para uma conclusão similar a partir do aprendizado das experiências de alguns países de América Latina, ver Céspedes *et al.* (2012, seção IV).

estabilidade macroeconômica e financeira está no centro do debate atual. Destaquemos as conclusões de dois trabalhos que sintetizam algumas dessas perspectivas, conforme são percebidas em 2013.

Reichlin e Baldwin (2013) concluem que o regime de metas de inflação ainda é necessário. Expectativas de inflação precisam ser mantidas ancoradas, enquanto as economias avançadas digerem o mal-estar econômico do endividamento. A dívida cria tentações aos governos para socorrer devedores da inflação inesperada, mas o regime de metas de inflação e a independência do banco central são as formas convencionais de manter os políticos longe dessa tentação. A expansão do balanço dos bancos centrais e a permanente criação de dinheiro é uma opção que pode ser considerada e usada, mas a credibilidade do compromisso de uma meta de inflação de médio prazo não deve ser perdida. Permanecem as dúvidas sobre a eficácia de tais políticas e, dada a sua natureza quase fiscal, também existem dúvidas sobre como lidar com o desafio que representam para a independência do banco central.

Blanchard *et al.* (2013) concluem que, apesar do significativo progresso na pesquisa e na experimentação prática, os contornos da política macroeconômica futura permanecem vagos. Os papéis relativos à política monetária, fiscal e macroprudencial ainda estão evoluindo. Os autores preveem duas estruturas extremas nessa evolução. O extremo menos ambicioso (ou mais conservador) é o retorno ao regime de metas de inflação flexível com uso limitado de instrumentos de política fiscal (para fins de estabilidade macroeconômica) e de instrumentos macroprudenciais (que provaram serem difíceis de usar ou custosos do ponto de vista político). No extremo mais ambicioso, os bancos centrais poderiam ter um mandato amplo de estabilidade macroeconômica e financeira, usando ativamente muitos instrumentos monetários, macroprudenciais e de política fiscal. O resultado desse desenvolvimento deve, provavelmente, depender dos resultados da experimentação. Blanchard *et al.* (2013) suspeitam que o cenário mais provável está mais perto do cenário mais conservador do que do cenário mais ambicioso.

Temas de Discussão

15.1. O modelo do novo consenso é adequado para a implementação da política monetária, mas seu erro foi considerar que a estabilidade macroeconômica garante a estabilidade financeira. Estabilizar a taxa de inflação e o nível de atividade não garante que não aconteçam crises financeiras sistêmicas. Imperfeições do mercado financeiro, como segmentação, bolhas especulativas e regulação financeira, devem ser consideradas no modelo macroeconômico. Comente essa avaliação, lendo o texto de Bayoumi *et al.* (2014).

15.2. Em países emergentes, a administração da taxa de câmbio através da variação de reservas internacionais ou do controle de capitais é uma necessidade dos bancos centrais. Pesquise a política cambial do Brasil e da Colômbia nos anos 2010-2013.

15.3. A crise financeira e a recessão prolongada em países desenvolvidos trouxe a necessidade de se rediscutir as propriedades de uma economia em depressão. É necessário entender melhor o comportamento dos mercados financeiros, caso a economia se encontra na armadilha da liquidez.

Anexo:

BOLHA DE ATIVOS FINANCEIROS

1. Bolha Racional

Uma bolha especulativa no mercado de um ativo financeiro é um desvio do preço do ativo em relação a seu preço fundamental. Considerando que os agentes são racionais, a literatura permite descrever o comportamento de uma bolha, mas não explica como e porque elas surgem e terminam. Analisemos esses pontos.[1]

Seja *P* o preço de uma ação. Ele pode ser decomposto em duas partes: *F* o preço do fundamental (que depende dos dividendos esperados) e *B* o preço de bolha (que depende da psicologia do mercado):

$$P_t = F_t + B_t \quad (15.1)$$

onde *t* indica tempo. Consideremos que F_t é constante no tempo:

$$F_t = F \quad (15.2)$$

Aplicando o operador E_t em (15.1), temos que:

$$E_t P_{t+1} = F + E_t B_{t+1} \quad (15.3)$$

Uma vez que a bolha se inicia, existe a probabilidade de que ela estoure no próximo período e o preço da ação retorne ao nível do fundamental. Caso não estoure, a dinâmica do preço do ativo continuará refletindo o comportamento da bolha e o retorno esperado do ativo deve compensar o risco de ela estourar. Assim, é necessário que a perspectiva de ganho de capital seja crescente, porque o risco de perda pelo estouro da bolha é cada vez maior. Seja α uma constante e *p* a

[1] Para uma resenha da literatura nova sobre bolhas, ver Scherbina (2013). A literatura é capaz de modelar as características comuns de episódios históricos e oferecer uma visão de como as bolhas são iniciadas e sustentadas, as razões dos estouros e o porquê de as forças da arbitragem não costumarem entrar em cena para esmagá-las.

probabilidade da bolha não estourar no próximo período, o preço de bolha do próximo período é dado por:

$$B_{t+1} = \begin{cases} (\frac{\alpha}{p}) B_t & \text{com probabilidade p} \\ 0 & \text{com probabilidade (1 – p).} \end{cases}$$

O valor esperado de B_{t+1} é:

$$E_t B_{t+1} = \alpha B_t \quad (15.4)$$

Substituindo (15.1) e (15.4) em (15.3), podemos obter:

$$E_t P_{t+1} = P_t + (\alpha - 1) B_t \quad (15.5)$$

Com a HER, temos que:

$$P_{t+1} = E_t P_{t+1} + \eta_{t+1} \quad (15.6)$$

onde η é um choque e $E_t \eta_{t+1} = 0$. Finalmente, substituindo (15.5) em (15.6):

$$P_{t+1} = P_t + \eta_{t+1} + (\alpha - 1) B_t \quad (15.7)$$

A equação (15.7) descreve a dinâmica do preço da ação. Vemos que:

Se não existe bolha ($B_t = 0$), o comportamento do preço da ação é explicado por um passeio aleatório;

Se existe bolha ($B_t \neq 0$), o preço da ação depende do passeio aleatório e da psicologia do mercado.[2]

---

[2] De outro ponto de vista, a análise da bolha explora a possibilidade das equações diferenciais terem um número infinito de soluções, cada uma sendo a soma de um componente geral e outro particular.

Ressaltemos que o modelo apresenta uma descrição da dinâmica da bolha racional, mas não uma explicação dela, já que não analisamos nem o surgimento nem o final desse fenômeno. Ainda que a duração esperada da bolha no modelo apresentado seja $\frac{1}{1-p}$, a bolha racional é vista como um fato estilizado que aparece de forma exógena ao comportamento do mercado.

Por outro lado, existem problemas para identificar o componente de bolha. Na equação (15.7), a bolha aparece como um componente adicionado ao passeio aleatório, mas nada garante que não seja um componente do fundamental. Em outras palavras, nada garante que o fundamental seja dado por $F_t = F$. A dificuldade em identificar a bolha torna mais mais duvidosa sua prevenção.

2. Política Monetária e Bolha Racional

Galí (2013) analisa os efeitos de choques na política monetária sobre o componente de bolha (racional).[3] Ele questiona que exista uma relação inversa entre taxa de juros e preços dos ativos financeiros, como a visão convencional propõe, e considera que o efeito de uma política monetária apertada sobre os preços dos ativos financeiros é ambíguo, porque um aumento da taxa de política pode elevar o componente de bolha, enquanto reduz o preço do fundamental. Apresentemos sua análise de forma simples.

Consideremos que o fundamental é definido pelo valor presente descontado dos dividendos futuros (D_{t+i}, $i = 1, 2, ...$). Conforme Galí (2013), supondo agentes neutros ao risco e sendo i a taxa de juros sem risco, o equilíbrio com expectativas racionais deve satisfazer as seguintes equações em diferença:

$$i_t P_t = E_t(P_{t+1} + D_{t+1})$$
$$i_t F_t = E_t(F_{t+1} + D_{t+1})$$

Dado que $B_t = P_t - F_t$, temos que $i_t B_t = E_t(B_{t+1})$ e aplicando logaritmo:

$$E_t(\Delta b_{t+1}) = \rho_t$$

[3] Para uma análise da política monetária e bolha especulativa, ver também Blanchard (2000, seção 1) e Mishkin (2011).

onde $b = \log B$ e $\rho = \log i$. Um aumento da taxa de juros provoca uma resposta positiva da bolha, amplificando seus movimentos.[4] Este resultado é contraditório com a visão convencional acerca da relação entre taxa de juros e bolhas.

A proposição seguinte sintetiza a análise.

Proposição: Um aumento da taxa de política monetária eleva a taxa de crescimento esperada de uma bolha racional.

[4] Galí (2013) relativiza esta análise, destacando outro canal pelo qual a taxa de juros afeta a bolha: o comovimento entre um choque na bolha e um choque na taxa de juros. Avaliando a relação anterior em t - 1 e eliminando o operador expectacional, temos que $\Delta b_t = \rho_{t-1} + \xi_t$, sendo $\xi_t = b_t - E_{t-1} b_t$ o choque na bolha e $E_{t-1}(\xi_t) = 0$. O choque na bolha pode ou não estar relacionado a choques na taxa de juros ($\varsigma_t = \rho_t - E_{t-1}\rho_t$). Podemos escrever que: $\xi_t = \psi_t \, \varsigma_t$, onde ψ_t é um parâmetro, cujo sinal e tamanho não é determinado pela teoria. O impacto de choques na taxa de juros sobre a bolha é indeterminado: $\Delta b_t = \rho_{t-1} + \psi_t \, \varsigma_t$.

Capítulo 16:

POLÍTICA MONETÁRIA E A ECONOMIA DA DEPRESSÃO

A crise financeira de 2008/9 apresentou choques grandes, que geraram não linearidades na estrutura econômica de diversos períodos, gerando descontinuidades ou rupturas nela. Em especial, a crise financeira gerou um grande choque de demanda negativo (recessivo), que foi tratado com medidas não convencionais de política monetária e fiscal.[1] Os choques geraram situações de crise econômica, que tiveram que ser tratadas com medidas diferentes às adotadas em tempos normais (onde os choques são pequenos e não afetam a estrutura econômica). Esse conjunto de situações gerou uma economia da depressão, que possui propriedades diferentes.

Consideremos alguns temas da economia da depressão que alteram as recomendações de política monetária. O primeiro trata da natureza da interação entre política monetária e fiscal, se choques de demanda suficientemente grandes acontecem. Dois casos importantes são o da armadilha deflacionária e do investimento. Choques na oferta de crédito podem obstruir os canais de transmissão da política monetária, gerando crises financeiras e colocando a economia numa situação de restrição de crédito.

Estes casos foram analisados inicialmente na década de 1930 e foram discutidos durante o novo consenso.[2] Com a crise financeira de 2008/9, porém, esses temas ganharam uma nova dimensão de análise e foram reinterpretados, devido às dificuldades que surgiram com as políticas recomendadas. Analisemos cada caso.

16.1. ARMADILHA DEFLACIONÁRIA

Como a taxa de juros nominal não pode ser negativa ($i \geq 0$ ou min $i = 0$), existe um limite para a redução de uma taxa de juros nominal, se acontece um choque de demanda negativo grande, chamado de limite zero para a taxa de juros (LZTJ).

[1] Nas palavras de Ben Bernanke (fevereiro de 2009), "tempos extraordinários requerem medidas extraordinárias".

[2] Ver, por exemplo, Krugman (1998b).

Essa restrição gera outra para o valor mínimo da taxa de juros real, dada pelo oposto da taxa de inflação (min $r = -\Pi$).

Se acontecer um choque de demanda negativo muito grande (devido, por exemplo, a um *crash* na bolsa valores ou na oferta de crédito), pode acontecer de a taxa de juros nominal que compensar o choque, permitindo que $y = 0$, seja negativa. Dado o LZTJ, o hiato do produto permanecerá negativo, reduzindo a taxa de inflação. O choque recessivo pode levar a uma espiral deflacionária e provocar a insolvência financeira de muitas empresas, devido ao fato de que as receitas nominais podem ser insuficientes para pagar suas dívidas (efeito balanço). Caso a economia se encontre em uma armadilha deflacionária (ou em uma depressão), acontece uma descontinuidade na estrutura econômica (não linearidade), que muda as recomendações de política econômica.

O gráfico 16.1 caracteriza a armadilha deflacionária. Por simplicidade, consideremos $\Pi = 0$, de forma que min $r = 0$. O choque de demanda provoca um deslocamento da curva IS (para a esquerda). O banco central responde, reduzindo a taxa de juros real para zero, e a economia alcança o ponto *B*, onde $y < 0$. Nesta situação, a economia se encontra em armadilha deflacionária, já que a política monetária convencional (uso da taxa de política) não consegue restabelecer o nível normal de atividade (fazer $y = 0$).

Gráfico 16.1: Armadilha deflacionária e a curva IS

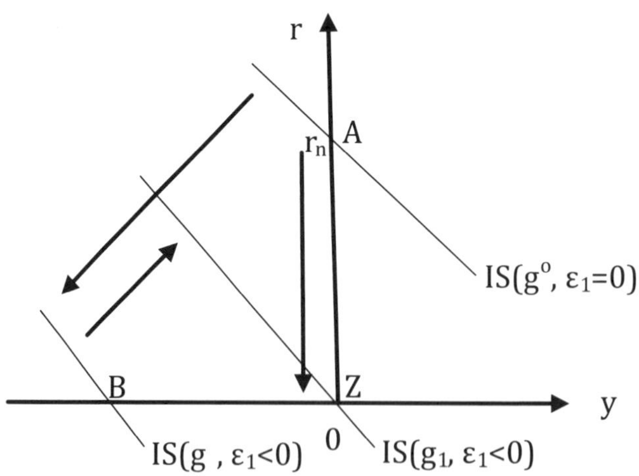

Analisemos de forma algébrica a argumentação, considerando a curva IS fiscal apresentada no Capítulo 11. Supondo que $\Pi = 0$, min $r = 0$ e $\varepsilon_2 = 0$, do problema do banco central, obtemos a sua função de reação (FRBC):

$$i^* = r_n + \Pi^M + \tfrac{\kappa}{b} g + \tfrac{1}{b} \varepsilon_1$$

Considerando $i^* = 0$ (e lembrando que $r_n = a/b$), o choque de demanda negativo necessário para que a economia se encontre em armadilha deflacionária tem que ser maior (em módulo) que um nível crítico (ε_1^c) dado por:

$$\varepsilon_1^c = -(a + b\Pi^M + \kappa g)$$

A proposição seguinte caracteriza uma depressão.

Proposição: Se $|\varepsilon_1| < |\varepsilon_1^c|$, a economia encontra-se em armadilha deflacionária ou em depressão.

Analisemos o canal das expectativas da política monetária em armadilha deflacionária. Considerando a análise do Capítulo 9 (seção 9.2), a curva IS pode ser escrita da seguinte forma: $y_1 = 2a - b\ (r_1 + r_2^e) + \varepsilon_1$. Como na armadilha deflacionária $i_1 = 0$, da equação de Fisher, temos que a taxa de juros real corrente depende da inflação esperada para o período seguinte: $r_1 = -\Pi^e_2$. Substituindo na curva IS, temos que

$$y_1 = 2a + b\ (\Pi_2^e - r_2^e) + \varepsilon_1$$

Analisemos a estabilidade do equilíbrio macroeconômico Se considerarmos, por simplicidade, que as expectativas são estáticas e que a taxa de inflação esperada é igual à taxa de inflação do período anterior ($\Pi^e_2 = \Pi_1$), a curva IS representa também a curva de demanda agregada:

$$y_1 = 2a + b\ (\Pi_1 - r_2^e) + \varepsilon_1$$

Na armadilha deflacionária, a curva de demanda agregada é positivamente inclinada (incl DA = $b > 0$) e o princípio de Taylor não é válido: quando aumenta a taxa de inflação corrente (Π_1), a taxa de política (r_1) diminui, estimulando o nível de atividade. Como vimos, o equilíbrio macroeconômico pode ser instável nestas circunstâncias.

O gráfico 16.2 mostra que, na armadilha deflacionária, a curva de demanda agregada é positivamente inclinada e que o equilíbrio macroeconômico (*A*) pode ser localmente instável.

Gráfico 16.2: Armadilha deflacionária e a curva de demanda agregada

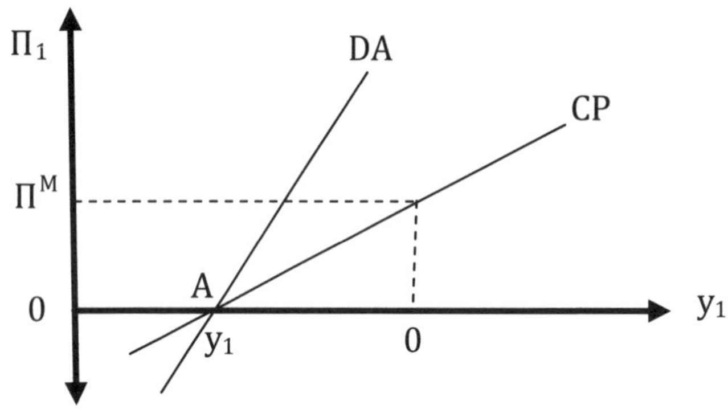

A proposição a seguir sintetiza a análise.

Proposição: Na armadilha deflacionária, o princípio de Taylor não é válido e o equilíbrio macroeconômico pode ser instável.

Analisemos o equilíbrio macroeconômico de outro ponto de vista. Seguindo Bullard (2010), consideremos que o banco central usa uma regra de Taylor, onde a taxa de política nominal (i) depende da taxa de inflação (Π), se as taxas de política nominais são positivas. Do contrário, dado o limite zero para a taxa de juros, a taxa de política é nula. Por simplicidade, consideremos que a regra de política monetária é dada por:

$$i = e\,\Pi,\ \text{se } i \geq 0;$$
$$i = 0$$

sendo e um parâmetro maior que 1 ($e > 1$). O gráfico 16.3 mostra esta regra simples. Observemos que, para $\Pi < 0$, a regra de política é $i = 0$. Por outro lado, no longo prazo, a equação de Fisher pode ser escrita como:

$$i = r_n + \Pi$$

onde r_n é a taxa de juros natural. O gráfico 16.3 também mostra esta função.

Podemos observar que existem dois equilíbrios que satisfazem a regra de política e a equação de Fisher de longo prazo. No equilíbrio *B*, a taxa de política nominal e a taxa de inflação são positivas. Esse equilíbrio é instável, ainda que o princípio de Taylor seja válido. No equilíbrio *A*, a taxa de política nominal é nula e a taxa de inflação é negativa (deflação). Este equilíbrio é estável e o princípio de Taylor não é válido.

Gráfico 16.3: Equilíbrio múltiplo e armadilha deflacionária

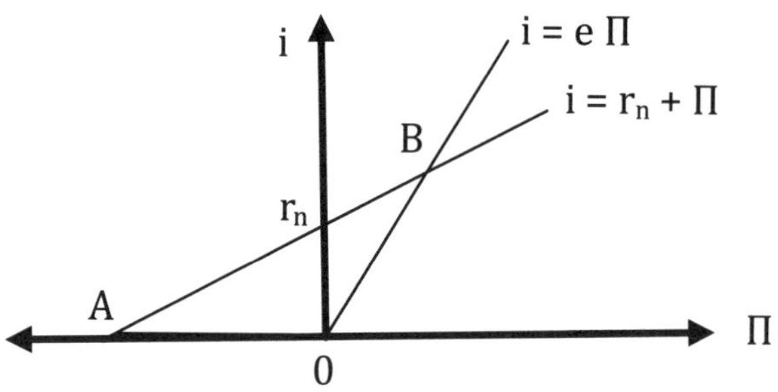

A seguinte proposição, apresentada inicialmente por Benhabib *et al.*(2001), conclui a análise.

Proposição: A existência de um limite zero para a taxa de juros e o uso de uma regra de Taylor pelo banco central têm como consequência a existência de equilíbrios múltiplos, sendo o equilíbrio deflacionário estável ainda que o princípio de Taylor não seja válido.

16.2. POLÍTICA FISCAL

Como vimos no Capítulo 11, em tempos normais, a política fiscal não deve reagir a choques de demanda. Retomemos o modelo desse capítulo, que analisa a interação da política monetária e fiscal, para analisar o papel da política fiscal, caso a economia se encontre na armadilha deflacionária.

Na armadilha deflacionária, o tesouro só tem por objetivo restabelecer o nível de atividade (fazer $y = 0$), desconsiderando a dinâmica da dívida pública. Na função objetivo do tesouro nacional, $\varphi = 0$ e $L_T = \beta y^2$. O problema do tesouro é dado por:

$$\min_{g} L_T = \beta[a - b(i - \Pi^M) + \kappa g + \varepsilon_1]^2$$

sendo $i = 0$. Da CPO, determinamos o instrumento da política fiscal:

$$g^* = -\left(\frac{a + b\Pi^M + \varepsilon_1}{\kappa}\right) > 0$$

Dado o limite da política monetária, uma política fiscal expansionista é eficiente para restaurar o nível de atividade (fazer $y = 0$). Pode-se observar que o déficit fiscal primário depende do tamanho do choque (ε_1) e do multiplicador da política fiscal (κ). Quanto maior é o tamanho (em módulo) do choque de demanda, maior deve ser o déficit fiscal requerido e quanto maior é o multiplicador da política fiscal, menor deve ser esse déficit.

Podemos verificar que essa é uma combinação de política econômica que permite alcançar o bem-estar social desejado. Substituindo $i^* = 0$ e g^* na curva IS fiscal, obtemos $y = 0$. Este resultado está associado ao fato de a economia se encontrar na armadilha deflacionária. Revertido o choque de demanda, a política fiscal deve considerar novamente a trajetória ótima da dívida pública.[3]

No gráfico 16.1 (já apresentado), analisamos o resultado. O tesouro pode aumentar o déficit fiscal primário para fechar o hiato do produto, deslocando a curva IS para direita até alcançar o ponto Z. De forma resumida, a sequencia de eventos que observamos no gráfico são:

$$\downarrow\varepsilon_1 \rightarrow \downarrow\text{curva IS} \rightarrow \downarrow r \text{ e } \uparrow g \rightarrow \uparrow\text{curva IS.}$$

A proposição seguinte resume a análise apresentada.

[3] Ver, por exemplo, Woodford (2011a)

Proposição: Se a economia estiver em uma armadilha deflacionária, o tesouro nacional deve compensar o choque recessivo, aumentando o déficit fiscal e desconsiderando a trajetória da dívida pública. O déficit fiscal requerido depende do tamanho do choque e do multiplicador da política monetária.

16.3. RESTRIÇÃO DE CRÉDITO

A armadilha deflacionária pode ser provocada por uma redução abrupta da oferta de crédito dos intermediários financeiros. Se a percepção de risco dos intermediários financeiros aumenta substancialmente, devido, por exemplo, a uma queda no valor esperado dos empréstimos, eles podem interromper as operações do mercado de crédito e demandar ativos sem risco. A restrição na oferta de crédito pode provocar um colapso do mercado de crédito e um choque grande de demanda.[4]

Em termos do modelo apresentado no Capítulo 8, a restrição de crédito acontece se a oferta de novos créditos das instituições financeiras (dada pela curva OI) desaparece porque a rentabilidade esperada dos empréstimos cai para zero ($s \to 0$). Neste contexto, a restrição VaR não é satisfeita e os intermediários financeiros devem reduzir drasticamente suas taxas de alavancagem. Mais precisamente, a taxa de alavancagem (a) deve ser reduzida para zero:

$$a \cong \left(\frac{s}{k}\right) \omega \to 0$$

Os empréstimos dos intermediários financeiros são reduzidos porque a oferta de novos empréstimos desaparece. O volume de empréstimos tende a se igualar com o capital próprio ($L \to C$). Os bancos comerciais ajustam seus balanços, demandando ativos sem risco (por exemplo, títulos públicos de curto prazo).

Eliminando a concessão de novos empréstimos, os intermediários financeiros desenvolvem um processo de desalavancagem de suas posições financeiras. Essa prática pode paralisar as operações creditícias no mercado interbancário e travar todo o sistema de crédito. Neste contexto, a oferta de crédito dos intermediários (OI) torna-se inelástica.

---

[4] Uma análise dos efeitos da contração da oferta de crédito na propagação da crise financeira de 1930 é feita por Bernanke (1983).

A seguinte proposição apresenta a conclusão alcançada.

Proposição: Uma redução da taxa de alavancagem dos intermediários financeiros gera uma forte contração da oferta de crédito, enquanto dure o processo de desalavancagem.

Se existe restrição de crédito, a política monetária convencional não funciona, devido aos canais de transmissão da política monetária (canal dos empréstimos, do balanço e do risco) estarem bloqueados. A taxa de política não consegue alterar a oferta de novos créditos, ainda que seja nula ($i^* = 0$). O aumento da percepção de risco dos intermediários financeiros leva a que só se demandem ativos sem risco, resultando numa situação similar à da armadilha da liquidez. Políticas não convencionais se tornam necessárias.

16.4. ARMADILHA DO INVESTIMENTO

Em um ambiente recessivo, o investimento (e o consumo) pode não reagir à taxa de juros real, devido ao pessimismo dos empresários, conforme proposto por Keynes (1936, cap. 19). Este efeito reduz a demanda de crédito, bloqueando o canal de transmissão da política monetária. Analisemos a resposta de política para este caso, denominado de armadilha do investimento.

Retornemos ao Capítulo 11 que analisa a inter-relação entre política monetária e fiscal. Na armadilha do investimento, o produto não depende da taxa de juros real (y não depende de r). Na curva IS fiscal, temos que $b = 0$. A política monetária é ineficiente porque, neste caso, seu canal de transmissão está totalmente bloqueado. Notemos que, se $b = 0$, da FRBC, temos que a taxa de política deveria ser muito grande ($r^* \to \infty$), o que não faz sentido econômico. Neste caso, o banco central pode manter a taxa de política no seu nível natural ($r = r_n$) e o tesouro utilizar a política fiscal.

A política fiscal é um fator estabilizante do nível de atividade frente a um choque de demanda negativo. Calculemos o valor ótimo do instrumento de política fiscal (g^*). Da FRT, podemos obter:

$$g^* = -\left[\frac{\kappa\beta(a+\varepsilon_1)}{\kappa^2\beta+\alpha}\right] > 0.$$

O gráfico 16.4 mostra o ajuste de uma economia em armadilha do investimento, considerando um aumento do déficit primário de g_0 para g_1. O aumento da demanda agregada autônoma desloca a economia do ponto *A* para o ponto *Z*. No ponto *Z*, a política fiscal compensa todo o efeito do choque de demanda negativo ($\varepsilon_1 < 0$).

Gráfico 16.4: Armadilha do investimento

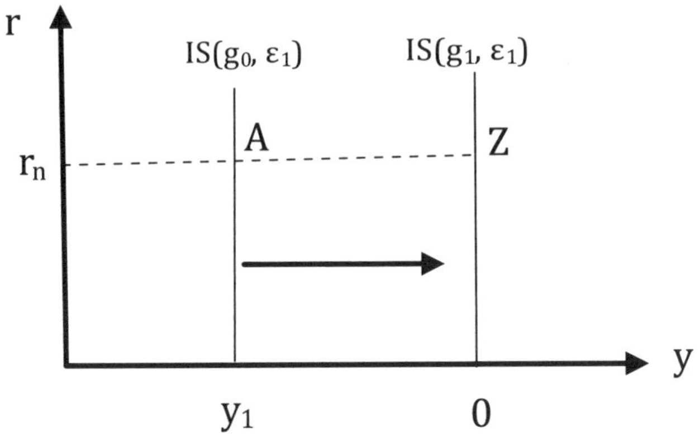

A seguinte proposição sintetiza análise.

Proposição: Se o investimento (demanda agregada) não reage à taxa de política, a política fiscal pode compensar um choque recessivo.

16.5. POLÍTICAS MONETÁRIAS NÃO CONVENCIONAIS

Crises financeiras que interrompem os mecanismos de transmissão da política monetária (canal do crédito e canal das expectativas) e geram choques grandes de demanda são pouco frequentes. Além da utilização da política fiscal (analisada na seção 16.2), a política monetária pode utilizar outros instrumentos. Existem basicamente três tipos de instrumentos não convencionais de política monetária:[5]

a. **Expansão do crédito:** os instrumentos procuram expandir a oferta de crédito das instituições financeiras, afetando o canal do crédito;

[5] Para uma análise das medidas não convencionais e de sua racionalidade, ver Borio e Disyatat (2010). Para uma análise da política monetária neste contexto de armadilha da liquidez, ver Blanchard (2000, seção 2).

b. **Afrouxamento quantitativo (*quantitative easing*):** os instrumentos expandem o papel do banco central como emprestador de última instância, gerando uma expansão de seus balanços ou;

c. **Orientação futura (*forward guidance*) de juros e inflação futura:** os instrumentos procuram afetar as expectativas de taxas de juros futuros, elevando as expectativas de inflação futura ou reduzindo as de taxas de política futuras (como vimos na seção 16.1).

Apresentemos alguns dos instrumentos não convencionais de política monetária utilizados na crise de 2008/9, destacando que, como não são excludentes, podem ser utilizados de forma simultânea.

Em relação à expansão do crédito, os bancos centrais reduziram os requerimentos de margens para empréstimos privados que usam uma cesta de ativos como colateral, além de empréstimos diretos ao setor privado e da redução da taxa de compulsório. Essa redução das margens permitiria relaxar a restrição sobre a taxa de alavancagem dos agentes financeiros e desobstruir o canal do crédito, reduzindo o *spread* do crédito e estimulando a demanda agregada. O resultado esperado, no entanto, não foi alcançado, já que nada garante que os bancos comerciais vão expandir o crédito ou que a demanda de crédito vai se expandir. Outros instrumentos para restabelecer as operações de crédito são elevar o valor de mercado do estoque dos empréstimos dos intermediários financeiros ou capitalizar essas instituições, elevando seu capital próprio.

No caso do afrouxamento monetário, os bancos centrais demandaram títulos privados diversos (como títulos de crédito imobiliário) ou títulos públicos de prazos mais longos, procurando aumentar os preços desses ativos financeiros (e reduzir suas taxas de juros). As compras de ativos de longo prazo expandiram os balanços dos bancos centrais e a base monetária.

Para a orientação futura, os bancos centrais anunciaram que as taxas de política ficariam inalteradas em valores extremamente baixos durante períodos prolongados de tempo, visando reduzir as taxas de juros de longo prazo. Eles também destacaram mudanças nas preferências em relação às taxas de inflação no futuro, destacando serem mais lenientes com taxas elevadas ou mudando suas avaliações de risco (os riscos de inflação foram reduzidos e os riscos de recessão elevados).

No gráfico 16.5, ilustramos os efeitos desejados do afrouxamento monetário e da orientação futura. Consideremos que o banco central já reduziu a taxa de política para zero e que a curva de rendimento deslocou-se para CR_1. Ao comprar títulos de longo prazo, o banco central deixa de operar no mercado interbancário e começa a operar no mercado aberto, procurando alcançar a taxa de longo prazo i'_2 (ponto *B*). Se o banco central tem sucesso com sua política não convencional, a curva de rendimento torna-se mais achatada (CR_2), reduzindo os *spreads* dos papéis de longo prazo. Podemos concluir que o objetivo do afrouxamento monetário é reduzir esses *spreads*. Por outro lado, a orientação futura busca reduzir as taxas de política futuras esperadas, de forma a reduzir também a taxa de longo prazo.

Gráfico 16.5: Política de mercado aberto

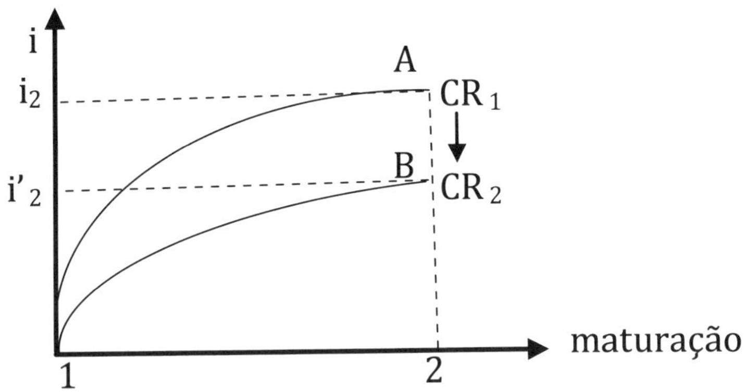

A proposição seguinte sintetiza a análise.

Proposição: Na armadilha deflacionária, os canais convencionais de transmissão da política monetária encontram-se bloqueados e o banco central deve atuar nos mercados financeiros, através de políticas não convencionais, procurando destravar o crédito e reverter a deflação de ativos de longo prazo.

Não é trivial supor que as políticas monetárias não convencionais produzirão os resultados desejados. A teoria apresenta algumas condições para que essas políticas sejam eficientes. Antes de discutir essas condições, apresentemos o conceito de neutralidade Wallace, que serve de base para essa análise.

16.5.1. Eficácia das Operações de Mercado Aberto

A análise da eficácia das políticas monetárias não convencionais está embasada nos resultados apresentados por Wallace (1981), que destaca que o tamanho e a composição do portfólio do banco central são irrelevantes para o equilíbrio dos mercados de ativos financeiros. Para ele as operações de mercado aberto são irrelevantes para alterar os preços dos ativos financeiros e não é possível implementar a política montaria através de operações de mercado aberto. Apresentemos de forma simples o argumento de Wallace.

A ideia central é que as operações de mercado aberto não reduzem o risco de perda de renda do setor privado, porque as perdas presentes do banco central são perdas do tesouro nacional e devem significar em aumento futuro de impostos. Como o banco central não protege o setor privado desse risco mudando seu portfólio, o setor privado está tão exposto a esse risco quanto antes da política monetária e os preços dos ativos de risco não devem ser afetados pelas operações de mercado aberto. O efeito balanço de portfólio, mudança de preços relativos que induz o setor privado a ajustar suas posições, não acontece se o banco central mantém menos de um ativo e mais de outro.[6] Para desenvolver o argumento utilizemos um modelo de média-variância de dois períodos.[7]

Consideremos mercados financeiros sem fricção nos quais os bancos se protegem do risco de impostos futuros. Eles formam seus portfólios com um título de curto prazo (ativo com risco) e moeda (ativo sem risco) e maximizam a seguinte função de utilidade esperada:

$$U(W_2) = E(W_2) - (\alpha/2)\,\mathrm{var}(W_2)$$

onde W_2 é o valor da carteira no segundo período e α é o grau de aversão ao risco. Os bancos são tomadores de preço no mercado de título de curto prazo. A oferta desse título é fixa ($\underline{z}$) e a demanda do título pelos bancos é dada por z. Seja i o retorno do título, $\bar{i}$ o valor médio de i e σ^2 a variância. A taxa de retorno da moeda é nula.

---

[6] Este resultado é apresentado como sendo uma consequência do teorema Modigliani-Miller e é comparável ao resultado da equivalência ricardiana em política fiscal

[7] O modelo é sugerido por Woodford (2010).

O banco central demanda o título de curto prazo no período corrente (z^{bc}) e financia esta operação entregando moeda para os bancos. A perda possível do banco central é $i\, z^{bc}$. Se acontece uma perda no período 1, o tesouro nacional cobra do banco um imposto nesse valor no período 2.

O valor da carteira dos bancos no segundo período é dado por:

$$W_2 = W_1 + i\,(z + z^{bc})$$

Calculada a média e a variância de W_2, o problema de carteira dos bancos é dado por:

$$\max_z [W_1 + \bar{i}\,(z - z^{bc}) - \frac{\alpha}{2}(\sigma^2\, \hat{z}^2)$$

Da CPO do problema obtemos a demanda do título por parte dos bancos:

$$z = \frac{\bar{i}}{\alpha\,\sigma^2} - z^{bc}$$

A demanda do título pelo banco (z) depende da decisão do banco central (z^{bc}): se o banco central aumenta a demanda do título, os bancos reduzem a sua demanda em igual quantia. Seja $\hat{z} \equiv z + z^{bc}$ a demanda total do título de curto prazo. Da condição de equilíbrio do mercado do título ($\hat{z} = \underline{z}$), podemos concluir que a decisão do banco central não afeta o preço do título.[8]

O resultado de Wallace destaca que as políticas não convencionais não são eficientes para afetar as taxas de juros dos títulos de curto prazo. A seguinte proposição sintetiza a análise.

Proposição (Neutralidade Wallace): As operações de mercado aberto não alteram os preços dos ativos financeiros porque não reduzem o risco de perda de renda do setor privado. As perdas presentes do banco central são perdas do tesouro nacional e devem significar um aumento futuro de impostos.

[8] O resultado é mantido se são incluídos na análise investidores alavancados que utilizem uma restrição VaR para administrar riscos. A este respeito ver Curdia e Woodford (2010).

16.5.2. Eficácia do Afrouxamento Monetário

Woodford (2012b) propõe que, para analisar a eficácia do afrouxamento monetário, é analiticamente útil dividir os programas de demanda de ativos de longo prazo em dois componentes: o afrouxamento quantitativo puro e a operação Twist. Afrouxamento quantitativo puro é definido pela compra títulos de curto prazo, utilizados como encaixes pelos bancos comerciais e que incrementam o balanço do banco central (base monetária). A operação Twist considera as vendas desses títulos de curto prazo e a demanda de títulos de longo prazo, não alterando o tamanho do balanço do banco central. Analisemos em que condições o afrouxamento quantitativo puro e a operação Twist são eficazes para alcançar seus objetivos.

A análise da eficácia do afrouxamento quantitativo puro pode ser realizada a partir da ideia de neutralidade Wallace.[9] Quando a taxa de política já alcançou o limite zero, os ativos são mantidos por razões diferentes ao do valor de seus retornos pecuniários ($\bar{i}$,σ^2). Alguns passivos monetários do banco central podem ser avaliados de forma diferente por alguns agentes econômicos, destacando suas condições de liquidez. Os encaixes bancários têm um papel especial no sistema de pagamentos e são avaliados pelos serviços de transação que fornecem. Esses serviços constituem um prêmio de liquidez, dado pela diferença entre a taxa de juros dos títulos de curto prazo e os encaixes bancários. Quando o banco central aumenta os encaixes bancários comprando títulos de curto prazo, melhora a estrutura patrimonial dos bancos e inviabiliza o resultado de Wallace. Com o aumento da oferta de encaixes, no entanto, o valor marginal dos serviços de transação diminui, levando a uma redução do prêmio de liquidez. Quando a oferta de encaixes aumenta o suficiente para reduzir o prêmio de liquidez a zero, a taxa de juros dos títulos curtos alcançam seu valor mínimo e os bancos tornam-se indiferentes entre manter encaixes ou títulos sem risco.

Para que a operação Twist seja eficiente, é necessário que os títulos de curto e longo prazo não sejam substitutos perfeitos nas carteiras do setor privado e que os preços relativos dos ativos ajustem-se às mudanças na quantidade disponíveis para o setor privado.[10] A hipótese de que os títulos não são substitutos

---

[9] Curdia e Woodford (2010, seção 1) apresentam as condições para que a demanda de ativos de risco por parte do banco central possa elevar os preços desses ativos.

[10] A substituição imperfeita pode ser o resultado de uma segmentação de mercados ou de preferências de habitat. Ver Capítulo 9, seção 9.1.

perfeitos supõe que as curvas de demanda desses ativos não são perfeitamente elásticas. Como o banco central compra mais ativos de longo prazo, a oferta líquida destes títulos para o setor privado diminui, aumentando o preço e diminuindo o rendimento desses títulos. Já os rendimentos dos títulos de curto prazo aumentam. A mudança dos preços relativos induz o setor privado a ajustar suas posições e provoca um efeito portfólio.

A seguinte proposição sintetiza a análise.

Proposição: O afrouxamento monetário puro é eficiente, se os encaixes bancários incorporam na sua avaliação um prêmio de liquidez, mas essa eficiência diminui à medida que aumentam os encaixes bancários e diminui o prêmio de liquidez. A eficácia da operação Twist depende de que os ativos não sejam substitutos perfeitos, de forma que as curvas de demanda não sejam perfeitamente elásticas e aconteçam efeitos portfólio (mudanças de preços relativos que induzem o setor privado a ajustar suas posições).

16.5.3. Eficácia da Orientação Futura de Juros e Inflação

Como vimos na seção 16.1, para escapar da armadilha deflacionária, o banco central pode sinalizar que as taxas de política serão mantidas baixas por um período longo no futuro. Isto pode ser feito anunciando-se uma política monetária expansionista para o futuro, sinalizando com taxas de juros nominais baixas no futuro ou taxas de inflação mais elevadas.[11] Em termos da análise da seção 16.1, um aumento da inflação esperada ($\Pi^e{}_2$) reduz a taxa de política corrente (r_1) e eleva o nível de atividade corrente (y_1). Por outro lado, uma redução da taxa de política esperada ($r^e{}_2$) reduz a taxa de juros de longo prazo (r_2) e aumenta o nível de atividade (y_1).

É claro que o banco central deve reverter essas sinalizações assim que a economia escapar da recessão para não perder posteriormente o controle da taxa de inflação, mas, na armadilha deflacionária, a sinalização de taxas de políticas nominais futuras baixas ou de taxas de inflação futura elevadas pode aumentar a demanda agregada e o nível de atividade presente.

11 Krugman (1998b) foi o primeiro a apresentar esta visão de prometer criar inflação futura maior para escapar da armadilha deflacionária. Ele descreve este tipo de política como "compromisso crível para ser irresponsável". Para uma análise mais recente dessa abordagem, ver Walsh (2010b).

O problema principal da orientação futura é a inconsistência intertemporal, como destaca Woodford (2013), porque os bancos centrais podem não cumprir as políticas anunciadas, se a economia se encontrar, no futuro, fora da armadilha deflacionária. As expectativas dos agentes econômicos podem não coincidir com as políticas anunciadas.

Woodford (2013) destaca que, para que não exista inconsistência intertemporal, o banco central deve manter a meta ao longo do tempo. Para que incorporem um compromisso, as metas futuras devem ser independentes do horizonte futuro. Isto permite gerar um mecanismo de correção de erro nas decisões do banco central e eliminar qualquer viés que possa existir. Woodford (2012b e 2013) propõe que a orientação futura, que estimule as expectativas de inflação por um período de tempo suficientemente longo, pode ser feita através da adoção do Federal Reserve de um regime de metas para o produto nominal.[12]

Proposição: Para que a orientação futura tenha credibilidade (os agentes econômicos acreditem na sinalização apresentada), as metas de política devem manter o critério ao longo do tempo para que as decisões do banco central apresentem um mecanismo de correção de erro.

16.6. COMENTÁRIOS FINAIS

A análise apresentada neste capítulo não impede que, em condições macroeconômicas normais, seja ótima uma separação completa entre a política monetária e a gestão de liquidez. Em tempos normais, o banco central deve manter em sua carteira títulos altamente líquidos do tesouro nacional e utilizar seguros bancários e instrumentos de regulação financeira para não gerar problemas de risco moral ou de solvência, liquidez e maturidade na dívida pública. O uso de políticas monetárias não convencionais em tempos normais pode melhorar a situação presente, mas aumenta o risco de crises futuras. [13]

---

12 Analisando a situação da economia americana em 2012, Woodford (2012b) destaca que esse regime permitiria gerar o compromisso de aceitar uma taxa de inflação acima de sua meta (implícita), ainda depois de que o nível do produto tenha retornado a seu nível potencial. No anexo deste capítulo, destacamos alguns pontos da proposta de Woodford, que provocou um debate forte sobre a política monetária do Federal Reserve.

13 No anexo do Capítulo 17, apresentaremos alguns modelos de crises financeiras.

Por último, se a armadilha deflacionária acontece em um país grande, cria-se um problema para a coordenação internacional de políticas monetárias. Apresentemos este tema de forma intuitiva.[14] Consideremos que um país grande sofre um choque de demanda negativo grande, que gere uma armadilha deflacionária, e anuncie uma política monetária presente e futura expansionista. A moeda do país doméstico vai se desvalorizar e a do país externo vai se apreciar pelo período em que a política monetária for frouxa. Se o período for prolongado, pode-se deflagrar uma "guerra cambial" entre os países, já que os bancos centrais podem administrar a taxa de câmbio para contra-arrestar os efeitos recessivos, que surgem originalmente do choque de demanda negativo no país grande. A política dos bancos centrais de tentar desvalorizar a moeda local pode gerar uma nova versão das políticas cambiais de "empobrecer o vizinho" dos anos 1930.[15]

Temas de Discussão

16.1. Se a economia encontra-se em armadilha deflacionária e a taxa de política monetária nominal é nula, um aumento da taxa de inflação diminui a taxa de política real, estimulando o nível de atividade. O princípio de Taylor não é válido e o equilíbrio macroeconômico pode ser localmente instável. Discuta essa propriedade de uma economia em depressão e compare com as características de uma economia normal (apresentada nos Capítulos 6 e 7).

16.2. A neutralidade Wallace não é válida na armadilha da liquidez porque a situação patrimonial dos intermediários financeiros é muito alavancada e os riscos de *default* são elevados. O afrouxamento quantitativo permite alterar a curva de rendimento (reduzindo as taxas de juros longas) porque a liquidez dos passivos do banco central passa a ser avaliada e porque acontecem alguns efeitos de portfólios nas estruturas patrimoniais dos intermediários financeiros. Estes efeitos, porém, desaparecem à medida que o afrouxamento monetário se expande, reduzindo sua eficácia para alterar a curva de rendimentos. Comente a análise apresentada.

---

14 No Capítulo 18, retomaremos este tema de forma mais detida.

15 Para uma análise geral dos efeitos dos transbordamentos em tempos de crise, ver Eichengreen *et al.* (2011, cap. 3) e Eichengreen (2013).

16.3. A sinalização através de promessas sobre a taxa de política futura ou a taxa de inflação futura tem o problema de inconsistência intertemporal. O banco central pode não cumprir essa promessa no futuro, se já tiverem sido alcançadas as metas desejadas (produto potencial e meta de inflação). Woodford (2013) propõe que, para evitar este problema, as metas futuras devem ser independentes da situação dos mercados no futuro. Isto permite gerar um mecanismo de correção de erro nas decisões de política monetária do banco central e eliminar qualquer viés que possa existir na política monetária. Uma possibilidade é anunciar metas em termos do nível do produto nominal e não em termos de taxas de variação desse produto. Discuta a proposta.

16.4. A proposta de ter um regime com meta para o produto nominal lembra a abordagem de Milton Friedman para a determinação do nível de preços, na qual o banco central escolhe a oferta de dinheiro em termos nominais e o setor privado escolhe a demanda de dinheiro em termos reais. A interação dessas escolhas determina o nível de preço. No regime de meta do produto nominal, o banco central determina a variação do produto em termos nominais e o setor privado determina quanto dessa alteração será em termos reais (produto) e quanto em termos nominais (nível de preços). Uma vez que a taxa média de crescimento de longo prazo do produto é devida ao produto potencial (que não é afetado pela taxa de inflação média), a escolha do banco central produz, em média, a meta de inflação desejada. Comente.

16.5. Dados o tamanho do balanço do Federal Reserve, o excesso de reservas dos bancos no final de 2013 e as perspectivas para 2014 e 2015, Gagnon e Sack (2014) propõem utilizar como instrumento de política monetária a taxa de operações de recompra reversa (*reverse repurchase agreement*) no lugar da taxa dos *federal funds* (utilizada no mercado interbancário para empréstimos de curtíssimo prazo). Nessa operação, o Federal Reserve vende um título com o acordo de recomprá-lo no futuro a um preço determinado. Como essa seria também a taxa de juros das reservas dos bancos, a proposta permitiria controlar melhor as taxas de juros de curto prazo. Pesquise sobre a proposta e discuta como o Federal Reserve deve ajustar seu marco operacional a um ambiente de alta liquidez nos mercados financeiros.

Anexo:

ORIENTAÇÃO FUTURA E META PARA O NÍVEL DO PRODUTO NOMINAL

Após a crise financeira de 2008-2009, houve um intenso debate sobre como lidar com situações em que a economia está em uma armadilha de liquidez e a taxa de juros nominal atinge seu limite inferior igual a zero. Alguns autores destacam que, com um regime de meta para o nível de preço, uma economia atinge o limite zero da taxa de juros com menos frequência e pode sair da armadilha mais facilmente do que uma economia com um regime de metas de inflação. A meta do nível de preço implica menos variabilidade da inflação que o de metas de inflação, desde que os formuladores de políticas possam moldar as expectativas sobre a inflação futura de forma eficaz.[1] O regime proporciona uma inflação "segura" contra o risco de alcançar o limite zero da taxa de juros com uma inflação muito baixa.[2] Por outro lado, durante uma deflação, os agentes esperam inflações futuras para que o nível de preços volte à sua trajetória normal, reduzindo a taxa de juros real e aumentando o produto. A meta do nível de preços geraria expectativas de inflações futuras sem ter que recorrer a medidas não convencionais.

Woodford (2012b) é cético em relação à eficiência da política de afrouxamento quantitativo e propõe que o Federal Reserve desenvolva um compromisso firme que gere uma taxa de juros baixa por um período de tempo longo. Sua ideia é ter um critério objetivo com duas qualidades: concentrar-se no nível de uma variável nominal (em vez de sua taxa de crescimento) e envolver uma combinação de preços e atividade econômica. A estratégia de comunicação consiste em substituir um regime de meta de inflação flexível por outro com uma meta no nível de preços ponderada pelo hiato do produto. Uma meta para o nível do produto nominal seria uma simplificação da meta proposta. Para evitar que um hiato do produto positivo signifique uma deflação (já que o ótimo é aumentar as expectativas de inflação), é crucial comunicar ao público a meta do nível de pre-

---

[1] Como vimos no anexo do Capítulo 7 (seção 3), a razão por trás destes resultados é o mecanismo expectacional embutido na meta do nível de preço.

[2] A este respeito, ver Billi (2008).

ços de longo prazo, que cria a expectativa de inflação desejada. Por este motivo Eggertsson e Woodford (2003, seção 3.2) mostram que um compromisso crível, devido a políticas "dependentes da história", pode atenuar as distorções criadas pela taxa de juros zero. Analisemos estes argumentos.

Woodford (2013) destaca que o resultado da política monetária depende de como ela será conduzida no futuro. Para que o resultado da política monetária seja determinado no modelo novo keynesiano dinâmico, o público deve acreditar que as projeções do banco central são corretas ou razoáveis. Não é suficiente, porém, perguntar aos membros do comitê de política monetária sobre os resultados futuros possíveis, já que eles podem não cumprir seus compromissos, se as condições de mercado mudarem. Este requerimento de credibilidade permite que a política monetária tenha uma consistência intertemporal.

Uma meta para o nível de preços (ajustado pelo hiato do produto) impõe um compromisso firme por parte do banco central, reduzindo os erros de julgamento do banco central. Se a inflação efetiva é maior que a meta de inflação, o banco central deve compensar essa inflação para retornar à meta de preços. Como Woodford (2012b) destaca, a trajetória do nível de preços retornaria à sua trajetória de longo prazo. Neste caso, a política monetária seria "dependente da história" (*history dependent*), em oposição às políticas prospectivas (*forward looking*), que não têm esse compromisso. Com meta para o nível de preços, a orientação futura (*forward guidance*) da política monetária teria mais credibilidade e geraria menos dúvidas sobre como a política monetária será realizada no futuro.[3] No regime de meta do nível de preços, existe um "estabilizador automático", que é perdido no regime de meta de inflação. As metas de política são independentes do horizonte futuro e permitem manter o critério ao longo do tempo: o banco central não pode mudar o critério ao longo do tempo.

A argumentação anterior pode ser apresentada de forma alternativa. A meta do nível de preços (ajustada pelo hiato do produto) permite uma descrição mais completa da política monetária futura que a meta de inflação. É necessário um critério objetivo de como é possível alcançar a taxa de inflação desejada de médio prazo e a meta de inflação não é suficiente para determinar um critério claro

[3] Uma regra de política torna-se mais crível no tempo através de repetidas demonstrações de seu compromisso para atuar de acordo com ela.

de como gerar a taxa de inflação desejada no médio prazo (a forma pela qual se mantém a confiança permanece obscura).[4]

A meta de preços incorpora um compromisso para a correção das metas perdidas no passado. Ela gera um mecanismo de correção de erro nas decisões do banco central, que permite eliminar um viés na política monetária, ainda se existe informação imperfeita.

A proposta de Woodford (2013) pode ser ilustrada, a partir do modelo apresentado no anexo do Capítulo 7 (seção 3). Considerando que a meta para o nível de preços é p_t^M e que, por simplicidade, $p_{t-1} = 0$, a regra monetária para o regime de nível de preços é dada por:

$$p_t + \frac{\tilde{\lambda}}{d} y_t = p_t^M$$

Nesta regra, supõe-se que p_{t-1} satisfaz a meta do nível de preços ($p_{t-1} = p^M_{t-1}$). A regra monetária deixa claro que, dado p^M_t, se o hiato do produto aumenta ($y_t > 0$) deve acontecer uma deflação ($\Pi_t < 0$). [5]

Esta regra monetária (que estabelece uma taxa de inflação ajustada pelo hiato do produto) é de comunicação difícil. Se, por simplicidade, supomos que $\tilde{\lambda}/d = 1$,[6] a regra monetária é dada por: $p_t + y_t = p^M_t$. Como o hiato do produto (y_t) é a diferença entre o logaritmo do produto efetivo (Y_t) e o logaritmo do produto potencial (Y^P_t), a regra monetária pode ser escrita como uma meta para o produto nominal: [7]

$$Y^N_t = Y^{NM}_t$$

onde $Y^N = p + Y$ é o logaritmo do produto nominal e $Y^{NM} = p^M + Y^P$ é o logaritmo da meta para o produto nominal. A meta do nível de preços pode ser entendida como um objetivo intermediário para alcançar a taxa de inflação desejada de médio prazo, sendo estabelecida como $p^M_t = p^M_0 \, \Pi^M t$.

4 Uma alternativa seria estabelecer como meta uma média móvel da taxa de inflação para um período longo (de 5 até 10 anos).

5 De forma alternativa, a regra para o nível de preços pode ser escrita como $\Pi_t + \frac{\tilde{\lambda}}{d}(y_t - y_{t-1}) = \Pi_t^M$.

6 Woodford (2013) chama esta hipótese de "abordagem equilibrada".

7 Woodford (2012b) considera que o regime de meta para o nível do produto nominal é uma evolução do regime de meta de inflação flexível, associada à meta do nível de preços.

De forma prática, a função de reação do banco central neste regime é uma regra de Taylor, na qual se substitui a taxa de inflação pelo nível de preços:

$$r = r_n + \gamma\,[(p + Y) - (p^M + Y^P)] = r_n + \gamma\,(p - p^M) + \gamma\,y$$

onde $\gamma > 0$ é um parâmetro.[8]

A proposição seguinte resume o argumento.

Proposição (Woodford 2012b e 2013): A política monetária ótima deve compensar qualquer desvio da trajetória do nível do produto nominal de sua trajetória de meta. Isso cria um compromisso firme em relação à taxa de inflação desejada de médio prazo (que é diferente de uma promessa simples), reduzindo a incerteza da política monetária.

A meta do produto nominal deve considerar as oscilações do produto potencial. Do contrário, o regime pode gerar taxas de inflação esperada muito distantes da meta de inflação desejável para o médio prazo, gerando um problema de inconsistência intertemporal. Os juros futuros esperados poderiam aumentar (porque a taxa de inflação futura esperada é elevada), promovendo um aumento dos juros longos correntes.[9]

A proposta de procurar uma taxa de crescimento estável do produto nominal apresenta uma visão similar, para os objetivos da política monetária, da estabelecida pela regra de Friedman.[10] O compromisso gerado implica em estabelecer uma regra de política monetária.

---

[8] Somando e subtraindo p_{-1} no segundo somando e considerando que p_{-1} é igual à meta de preço desse período, a regra monetária é similar à regra de Taylor: $r = r_n + \gamma\,(\Pi - \Pi^M) + \gamma\,y$. O regime de meta do produto nominal pode ser pensado como um caso particular da regra de Taylor, onde o desvio da inflação e o hiato do produto afetam de igual forma a taxa de política.

[9] Em relação à experiência americana, o produto nominal saiu, a partir de 2008, de sua tendência linear de longo prazo (1990-2012). Em 2012, essa diferença era de 14%, sendo explicada pelo hiato do produto real, já que o nível de preços seguiu sua tendência de longo prazo (com uma taxa de inflação de 2% ao ano). Por outro lado, em 2012, o produto potencial estaria 8% abaixo de sua tendência linear anterior, de forma que o hiato do produto (real) seria de –6%. Bullard (2012) ressalta que tornar o hiato do produto (real) positivo para fechar o hiato do produto nominal deve gerar uma inflação mais elevada, já que não existe hiato na trajetória dos preços. Para uma análise crítica da proposta de Woodford para a economia americana, em especial dos problemas de inconsistência temporal e de incerteza inflacionária, ver Davies *et al.* (2012).

[10] A proposta de Friedman (1960) foi resenhada na seção 1 do Capítulo 7.

Capítulo 17:

POLÍTICA MONETÁRIA E ESTABILIDADE FINANCEIRA

Blanchard *et al.* (2010) destacam que, durante a Grande Moderação, a política monetária dos países desenvolvidos estava bem adaptada para lidar com os choques que se apresentaram. O sucesso, porém, na moderação das flutuações econômicas pode ter semeado as causas da crise de 2008/2009.[1] A Grande Moderação levou muitos formuladores de política monetária e reguladores financeiros a subestimar o risco macroeconômico, ignorar os riscos de cauda, flexibilizar as regras de regulação financeira e tomar decisões que se revelaram muito arriscadas após a crise.

Como vimos no Capítulo 15, uma conclusão é que a elaboração da política monetária deve considerar o papel do ciclo financeiro, outras metas (como a estabilidade financeira) e outros instrumentos (como os instrumentos regulatórios cíclicos), além de expandir os modelos macroeconômicos para que a análise da estrutura econômica incorpore as relações necessárias. Borio (2012) sugere algumas das estratégias de modelagem do ciclo financeiro. Destaca fatos estilizados do ciclo financeiro, conjecturas sobre o que pode ser feito para modelá-lo satisfatoriamente e suas implicações para a política monetária.

Neste capítulo, apresentamos um modelo simplificado, que ilustra como poderia ser expandida a política monetária, seguindo a proposta de Woodford (2012a) e o comentário de Svensson (2012). O caso típico contra o qual o banco central deve tomar cuidado não é aquele em que a média da distribuição dos possíveis resultados futuros das instituições financeira é muito baixo, mas aquele em que a cauda inferior da distribuição é muito grande. Em especial, a questão de maior preocupação é a probabilidade de um mau resultado conjunto. O modelo considera uma política monetária do tipo "*leaning against the wind*", que permite alcançar também a estabilidade financeira, reduzindo a probabilidade de uma

[1] Conforme coloca um ditado bancário, "os créditos ruins são concedidos em tempos bons".

crise financeira.[2] Seu objetivo é apresentar uma ilustração de como poderia ser desenvolvida a inter-relação entre política monetária e estabilidade financeira.

A crise financeira também destacou a necessidade de alcançar a estabilidade financeira, num mundo em que o sistema bancário é multinacional. Na quarta seção, analisamos em que medida a integração financeira nacional permite que as políticas financeiras nacionais possam alcançar o objetivo de estabilidade financeira. De forma similar ao trilema monetário definido no modelo Mundell-Fleming para economias abertas com mobilidade de capital, sugere-se um trilema financeiro com integração financeira.

Na última seção, analisamos que a ausência de alavancagem pode não ser suficiente para garantir a estabilidade financeira. Flutuações dos prêmios de risco de ativos de longo prazo podem depender do tamanho do setor de investidores financeiros ativos. A seção destaca o canal da tomada de risco da política monetária, para discutir alguns efeitos que podem gerar instabilidade no mercado financeiro.

17.1. BLOCOS DO MODELO

Consideremos que existem duas políticas econômicas: a política monetária e a política de estabilidade financeira. Essas políticas são descentralizadas, no sentido de que são determinadas separadamente. A política de estabilidade pode ser determinada pelo banco central ou outra autoridade de regulação financeira

Uma medida de estabilidade financeira pode ser o *spread* agregado do crédito (ω), analisado no Capítulo 8. Esse indicador de distorção do crédito considera a distorção da alocação de despesas, devido a fricções no mercado de crédito, e afeta o bem-estar social, porque os gastos dos tomadores de crédito são ineficientemente baixos quando aumenta ω, já que um ω maior significa que a utilidade marginal dos tomadores de crédito deve exceder a utilidade marginal dos poupadores.

Woodford (2012a) considera um modelo descontínuo, no qual a condição dos mercados financeiros apresenta só dois estados e existe uma probabilidade de

[2] Um modelo com uma estrutura similar, mas com outras fricções nos intermediários financeiros, é apresentado por Adrian *et al.* (2010). Para uma análise simples, mas com uma função de perda social diferente para o regulador financeiro, ver Gersbach e Hahn (2008).

transição entre esses estados (modelo com mudança de regimes). Consideremos que o grau de distorção do crédito pode assumir só dois valores: em situações de normalidade $\omega = 0$ e numa crise financeira $\omega = \omega^C > 0$. O bem-estar social é menor quando a economia se encontra numa crise financeira e o objetivo de estabilidade financeira é reduzir a incidência de crises financeira. Em outras palavras, valores de ω estão associados com crises s financeiras que afetam o bem-estar social.

De forma similar à análise do Capítulo 11, supomos que a função de perda social (L) pode ser desmembrada em duas partes: uma FPS para a política de estabilidade financeira (L_{PEF}) e outra para a política monetária (L_{PM}):

$$L = L_{PEF} + L_{PM}$$

O objetivo da política de estabilidade financeira é estabilizar a medida da distorção do crédito em relação a seu nível ótimo. Para Woodford (2012a), essa medida representa a perda de utilidade que a fricção no mercado de crédito provoca na composição da demanda agregada e no esforço de trabalho dos tomadores de empréstimo e dos poupadores.[3] As distorções são minimizadas, quando o *spread* do crédito é nulo ($\omega = 0$), já que, nesse caso, as utilidades marginais da renda dos tomadores de empréstimo e dos poupadores são iguais. A FPS da política de estabilidade financeira pode ser aproximada da seguinte forma:

$$L_{PEF} = \omega^2$$

Consideremos que o instrumento de estabilidade financeira, determinado pela autoridade de regulação financeira, é o nível de requerimento de capital próprio das instituições financeiras (rc).[4]

A estrutura econômica é caracterizada pela curva IS, os determinantes da distorção do crédito e a curva de Phillips. Analisemos esses componentes da estrutura econômica.

[3] A distorção no mercado de crédito provoca diferenças nas utilidades marginais da renda de poupadores e tomadores de crédito porque seus salários relativos não refletem corretamente suas desutilidades marginais relativas do trabalho, levando para uma ineficiente divisão do esforço do trabalho. Por outro lado, uma maior dispersão de preços resulta em uma composição menos eficiente da produção, se a fricção no crédito aumenta. Concluindo, se ω aumenta, a utilidade média das famílias é reduzida porque a eficiência na alocação da demanda agregada e a eficiência na alocação do esforço do trabalho dos dois tipos de agentes são reduzidas.

[4] Outros instrumentos de regulação financeira poderiam ser considerados.

A curva IS pode ser especificada da seguinte forma:

$$y = a - b\,r - g\,\omega + \varepsilon_1 \quad (17.1)$$

onde g é um parâmetro positivo ($g > 0$). Um aumento de ω reduz a utilidade marginal da renda associada com um dado nível de demanda agregada, levando a uma composição menos eficiente da demanda agregada. Um aumento do grau de distorção do crédito reduz a demanda agregada.

A distorção do crédito depende diretamente de uma medida de alavancagem do setor financeiro (A). O risco sistêmico aumenta com a alavancagem do sistema financeiro porque aumenta a probabilidade de que choques negativos desencadeiem uma cadeia de falências de instituições financeiras de magnitude significativa. A ideia é que, quando as instituições financeiras são muito alavancadas, os choques requeridos para gerar uma crise são menores. Seguindo Woodford (2012a), consideremos que ω apresenta um comportamento discreto e suponhamos que existe um valor crítico de A (A^C), acima do qual acontece uma crise financeira. A função de distorção do crédito é dada da seguinte forma:

$$\omega = 0,\ \text{se } 0 \leq A \leq A^C \quad (17.2)$$
$$\omega = \omega^C,\ \text{se } A > A^C$$

Esta é a equação fundamental do modelo e destaca que a medida de distorção do crédito é uma variável endógena. O gráfico 17.1 mostra a função de distorção do crédito, destacando a mudança de nível de ω, quando a alavancagem do sistema financeiro alcança o nível crítico.

Gráfico 17.1: Grau de distorção do crédito e crise financeira

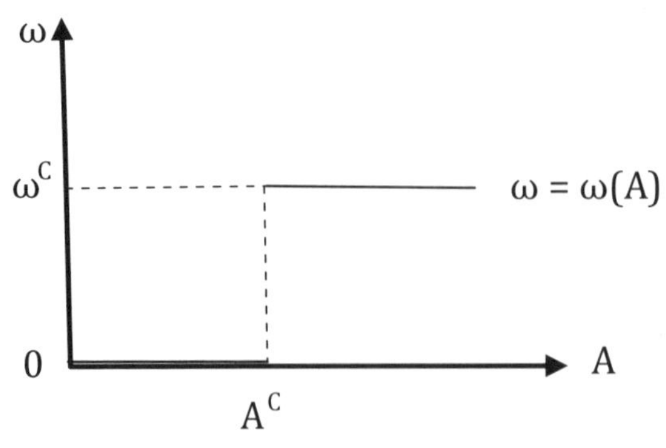

O nível de alavancagem (A) depende do hiato do produto (y), do instrumento da política de estabilidade financeira (rc) e de choques que representam os efeitos de variáveis exógenas ao modelo. A ideia desta relação é que a alavancagem varia com o tamanho dos balanços das instituições financeiras, que, por sua vez, depende do volume de novos créditos. As concessões de crédito são uma função crescente do nível de atividade, se aumentos da renda aumentam a demanda por intermediação (como consideramos no Capítulo 8).[5] Por outro lado, requerimentos de capital maiores levam a que as instituições financeiras fiquem menos alavancadas. Se as relações da equação de alavancagem são lineares, podemos escrever:

$$A = m\,y - n\,rc + \varepsilon_5 \qquad (17.3)$$

onde m e n são parâmetros positivos ($m, n > 0$) e ε_5 é um ruído branco que representa os efeitos de choques na alavancagem da economia.

A taxa de inflação depende da distorção de crédito, já que ω afeta o produto e, em consequência, a demanda de trabalho e o custo marginal. Assim, existe um efeito direto de ω sobre a taxa de inflação. A curva de Phillips é dada por:

$$\Pi = \Pi^M + d\,y + h\,\omega + \varepsilon_2 \qquad (17.4)$$

onde h é um parâmetro positivo ($h > 0$). Por simplicidade, consideremos que o parâmetro h é pequeno ($h \approx 0$) e pode ser negligenciado numa primeira aproximação.

As equações (17.1), (17.2) e (17.3) permitem apresentar os canais de transmissão da política monetária e de estabilidade financeira sobre as distorções do crédito. O canal de transmissão da política monetária pode ser apresentado com as seguintes relações causais:

$$\uparrow r \rightarrow \downarrow y \rightarrow \downarrow A \rightarrow \downarrow \omega$$

Já o canal de transmissão da política de estabilidade financeira pode ser apresentado como:

$$\uparrow rc \rightarrow \downarrow A \rightarrow \downarrow \omega$$

[5] Essas relações são compatíveis com a análise sugerida por Minsky (1972).

Vemos que a política monetária afeta de forma indireta as distorções do crédito, através de variações no nível de atividade, enquanto que a política de estabilidade financeira tem um impacto mais direto sobre ω.

17.2. POLÍTICA MONETÁRIA E DE ESTABILIDADE FINANCEIRA

O problema de estabilidade financeira é definido da seguinte forma:

$$\min_{rc} L_{PEF} = \omega^2$$

$$\text{sujeito à: } \omega = 0, \text{ se } 0 \leq A \leq A^C$$

$$\omega = \omega^C, \text{ se } A > A^C$$

$$A = m\,y - n\,rc + \varepsilon_5$$

$$y = a - b\,r - g\,\omega + \varepsilon_1$$

A solução do problema rc^*, que estabelece a função de reação do regulador financeiro, é dada por:

$$rc^* \geq \underline{rc} = \frac{m}{n}(a - b\ r + \varepsilon_1) - \frac{1}{n}A^C + \frac{1}{n}\varepsilon_5 \qquad (17.5)$$

A equação (17.5) determina um limite mínimo de rc e permite reduzir a probabilidade de ter uma crise financeira. Para valores de *rc* maiores que $\underline{rc}$ temos que $A < A^C$ e $\omega = 0$.

Os seguintes comentários apresentam elementos para a política de estabilidade financeira:

- Deve existir uma restrição macroeconômica para o instrumento de regulação financeira. Os determinantes microeconômicos da regulação financeira podem impor outras condições para *rc;*
- A restrição macroeconômica nos requerimentos de capital deve ser pró-cíclica, já que esses requerimentos devem aumentar no auge do ciclo econômico ($\underline{rc}$ aumenta, se aumenta ε_1). Isto estabelece uma dimensão macroeconômica da regulação financeira;

- A função de reação do regulador financeiro depende da taxa de política monetária, já que um aumento de r reduz o limite superior $\underline{rc}$. A relação mostra a interdependência das políticas.

O instrumento de interdependência das politicas monetária é a taxa de política (r). O objetivo da política monetária é estabilizar a taxa de inflação e o produto. Seja $L_{PM,}$ a FPS da política monetária. Como em condições de normalidade $A \leq A^C$ e $\omega = 0$, o problema de política monetária é idêntico ao do Capítulo 6:

$$\min_r L_{PM} = (\Pi - \Pi^M)^2 + \lambda y^2$$
$$\text{sujeito à } y = a - br - g\omega + \varepsilon 1$$
$$\Pi = \Pi^M + dy + h\omega + \varepsilon_2$$

A solução do problema de política monetária é:

$$r^* = r_n + \frac{\varepsilon_1}{b} + \frac{d}{b(d^2 + \lambda)}\varepsilon_2 \qquad (17.6)$$

Substituindo (17.6) em (17.5), obtemos a solução para o instrumento de política de estabilidade financeira:

$$\underline{rc} = -\frac{1}{n}A^C - \frac{md}{n(d^2 + \lambda)}\varepsilon_2 + \frac{1}{n}\varepsilon_5 \qquad (17.7)$$

A seguinte proposição sintetiza a análise apresentada.

Proposição: Em condições de normalidade, pode-se estabelecer uma restrição macroeconômica para a regulação financeira, que garanta o objetivo de estabilidade financeira ($\omega = 0$), e a política monetária pode se concentrar em seus objetivos tradicionais (estabilizar o nível de atividade e a taxa de inflação).

Pode-se observar que os resultados obtidos, ao se considerar as políticas monetária e de estabilidade financeira de forma separada, são ótimos do ponto de vista do bem-estar social. Ressaltemos que a função de perda social (L) é formada pela soma das duas políticas, de forma que:[6]

$$L = L_{PM} + L_{PEF} = (\Pi - \Pi^M)^2 + \lambda y^2 + \omega^2$$

[6] Ver Woodford (2012a).

17.3. CRISE FINANCEIRA[7]

Analisemos os efeitos de um choque no nível de alavancagem, que gere uma crise financeira.[8] Consideremos um choque positivo no nível de alavancagem ($\varepsilon_5 > 0$), que provoque um aumento no nível de alavancagem do sistema financeiro, de forma que $A > A^C$. Esse choque tem a forma de um *sunspot*, já que a economia sai de seu equilíbrio sem crise financeira e passa para outro equilíbrio com crise financeira.

O novo equilíbrio com crise financeira apresenta dois efeitos sobre os objetivos de política:

- Um aumento do grau de distorção do crédito para o nível de crise financeira ($\omega = \omega^C > 0$), constituindo o aspecto financeiro da crise;
- Uma redução da demanda agregada e do nível de atividade, devido à crise financeira, constituindo o aspecto recessivo da crise.

Instaurada a crise financeira, analisemos o papel que a política monetária e de estabilidade financeira podem cumprir. A política monetária deve reagir ao aumento na distorção do crédito, já que, como o aumento de ω é recessivo, é necessário reduzir a taxa de política. Dado $\omega^C > 0$, e o problema de política monetária, a taxa de política (função de reação) é dada por:

$$r^* = r_n + \frac{\varepsilon_1}{b} + \frac{d}{b(d^2 + \lambda)}\varepsilon_2 - \left(\frac{g}{b}\right)\omega^C \qquad (17.8)$$

A taxa de política deve reagir de forma inversa a um aumento no grau de distorção do mercado de crédito. No mesmo sentido, Taylor (2008) considera que a taxa de política deve reagir a mudanças nas condições financeiras para melhorar a resposta da economia a choques na oferta de crédito. Propõe que a variável a ser considerada como o grau de distorção do crédito seja o *spread* das taxas LIBOR (*London Interbank Offer Rate*) e OIS (*Overnight Interest-rate Swap*) de 3 meses. Na crise de 2008/9, a taxa de política deveria levar em conta as mudanças desse *spread* em relação a um nível normal (ω^N), diminuindo quando o *spread*

[7] A crise financeira destacada neste capítulo é uma crise de crédito bancário. No anexo deste capítulo, analisamos outros distúrbios que podem acontecer nos mercados financeiros.

[8] Este choque equivale a um choque na oferta de crédito, analisado no Capítulo 8. Um choque de demanda positivo (ε_1) pode provocar efeitos similares, como podemos ver na equação (17.5)

aumenta em relação a seu nível normal. A regra de Taylor pode ser ajustada da seguinte forma:

$$r = r_n + e\,(\Pi - \Pi^M) + fy - k\,(\omega - \omega^N)$$

onde k é um parâmetro positivo ($k > 0$).

A seguinte proposição sintetiza as implicações da análise para a política monetária.

Proposição: Se acontecem choques no nível de alavancagem que gerem uma crise financeira, a taxa de política deve reagir ao grau de distorção do crédito.

Da mesma forma que no caso da interação entre política monetária e fiscal, a política monetária e de estabilidade financeira devem ser coordenadas, através de um jogo simultâneo entre elas. O choque no nível de alavancagem e a redução da taxa de política devem afetar a restrição sobre os requerimentos de capital. Substituindo (17.8) em (17.5):

$$rc^* \geq \underline{rc} = \frac{mg}{n}\omega^C - \frac{1}{n}A^C - \frac{md}{n(d^2 + \lambda)}\varepsilon_2 + \frac{1}{n}\varepsilon_5 \qquad (17.9)$$

O choque no nível de alavancagem e o aumento do grau de distorção do crédito levam a que o regulador financeiro aumente os requerimentos de capital das instituições financeiras. Esse aumento no requerimento de capital requerido para instituições financeiras deve reduzir o nível de alavancagem e o grau de distorção do crédito para seu nível ótimo ($\omega = 0$). Numa crise financeira, as instituições financeiras devem ser capitalizadas. Não é objeto deste capítulo, discutir os mecanismos através dos quais essas instituições deveriam ser capitalizadas.

A combinação de políticas eficiente, que permite alcançar o máximo bem-estar social, é especializar a política de regulação financeira, para alcançar a estabilidade financeira, e a política monetária, para combater os efeitos recessivos de uma crise financeira.

A seguinte proposição sintetiza o papel que a política monetária e a política de estabilidade financeira devem cumprir numa crise financeira.

Proposição: Se acontece uma crise financeira, a política monetária deve considerar os efeitos recessivos dessa crise e a política de estabilidade financeira, os efeitos financeiros. Deve-se reduzir a taxa de política e elevar os requerimentos de capital das instituições financeiras.

A análise apresentada neste capítulo é preliminar e destaca alguns princípios básicos. Woodford (2012a) ressalta que ainda são necessários mais estudos empíricos que analisem as equações de alavancagem e de distorção do crédito, definindo de forma mais precisa as variáveis envolvidas e as formas funcionais utilizadas.

17.4. TRILEMA FINANCEIRO

Quando a integração financeira entre países progride, torna-se mais difícil alcançar a estabilidade financeira através de políticas nacionais.[9] Schoenmaker (2011) desenvolve um modelo, onde estabilidade financeira, integração financeira e política financeira nacional são incompatíveis. Como os três objetivos não podem ser combinados (um deve ser deixado de lado), o problema é chamado de trilema financeiro. Apresentemos uma versão simplificada desse modelo.

A estabilidade financeira é formalizada em termos do salvamento de bancos falidos, já que eles podem representar riscos sistêmicos.[10] Seja B o benefício social de salvar um banco falido e C o custo social. Este custo é formado pelo custo do banco continuar suas atividades (Cc) menos o custo de parar suas atividades (Cs): $C = Cc - Cs$. A decisão da política financeira nacional é salvar um banco falido ou não. Ele é salvo se $B - C > 0$.

Um banco local pode se expandir em vários países. Consideremos que ele só atua em dois países: o país local (H) e o externo (F). Em caso de salvamento, os benefícios locais de salvar o banco são uma proporção α_H ($\alpha_H < 1$) dos benefícios totais. A proporção de benefícios externos é α_F ($\alpha_F = 1 - \alpha_H$). Podemos supor que o benefício de salvar o banco é maior no país de origem do banco falido ($\alpha_H > \alpha_F$).

A decisão nacional de salvar um banco local falido que atua no exterior acontece se $\alpha_H B > C$. Se $\alpha_H B < C$, o banco não é salvo, afetando a estabilidade financeira. Isto pode acontecer porque parte dos benefícios do salvamento acontecem

---

[9] A experiência europeia mostra que a integração financeira pode levar a uma falha de coordenação em um ambiente com autonomia financeira nacional. A este respeito, ver De Larosière (2009).

[10] Para uma análise de risco sistêmico, ver De Bandt e Hartmann (2002).

fora do país local. O banco falido pode não ser salvo, ainda que o salvamento seja a estratégia ótima ($B > C$). O modelo aponta que uma cooperação improvisada entre países (negociações *ex-post*) pode levar a uma subestimação do número de salvamentos.

O resultado da política financeira nacional depende do tamanho de α_H, já que o salvamento acontece se $\alpha_H > C/B$. Se a integração internacional aumenta, no sentido que α_H diminui (α_F aumenta), bancos multinacionais serão fechados, ainda quando seja ótimo salvá-los.

Em termos do trilema financeiro, a estabilidade financeira e a política financeira nacional são compatíveis, se a integração financeira é limitada ($\alpha_H > C/B$). Quando uma integração financeira maior ($\alpha_H < C/B$) é combinada com uma política financeira nacional, a estabilidade financeira não pode ser alcançada. Existe um conflito entre integração financeira e autonomia financeira nacional.

A proposição seguinte sintetiza o resultado apresentado.

Proposição: Um banco falido será resgatado se $\alpha_H > C/B$. A integração financeira reduz α_H e torna o salvamento de banco multinacional falido mais difícil, afetando a estabilidade financeira global.

Duas alternativas podem ser sugeridas em termos de reestabelecer a autonomia financeira nacional. A primeira é reverter o nível de integração, reforçando o controle local dos gastos dos bancos em outros países. As autoridades locais podem exigir que as subsidiárias desses bancos sejam dotadas de capital próprio e supervisionadas pelo país anfitrião. A principal desvantagem desta abordagem é a renúncia aos benefícios da integração financeira.

Uma segunda opção é desenvolver políticas financeiras (de regulação e supervisão) em nível supranacional. Implica em um sistema supranacional de supervisão financeira e de operações de gestão para manter a estabilidade financeira.

17.5. ESTABILIDADE FINANCEIRA E O CANAL DA TOMADA DE RISCO

Intermediários financeiros alavancados não é o único problema em termos de estabilidade financeira. Investidores ativos neutros ao risco podem desenvolver ações pró-cíclicas, que podem instabilizar os mercados financeiros. O tamanho desses investidores importa para a política monetária e de estabilidade financeira.

Nesta seção, apresentamos o modelo proposto por Feroli *et al.* (2014), no qual a política monetária tem um impacto sobre o prêmio de risco dos ativos de longo prazo, através dos comportamentos de investidores ativos. A opção de vender esses ativos e comprar ativos de curto prazo provoca um salto no prêmio de risco, que depende do tamanho do setor financeiro.

Existem dois tipos de ativos. O bônus (ou ativo de longo prazo) tem um rendimento esperado v, uma variância σ^2 e uma oferta fixa S. Os títulos de curto prazo têm uma oferta elástica dada pelo banco central e uma taxa de juros (taxa de política) r.

Existem dois tipos de agentes: os investidores financeiros e as famílias. Os investidores financeiros são agentes neutros ao risco, não podem tomar emprestado, preocupam-se com os fundamentos de longo prazo e demandam bônus e títulos de curto prazo. Consideremos que existem três investidores e que cada um tem uma unidade de bônus. Se o desempenho do investidor é o pior (menor rendimento de sua carteira), ele sofre uma penalidade (C).

As famílias são agentes avessos ao risco e só demandam bônus. Supondo que elas têm uma função de utilidade quadrática, a curva de demanda agregada de bônus pelas famílias é linear:

$$p = v - ky$$

onde p é o preço dos bônus, y é a demanda de bônus das famílias e k um parâmetro que mostra a inclinação da curva de demanda.[11]

O equilíbrio no mercado de bônus acontece onde demanda iguala oferta: $y + 3 = S$. O preço de equilíbrio dos bônus (p_0) é:

$$p_0 = v - k(S - 3)$$

[11] O parâmetro k depende do coeficiente de aversão ao risco das famílias, o risco dos bônus e o tamanho do setor família.

O retorno esperado de manter bônus é $R = (v/p) - 1$. Como os investidores são neutros em relação ao risco, o retorno dos ativos pode ser interpretado como o prêmio de risco.

Se um dos investidores vende seu bônus para as famílias, o preço de equilíbrio cai para $p_0 - k$. Se dois investidores vendem seus bônus, o preço cai para $p_0 = v - 2\,k$. O investidor que deseja manter seu bônus enfrenta três cenários:

- Nenhum investidor vende seu bônus e o retorno do bônus é R;
- 1 investidor vende seu bônus e o retorno do bônus é R;
- 2 investidores vendem seus bônus. O investidor que mantém o bônus obtém o desempenho pior e sofre a penalidade C. O retorno do bônus é $R - C$.

A punição incorpora um elemento de coordenação na decisão do investidor de manter seu bônus.[12] Consideremos que cada cenário tem a mesma probabilidade de acontecer (a distribuição é uniforme). O retorno esperado de manter o bônus (R^e) é:

$$R^e = \tfrac{1}{3}\,R + \tfrac{1}{3}\,R + \tfrac{1}{3}\,(R - C) = R - \tfrac{1}{3}\,C$$

Os investidores mantêm seus bônus se $R^e \geq r$. Dado que $R = (v/p) - 1$, a decisão de manter seus bônus depende de:

$$p \leq p^* = \frac{v}{\frac{C}{3} + (1 + r)}$$

onde p^* é o preço limite dos bônus, que muda a estratégia dos investidores. Se o preço está abaixo desse limite, todos os agentes vendem os bônus.

Analisemos algumas propriedades do modelo.

1. Se o banco central reduz a taxa de política, os investidores demandam mais bônus das famílias, o preço dos bônus aumenta e o prêmio de risco dos bônus cai. Este é o mecanismo do canal da tomada de preços da política monetária.

[12] Morris e Shin (2014) analisam a solução do jogo de coordenação proposto pelo modelo.

2. Se o preço dos bônus tem um aumento o suficientemente grande para que $p > p^*$, todos os investidores vendem seus bônus, o preço colapsa (o preço será $p = p_o - 3k$) e o prêmio de risco sobe ($R = \frac{v}{(p_o - 3k) - 1}$).

Se $p \leq p^*$ e um investidor novo entrar no mercado financeiro, ele compra um bônus das famílias e eleva o preço de equilíbrio do bônus. Quando o tamanho do setor dos investidores aumenta (em relação ao estoque total de bônus), o preço de equilíbrio aumenta e o prêmio de risco diminui.

O limite crítico p^* aumenta, quando o setor dos investidores aumenta. O tamanho do setor dos investidores (medido pelos bônus mantidos) impacta o preço crítico dos bônus. Variações da taxa de política pequenas podem provocar alterações grandes nas decisões de manter ou não bônus por parte dos investidores financeiros.

A proposição seguinte sintetiza a análise.

Proposição: Se o banco central reduz a taxa de política, diminui o prêmio de risco dos bônus e aumenta o preço crítico. Pequenos aumentos da taxa de política podem levar a mudanças nas estratégias dos agentes.

Temas de Discussão

17.1. No auge do ciclo econômico, a demanda de famílias e empresas por crédito aumenta, gerando novos empréstimos, que expandem os balanços das instituições financeiras. Isto aumenta a taxa de alavancagem dos intermediários financeiros e os riscos de suas carteiras, aumentando a probabilidade de crises financeiras. Comente em que medida essa análise é compatível com a teoria da instabilidade financeira de H.P. Minsky.[13]

17.2. O objetivo de estabilidade financeira significa impor uma restrição na política monetária, levando a um nível de atividade menor. Analise em que medida pode aparecer um conflito entre estabilidade financeira e nível de atividade.

[13] Para uma análise compreensiva dessa teoria, ver Minsky (1970).

17.3. As crises financeiras apresentam duas dificuldades para o formulador de política. Por um lado, um colapso da demanda agregada e do nível de atividade e, por outro, problemas patrimoniais dos agentes financeiros (em geral, muito alavancados). Conforme destacam Tinbergen e Mundell, é necessário ter um instrumento para cada problema e alocá-los de forma eficiente: o instrumento da política monetária direcionado para recompor a demanda agregada e o instrumento de estabilidade financeira utilizado para melhorar a situação patrimonial dos intermediários financeiros. Comente.

Anexo:

MODELOS DE CRISES FINANCEIRAS

Neste anexo, analisamos cinco modelos alternativos que descrevem como crises financeiras podem acontecer. Os modelos apresentam mecanismos diversos, já que as crises podem ter causas múltiplas.[1] Esses modelos foram desenvolvidos no final da década de 1990 e inspirados nas crises acontecidas nesse período no Sudeste Asiático e na América Latina. Krugman (1999) os considera como uma "terceira geração" de modelos de ataques especulativos.[2] Na seção 1, analisamos como o risco moral pode gerar uma crise bancária. Na seção 2, descrevemos as condições em que uma corrida bancária pode acontecer. Na seção 3, tratamos os efeitos da diversificação de ativos na volatilidade dos mercados financeiros. Na seção 4, descrevemos algumas situações de contágio. Na seção 5, destacamos o papel das estruturas patrimoniais na capacidade das empresas investirem.

1. Risco Moral

Analisemos alguns dos efeitos do risco moral sobre o sistema financeiro. Se os agentes econômicos não assumem os custos dos riscos decorrentes de suas decisões, acontece uma situação de risco moral, gerando incentivos para tomar decisões com riscos maiores. Este problema pode ser analisado, a partir de um modelo simples apresentado por Krugman (1998a), relativo à garantia outorgada pelo banco central aos depósitos dos bancos comerciais. A proposta do modelo é que a garantia dos depósitos incentivam os bancos comerciais a aplicar em ativos de risco, gerando uma inflação desses ativos. Nessas circunstâncias, um choque negativo provoca uma revisão de expectativas, uma deflação de ativos e uma provável crise bancária. Apresentemos uma versão simplificada desse modelo.

---

[1] Como coloca L. Tolstoi no início de seu romance Anna Karenina: "As famílias felizes parecem-se todas; as famílias infelizes são infelizes cada uma à sua maneira." Neste anexo, apresentamos cinco histórias de infelicidade.

[2] A este respeito, ver também Terra (2009, Capítulo 9) e Copeland (2005, Capítulo 17).

As hipóteses do modelo são:

- Os bancos captam depósitos (D) e aplicam em títulos (B) de um período. No primeiro período, o banco comercial recebe os depósitos e compra os títulos e, no segundo, recebe o rendimento dos títulos e paga aos depositantes;
- O banco comercial recebe, em $t = 1$, depósitos num montante de 60 ($D = 60$);
- Existem dois tipos de títulos que o banco comercial pode demandar. Os títulos sem risco Bs têm um rendimento certo (Rs) de 60. Os títulos com risco Bc têm rendimentos incertos: se acontece o estado bom, o rendimento é 100 e, se acontece o estado ruim, o rendimento é 25. A probabilidade de acontecer o estado bom é de 0,33 e a probabilidade do estado ruim acontecer é 0,67. A figura 17.1 apresenta a matriz de rendimentos das aplicações. O rendimento esperado dos títulos com risco é 50 ($Rc = 100x0{,}33 + 25x0{,}67$).

Figura 17.1: Matriz de rendimentos dos títulos

	Bs	Bc	
Estado	Rendimento	Rendimento	Probabilidade
Bom	60	100	0,33
Ruim	60	25	0,67

- Suponhamos, por simplicidade, que a taxa de juros da alternativa de aplicação é nula ($i = 0$), que a oferta de títulos é inelástica e que os bancos comerciais são neutros em relação ao risco (a utilidade depende só do rendimento esperado).
- Consideremos que o banco central garante todos os depósitos: se os rendimentos dos títulos dos bancos não cobrem os depósitos, o banco central cobre e assume a perda. Os bancos comerciais não podem ter perdas, mas podem obter um lucro se acontece o estado bom. Por outro lado, a garantia só pode ser usada uma vez, já que desaparece depois de usada.[3]

Analisemos como a garantia de depósitos muda a avaliação dos ativos com risco por parte dos bancos comerciais. Eles consideram que, se demandarem ativos com risco e acontecer o estado ruim, o banco central cobre a perda de 35. Como

[3] De forma alternativa, podemos considerar que o banco central atua como um emprestador de última instância, que assume as perdas dos bancos comerciais.

o rendimento dos títulos com risco no estado ruim é de 60, o rendimento esperado dos títulos com risco passa a ser de 73 (Rc = 100x0,33 + 60x0,67). Os bancos comerciais devem escolher os ativos com risco, mas não assumem seus riscos. Eles avaliam essa aplicação de forma distorcida: o verdadeiro valor de Bc é 50 e não 73. Do ponto de vista social, a garantia de depósitos provoca dois efeitos:

- Uma seleção adversa porque acontece uma perda social de 10 (50 – 60 = –10), já que é escolhido o ativo menos rentável do ponto de vista social;
- Uma bolha especulativa, devido ao aumento no valor dos ativos com risco de 50 para 73. O preço do fundamental é 50 e o preço de bolha 23.

Para analisar a possibilidade de crise financeira, vamos considerar que a duração dos títulos é de dois períodos. No período 1, os bancos recebem depósitos por 120, devendo devolver 60 no período 2 e 60 no período 3. Os bancos comerciais compram os títulos no período 1 e recebem rendimentos nos períodos 2 e 3. Os rendimentos de cada período são os propostos anteriormente na figura 17.1. Dada a existência da garantia de depósitos, os bancos compram os títulos com risco que são avaliados por 146 (73 + 73) no período 1.

No segundo período, podem acontecer dois estados (ou equilíbrios):

- Se acontecer o estado bom Rc = 100, o banco devolve os 60 de depósitos e a garantia não é utilizada;
- Se acontecer o estado ruim Rc = 25, o banco não pode devolver os depósitos, a garantia é usada e desaparece.

Analisemos os dois equilíbrios.

No equilíbrio bom, a garantia de depósitos continua no período 3 e o preço de Bc cai para 73, já que foram realizados os rendimentos do período 2. A situação patrimonial dos bancos não apresenta nenhum problema no período 2. Se no período 3 acontece o estado ruim, o banco comercial pode utilizar a garantia do banco central.

No equilíbrio ruim, a garantia de depósitos desaparece e, no período 2, o preço de Bc deve ser reavaliado pelo banco comercial. Devido à revisão das expectativas, o preço de Bc cai para 50, já que não existe garantia no período 3. A bolha especulativa gerada pela garantia de depósitos estoura e o banco comercial fica insolvente no período 2: seus ativos valem 50 e seu passivo é de 60.[4] Acontece uma crise bancária no período 2.

A seguinte proposição sintetiza a análise:

Proposição: A garantia de depósitos provoca uma bolha especulativa nos ativos de risco, que pode estourar se eventos circunstanciais gerarem baixos rendimentos, revisão das expectativas e deflação desses ativos. Esse processo pode provocar a falência dos bancos comerciais e uma crise financeira.

É possível considerar alternativas no jogo dinâmico proposto. Uma alternativa interessante é supor que, no período 2, acontece o estado bom ($Rc = 100$), mas os agentes econômicos acham que no período 3 não existirá garantia de depósitos (o banco central não vai cobrir os depósitos no caso de acontecer o estado ruim). Neste caso, a reavaliação no preço de Bc gera uma deflação de ativos e a crise financeira pode ter a forma de uma profecia autorrealizável.

2. Corrida Bancária em Economia Abertas

Chang e Velasco (1999) apresentam um modelo para uma economia aberta com taxa de câmbio fixa, no qual uma crise bancária é possível se os bancos comerciais ficarem potencialmente ilíquidos (os saques possíveis são maiores que seus ativos disponíveis). O banco central pode evitar a crise cambial, se atuar como emprestador de última instância, mas as perdas nas suas reservas internacionais podem gerar uma crise cambial. Analisemos estas ideias.

Existe um número grande de agentes numa pequena economia aberta. Consideremos três períodos: 0, 1 e 2. No período 0, os recursos dos agentes são $W > 0$. Esses recursos podem ser aplicados em dois ativos: um título doméstico (B) ilíquido, com rendimento unitário $r <$ R\$ 1 em 1 e $R >$ R\$ 1 em 2, ou um título externo (B^i) com rendimento (na moeda externa) de U\$ 1 em 1 e 2.

Os agentes demandam um bem de consumo externo, cujo preço é de U\$ 1. Existem dois tipos de agentes: os impacientes, cuja utilidade depende do consumo (x) em 1 e com função de utilidade $g(x)$, e os pacientes, cuja utilidade depende do consumo (y) em 2 e com função de utilidade $g(y)$. A proporção de agentes

[4] A perda do banco comercial no período 2 é dada pela seguinte conta: perda = preço de Bc em t=1 – (rendimento de Bc em t=2 + preço de Bc em t=2) = 146 – (25 + 50) = 71.

impacientes é λ e a proporção de pacientes é $1 - \lambda$. A função de utilidade social do agente representativo (U) é:

$$U = \lambda\, g(x) + (1 - \lambda)\, g(y)$$

A informação do tipo de agente é privada: um agente não conhece a natureza dos outros.

O banco central determina a taxa de câmbio nominal ($S = 1$). Existe um banco que reúne os recursos da economia (W) e maximiza o bem-estar do agente representativo (maximiza U). O banco deve elucidar o tipo de agente (paciente ou impaciente) para casar a liquidez de seus ativos com os saques dos agentes. O banco recebe os recursos W em 0 e os aplica em B e B^i. Os depositantes recebem a promessa de receber λ x reais em 1 ou $(1- \lambda)\, y$ reais em 2.

O banco tem várias restrições. A restrição sobre aplicações em 0 é: $B + B^i \leq W$. Os resgates dos impacientes em 1 devem ser cobertos com a venda dos ativos líquidos: $\lambda\, x \leq B^i$. Os resgates em 2 dos pacientes devem ser cobertos com a realização dos ativos ilíquidos: $(1- \lambda)\, y \leq R\, B$. No momento do depósito, o banco pergunta ao agente seu tipo (paciente ou impaciente). Para incentivar os agentes pacientes a serem honestos (não resgatar seus depósitos em 1), deve acontecer que $x \leq y$.

A estratégia ótima do banco supõe determinar as aplicações (B^{i*} e B^*) e os rendimentos dos depósitos (x^* e y^*). Caracterizemos essa estratégia. Em 0, ele aplica B^{i*} que liquida em 1 para pagar aos impacientes $\lambda\, x^*$. Aplica o resto em B: $B^* = W - B^{i*}$. Em 2, o banco liquida a aplicação doméstica obtendo $R\, B^*$ e paga aos pacientes $(1- \lambda)\, y^*$. Desta forma, liquida todos seus ativos e paga todos seus passivos.[5]

O equilíbrio da economia é dado pela descrição das estratégias ótimas dos depositantes e do banco e pelos resultados agregados dessas estratégias. Estabelece-se um jogo que, em certas circunstâncias, apresenta dois equilíbrios. Analisemos cada equilíbrio, um chamado de honesto e outro de crise.

No equilíbrio honesto, só os impacientes resgatam seus depósitos ($\lambda\, x^*$ reais) em 1. O banco liquida seus ativos externos (B^*) e vende os dólares para o banco central. O banco central, por sua vez, vende os dólares para os impacientes comprarem o bem de consumo. Em 2, o banco paga $(1- \lambda)\, y^*$ reais aos pacientes e o

[5] O ativo doméstico é liquidado em 2 porque em 1 a rentabilidade é baixa ($r < 1$).

banco central vende para eles os dólares demandados para comprar o bem de consumo. Os agentes maximizam suas utilidades.

Para analisar o equilíbrio de crise, definimos um indicador de iliquidez potencial do banco em 1:

$$z = x^* - (B^{i*} + r\,B^*)$$

x^* representa o máximo de saques possíveis em 1 se todos os agentes são impacientes ($\lambda = 1$) e $B^{i*} + r\,B^*$ indica o valor das aplicações do banco em 1 se todas são liquidadas. Se em 0 temos que $Z > 0$, o banco apresenta uma fragilidade financeira em 1 porque suas obrigações "implícitas" (ou potenciais) superam seus ativos disponíveis. Se alguns (ou todos) os depositantes pacientes tornam-se impacientes, a proporção de impacientes torna-se maior que a prevista e o banco fica insolvente em 1. Analisemos intuitivamente este resultado.[6]

Se $z > 0$, os saques possíveis em 1 não vão poder ser cobertos pelas aplicações disponíveis pelo banco. Dada esta possibilidade, um agente paciente não sabe se os outros pacientes atuarão honestamente. Se ele não resgata nada em 1 e os outros pacientes retiram seus depósitos, o banco é obrigado a fechar e o agente paciente não resgata nada em 2. Se existe fragilidade financeira (iliquidez bancária), pode acontecer uma corrida bancária em 1, já que alguns agentes pacientes tornam-se impacientes, gerando a insolvência bancária. No mercado de depósitos, existe uma falha de coordenação porque os pacientes não sabem o que vão fazer os outros pacientes. A possibilidade de uma crise bancária pode gerar a crise e a seleção do equilíbrio (honesto ou com crise), dependendo de eventos circunstanciais (*sunspots*).

A seguinte proposição conclui a análise.

Proposição: Com taxa de câmbio fixo, a economia apresenta um equilíbrio honesto que é Pareto-ótimo. Se o banco, no entanto, ficar potencialmente ilíquido ($z > 0$), pode acontecer um equilíbrio com crise bancária se alguns agentes pacientes tornarem-se impacientes.

[6] Chang e Velasco (1999) apresentam a prova da condição suficiente e da necessária deste resultado.

Em caso de corrida bancária em 1, o banco central pode atuar como emprestador de última instância e emprestar uma quantidade ilimitada de reais ao banco. O banco não precisa fechar porque recebe um redesconto ilimitado. O banco central recebe como contrapartida os ativos domésticos do banco. Em 1, o banco central vende aos agentes os dólares comprados do banco (que vende seus títulos externos) e, se necessário, liquida os títulos domésticos no exterior (em dólares). Se a demanda de dólares dos agentes é maior que a oferta disponível pelo banco central (já que a venda de todos os títulos domésticos rende $r\,B^*$ dólares, sendo $r < 1$), acontece uma crise cambial.

No extremo, se todos os depositantes são impacientes, o banco central não pode atender a toda a demanda de dólar e deve fechar o mercado de câmbio em 1. O banco não fecha porque todos os depositantes são pagos e não existe outro passivo vencendo nesse período, mas não terá ativos para pagar em 2 a dívida do redesconto ao banco central. Os agentes (pacientes e impacientes) atuam otimamente, resgatando seus depósitos em 1.

A seguinte proposição conclui a análise.

Proposição: Se a taxa de câmbio é fixa, existe iliquidez bancária e o banco central é o emprestador de última instância, pode acontecer uma crise cambial no lugar da crise bancária.

3. Diversificação e Volatilidade de Mercado

Calvo (1998) mostra que a diversificação das carteiras financeiras aumenta a elasticidade-juro da demanda de ativos e gera um incentivo menor a buscar informação. Isto torna os mercados financeiros mais sensíveis a rumores. Analisemos estas ideias a partir de um modelo de média-variância de escolha de carteira.[7]

Diversificação e Elasticidade-juro

Consideremos que existem J ativos financeiros (1, 2, .., J) e que a taxa de juros de cada ativo é i^j (j = 1, 2, ... J). Seja:

- θ é a participação do ativo 1 na carteira do ($0 \leq \theta \leq 1$) e $1-\theta$ a participação dos outros ativos;

[7] Essas ideias foram apresentadas inicialmente por Keynes (1936, cap. 12).

- $E(i^1) = \pi$ e $E(i^j) = \rho$ (para $j \neq 1$), sendo $\pi \neq \rho$. O retorno esperado da carteira é $E(i^j) = \theta\, \pi + (1-\theta)\, \rho$;
- A variância de todos os ativos é σ^2. A variância da carteira é $\text{var}(i^j) = [\theta^2 + \frac{(1-\theta)^2}{J-1}]\sigma^2$;
- Os agentes têm aversão ao risco e a utilidade esperada é dada por $E[U(i^j)] = E(i^j) - (\gamma/2)\, \text{var}(i^j)$.

Substituindo a média e a variância da carteira na função de utilidade esperada, o problema do investidor é:

$$\max_{\theta} E[U(i^j)] = [\theta\pi + (1-\theta)\rho] - \frac{\gamma}{2}[\theta^2 + \frac{(1-\theta)^2}{J-1}]\sigma^2$$

Da CPO, obtemos a demanda do ativo 1:

$$\theta^* = \frac{1}{J} + \frac{(J-1)}{J\,\gamma\sigma^2}(\pi - \rho)$$

Vemos que a elasticidade-juro da demanda do ativo 1 depende do número de ativos financeiros (J), já que: $\frac{d\theta^*}{d\pi} = \frac{(J-1)}{J\,\gamma\sigma^2} > 0$. Quando J aumenta ($J \to \infty$), a elasticidade aumenta ($\theta \to 1/\gamma\, \sigma^2$), aumentando o impacto de rumores na alocação das aplicações. Quando aumenta a diversificação (aumento de J), a participação do ativo 1 é menor, por outro lado, o risco de aumentar sua participação (θ) diminui, quando aumenta sua rentabilidade (π). A perda (se acontecer) será pequena em relação ao tamanho da carteira, incentivando a demanda do ativo.

A seguinte proposição conclui a análise.

Proposição: Se a carteira é mais diversificada (J elevado), a elasticidade-juro dos ativos financeiros aumenta e os investidores são mais sensíveis a rumores.

Diversificação e Busca de Informação

A busca de informação em relação à rentabilidade de um ativo diminui quando a carteira é mais diversificada. Seja k o gasto em aprendizado para conhecer a rentabilidade do ativo 1. Esse gasto leva a que i^1 seja perfeitamente conhecido, de forma que var(i^1) = 0 (i^1 é uma variável determinística). Vale a pena gastar k para buscar as informações e conhecer i^1?

Se o gasto k já foi realizado, o problema do investidor é:

$$\max_{\theta} E[U(i^j)] = [\theta\pi + (1-\theta)\rho] - \frac{\gamma}{2}\frac{(1-\theta)^2}{(J-1)}\sigma^2$$

A demanda do ativo 1 é:

$$\theta^* = 1 + \frac{(J-1)}{\gamma\sigma^2}(\pi - \rho)$$

sendo $\theta^* \leq 1$. Observemos que, se $\pi > \rho$, o investidor concentra sua carteira no ativo certo 1 ($\theta^* = 1$). Seja π_{min} a taxa de juros de i^1 que faz com que o investidor não demande o ativo 1 ($\theta^* = 0$), temos que:

$$\pi_{min} = \rho - \frac{\gamma\sigma^2}{(J-1)}.$$

Para ter uma solução interior de θ^* ($0 < \theta^* < 1$), é necessário que: $\pi_{min} > \pi > \rho$. A figura 17.2 mostra os valores de π para os quais existe solução interna para θ^*.

Figura 17.2: Soluções para θ^*

A busca de informação sobre o ativo 1 compensa se $\pi > \pi_{min}$, já que se pode aumentar o lucro da carteira. Para valores finitos de J, a variância da carteira é positiva e buscar informação para 1 é rentável, se $\pi > \pi_{min}$. Como π_{min} é uma função crescente de J, se $J \rightarrow \infty$, temos que $\pi_{min} = \rho$. Neste caso, a carteira rende ρ com certeza (a variância da carteira é nula). Buscar informação para 1 não tem benefício nenhum porque não afeta a alocação da carteira. O lucro marginal de obter informações sobre 1 cai quando aumentam as oportunidades de diversificação. Quando J aumenta, o incentivo para buscar informação do ativo 1 diminui: a participação de um ativo na carteira diminui e não compensa buscar informação se o investimento é relativamente pequeno. A seguinte proposição apresenta a conclusão da análise.

Proposição: Investidores altamente diversificados têm menos incentivos a aprender sobre cada aplicação do que investidores com poucas oportunidades de aplicação.

Comentário Final

A diversificação das carteiras de ativos financeiros permite reduzir os riscos (reduz a variância da carteira), mas investidores altamente diversificados são mais sensíveis a rumores de mercado e têm menos incentivos para buscar informação. A diversificação encoraja a ignorância porque os rumores não são checados (os fundamentos dos ativos perdem importância) e afetam significativamente a alocação das carteiras. Isso cria um dilema: mercados financeiros mais diversificados permitem reduzir os riscos, mas se tornam mais voláteis.

4. Contágio[8]

O conhecimento sobre a rentabilidade de ativos financeiros pode envolver custos fixos grandes em relação ao tamanho das aplicações. Esses custos geram uma economia de escala, que pode originar *clusters* de especialistas (investidores informados), que conhecem a rentabilidade dos ativos e são sujeitos a colaterais. Os outros investidores (não informados) observam os preços de mercado e as decisões dos informados. Se existe uma tendência de venda de um ativo, os não informados não sabem se é devido a um problema de fundamentos no ativo ou do colateral do especialista. Dada a volatilidade dos ativos e dos colaterais, os agentes não informados enfrentam um problema de extração de sinal.
Os choques na demanda dos ativos podem ser amplificados por efeitos multiplicadores, que podem estragar o mercado. Analisemos estes temas.

Extração de Sinal

Agentes não informados consideram uma mensagem emitida por agentes informados como indicador da rentabilidade do ativo. O sinal da mensagem é imperfeito, refletindo, algumas vezes, condições inerentes aos informados (como colaterais que se desvalorizaram) e não fornecendo nenhuma informação desse

[8] Esta seção apresenta a análise de Calvo (1999).

mercado. Seja y a mensagem do agente informado (por exemplo, venda de um ativo), que pode ser decomposta num sinal s (que reflete os retornos dos ativos) e um ruído m (que reflete fatores relevantes dos informados), temos que:

$$y = s - m$$

Consideremos que os agentes não informados conhecem as distribuições de s e m:

$$s \sim N(\hat{s}, \sigma^2)$$
$$m \sim N(0, \tau^2)$$

Por outro lado, consideremos que m e s são não correlacionados (são estocasticamente independentes). Observando y e dada a informação disponível (funções de distribuição de s e m), os agentes não informados podem calcular a esperança condicionada de s:[9]

$$E(s/y) = (1 - \theta)\, \hat{s} + \theta\, y$$

onde $\theta = 1/(1 + d)$ e $d = \tau^2/\ \sigma^2$. O parâmetro d é chamado de relação ruído-sinal. Interpretemos o resultado, destacando em que condições o contágio acontece.

O parâmetro σ^2 reflete a volatilidade dos fundamentos dos ativos e τ^2 os problemas de liquidez ou com os colaterais dos informados. O valor de d é pequeno ($d \to 0$), se τ^2 é pequeno ($\tau^2 \to 0$) ou se σ^2 é elevado ($\sigma^2 \to \infty$). Neste caso, $\theta \to 1$ e $E(s/y) \approx y$: os não informados reagem fortemente às ações dos informados porque consideram que as alterações são associadas aos fundamentos dos ativos.[10] Neste contexto, um choque negativo grande nos colaterais dos agentes informados pode levar à venda de ativos (redução de y) e ser associado (erroneamente) pelos não informados como um problema nos fundamentos (redução de $E(s/y)$). Os agentes não informados também vendem esse ativo e acontece um contágio: A crise nos colaterais dos informados gera uma crise no mercado de outro ativo financeiro que não está associado com seu fundamento.

A seguinte proposição conclui a análise.

---

[9] Para uma análise do problema de extração de sinal, ver seção 1 do anexo do Capítulo 14.

[10] A relação ruído-sinal é pequena e os agentes não informados consideram que a mensagem tem muito sinal.

Proposição: Se o fundamento de um ativo é muito volátil em relação aos colaterais dos informados, pode acontecer uma crise de contágio (não associada aos fundamentos do ativo).

Efeito Multiplicador

A queda na demanda do ativo pode ser magnificada, se o retorno esperado depende da demanda. Descrevamos este efeito. Consideremos que a demanda do ativo (B) depende positivamente da rentabilidade esperada $E(s/y)$:

$$B = f\,[(1 - \theta)\,\hat{s} + \theta\,y] \qquad (17.10)$$

onde f é uma função diferenciável e $f'>0$. Por sua vez, o retorno esperado ($\hat{s}$) depende diretamente da demanda (B):

$$\hat{s} = g\,(\mathrm{B}) \qquad (17.11)$$

onde g é uma função diferenciável, $g' > 0$ e $g'' < 0$.[11] Substituindo (17.11) em (17.10), temos que:

$$B = f\,[(1 - \theta)\,g\,(B) + \theta\,y] \qquad (17.12)$$

Em (17.12), acontece um mecanismo de realimentação positivo (efeito multiplicador), já que uma queda de B gera uma queda de ŝ, que, por sua vez, reduz novamente B. Diferenciando (17.12) e supondo que $c = (1 - \theta)\,f'g' < 1$, obtemos o impacto de uma variação de y sobre B:

$$\frac{dB}{dy} = \frac{\theta\,f'}{1 - c} > \theta$$

O impacto direto de y sobre B é dado por $\theta f'$ e o efeito multiplicador é dado pro $1/(1-c) > 1$. Ressaltemos que o efeito de θ nesta relação é ambíguo: um aumento de θ aumenta o efeito direto, mas reduz o efeito multiplicador.

Proposição: Se os retornos esperados reagem à quantidade demandada, os choques do contágio são amplificados no mercado do ativo, através de um mecanismo multiplicador (de realimentação positivo).

---

[11] A função g é côncava porque uma queda de B tem um impacto maior sobre ŝ que um aumento.

A análise apresentada enfatiza os sinais de quantidades (demanda ou venda de ativos), diferente da literatura de Finanças, que focaliza sobre sinais de preços.

5. Efeito Balanço e Fragilidade Financeira

Krugman (1999) destaca o papel de dois fatores que afetaram as crises cambiais do sudeste asiático no final dos anos 1990: a situação patrimonial das empresas (e seu impacto na capacidade de investir das empresas) e os fluxos de capitais (que afetam a taxa de câmbio real). No modelo apresentado, uma parada súbita de capitais externos desvaloriza a moeda doméstica e, dada a existência de dívidas em moeda externa, gera problemas patrimoniais nas empresas. A crise promovida pela reversão dos capitais pode gerar um colapso financeiro, que derruba o investimento. Apresentemos uma versão simplificada desse modelo.

Modelo Básico

Seja μ a proporção de importações na demanda doméstica, X as exportações (em termos de moeda externa), q a taxa de câmbio real, C o consumo das famílias, I o investimento das empresas e Y o produto (renda) agregado. Consideremos que os trabalhadores consomem toda sua renda e os empresários poupam toda sua renda. Seja $a > 0$ a participação dos lucros na renda e $(1 - a)$ a participação dos salários na renda. A função consumo é dada por $C = (1 - a)\,Y$.

O equilíbrio no mercado de bens é: $Y = (1 - \mu)\,(C + I) + q\,X$. Substituindo a função consumo, podemos determinar a taxa de câmbio real de equilíbrio, supondo que o produto (Y) é uma variável exógena:

$$q = \frac{[1 - (1 - a)(1 - \mu)]Y - (1 - \mu)I}{X} \qquad (17.13)$$

Vemos que um aumento do investimento provoca uma redução da taxa de câmbio real de equilíbrio: $\frac{dq}{dI} = -\frac{(1 - \mu)}{X} < 0$.

O investimento ($I \geq 0$) é financiado pelos empresários com empréstimos externos (em moeda externa). Existe um limite para a capacidade de endividamento (alavancagem) das empresas, dado pela riqueza dos empresários (W). A restrição financeira do empresário é:

$$I_f = (1 + z)\, W \quad (17.14)$$

onde I_f é a oferta de crédito para investimento do empresário (máximo de investimento que pode financiar em valores domésticos) e $z > 0$ é um parâmetro que determina o grau de alavancagem máximo do empresário. A equação (17.14) mostra o crédito externo disponível para o empresário.

O investimento não precisa estar limitado pela restrição financeira, já que os empresários poupam parte de sua renda. Eles vão financiar seus investimentos (uma parte μ é importada), se o retorno esperado for maior que a taxa de juros de títulos externos. Os empresários fazem uma arbitragem de juros.

Por simplicidade, consideremos que o bem de capital só dura um período (o investimento representa o estoque de capital do período seguinte). A riqueza (ativos líquidos) dos empresários é:

$$W = a\,Y - q\,F \quad (17.15)$$

onde a Y é o valor do capital dos empresários (e sua renda) e F é o valor da dívida (crédito externo) em moeda externa. De (17.14) e (17.15), vemos que os empréstimos externos (I_f) dependem da riqueza dos empresários (W), que depende da taxa de câmbio real (q). Uma desvalorização do câmbio real reduz a riqueza e o crédito externo. Analisemos este ponto.

Substituindo (17.13) em (17.15), podemos calcular a relação entre riqueza e investimento: $\frac{dW}{dI} = -\frac{dq}{dI}F = \frac{(1-\mu)}{X}F > 0$. Se aumentar o investimento, o empresário demanda crédito externo e o fluxo de entrada desses capitais aprecia a moeda e aumenta a riqueza. Como o crédito externo (I_f) depende da riqueza, temos que o crédito externo reage ao investimento doméstico:

$$\frac{dI_f}{dI} = (1+z)\frac{dW}{dI} = (1+z)(1-\mu)\frac{F}{X} > 0 \quad (17.16)$$

Cria-se um círculo virtuoso, no qual o aumento do investimento aumenta a oferta de crédito. A equação (17.16) mostra que o grau de fragilidade financeira da economia (dI_f/dI) depende do grau de alavancagem (z), da proporção de bens importados na demanda doméstica (μ) e da relação dívida externa e exportações (F/X).

Consideremos que os emprestadores externos formam uma expectativa de investimento (I^e) ao decidir a oferta de crédito. Com a HER, a expectativa de investimento deve ser igual ao investimento efetivo ($I = I^e$). Para que o modelo permita que uma perda de confiança dos emprestadores externos (redução do investimento esperado) seja validada por um colapso financeiro, vamos supor que uma variação do investimento provoca um efeito forte sobre a oferta de crédito, de forma que $\frac{dI_f}{dI} > 1$. Esta hipótese supõe que a fragilidade financeira da economia é elevada, de forma que uma piora nas expectativas gera um efeito de grandes dimensões no investimento efetivo. Neste caso, existem equilíbrios múltiplos que são determinados a partir de profecias autorrealizáveis.[12]

Equilíbrios Macroeconômicos e Crise

O emprestador externo determina a oferta de crédito, fazendo uma expectativa do investimento da empresa. O equilíbrio macroeconômico supõe que o investimento esperado pelo emprestador externo seja igual ao investimento efetivo da empresa (I). Dada uma expectativa de investimento, determina-se a oferta de crédito, que pode ou não limitar o investimento.

O gráfico 17.2 mostra a função investimento, como uma função da expectativa de investimento, e os equilíbrios macroeconômicos possíveis. Para níveis elevados de investimentos esperados, a restrição do crédito não limita o investimento ($I > I_f$). Ele é determinado pelo retorno esperado do investimento e financiado parcialmente pela poupança do empresário. O equilíbrio macroeconômico acontece para um investimento I_1. Supondo que as expectativas são racionais, o equilíbrio é mostrado pelo ponto C. Nos casos intermediários de investimento esperado, o investimento é determinado pela restrição do crédito externo ($I = I_f$). A restrição financeira limita a decisão de investimento porque o empresário financia todo o investimento com recursos externos. Na figura 17.2, a função investimento depende da oferta de crédito e $\frac{dI_f}{dI} > 1$. O equilíbrio B, porém, deve

[12] As expectativas dos agentes são validadas *ex-post* pelo comportamento de mercado.

ser desconsiderado porque é instável para qualquer mecanismo de formação de expectativas plausível. Para níveis de investimento esperado muito baixos, não existe investimento porque o investimento é limitado pela restrição financeira e a oferta de crédito é nula. O equilíbrio acontece no ponto *A* ($I = 0$). As expectativas pessimistas do emprestador colapsam a oferta de crédito e nenhum investimento é realizado.

Gráfico 17.2: Equilíbrios macroeconômicos

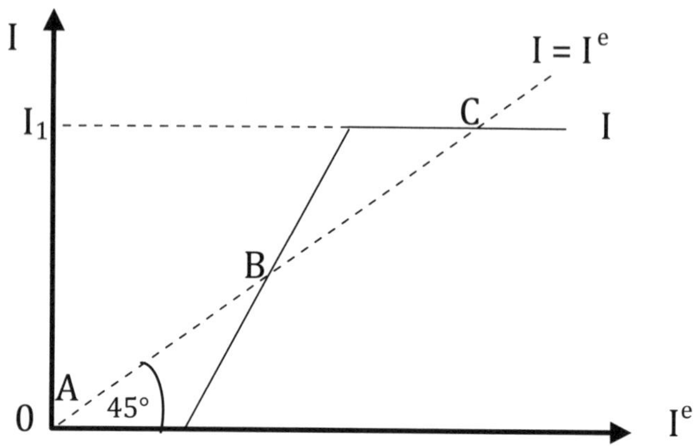

Apresentemos uma versão estilizada de um colapso financeiro. Consideremos que a economia está no ponto *C* e que o emprestador externo torna-se, de repente, pessimista (reduz a expectativa de investimento e a oferta de crédito). A redução do fluxo de capital desvaloriza a moeda local (aumenta q) e afeta os balanços das empresas, reduzindo a riqueza dos empresários. No novo equilíbrio, o investimento cai para zero, apesar de o nível de atividade (*Y*) ficar constante. Na demanda agregada, a queda do investimento (*I*) é totalmente compensada pelo aumento em valor das exportações (*q X*). A perda de confiança dos emprestadores externos resulta em um colapso do investimento, que é explicado pela situação de fragilidade financeira.

A proposição seguinte apresenta uma conclusão geral desta seção.

Proposição: Se a fragilidade financeira da economia é elevada, a perda de confiança do emprestador externo provoca uma desvalorização real e um colapso do investimento.

Dilema de Política: Desvalorização Real Versus Recessão

É interessante analisar o que acontece se o banco central decide manter constante a taxa de câmbio real após à reversão do fluxo de capitais. A taxa de câmbio real é uma variável exógena e o produto torna-se uma variável endógena. A redução do investimento deve reduzir o produto (Y) através de um processo multiplicador keynesiano, já que a equação do equilíbrio no mercado de bens é dada por:

$$Y = \frac{(1-\mu)I + qX}{1-(1-a)(1-\mu)} \qquad (17.17)$$

A redução do investimento não é compensada (como no caso anterior) pelo aumento de valor das exportações.

A redução do investimento reduz a riqueza dos empresários. Substituindo (17.17) em (17.15), podemos calcular:

$$\frac{dW}{dI} = \frac{a(1-\mu)}{1-(1-a)(1-\mu)} > 0 \qquad (17.18)$$

Neste caso, também existe uma realimentação positiva entre I e I_f. De (17.14) e (17.18), vemos que:

$$\frac{dI_f}{dI} = \frac{(1+z)a(1-\mu)}{1-(1-a)(1-\mu)} > 0 \qquad (17.19)$$

Estabilizar a taxa de câmbio real fecha um canal para o colapso financeiro potencial, mas abre outro. O produto cai, provocando uma redução da riqueza dos empresários.

É possível pensar em casos intermediários, nos quais existe um ajuste parcial da taxa de câmbio real e do produto. A proposição seguinte destaca a conclusão.

Proposição: Se o banco central decide estabilizar a taxa de câmbio real, então acontece uma redução do produto agregado e da riqueza dos empresários.

Capítulo 18:

POLÍTICA MONETÁRIA E INTERVENÇÃO CAMBIAL

No Capítulo 12, vimos que a política monetária e o regime de câmbio flexível geram bons resultados em termos de bem-estar social. Ocorre, porém, que, naqueles países em que os desalinhamentos cambiais promovem efeitos significativos nos balanços das empresas e das instituições financeiras, elevados repasses das variações da taxa de câmbio real para a taxa de inflação ou má alocação de recursos que provoque desequilíbrios estruturais difíceis de serem revertidos (como a chamada doença holandesa), os custos sociais podem ser grandes, se o banco central ignorar a volatilidade da taxa de câmbio real ou desvios grandes em relação à taxa de câmbio real de equilíbrio.[1]

Por essas razões, os bancos centrais de países emergentes procuram administrar a taxa de câmbio real, através de intervenções esterilizadas no mercado de câmbio, quando acontecem choques cambiais que provoquem desalinhamentos grandes e prolongados da taxa de câmbio real em relação à taxa de equilíbrio de longo prazo.[2] Nessas circunstâncias, a política de intervenção cambial coexiste com a política monetária. O propósito deste capítulo é clarificar e formalizar essa prática dos bancos centrais de países emergentes, seguindo a análise de Ostry *et al.* (2012).[3]

---

[1] Para uma análise empírica dos efeitos dos influxos de capitais e apreciação cambial em um grande número de episódios, ver Cardarelli *et al.* (2010).

[2] As intervenções cambiais são esterilizadas, se mudanças nas reservas internacionais dos bancos centrais são compensadas por movimentos dos seus ativos domésticos, notadamente títulos públicos. Para uma análise sobre como funcionam as intervenções oficiais nos mercados de câmbio e sua eficácia, ver Sarno e Taylor (2001).

[3] Alguns trabalhos analisam estas práticas. Aizenman *et al.* (2010) acham que entre os países emergentes, que utilizam metas de inflação, a resposta da política monetária à taxa de câmbio real é mais forte naqueles relativamente intensivos na exportação de produtos básicos (*commodities*). Garcia *et al.* (2011) apresentam um modelo híbrido de metas de inflação, no qual as economias emergentes financeiramente vulneráveis podem se beneficiar, incluindo a taxa de câmbio diretamente na função de reação política, mas não conseguem prever um papel sistemático para a intervenção esterilizada em regimes de meta de inflação.

Blanchard et al. (2013) destacam que em pequenas economias abertas com mercados financeiros altamente desenvolvidos, a intervenção esterilizada não é eficaz porque os fluxos de capitais reagem imediatamente a diferenciais de juros. No entanto, em economias com grandes fricções financeiras e mercados financeiros altamente fragmentados, a intervenção cambial pode ser eficiente.

Uma crítica à administração da taxa de câmbio pelos bancos centrais é a dificuldade para saber *ex-ante* se os choques cambiais são reversíveis (ainda que em períodos mais longos) ou são permanentes. Se eles são permanentes, afetam a taxa de câmbio real de equilíbrio (tendência de longo prazo) e não devem ser contrabalanceados. Choques cambiais permanentes promovem variações na taxa de câmbio real de equilíbrio (q_e). Já os efeitos de choques cambiais persistentes, mas reversíveis no longo prazo, podem ser estabilizados pelos bancos centrais para evitar distorções com efeitos prolongados.

O banco central não deve especificar um nível para a taxa de câmbio, pois, do contrário, poderia incentivar os investidores internacionais a tomarem posições de *carry trade*, dados os diferenciais da taxa de juros. Além das intervenções esterilizadas, os formuladores de política podem impor controles sobre os fluxos de capitais de curto prazo, que atuam como "filtros", e podem atenuar os desequilíbrios cambiais. Ostry *et al.* (2011) destacam que, sob certas circunstâncias, os controles de capitais são instrumentos legítimos, mas que devem ser analisados os custos e benefícios dos distintos tipos de controles que podem ser implementados. Neste livro, não analisamos os efeitos de controles de capitais sobre a política monetária e sobre o equilíbrio macroeconômico.

Outro argumento para a administração do câmbio é dado pelo chamado "enigma do excesso de volatilidade", segundo o qual o prêmio de risco flutua mais do que o produto agregado. Em termos do modelo apresentado no Capítulo 12, os choques cambiais são mais voláteis que os choques de demanda: $\text{var}(\varepsilon_3) > \text{var}(\varepsilon_1)$. Como a taxa de política deve reagir a choques cambiais, este fato estilizado torna a taxa de política muito volátil e os bancos centrais podem adotar políticas especiais para contrabalançá-lo, suavizando a taxa de política. Uma alternativa é impor uma restrição sobre a taxa de política monetária, definindo uma banda para ela com um valor mínimo e outro máximo. A banda para a taxa de política suaviza suas flutuações, mas produz resultados subótimos do ponto de vista social porque a política monetária não compensaria todo o choque cambial. Neste caso, deve-se analisar se o benefício da banda que suaviza a taxa de política compensa a perda de bem-estar.[4]

Por último, Céspedes *et al.* (2012) destacam, a partir da experiência recente de meia dúzia de países latino-americanos com metas de inflação, que a taxa de câmbio real tem se tornado frequentemente um objetivo de política, embora este objetivo raramente seja explicitado. Outro desvio do padrão convencional é o uso de ferramentas não convencionais de política. Eles oferecem uma primeira avaliação do quadro modificado da política monetária e ressaltam que a nova abordagem parece ter sido eficaz, já que a região enfrentou a crise de 2008-9 razoavelmente bem. Por outro lado, ainda restam muitas dúvidas sobre a conveniência de políticas monetárias não convencionais na América Latina.

18.1. BLOCOS DO MODELO

18.1.1. Estrutura Econômica

Seguindo Ostry *et al.* (2012), analisemos a interação da política monetária com as intervenções nos mercados de câmbio. Consideremos que as intervenções esterilizadas, o instrumento de política cambial, são determinadas conjuntamente com a taxa de política. Existem duas políticas: a monetária, onde o instrumento é a taxa de política, e a cambial, onde o instrumento de política é a variação de reservas internacionais. Por simplicidade, suponhamos que a taxa de juros natural internacional e o prêmio de risco normal são nulos, assim como o logarítimo da taxa de câmbio real de equilíbrio:

$$r_n^i = \alpha_n^i = q_e = 0$$

Como vimos, a principal justificativa para as intervenções cambiais é a existência de distorções grandes e persistentes no mercado de câmbio, que podem ser provocadas por políticas monetárias em países grandes, que afetam os mercados financeiros internacionais e geram fluxos temporários de capitais. Se os choques cambiais não revertem rapidamente, os efeitos sobre o desalinhamento cambial podem ser significativos. Consideremos que o banco central realiza intervenções esterilizadas no mercado de câmbio e que essas intervenções têm um

[4] A este respeito, ver Bofinger *et al.* (2009).

custo social, dado pelo diferencial de taxa de juros entre países e a apreciação da moeda local, que gera um limite para a acumulação de reservas internacionais.

Suponhamos que as intervenções no mercado de câmbio são eficazes, no sentido de que afetam a taxa de câmbio real durante certo período.[5] A evidência empírica sobre a eficácia das intervenções esterilizadas em economias emergentes é mista, mas geralmente mais favoráveis que em economias avançadas.[6] A intervenção cambial do banco central, realizada através de uma variação nas reservas internacionais, afeta a taxa de câmbio real de forma linear. Seja R a variação de reservas internacionais do banco central, a PDJ pode ser escrita da seguinte forma:

$$q = -r + n\,R + \varepsilon_3$$

onde n é um parâmetro positivo, que representa o efeito das intervenções esterilizadas no mercado de câmbio sobre a taxa de câmbio real ($\frac{dq}{dR} = n > 0$). No regime de câmbio administrado, se um ingresso de capitais provoca um choque cambial que gera uma apreciação cambial ($\varepsilon_3 < 0$), ele pode ser contrabalanceado por uma variação positiva das reservas cambiais ($R > 0$).

A estrutura econômica do modelo completa-se com a curva IS e a curva de Phillips, dadas no capitulo 12:

$$y = a - b\,r + c\,q + \varepsilon_1$$
$$\Pi = \Pi^M + d\,y + \varepsilon_2$$

18.1.2. Política de Intervenção Cambial

A função de perda social pode ser dividida em duas partes: uma que considere os objetivos da política monetária (L_{PM}) e outra que leve em conta os objetivos da política de intervenção cambial (L_{IC}). Seja:

$$L = L_{PM} + L_{IC}$$

[5] Na seção 3 do anexo deste capítulo, apresentamos os canais que mostram a influência das intervenções esterilizadas sobre a taxa de câmbio.

[6] A este respeito, ver Ostry *et al.* (2012, seção IV).

Os objetivos da intervenção cambial são apresentados de forma arbitrária, já que, na literatura, falta interpretar melhor porque a intervenção cambial é desejável para o bem-estar social.[7] De maneira informal, pode-se pensar que uma apreciação cambial, provocada por choques cambiais, afeta a composição setorial do produto (comercializáveis e não comercializáveis), já que altera os preços relativos, levando a uma redução do bem-estar social que independe do hiato do produto ou da taxa de inflação. Por outro lado, uma desvalorização da moeda doméstica pode promover efeitos sobre os balanços de empresas e de instituições financeiras com dívidas denominadas em moeda estrangeira.

A existência de um custo para as intervenções esterilizadas (R), dado pelo diferencial de juros de captação e aplicação de recursos e pela apreciação cambial, coloca um limite para esse tipo de operações. Suponhamos que o estoque de reservas internacionais do banco central já corresponda ao nível de cobertura requerida e que a variação de reservas internacionais requeridas seja nulo. Qualquer variação de reservas tem um custo social.

Seguindo Ostry *et al.* (2012), consideremos que os objetivos da política de intervenção cambial são:

1. Reduzir os desvios do logarítmo da taxa de câmbio real (q) de seu valor de equilíbrio ($q_e = 0$);
2. Minimizar os custos de esterilização das intervenções esterilizadas.

A FPS da política de intervenção cambial é dada por:

$$L_{IC} = \gamma q^2 + \sigma R^2$$

onde γ e φ são parâmetros positivos (γ > 0 e φ > 0). O primeiro somando procura destacar o desalinhamento cambial e o segundo, o custo de esterilização.

[7] Na seção 1 do anexo deste capítulo, apresentamos uma intuição do papel da taxa de câmbio real no bem-estar social.

Como o instrumento da política de intervenção cambial são as intervenções esterilizadas no mercado de câmbio, que provocam variações nas reservas internacionais, o problema da política de intervenção cambial é dado por:[8]

$$\min_R L_{IC} = \gamma q^2 + \varphi R^2 = \gamma(-r + nR + \varepsilon_3)^2 + \varphi R^2$$

Da CPO deste problema, determinamos a solução do problema que estabelece a variação ótima das reservas internacionais (função de reação da política de intervenção cambial):

$$R^* = \beta(r - \varepsilon_3)$$

onde $\beta \equiv \frac{n\gamma}{n^2\gamma + \varphi} < 1$. A função de reação da política de intervenção cambial depende da taxa de política e de choques cambiais. Substituindo R^* na PDJ (equação dos fluxos de capitais), determinamos a taxa de câmbio real:

$$q = -\Psi(r - \varepsilon_3) = \frac{-\varphi}{n\gamma} R^*$$

onde $\Psi \equiv \frac{\varphi}{n^2\gamma + \varphi} < 1$. Vemos que a taxa de câmbio real depende das intervenções cambiais.

Os efeitos da variação das reservas internacionais depende dos parâmetros n, φ e γ. Analisemos os efeitos desses parâmetros sobre R^* e q.

Se as intervenções esterilizadas não têm efeito na taxa de câmbio real ($n = 0$), os resultados são:

$$R^* = 0$$
$$q = -r + \varepsilon_3.$$

[8] Uma abordagem alternativa é considerar que a taxa de câmbio real é outro instrumento de política monetária. Neste caso, teríamos dois instrumentos de política monetária (r e q). A combinação linear desses instrumentos é chamada de índice de condições monetárias. No anexo 2 deste capítulo, apresentamos esta abordagem.

Como o banco central não consegue afetar o mercado de câmbio, deve tolerar uma volatilidade maior do câmbio real frente a choques cambiais (var(q) = var(ε_3)).

R^* depende inversamente de φ. Se o custo de esterilização é muito pequeno (φ = 0), então:

$$R^* = (\varepsilon_3 - r)/n$$
$$q = q_e = 0$$

Se não existe custo para ajustar as reservas internacionais, a taxa de câmbio real não fica desalinhada em relação a seu nível de equilíbrio.

R^* depende diretamente de γ. Quando aumenta o custo social do desalinhamento cambial, o banco central deve fazer mais operações esterilizadas para reduzir esses desalinhamentos e a taxa de câmbio real tende a ficar mais próxima de seu valor de equilíbrio ($q_e = 0$).

Ressaltemos que, se o regime cambial é de flutuação limpa (o banco central não intervém no mercado de câmbio), temos que a taxa de câmbio real é

$$q = -r + \varepsilon_3$$
$$R = 0.$$

Se existe, porém, um viés nos choques cambiais, que gere um viés na taxa de câmbio real, a flutuação limpa gera um desalinhamento cambial, que afeta o bem-estar social e não promove uma política ótima (não minimiza L_{IC}).

A seguinte proposição sintetiza os resultados obtidos.

Proposição: O nível ótimo das intervenções cambiais depende da taxa de política, de choques cambiais, dos efeitos da intervenção esterilizada e dos custos de esterilização.

18.1.3. Política Monetária

O objetivo de política monetária é estabilizar a taxa de inflação e o nível de atividade. A estrutura econômica é dada pela curva IS, a curva de Phillips e a equação dos fluxos de capitais.

$$\min_{r} L = (\Pi - \Pi^{M})^2 + \lambda y^2$$

$$\text{s.a:} \quad y = a - b\,r + c\,q + \varepsilon_1$$

$$\Pi = \Pi^{M} + d\,y + \varepsilon_2$$

$$q = -r + n\,R + \varepsilon_3$$

Da CPO, determinamos a regra para a taxa de política (função de reação da política monetária):

$$r^* = \frac{a}{b+c} + \frac{cn}{b+c} R + \frac{1}{b+c}\varepsilon_1 + \frac{d}{(b+c)(d^2+\lambda)}\varepsilon_2 + \frac{c}{b+c}\varepsilon_3$$

Vemos que a taxa de política depende das intervenções esterilizadas do banco central. Uma variação positiva das reservas internacionais ($R > 0$) gera um aumento da taxa de câmbio real e da taxa de inflação, sendo necessário aumentar a taxa de política. De qualquer forma, o comportamento da política monetária mantém-se qualitativamente inalterado em relação ao analisado no Capítulo 12.

18.2. POLÍTICA MONETÁRIA E INTERVENÇÃO CAMBIAL

Como no caso das inter-relações da política monetária com a política fiscal e a política de estabilidade financeira, voltamos a enfrentar o princípio de Tinbergen. Existem dois objetivos de política (política monetária e de intervenção cambial) e dois instrumentos de política (R^* e r^*), que devem ser consistentes. Dadas as funções de reação das duas políticas, obtemos a taxa de política e o nível ótimo de intervenções cambiais do equilíbrio de Nash:

$$r^* = \frac{a}{b+c-cn} + \frac{1}{b+c-cn}\varepsilon_1 + \frac{d}{(b+c-cn)(d^2+\lambda)}\varepsilon_2 + \frac{c-\beta(b+c)}{b+c-cn}\varepsilon_3$$

$$R^* = \frac{\beta a}{b+c-cn} + \frac{\beta}{b+c-cn}\varepsilon_1 + \frac{\beta d}{(b+c-cn)(d^2+\lambda)}\varepsilon_2 - \frac{\beta^2(b+c)+\beta(b-cn)}{b+c-cn}\varepsilon_3$$

O gráfico 18.1 apresenta o equilíbrio de Nash dos instrumentos de política, considerando que não existem choques ($\varepsilon_1 = \varepsilon_2 = \varepsilon_3 = 0$).

Gráfico 18.1: Determinação de r^* e R^*

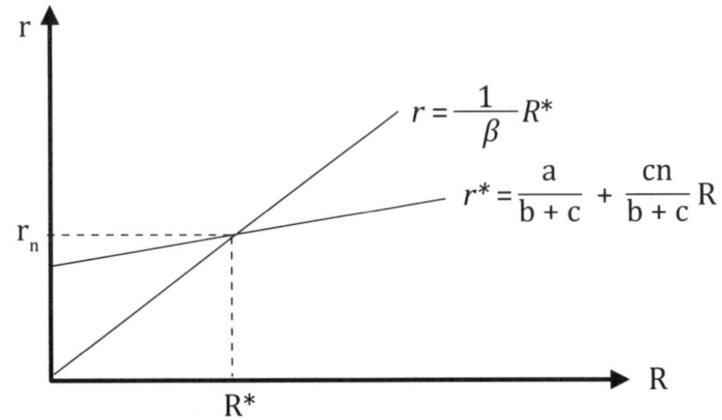

Analisemos algumas propriedades do regime de política proposto. Consideremos, por simplicidade, que o canal do câmbio da política monetária não opera ($c = 0$). Esta hipótese simplifica a álgebra e os gráficos, e não modifica qualitativamente os resultados.[9]

O bem-estar social é maior se o banco central intervém no mercado de câmbio. Como o nível do produto e a taxa de inflação são iguais com o banco central intervindo ou não no mercado de câmbio, a perda social da política monetária é a mesma nos dois regimes e a perda social da política de intervenção cambial é menor se o banco central intervém (já que a variação de reservas internacionais ótima garante um mínimo para essa perda social).

A taxa de câmbio real flutua menos se o banco central intervém no mercado de câmbio ($R^* > 0$) do que se não intervém ($R = 0$). A menos que $n = 0$ (a política cambial não afeta a taxa de câmbio) ou $\gamma = 0$ (a taxa de câmbio real não afeta o bem-estar social), a taxa de câmbio real flutua menos frente a choques de demanda, de oferta e cambial, se o banco central promove intervenções cambiais, já que $\Psi < 1$. Em caso de flutuação limpa, a taxa de câmbio real é dada por:

$$q = -\frac{a}{b} - \frac{1}{b}\varepsilon_1 - \frac{d}{b(d^2+\lambda)}\varepsilon_2 + \varepsilon_3$$

[9] Ostry *et. al.* (2012, *Appendix*) também fazem esta suposição.

Consideremos os efeitos de um choque de oferta positivo ($\varepsilon_2 > 0$). O gráfico 18.2 ilustra o efeito de um choque de oferta positivo sobre o nível de intervenção cambial ótimo. O aumento da taxa de política (devido ao aumento da taxa de inflação) eleva a variação ótima de reservas e diminui a taxa de câmbio real (já que $q = \frac{-\varphi}{n\lambda} R^*$). A apreciação cambial acontece devido ao efeito do aumento da taxa de política ser maior que o efeito da intervenção cambial: a política de intervenção cambial só compensa parte do efeito da política monetária.

Gráfico 18.2: Choque de oferta positivo e intervenção cambial ótima

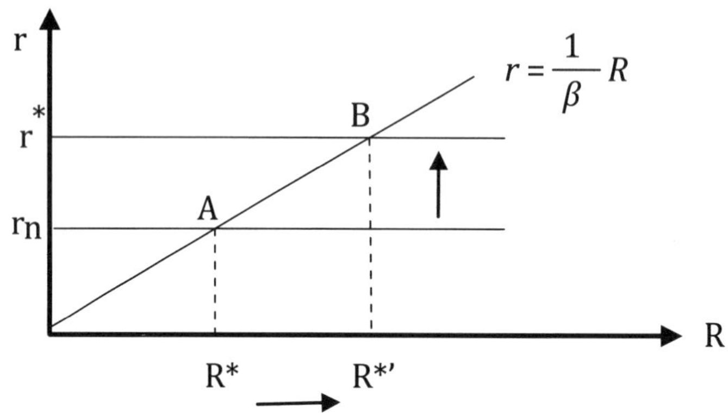

Se o regime de meta de inflação é estrito ($\lambda = 0$), a taxa de política reage mais intensamente a choques de oferta do que se o regime fosse de meta de inflação flexível ($\lambda > 0$). Em um regime de meta de inflação estrita, a intervenção no mercado de câmbio é maior e a taxa de câmbio real é mais volátil frente a choques de oferta.

Um choque cambial negativo (associado a um influxo de capitais) provoca uma redução da taxa de câmbio real (apreciação cambial). Dada a taxa de política, o banco central deve aumentar as intervenções no mercado de câmbio, comprando parte do influxo de capitais. Apesar do aumento das reservas internacionais, a moeda doméstica se aprecia ($\Delta q < 0$). O gráfico 18.3 mostra o comportamento da variação ótima de reservas, se acontece um choque cambial negativo ($\varepsilon_3 < 0$).

Gráfico 18.3: Choque cambial negativo e intervenção cambial ótima

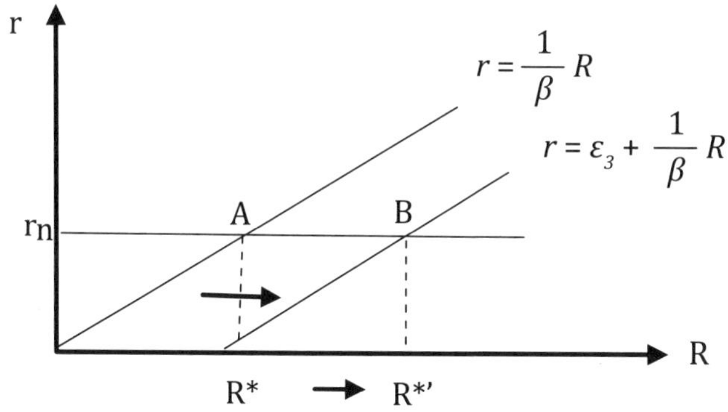

A seguinte proposição sintetiza os resultados. Lembremos que os resultados são preliminares e com algum grau de arbitrariedade.

Proposição: Um regime de política monetária com intervenção cambial apresenta a seguintes propriedades:

- O bem-estar social é maior se o banco central intervém no mercado de câmbio;
- A taxa de câmbio real flutua menos se o banco central intervém no mercado de câmbio;
- Se acontecer um choque de oferta positivo, a variação ótima de reservas internacionais é positiva, mas a taxa de câmbio real cai;
- Se o regime de meta de inflação for estrita, a taxa de câmbio real é mais volátil e é necessária uma intervenção cambial maior frente a choques de oferta;
- Um choque cambial negativo promove uma intervenção cambial positiva, que não evita alguma apreciação cambial.

18.3. INTERDEPENDÊNCIA E COORDENAÇÃO

A análise anterior não considera os aspectos multilaterais das políticas de intervenção cambial, nem a possibilidade de coordenação de políticas de intervenção cambial. A cooperação entre países pode reduzir os impactos de choques cambiais (choques nos fluxos de capitais) e alcançar resultados superiores em termos de bem-estar. Das várias possibilidades de análise, Ostry *et al.* (2012) consideram a coordenação de políticas entre países emergentes que recebem fluxos de capitais.

Diferente dos problemas de coordenação abordados no Capítulo 13, entre os anos 2006 e 2011, os países emergentes não desejaram "exportar" desemprego através de políticas de desvalorização cambial, mas procuraram "exportar" fluxos de capitais. Apresentamos a seguir um modelo um pouco diferente do desenvolvido por Ostry *et al.* (2012, seção VI), que centra a atenção na conta capital e não na conta-corrente do balanço de pagamentos (no fluxo de comércio).

Consideremos que os fluxos de capitais para os países receptores dependem das políticas de intervenção cambial dos outros países emergentes, já que essas políticas podem desviar os fluxos de capitais de um país para outro.[10] Esta interdependência gera um efeito de transbordamento (*spillover*), que afeta a equação do fluxo de capital, que também depende da política de intervenção cambial do outro país emergente (R^i). A equação da PDJ pode ser escrita da seguinte forma:

$$q = -r + n\,R - m\,R^i + \varepsilon_3$$

onde $m \geq 0$ representa o efeito da política de intervenção cambial do país externo sobre a taxa de câmbio real.

Como cada banco central procura ajustar a taxa de câmbio real desviando o fluxo de capital para o outro país emergente, gera-se um jogo não cooperativo entre os bancos centrais dos países emergentes. Consideremos que as taxas de política monetária r e r^i são dadas, que $c = 0$ nos dois países e que os parâmetros da PDJ (n e m) e da FPS (γ e φ) dos dois países são iguais. Os problemas de política de intervenção cambial de cada país são:

$$\min_{R} L_{IC} = \gamma(-r + nR - mR^i + \varepsilon_3)^2 + \varphi R^2$$

$$\min_{R^i} L^i_{IC} = \gamma(-r^i + nR^i - mR + \varepsilon_3)^2 + \varphi {R^i}^2$$

[10] Como destacam Ostry *et al.* (2012), ainda que as políticas monetárias e de intervenção cambial não consigam desviar efetivamente os fluxos de capitais, elas apresentam essa crença.

Das CPO dos problemas, obtemos as funções de reação das políticas de intervenção cambial de cada país:

$$R^* = \beta(r + mR^i - \varepsilon_3)$$

$$R^{i^*} = \beta(r^i + mR - \varepsilon_3)$$

No equilíbrio de Nash, a variação de reservas internacionais do país doméstico é dada por:

$$R^*_{Nash} = (\frac{\beta}{1-m^2\beta^2})[r + (m\beta)r^i - (1+m\beta)\varepsilon_3]$$

Vemos que a variação das reservas internacionais de um país depende da taxa de política doméstica, da taxa de política do outro país e de choques cambiais.

Se existe coordenação entre as políticas de intervenção cambial dos países emergentes, cada um reconhece que (em equilíbrio) será incapaz de desviar o fluxo de capital para o outro. Neste caso, as políticas dos dois países são definidas conjuntamente. Esse problema de otimização equivale a supor que $m = 0$. Com coordenação, a intervenção cambial ótima no país doméstico é igual ao que acontece sem efeito de transbordamento:

$$R^*_{coord} = \beta(r - \varepsilon_3)$$

Analisemos os efeitos da coordenação na intervenção cambial frente a um choque cambial negativo, que aprecie as moedas dos dois países ($\varepsilon_3 < 0$). No equilíbrio, com coordenação nas políticas de intervenção cambial, a variação de reservas internacionais de cada país é menor que no equilíbrio sem coordenação. No equilíbrio não cooperativo cada banco central procura evitar a apreciação com intervenções no mercado de câmbio, desviando parte dos fluxos de capitais para os outros países emergentes. Nesse equilíbrio, desde que os países receptores de capital tenham os mesmos incentivos, não existe desvio efetivo do fluxo, apesar das intervenções cambiais. Em caso de coordenação, as intervenções esterilizadas serão menores. Pode-se ver que em caso de $\varepsilon_3 < 0$:

$$R^*_{\text{Nash}} > R^*_{\text{coord}}$$

já que:

$$\frac{1+m\beta}{1-m^2\beta^2} = \frac{1}{1-m\beta} > 1$$

Em relação à taxa de câmbio real, a comparação do resultado da coordenação de política e do equilíbrio de Nash é indeterminada e vai depender do valor dos parâmetros n e m. Um caso simples é aquele em que não existe coordenação e $n = m$. Neste caso, $R^* = R^{i*}$ e a taxa de câmbio real é igual à que obtemos no regime de câmbio flutuante:

$$q_{\text{Nash}} = -r + \varepsilon_3$$

No caso em que existe coordenação, a taxa de câmbio real resulta:

$$q_{coord} = \Psi(-r + \varepsilon_3)$$

Como $\psi < 1$, a taxa de câmbio real flutua menos se os países emergentes cooperam nas suas políticas de intervenção cambial.

A proposição a seguir resume a análise.

Proposição: Se acontecem choques cambiais, a intervenção cambial será menor se existe coordenação entre as políticas dos países emergentes. O resultado da coordenação sobre as taxas de câmbio real depende dos parâmetros do modelo, mas a taxa de câmbio real deve flutuar menos com a cooperação se os países possuem incentivos similares para intervir no mercado de câmbio.

A menor intervenção cambial e a menor volatilidade da taxa de câmbio real permitem que a coordenação de políticas de intervenção cambial melhore o bem-estar social dos dois países. Ostry *et al.* (2012) lembram que essa coordenação de políticas é difícil de ser alcançada, devido aos elevados requerimentos de informação e à falta de mecanismos internacionais de coação.

Temas de Discussão

18.1. Devido ao caráter controverso das intervenções cambiais, devem ser discutidas e esclarecidas as premissas sobre as quais são elaborados os modelos.

18.2. Desalinhamentos cambiais (em relação à taxa de câmbio real de equilíbrio) duradouros alteram os preços relativos dos bens comercializáveis e não comercializáveis e provocam uma redução do bem-estar social, que independe do hiato do produto e da taxa de inflação. A taxa de câmbio real deve ser um argumento da função de perda social. Leia a seção 1 do apêndice deste capítulo e discuta o tema.

18.3. Pesquise sobre os efeitos de intervenções esterilizadas do banco central no mercado de câmbio. Discuta as evidências sobre a duração de seus efeitos na taxa de câmbio real e a diferença que existe entre países avançados e emergentes. Analise também os custos sociais dessas intervenções esterilizadas (dado pelo diferencial de juros de captação e aplicação de recursos e pela apreciação cambial).

18.4. Um país emergente pode desviar o fluxo de capitais para evitar uma apreciação cambial prejudicial, mas esses fluxos devem apreciar a moeda de outro país emergente. Cria-se um jogo não cooperativo entre países, que diminui o bem-estar social deles porque os efeitos de suas políticas cambiais se compensam. Se existe coordenação, a flutuação das reservas internacionais e das taxas de câmbio de cada país será menor, justificando a realização de acordos de política monetária e cambial entre esses países.

Anexo:

TÓPICOS ADICIONAIS

1. Preços de Importados e Política Monetária Ótima

Nos modelos novos keynesianos de política monetária para economias abertas, distorções nos mercados de bens e de ativos financeiros permitem que a taxa de câmbio real possa ser incorporada na FPS, já que a taxa de inflação e o hiato do produto não dão conta de todos os efeitos sobre o bem-estar social. A literatura analisa em que condições a taxa de câmbio real deve aparecer na FPS ao lado do produto e da taxa de inflação, seguindo a abordagem de Woodford apresentada no anexo do Capítulo 6.[1]

Esses modelos podem ser apresentados, utilizando-se o trabalho de Pesenti (2013), que desenvolve de forma simples um modelo estilizado de NOEM (destacado no anexo do Capítulo 12) com o objetivo de estudar a resposta ótima da política monetária a choques nos preços dos bens importados.[2] A conclusão da análise mostra que, em certas circunstâncias, estabilizar a taxa de câmbio melhora o bem-estar social.

Modelo Básico

Lembremos os pontos centrais do modelo apresentado no anexo do Capítulo 12 (seção 2). Seja P_H o preço do bem doméstico e P_F o preço do bem importado em termos de moeda doméstica. O índice geral de preços (P) é dado por: $P = P_H^{\gamma} P_F^{1-\gamma}$, onde γ é a participação dos bens domésticos no consumo ($0 < \gamma < 1$).

Os bens domésticos são produzidos com trabalho l e consumidos localmente ou exportados e trocados por bens importados. Consideremos que a função de produção é $Y = l$, onde Y é a produção do bem doméstico. Em equilíbrio, $P_H Y = PC$. O trabalho (l) pode ser "transformado" em consumo (C) da seguinte forma:

[1] Para uma resenha dessa literatura, ver Engel (2011, seção I).

[2] Uma análise seminal sobre a resposta da política monetária ótima a mudanças de preços relativos é apresentada por Aoki (2001), que desenvolve um modelo para uma economia fechada com dois setores, um com rigidez de preços e outro com preços flexíveis. Conclui que, ainda que estabilizar o preço relativo no redor de seu valor eficiente seja um objetivo apropriado do banco central, estabilizar a inflação de preços rígidos (e não a inflação total) é suficiente para alcançar esse objetivo.

$$C = Z\,l$$

onde $Z = P_H/P = (T)^{1-\gamma}$ e $T = P_H/P_F$ são os termos de troca. O consumo por trabalhador (Z) é uma função dos termos de troca (T).

A política monetária é discricionária e controla a despesa nominal (μ) dada por: $\mu = PC$. Os preços domésticos são parcialmente rígidos. O componente rígido depende do preço passado e o componente flexível da política monetária: $P_H = P_{H,-1}{}^{1-\alpha}\,\mu^{\alpha}$, sendo $1 - \alpha$ $(0 < \alpha < 1)$ o grau de rigidez dos preços domésticos.

Os preços dos bens importados (P_F) são determinados pelos preços em moeda externa (P_F^*) e a taxa de câmbio nominal (ε): $P_F = P_F^*\,\varepsilon$. Como vimos, o equilíbrio de ε depende da relação de políticas monetárias: $\varepsilon = \mu/\mu^*$. Consideremos que a política monetária externa é dada (μ^* constante) e que o repasse cambial aos preços dos bens importados não é total no curto prazo. Podemos revisar a formação de preços de importados como: $P_F = P_F^*\,\mu^{\beta}$, onde β é o coeficiente de repasse $(0 < \beta < 1)$. Vemos que uma política monetária mais apertada (redução de μ) aprecia a moeda local, reduz os preços dos importados em moeda doméstica e melhora os termos de troca.

Representemos com ^ as taxas de variação das variáveis (desvio dos logaritmos das variáveis em relação a seus equilíbrios). Podemos resumir o modelo da seguinte forma:

$$\hat{\varepsilon} = \hat{\mu}$$

$$\hat{P}_H = \alpha\,\hat{\mu}$$

$$\hat{P}_F = \beta\,\hat{\mu} + \hat{P}_F^*$$

$$\hat{T} = (\alpha - \beta)\,\hat{\mu} - \hat{P}_F^*$$

$$\hat{P} = \gamma\,\hat{P}_H + (1-\gamma)\,\hat{P}_F$$

$$\hat{C} = \hat{\mu} - \hat{P}$$

$$\hat{Z} = (1-\gamma)\,\hat{T}$$

$$\hat{l} = \hat{C} - \hat{Z}$$

Regimes de Política Monetária e Choque nos Preços dos Bens Importados

O banco central pode escolher dois regimes de política monetária para responder ao choque nos preços dos importados:

- Uma opção é estabilizar o núcleo da inflação, dado pelos preços dos bens domésticos (meta do núcleo da inflação). Consideremos, por simplicidade, que a meta do núcleo da inflação é $\hat{P}_H = 0$;
- A outra opção é uma meta para a inflação total (meta de inflação). Suponhamos que a meta de inflação seja $\hat{P} = 0$.
- Analisemos os resultados de cada um desses regimes, supondo que acontece um choque positivo nos preços dos bens importados em moeda externa ($\hat{P}_F^* > 0$).

Regime de Meta do Núcleo de Inflação

No caso de um regime de meta do núcleo ($\hat{P}_H = 0$), temos os seguintes resultados macroeconômicos se $\hat{P}_F^* > 0$:

$$\hat{\varepsilon} = \hat{\mu} = 0$$

$$\hat{P}_F = \hat{P}_F^* > 0$$

$$\hat{P} = (1-\gamma)\hat{P}_F^* > 0$$

$$\hat{T} = -\hat{P}_F^* < 0$$

$$\hat{C} = -P = -(1-\gamma)\hat{P}_F^* < 0$$

$$\hat{Z} = -(1-\gamma)\hat{P}_F^* < 0$$

$$\hat{l} = 0$$

Os principais resultados são os seguintes. A taxa de câmbio nominal não varia. Apesar de estabilizar os preços domésticos, a taxa de inflação é positiva porque aumenta o preço dos importados. Os termos de troca diminuem, assim como o consumo e o consumo por trabalhador. O nível do emprego (e do produto) permanece inalterado no seu nível natural.

A seguinte proposição destaca uma característica importante deste regime.

Proposição: Se acontece um choque nos preços importados, estabilizar os preços domésticos (núcleo da inflação) permite estabilizar a taxa de câmbio nominal.

Regime de Meta de Inflação

No caso de um regime de meta de inflação ($\hat{P} = 0$), se $\hat{P}_F^* > 0$ os resultados macroeconômicos são:

$$\hat{\varepsilon} = \hat{\mu} = -\frac{1-\gamma}{(1-\gamma)\beta + \gamma\alpha}\hat{P}_F^* < 0$$

$$\hat{P}_H = -[\frac{\alpha(1-\gamma)}{(1-\gamma)\beta + \gamma\alpha}]\hat{P}_F^* < 0$$

$$\hat{P}_F = [\frac{\alpha\gamma}{(1-\gamma)\beta + \gamma\alpha}]\hat{P}_F^* > 0$$

$$\hat{T} = -[\frac{\alpha}{(1-\gamma)\beta + \gamma\alpha}]\hat{P}_F^* < 0$$

$$\hat{C} = \hat{\mu} < 0$$

$$\hat{Z} = -[\frac{(1-\gamma)\alpha}{(1-\gamma)\beta + \gamma\alpha}]\hat{P}_F^* < 0$$

$$\hat{l} = -[\frac{(1-\gamma)(1-\alpha)}{(1-\gamma)\beta + \gamma\alpha}]\hat{P}_F^* < 0$$

Vemos que, neste caso, acontece uma apreciação cambial, uma deterioração dos termos de troca e do consumo por trabalhador. O emprego (e o produto) cai abaixo de seu nível natural. Destaquemos que, no regime de meta do núcleo, a taxa de câmbio nominal não varia, enquanto que, no regime de meta de inflação, acontece uma apreciação cambial.

Comparação do Bem-estar dos Regimes Monetários

O bem-estar social é dado pela utilidade da família representativa. Consideremos que $U = \ln C - l$. Diferenciando a função de utilidade e normalizando para $l^{\text{flex}} = 1$, podemos escrever:

$$dU = \frac{dC}{C} - l^{flex}\frac{dl}{l} = \hat{C} - \hat{l} = \hat{Z} = (1-\gamma)\hat{T}$$

A variação do bem-estar social depende da variação do consumo *per capita*, que, por sua vez, depende da variação dos termos de troca. Uma deterioração dos termos de troca diminui o bem-estar social. A seguinte proposição sintetiza a análise.

Proposição: A deterioração dos termos de troca oferece uma medida (*ex-post*) de perda social.

Nos dois regimes, acontece uma perda social, devido à deterioração dos termos de troca. Como $\gamma < 1$, pode-se ver que os termos de troca diminuem mais no regime que estabiliza a inflação total (em relação ao regime que estabiliza o núcleo da inflação). Em termos de bem-estar, as famílias estão melhores no regime em que o banco central estabiliza o núcleo, já que o aumento de lazer no regime de meta de inflação não compensa a queda maior no consumo.[3]

O gráfico 18.4 mostra os ajustes macroeconômicos dos dois regimes, se acontece um choque positivo nos preços dos bens importados. Os equilíbrios macroeconômicos são apresentados no espaço (C, l). O ponto A mostra o equilíbrio inicial com preços flexíveis. O ponto *B* apresenta o ajuste alcançado com uma meta para os preços domésticos (núcleo da inflação): o aumento do nível de preços (P) reduz o gasto real C, a deterioração do consumo por trabalhador (Z) desloca a relação $C = Z\,l$ e não existe mudança no nível de emprego (l).[4] A curva de indiferença I_B mostra o bem-estar social no ponto B

O ponto *C* representa o ajuste macroeconômico com uma meta de inflação: o consumo cai mais que no regime anterior, assim como o consumo por trabalhador (e a relação de troca). O nível de emprego é menor que o de pleno emprego (l_C

[3] Lembremos que o regime que estabiliza o núcleo de inflação é compatível com a estabilidade da taxa de câmbio.

[4] Os termos de troca deterioram-se em linha com o consumo por trabalhador.

< l^{flex}). As curvas de indiferença I_B e I_C mostram que o bem-estar social é maior no ponto *B* que no ponto *C* (os pontos sobre I_B são preferíveis aos pontos sobre I_C).

Gráfico 18.4: Equilíbrios com choques nos preços importados

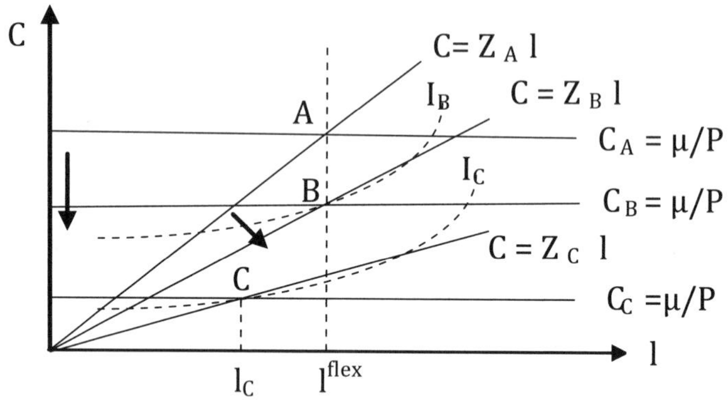

A seguinte proposição conclui a análise.

Proposição: Se acontece um aumento nos preços dos bens importados (em moeda externa), a política ótima é estabilizar a taxa de inflação doméstica (núcleo da inflação) e não a inflação total. A estratégia de estabilizar a inflação doméstica permite estabilizar a taxa de câmbio nominal.

Pesenti (2013) destaca que o regime de meta de inflação pode ser o regime apropriado, se acontece uma redução nos preços dos bens importados, abrindo a intrigante possibilidade de que a estratégia monetária apropriada possa ser uma resposta assimétrica a aumentos e quedas nos preços dos bens importados.

2. Índice de Condições Monetárias

De forma alternativa à análise do capítulo, podemos considerar que a taxa de câmbio real é um instrumento de política monetária que deve ser determinado conjuntamente com a taxa de política. Apresentemos algumas características desta abordagem, seguindo a análise de Bofinger *et al.* (2002).[5]

[5] Ball (2002) também apresenta uma abordagem similar.

Chamemos de índice de condições monetárias (*monetary conditions index*, MCI) à combinação linear dos instrumentos de política monetária (q e r). Definimos MCI da seguinte forma:[6]

$$MCI = r - \delta q \quad (18.1)$$

onde $\delta > 0$ é um parâmetro. Como MCI é o instrumento (composto) de política monetária, apresentemos o problema de política monetária em termos desse índice.

Podemos escrever a curva IS para uma economia aberta como $y = a - b(r - \frac{c}{b}q) + \varepsilon_1$. Assim, temos que:

$$y = a - b\,MCI + \varepsilon_1 \quad (18.2)$$

onde $\delta \equiv c/b < 1$. O problema de política monetária é dado por:

$$\min_{MCI} L = (\Pi - \Pi^M)^2 + \lambda y^2 \quad \text{(FPS)}$$

$$\text{sujeito à: } y = a - b MCI + \varepsilon_1 \quad \text{(IS)}$$

$$\Pi = \Pi^M + d\,y + \varepsilon_2 \quad \text{(CP)}$$

A solução do problema é:

$$MCI^* = \frac{a}{b} + \frac{1}{b}\varepsilon_1 + \left[\frac{d}{b(d^2+\lambda)}\right]\varepsilon_2 \quad (18.3)$$

Vemos que a solução do MCI (*mix* ótimo de instrumentos) é igual à solução da taxa de política (r^*) para uma economia fechada.

A equação (18.3) não permite determinar os valores dos instrumentos de política monetária (r^* e q^*), já que existem muitas combinações possíveis (temos uma equação e duas incógnitas). Para identificar os componentes de MCI*, deve-se incorporar uma relação adicional entre q e r, determinada a partir dos objetivos da intervenção cambial. Voltamos ao problema de Tinbergen, já que precisamos de dois objetivos (o de política monetária e o de intervenção cambial) para determinar os dois instrumentos (r^* e q^*).

[6] MCI foi estabelecido inicialmente pelo Banco do Canadá no início da década de 1990.

Bofinger *et al.* (2002) propõem que o banco central determine a taxa de câmbio real, minimizando o custo da esterilização das reservas internacionais, que depende do custo de juros ($r - r^i$) e de apreciação ($-\Delta q$). No entanto, seguindo a análise apresentada no capítulo, consideremos que o objetivo da intervenção esterilizada é reduzir o desalinhamento entre a taxa de câmbio real (q) e a de equilíbrio (q_e).

Consideremos que o choque cambial é muito prolongado e que, nesse período, seu valor esperado é $E(\varepsilon_3) = a < 0$.[7] Neste caso, a tendência é que a moeda nacional fique apreciada num período prolongado ($q < q_e$). Como o banco central procura compensar o desalinhamento cambial, o objetivo da política cambial é dado pela seguinte regra cambial:

$$q = \eta - r \qquad (18.4)$$

onde $\eta \equiv \varepsilon_3 - a$. Com a regra cambial do banco central, a PDJ não se verifica, gerando um desequilíbrio no mercado de câmbio que o banco central estabiliza.[8] A variação nas reservas internacionais é esterilizada pelo banco central.

Substituindo (18.1) em (18.3) e dada a regra cambial (18.4), obtemos a taxa de política e a taxa de câmbio real:

$$r^* = \left(\tfrac{b}{b+c}\right) MCI^* + \left(\tfrac{c}{b+c}\right)\eta \qquad (18.5)$$

$$q^* = -\tfrac{b}{b+c}\left(MCI^* - \eta\right) \qquad (18.6)$$

Estes resultados são qualitativamente similares aos obtidos no Capítulo 12.

O gráfico 18.5 ilustra o resultado alcançado. Dadas a regra de política monetária ótima ($r = \text{MCI}^* + \delta\, q$) e a regra cambial ($r = \eta - q$), determina-se a taxa de política (r^*) e a taxa de câmbio real (q^*).

---

7 Num período maior (longo prazo), temos que $E(\varepsilon_3) = 0$.

8 Se a = 0, então a regra monetária é igual à PDJ. Continuamos supondo que $r_n^L = 0$.

Gráfico 18.5: Determinação de r* e q*

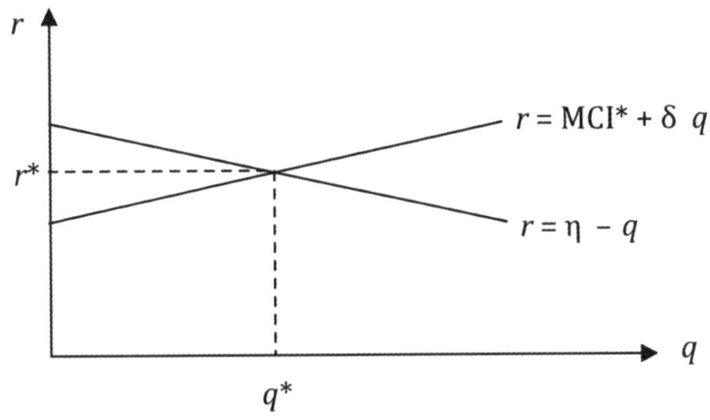

Uma crítica a esta abordagem é que a taxa de câmbio real não é um instrumento de política, já que o banco central não pode controlá-la diretamente. Como apresentamos neste capítulo, a taxa de câmbio real é um objetivo da política cambial e a intervenção cambial esterilizada (variação de reservas internacionais) deveria ser o instrumento de política cambial.

3. Canais de Transmissão da Intervenção Esterilizada

A intervenção esterilizada do banco central pode influenciar a taxa de câmbio através de dois canais: mudando as ofertas relativas dos títulos domésticos e estrangeiros e sinalizando as intenções da política cambial. Apresentemos sinteticamente esses canais.[9]

O primeiro canal é chamado de balanço de carteira. Ilustremos sua mecânica com um exemplo. Consideremos que o banco central compra moeda estrangeira e vende títulos domésticos no mercado aberto, para esterilizar o efeito de um aumento das reservas internacionais sobre a oferta de moeda. Se para os agentes privados os títulos nacionais e estrangeiros são substitutos perfeitos e as carteiras estão inicialmente em equilíbrio, eles vão desejar vender títulos estrangeiros num montante igual que o aumento de títulos domésticos. O setor privado vai vender a mesma quantidade de moeda estrangeira que o banco central compra e haverá um efeito líquido nulo no nível da taxa de câmbio. Se os títulos domésticos e externos não são substitutos perfeitos, a oferta de títulos externos dos investidores privados será menor que a demanda de títulos do-

[9] Para uma análise mais detida, ver, por exemplo, Sarno e Taylor (2001, seção 3).

mésticos e a intervenção do banco central terá um efeito líquido positivo sobre o nível da taxa de câmbio.

O canal da sinalização (ou das expectativas) supõe que a intervenção esterilizada afeta a taxa de câmbio porque fornece ao mercado de câmbio novas informações relevantes. O pressuposto implícito é que o banco central dispõe de mais informações que os outros participantes do mercado e que está disposto a revelar essas informações através de suas ações no mercado de câmbio. O efeito de uma intervenção esterilizada ocorre porque os agentes privados mudam suas expectativas de taxa de câmbio, porque mudam seus pontos de vista em relação às ações futuras do banco central ou ao impacto dessas ações. Destaquemos que este canal é eficaz, ainda que os títulos domésticos e estrangeiros sejam substitutos perfeitos.

Capítulo 19:

POLÍTICA MONETÁRIA E FRICÇÃO REAL

Galí (2010) analisa o papel que as imperfeições do mercado de trabalho e de bens desempenham na política monetária. A abordagem envolve uma reinterpretação da análise do mercado de trabalho, considera os efeitos que a concorrência imperfeita tem sobre a política monetária e destaca o papel que a taxa de desemprego deve cumprir na determinação da taxa de política. Neste capítulo analisamos essa abordagem.

O produto potencial é o produto determinado ao remover a rigidez nominal da economia, mas outras imperfeições podem acontecer nos mercados de bens e de trabalho. Por exemplo, se existe concorrência imperfeita no mercado de bens, o nível de atividade é menor que o de concorrência perfeita (tido como o nível eficiente). Podemos definir o produto eficiente da seguinte forma:

Definição: O produto eficiente é aquele nível de atividade que seria alcançado se todas as distorções de mercado fossem removidas.

As imperfeições de mercado (fora a rigidez nominal) estabelecem um hiato entre o produto potencial e o produto eficiente, que mede o grau de imperfeição da economia.

Com essas definições, podemos decompor o hiato do produto em duas partes:

$$y = x + \mu$$

onde $y \equiv Y - Y_p$, Y é o logaritmo do produto efetivo, Y_p o logaritmo do produto potencial, $x \equiv Y - Y_e$ o hiato de eficiência, Y_e o logaritmo do produto eficiente e $\mu \equiv Y_e - Y_p > 0$ o grau de imperfeição da economia.

No capítulo, tratamos, primeiramente, os determinantes do grau de imperfeição da economia e sua relação com o hiato eficiente. Posteriormente, integramos essa análise no modelo do Capítulo 6 sobre política monetária ótima.

19.1. GRAU DE FRICÇÃO REAL E HIATO DE EFICIÊNCIA

Galí (2010) propõe uma medida sobre o grau de imperfeição e analisa os determinantes dessa medida. No anexo deste capítulo, apresentamos os fundamentos microeconômicos desses determinantes, enquanto que, nesta seção, destacamos o resultado principal da análise.

As imperfeições nos mercados de bens e de trabalho podem ser medidas através dos *mark-ups* dos mercados. Quanto mais imperfeita é a concorrência no mercado, maior é o *mark-up*. O grau de imperfeição da economia, ou grau de fricção real, é dado pelo logaritmo do *mark-up* composto (μ), definido pela soma do logaritmo do *mark-up* dos preços (μ^P) e o logaritmo do *mark-up* dos salários (μ^W). O grau de fricção real (grau de imperfeição da economia) é dado por:

$$\mu \equiv \mu^P + \mu^W \geq 0$$

Se existe concorrência perfeita no mercado de bens e de trabalho, temos que $\mu = 0$.

Um aumento da taxa de desemprego (u) aumenta o *mark-up* do mercado de trabalho (μ^W), elevando o grau de frição real (μ). O grau de imperfeição da economia depende da taxa de desemprego, apresentando um comportamento pró-cíclico. Em períodos recessivos, a economia opera mais longe do nível de atividade eficiente, enquanto que, nas expansões, a economia opera mais perto do nível eficiente.

Por outro lado, o hiato de eficiência (x) depende do grau de fricção da economia (μ): se a imperfeição da economia aumenta, a distância entre o produto efetivo e o produto eficiente aumenta. O hiato de eficiência apresenta uma relação inversa com o grau de fricção da economia. Como o grau de fricção real apresenta uma relação direta com a taxa de desemprego (quando o desemprego aumenta o grau de fricção aumenta), concluímos que o hiato de eficiência apresenta uma relação inversa com a taxa de desemprego.

A seguinte proposição sintetiza o resultado alcançado.

Proposição de Galí (2010): O grau de fricção real (μ) apresenta uma relação direta com a taxa de desemprego (u), sendo uma variável anticíclica. O hiato de eficiência (x) apresenta uma relação inversa com a taxa de desemprego (u), sendo uma variável pró-cíclica.

19.2. IMPERFEIÇÕES E POLÍTICA MONETÁRIA ÓTIMA

O hiato do produto relevante para a política monetária é o hiato de eficiência, já que o produto eficiente é a referência em termos de bem-estar social. Um guia razoável para a política monetária ótima é reduzir a distância entre o produto efetivo e o eficiente. No caso de concorrência imperfeita, não é ótimo para a política monetária alcançar o produto potencial porque o produto seria menor que o eficiente ($Y_p = Y_e - \mu < Y_e$). Se existe fricção real, o produto potencial não é igual ao produto eficiente e alcançar o produto potencial pode não maximizar o bem-estar social.

Argumentando de outra forma, se o produto efetivo é igual ao produto potencial, a FPS não alcança o ponto de Tinbergen (*bliss point*): o banco central pode desejar um nível de produto maior que o produto potencial.[1] Com fricções reais, a "divina coincidência" não acontece e o banco central enfrenta um conflito entre estabilizar a taxa de inflação e alcançar o produto eficiente. De qualquer forma, o produto tende a ficar por volta do potencial.

A proposta de Galí (2010) é desenvolver um regime, onde a política monetária estabilize a distância do produto efetivo em relação ao produto eficiente e a meta de inflação dependa das imperfeições da economia. Como as imperfeições aumentam nas recessões e diminuem nos auges, a política monetária deve ser mais contracionista nas expansões e mais expansionista nas depressões.[2] Analisemos o regime de metas de inflação, se considerarmos as imperfeições de mercado.

Podemos reescrever o modelo de política monetária apresentado no Capítulo 6. Nesta versão, substituímos y por $x + \mu$ na curva IS e na curva de Phillips. As equações são:

$$x + \mu = a - b\,r + \varepsilon_1 \qquad \text{(curva IS)}$$
$$\Pi = \Pi^M + d\,(x + \mu) + \varepsilon_2 \qquad \text{(curva de CP)}$$

[1] Este argumento justifica a hipótese de viés inflacionário do modelo Barro e Gordon analisado no capitulo 4, Walsh (2010) sugere colocar o hiato do mercado de trabalho na FPS.

[2] Neste sentido, ver Blanchard (2003, seção 1).

Supomos que a FPS depende do hiato eficiente (x):

$$L = (\Pi - \Pi^M)^2 + \chi x^2$$

onde χ é um parâmetro que mostra a preferência do banco central (χ substitui λ)

Resolvemos o problema de política monetária ótima em dois estágios. Substituindo a curva de Phillips na FPS, o problema de política monetária é:

$$\min_x L = [d(x+\mu) + \varepsilon_2]^2 + \chi x^2$$

Da CPO, obtemos:

$$x^* = \frac{-d(\varepsilon_2 + d\mu)}{d^2 + \chi}$$

Substituindo x^* na curva IS, achamos a função de reação do banco central:

$$r^* = r_n + \tfrac{1}{b}\varepsilon_1 + [\tfrac{d}{b(d^2+\chi)}]\varepsilon_2$$

onde $r_n = \frac{a}{b} - \frac{\chi\mu}{b(d^2+\chi)}$ é a taxa de juros natural com concorrência imperfeita. A regra monetária ótima mantém a mesma estrutura que no Capítulo 6, mas a taxa de juros natural apresenta uma relação inversa com o grau de distorção da economia: quando μ aumenta, r_n diminui. A taxa de juros natural também depende de forma inversa da taxa de desemprego, apresentando um comportamento pró-cíclico: no auge, a taxa de desemprego diminui e a taxa de juros natural aumenta.

Analisemos o equilíbrio macroeconômico, calculando a taxa de inflação e o hiato do produto. Substituindo x^* na curva de Phillips e operando, obtemos:

$$\Pi = [\Pi^M + (\tfrac{\chi}{d^2+\chi})d\mu] + (\tfrac{\chi}{d^2+\chi})\varepsilon_2$$

A meta de inflação com imperfeições (Π^M_I) é $\Pi^M_I = \Pi^M + (\frac{\chi}{d^2+\chi})d\mu$.[3] Notemos que a meta de inflação depende do grau de imperfeição e apresenta uma relação dire-

[3] Ressaltemos que Π^M não incorpora os efeitos do grau de imperfeição.

ta.[4] Só se $\mu = 0$, a meta de inflação é Π^M. A meta de inflação deveria ser anticíclica: no auge, a taxa de desemprego e o grau de imperfeição na economia diminuem e o banco central deveria procurar uma taxa de inflação menor.

De um ponto de vista normativo, se o regime de meta de inflação ignora as imperfeições de mercado, não é ótimo, já que o grau de distorção varia com os choques que afetam o nível de atividade. Esse regime geraria resultados ineficientes do ponto de vista do bem-estar porque leva a movimentos grandes na taxa de desemprego, como resposta a choques de oferta. A política monetária ótima deveria incorporar alguma acomodação da taxa de inflação, que limitasse o tamanho das flutuações da taxa de desemprego e do grau de imperfeição.

Por último, o hiato do produto de equilíbrio também depende do grau de imperfeições de mercado:

$$y = \frac{-d\varepsilon_2}{d^2 + \chi} + \frac{\chi\mu}{d^2 + \chi}.$$

A seguinte proposição sintetiza os resultados alcançados.

Proposição: Os principais resultados do ponto de vista de uma política monetária ótima são:

1. A taxa de juros natural apresenta um comportamento pró-cíclico, diminuindo quando aumenta o grau de fricção real. Já a meta de inflação deveria ser anticíclica, aumentando nas recessões;
2. Economias com maior grau de imperfeição devem ter metas de inflação maiores. Considerando choques de oferta nulos, o hiato do produto deve ser positivo;
3. A política monetária ótima é compatível com um regime de meta de inflação flexível que permita reduzir as flutuações da taxa de desemprego e do grau de imperfeição;
4. Flutuações no hiato de eficiência provocam perdas de bem-estar social.

---

[4] Este resultado é compatível com a análise de taxa de inflação ótima apresentada no Capítulo 10.

19.3. REGRA DE GALÍ

Dada a relação direta entre o grau de imperfeição e a taxa de desemprego, Galí (2010) propõe uma regra simples para a taxa de política, que depende do hiato da taxa de desemprego. A regra proposta por Galí (2010) é:

$$i = (r_n + \Pi^M) + g\,(\Pi - \Pi^M) - h\,(u - u^M)$$

onde u^M é a meta para a taxa de desemprego e g e h são parâmetros positivos. Para justificar esta regra, pode-se argumentar que o relevante do ponto de vista do bem-estar social é o hiato de eficiência e que existe uma relação direta entre ele e a taxa de desemprego (um aumento de u aumenta x).[5] Ressaltemos que a taxa de juro natural deve considerar o grau de imperfeição na economia.

Essa regra pode ser vista como uma aproximação para a determinação da *federal fund rate* durante a era Greenspan-Bernanke no Federal Reserve ou da taxa de juros das operações de refinanciamento do Banco Central Europeu na área do euro. Os valores especificados por Galí (2010) para os EUA no período 1987-2009 são:

- $g = 1{,}5$; $h = 2$;
- $r_n = 2\%$; $\Pi^M = 1{,}5\%$; $u^M = 6\%$ (entre 1987 e 1998) e $u^M = 5\%$ (entre 1999 e 2009).

Para a área do euro no período 1999-2009, Galí (2010) utiliza os mesmos parâmetros. A única exceção é $u^M = 8{,}5\%$ (meta para a taxa de desemprego), que corresponde à taxa de desemprego média do período considerado.

Nas simulações realizadas por Galí (2010), o ajuste da regra de Galí é melhor do que o da regra de Taylor. A regra de Galí pode substituir a regra de Taylor como explicação da taxa de política. A evidência empírica parece sustentar que os bancos centrais colocam mais atenção na evolução da taxa de desemprego, respondendo sistematicamente de forma anticíclica a essa taxa, e que existem ganhos de bem-estar social se a taxa de desemprego é estabilizada, além do que a regra de Taylor sugere.

[5] Destaquemos que, diferente de outras análises, o uso da taxa de desemprego no lugar do hiato do produto não é motivada pela relação entre eles, suposta pela lei de Okun.

19.4. COMENTÁRIOS FINAIS

A abordagem de Galí (2010) permite rediscutir o regime de metas de inflação, ao introduzir as imperfeições dos mercados de trabalho e de bens no modelo novo keynesiano. Seus principais destaques são:

- Medidas para o hiato eficiente podem ser construídas, usando-se dados disponíveis sobre a distribuição funcional da renda e a taxa de desemprego;
- A política monetária ótima implica na estabilização do produto em um nível mais elevado (e da taxa de desemprego em um nível mais baixo), se comparado com a análise tradicional que considera implicitamente a existência de concorrência perfeita;
- No caso de regras simples para a taxa de política, a regra de Galí pode se aproximar relativamente bem da regra ótima e das políticas dos bancos centrais, destacando a importância do papel da taxa de desemprego na execução da política monetária.

Temas de Discussão

19.1. Como os mercados são de concorrência imperfeita, produto potencial não significa produto eficiente. Defina produto eficiente e produto potencial, destacando suas diferenças.

19.2. Em períodos recessivos, aumenta o grau de imperfeição da economia, operando mais longe do produto eficiente. A taxa de desemprego é um indicador dessa imperfeição, já que um aumento da taxa de desemprego sinaliza aumentos dos *mark-ups* nos mercados de bens e de trabalho. Mostre que o aumento da taxa de desemprego piora o bem-estar social devido ao aumento do grau de imperfeição da economia.

19.3. Se o banco central procura alcançar o produto eficiente, "a divina coincidência" não existe e o banco central deve conciliar nível de atividade, taxa de inflação e imperfeições de mercado. Uma alternativa é considerar um regime onde a meta de inflação dependa da taxa de desemprego. Discuta por que a meta de inflação deveria ser anticíclica

Anexo:

FUNDAMENTOS MICROECONÔMICOS DO GRAU DE FRICÇÃO REAL

Com o objetivo de estabelecer as relações apresentadas no capítulo, neste anexo destacamos os fundamentos microeconômicos do grau de fricção real e do hiato de eficiência. Apresentamos também a FPS proposta por Galí (2010).

Grau de Fricção Real

Consideremos uma função de produção que só considera o fator trabalho:

$$Y = A\, N^{1-\alpha}$$

onde N é o nível de emprego. O produto marginal do trabalho (PMN) é:

$$PMN = (1 - \alpha)\ (Y/N).$$

O custo marginal (Ψ) é dado por:

$$\Psi = W/PMN = W/[(1 - \alpha)\ (Y/N)].$$

O grau de imperfeição do mercado de bens é medido pelo *mark-up* do preço (m^P), dado pela relação entre preço e custo marginal: $m^P = P/\ \Psi$. Substituindo Ψ, podemos escrever:

$$m^P = [(1 - \alpha)\ (Y/N)]/(W/P) = (1 - \alpha)/S$$

onde $S \equiv WN/PY$ é a participação do salário na renda. Seja $\mu^P \equiv \log m^P$, temos:

$$\mu^P = - s + \log\ (1 - \alpha)$$

onde $s = \log S$. Existe imperfeição no mercado de bens, se $m^P > 1$ ou se $\mu^P > 0$. A equação mostra os determinantes do grau de imperfeição no mercado de bens.

O grau de imperfeição do mercado de trabalho é medido pelo *mark-up* do salário (m^W), dado pela relação entre o salário real e a taxa marginal de substituição:

$$m^W = (W/P)/TMS$$

Calculemos esses dois determinantes de m^W.

Consideremos que a função de utilidade das famílias é dada por:

$$U(C, N) = \log C - \chi\, [N^{1+\varphi}/(1+\varphi)]$$

onde C é o nível de consumo. A taxa marginal de substituição (TMS) é:

$$\text{TMS} = -\,(U_N/U_C) = \chi\, C\, N^{\varphi}.$$

A oferta de trabalho é dada por:

$$W/P = \chi\, C\, L^{\varphi}$$

sendo L a oferta de trabalho.

Substituindo TMS e W/P em $m^{W,}$ temos:

$$m^W = (L/N)^{\varphi}.$$

Seja $\mu^W \equiv \log m^W$. Podemos escrever:

$$\mu^W = \varphi\,(l - n)$$

onde l é o logaritmo da oferta de trabalho ($l \equiv \log L$) e n o logaritmo do nível de emprego ($n \equiv \log N$). A taxa de desemprego (u) é dada por:

$$u = 1 - (N/L) = 1 - \exp(-u) \approx l - n$$

Esta aproximação é válida, se u for próxima de zero. Finalmente, podemos escrever:

$$\mu^W = \varphi\, u$$

Existe imperfeição no mercado de trabalho, se $m^W > 1$ ou se $\mu^W > 0$. Existe uma relação direta entre taxa de desemprego e grau de fricção no mercado de trabalho.

Destaquemos que a taxa de desemprego eficiente (u_e) é dada pela taxa de desemprego que prevalece, se não existe rigidez no mercado de trabalho:

$$u_e = 0$$

O gráfico 19.1 apresenta o equilíbrio do mercado de trabalho, destacando a relação entre o *mark-up* do salário e a taxa de desemprego. No gráfico, l^s e l^d são a oferta e a demanda de trabalho. Dado μ^W, o nível de emprego (n) é determinado pela demanda de trabalho. Por último, determina-se a taxa de desemprego (u).

Gráfico 19.1: Equilíbrio do mercado de trabalho

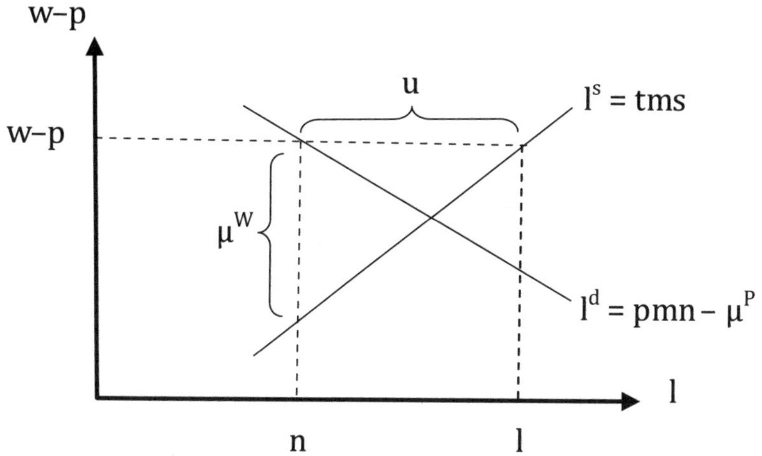

O grau de fricção real, ou grau de imperfeição da economia, é dado pelo *mark-up* composto m, definido pelo produto dos *mark-ups*: $m \equiv m^P m^W \geq 1$. Alternativamente, o logaritmo do grau de fricção real ($\mu \equiv \log m$) é dado por:

$$\mu \equiv \mu^P + \mu^W \geq 0$$

Vemos que, se $\mu = 0$ (ou $m = 1$), o nível de produto e de emprego serão eficientes e compatíveis com a concorrência perfeita no mercado de bens e de trabalho. Se $\mu > 0$, o produto será menor que o produto eficiente.

Substituindo μ^P e μ^W, na equação anterior, podemos estabelecer os determinantes de μ:

$$\mu = [-s + \log(1 - \alpha)] + \varphi u$$

A equação mostra os determinantes do grau de imperfeição da economia. Vemos que existe uma relação direta entre o grau de fricção real (μ) e a taxa de desemprego (u).

Hiato de Eficiência

Apresentemos a relação que existe entre hiato de eficiência e grau de fricção real. Considerando $m = m^P m^W = [[(1-\alpha)(Y/N)]/(W/P)]\ [(W/P)/(\chi C N^{\varphi})]$ e a condição de equilíbrio no mercado de bens $Y = C$, pode-se achar o nível de emprego de equilíbrio (N^*):

$$N^* = [(1-\alpha)/\ m\ \chi]^{[1/(1+\varphi)]}$$

Substituindo N^* na função de produção, obtemos o produto de equilíbrio (Y^*):

$$Y^* = A\ [(1-\alpha)/\ m\ \chi]^{[(1-\alpha)/(1+\varphi)]}$$

Como o produto de eficiência (Y_e) acontece quando $m = 1$, podemos escrever o hiato de eficiência (x) da seguinte forma:

$$x \equiv Y - Y_e = -\ [(1-\alpha)/(1+\varphi)]\ \mu$$

O hiato de eficiência apresenta uma relação inversa com o grau de fricção real. Finalmente, substituindo μ, obtemos:

$$x = \{(1-\alpha)[s - \log(1-\alpha)]/(1+\varphi)\} - [\varphi(1-\alpha)/(1+\varphi)]\ u$$

O hiato de eficiência apresenta uma relação inversa com a taxa de desemprego.

Função de Perda Social

Galí (2010) demostra que desvios do nível eficiente provocam uma redução do nível de bem-estar social, analisando a FPS a partir dos desvios da alocação eficiente. A perda de utilidade de flutuações do hiato eficiente no redor do estado estacionário é dada por:

$$E[L(x)] - L(x) \approx \frac{1}{2}\left(\frac{1+\varphi}{1-\alpha}\right)\text{var}(x)$$

Em recessões, o custo social (em termos de perda de utilidade) de um nível de atividade ineficiente é grande.

REFERÊNCIAS BIBLIOGRÁFICAS

Adrian, T., Moench, E. e Shin, H.S. (2010), Macro Risk Premium and Intermediary Balance Sheet Quantities, *IMF Economic Review*, Palgrave Macmillan, Vol. 58(1), August: 179-207.

Alesina, A. (1987), Macroeconomic Policy in a Two Party System as a Repeated Game, *Quarterly Journal of Economics*, Volume 102: 651-678.

Alesina, A. e Stella, A. (2011), The Politics of Monetary Policy, *in* Friedman, B.M. e Woodford, M. (ed.), *Handbook of Monetary Economics*, Elsevier, Edition 1, Volume 3, Chapter 18: 1001-1054.

Alvarez, F., Lucas, R.E. Jr e Weber, W. (2001), Interest Rates and Inflation, *American Economic Review*, Volume 91, N° 2, May: 219-225.

Arida, P. (2002), Múltiplos Equilíbrios, *Revista de Economia Política*, Volume 22, N° 3, (87), julho-setembro: 123-131.

Aizenman, J., Hutchison, M. e Noy, I. (2010), Inflation Targeting and Real Exchange Rates in Emerging Markets, World Development, Elsevier, Vol. 39, Nº 5, May: 712-724.

Aoki, K. (2001), Optimal Monetary Policy Responses to Relative-Price Changes, *Journal of Monetary Economics*, Vol. 48, (1): 55-80.

Ball, L. (2002), Policy Rules and External Shocks, in Loayza, N. e Schmidt-Hebbel, K. (eds.), *Monetary Policy: Rules and Transmission Mechanisms*, Central Bank of Chile, Edition 1, Volume 4, Chapter 3: 47-64.

Ball, L. e Sheridan, N. (2004), Does Inflation Targeting Matter?, in National Bureau of Economic Research, *The Inflation-Targeting Debate*: 249-282.

Banco Central do Brasil (2003), *Carta Aberta*, Brasília.

Banco Central do Brasil (2004), *Relatório de Inflação*, setembro, Brasília.

Barbosa, F. de H. (2010), *Macroeconomia*, EPGE/FGV/RJ, Rio de Janeiro, Notas de Aula (http://epge.fgv.br/we/MFEE/Macroeconomia/2010).

Barbosa, F. de H. (2011), Macroeconomia: Uma Resenha do estado da Arte, *in* Delfim Netto, A. (coordenador), *O Estado da Arte em Economia*, Vol. 2, Editora Saraiva, São Paulo: 25-52.

Barro, B. e Gordon, D. (1983), Rules, Discretion and Reputation in a Model of Monetary Policy, *Journal of Monetary Economics*, 12: 101-122.

Bauducco, S. e Caputo, R. (2010), Price Level Targeting and Inflation Targeting: A Review, *Working Papers N° 601*, Banco Central de Chile, Diciembre.

Bayoumi, T., Dell'Ariccia, G., Habermeier, K., Mancini-Griffoli, T., Valencia, F. e um IMF Staff Team (2014), Monetary Policy in the New Normal, *IMF Staff Discussion Note, SDN/14/3*, Research, Monetary and Capital Markets, and Strategy and Policy Review Departments, April.

Bean, C., Paustian, M., Penalver, A. e Taylor, T. (2010), Monetary Policy after the Fall, *Federal Reserve Bank of Kansas City Annual Conference*, Jackson Hole, September.

Benhabib, J., Schmitt-Grohé, S. e Uribe, M. (2001), The Perils of Taylor Rules, *Journal of Economic Theory*, Elsevier, Volume. 96, Issues 1-2, January: 40-69.

Bernanke, B. (1983), Non-Monetary Effects of the Financial Crisis in Propagation of the Great Depression, *The American Economic Review*, American Economic Association, Vol. 73, Issue 3, June: 257-76.

Bernanke, B. e Blinder, A. (1988), Credit, Money, and Aggregate Demand, *American Economic Review*, American Economic Association, Volume 78, May: 435-439.

Bernanke, B. e Gertler, M. (1995), Inside the Black Box: The Credit Channel of Monetary Policy Transmission, *Journal of Economic Perspectives*, Volume 9, Issue 4: 27-48.

Bernanke, B. e Minshkin, F. (1997), Inflation Targeting: A New Framework for Monetary Policy?, *Journal of Economic Perspectives,* Vol. 11(2), Spring: 97-116.

Billi, R. (2008), Price-level Targeting and Risk Management in a Low-Inflation Economy, Research Working Paper *RWP 08-09*, Federal Reserve Bank of Kansas City.

Blanchard, O. (2000), Bubbles, Liquidity Traps, and Monetary Policy, in Mikitani, R. and Posen, A. (eds.), *Japan's Financial Crisis and its Parallels to the US Experience*, Institute for International Economics Special Report 13, Washington.

Blanchard, O. (2003), Comments on Inflation Targeting in Transition Economies: Experience and Prospects, *in* Bernanke, B.S. e Woodford, M. (eds.), *The Inflation-Targeting Debate*: 413-422, University of Chicago Press.

Blanchard, O. (2004), Fiscal Dominance and Inflation Targeting: Lessons from Brazil, *NBER Working Papers N° 10389*, National Bureau of Economic Research.

Blanchard, O. (2008), Neoclassical Synthesis, *in* Durlauf, S.N.e Blume, L.E. (eds.), *The New Palgrave Dictionary of Economics Online*, 2nd edition, Palgrave Macmillan.

Blanchard, O., Dell'Ariccia, G. e Mauro, P. (2010), Rethinking Macroeconomic Policy, *Journal of Money, Credit and Banking*, Supplement Volume 42, N° 6, September: 199-215.

Blanchard, O., Dell'Ariccia, G. e Mauro, P. (2013), Rethinking Macro Policy II: Getting Granular, *IMF Staff Discussion Note 13/03*, International Monetary Fund, Research Department, April.

Blanchard, O. e Galí, J. (2007), Real Wage Rigidities and the New Keynesian Model, *Journal of Money, Credit and Banking*, Vol. 39 (s1), 02: 35-65.

Blinder, A.S. (1998), *Bancos Centrais: Teoria e Prática*, Editora 34, São Paulo.

Blinder, A.S. (2006), Monetary Policy Today: Sixteen Questions and about Twelve Answers, in Fernandez de Lis, S. e Restoy, F. (eds.), *Central Banks in the 21st Century*, Banco de España: 31-72.

Blinder, A.S. (2010), Teaching Macro Principles *after* the Financial Crisis, *The Journal of Economic Education*, Volume 41, Issue 4: 385-390.

Blinder, A.S., Ehrmann, M., Fratzscher, M., De Haan, J. e Jansen, D. (2008), Central Bank Communication and Monetary Policy: A Survey of Theory and Evidence, Journal of Economic Literature, Volume 46, N° 4, December: 910-945.

Bofinger, P. e Mayer, E. (2003), BMW-Model – A New Framework for Teaching Macroeconomics: Monetary and Fiscal Policy Interaction in a Closed Economy, *mimeo*, October.

Bofinger, P., Mayer, E. e Wollmershäuser, T. (2002), The BMW Model: Simple Macroeconomics for Closed and Open Economies – A Requiem for the IS/LM-AS/DS and the Mundell-Fleming Model, *Wurzburg Economic Papers No. 35*, Universität Würzburg.

Bofinger, P., Mayer, E. e Wollmershäuser, T. (2003), The BMW Model as a Static Approximation of a Forward-looking New Keynesian Macroeconomic Model, *Würzburg Economic Papers N° 42*, Universität Würzburg.

Bofinger, P., Mayer, E. e Wollmershäuser, T. (2006), The BMW Model: A New Framework for Teaching Monetary Economics, *Journal of Economic Education*, 37, 1, Winter: 98-117.

Bofinger, P., Mayer, E. e Wollmershäuser, T. (2009), Teaching New Keynesian Open Economy Macroeconomics at the Intermediate Level, *Journal of Economic Education*, 40,1, Winter, 80-101.

Borio, C. (2011), Central Banking Post-crisis: What Compass for Uncharted Waters?, *BIS Working Papers N° 353*, September.

Borio, C. (2012), The Financial Cycle and Macroeconomics: What have We Learnt?, *BIS Working Papers N° 395*, Monetary and Economic Department, Bank for International Settlements, December.

Borio, C. e Disyatat, P. (2010), Unconventional Monetary Policies: An Appraisal, *The Manchester School*, Volume 78, Issue Supplement s1: 53–89.

Borio, C., Disyatat, P. e Juselius, M. (2013), Rethinking Potential Output: Embedding Information about the Financial Cycle, *BIS Working Papers N° 404*, Monetary and Economic Department, Bank for International Settlements, February.

Borio, C. e Zhu, H. (2008), Capital Regulation, Risk-taking and Monetary Policy: A Missing Link in the Transmission Mechanism? *BIS Working Papers N° 268*, BIS, December.

Brainard, W.C. (1967), Uncertainty and Effectiveness of Policy, *The American Economic Review*, Vol. 57, N° 2, Papers and Proceedings, May: 411-425.

Bullard, J. (2010), Seven Faces of "The Peril", Federal Reserve Bank of St. Louis Review, Volume 92, N° 5, September-October: 339-352.

Bullard, J. (2012), A Singular Achievement of Recent Monetary Policy, *Presentation at Theodore and Rita Combs Distinguished Lecture Series in Economics*, University of Notre Dame, September.

Caballero, R.J. (2010), Macroeconomics after the Crisis: Time to Deal with the Pretense-of-Knowledge Syndrome, *NBER Working Paper No. 16429*, National Bureau of Economic Research, October.

Calvo, G. (1983), Staggered Prices in a Utility-Maximizing Framework, *Journal of Monetary Economics*, 12/3: 383-398.

Calvo, G. (1998), Varieties of Capital-Market Crises, *in* Calvo, G. e King, M (eds.), *The Debt Burden and its Consequences for Monetary Policy*, Proceedings of a Conference held by the International Economic Association at the Deutsche Bundesbank, London, Macmillan.

Calvo, G. (1999), Contagion in Emerging Markets: When Wall Street is a Carrier, *in* Calvo, G. (2005), *Emerging Capital Markets in Turmoil: Bad Luck or Bad Policy?*, MIT Press, Cambridge, MA.

Campbell, J.R. (2013), Odyssian Forward Guidance in Monetary Policy: A Primer, *in* de Haan, W., *Perspectives from Central Bankers, Scholars and Market Participants*, VoxEU.org eBook, Centre for Economic Policy Research (CEPR), London: 87-105.

Canuto, O. e Cavallari, M. (2013), Monetary Policy and Macroprudential Regulation: Whiter Emerging Markets, *Policy Research Working Paper N° 6.310*, The World Bank, January.

Cardarelli, R., Elekdag, S, e Kose, M.A. (2010), Capital Inflows: Macroeconomic Implications and Policy Responses, Economic Systems, Vol. 34, Issue 4, December: 333-356.

Carlin, W. e Soskice, D. (2006), *Macroeconomics: Imperfections, Institutions and Policies*, Oxford University Press.

Carlin, W. e Soskice, D. (2010), A New Keynesian Open Economy Model for Policy Analysis, *CEPR Discussion Paper N° 7979*, September, London.

Caruana, J. (2010), Financial Stability: 10 Questions and about Seven Answers, *BIS Management Speeches*, 50th Anniversary Symposium of the Reserve Bank of Australia, Sydney, February.

Cecchetti, S.G. (2011), Monetary Policy Lessons Learned from the Crisis and the Post-crisis Landscape, *SEACEN-CEMLA Conference*, Kuala Lumpur, October.

Céspedes, L.F., Chang, R. e Velasco, A. (2012), Is Inflation Targeting Still On Target?, NBER Working Papers *Nº 18570*, National Bureau of Economic Research, November.

Chang, R. e Velasco, A. (1999), Financial Crises in Emerging Markets: A Canonical Model, *FRBA*, Volume 84, N° 2 (Second Quarter): 4-17.

Christiano, L.J., Eichenbaum, M. e Evans, C. (1999), Monetary Policy Shocks: What Have we Learned and to What End?, *in* Taylor, J. e Woodford, M. (eds.), *The Handbook of Macroeconomics*, Vol. 1A, Elsevier Science, North Holland.

Christiano, L.J., Eichenbaum, M. e Evans, C. (2005), Nominal Rigidities and the Dynamic Effects of a Shock to Monetary Policy, *Journal of Political Economy*, Volume 113, N° 1: 1-45.

Clarida, R. (2009), Reflections on Monetary Policy in the Open Economy, *in* Frankel, J. e Pissarides, C. (eds.), *NBER International Seminar on Macroeconomics 2008*, University of Chicago Press: 121-141.

Clarida, R., Galí, J. e Gertler, M. (1998), Monetary Police Rules in Practice: Some International Evidence, *European Economic Review*, 42: 1033-1067.

Clarida, R., Galí, J. e Gertler, M. (1999), The Science of Monetary Policy: A New Keynesian Perspective, Journal of Economic Literature, Volume 37(4), December: 1661-1707.

Clarida, R., Galí, J. e Gertler, M. (2000), Monetary Policy Rules and Macroeconomic Stability: Evidence and Some Theory, The Quarterly Journal of Economics, MIT Press, Volume 115(1), February: 147-180.

Clarida, R., Galí, J. e Gertler, M. (2001), Optimal Monetary Policy in Open versus Closed Economies: An Integrated Approach, *The* American Economic Review, Volume 91(2), May: 248-252.

Clarida, R., Galí, J. e Gertler, M. (2002), A Simple Framework for International Monetary Policy Analysis, *Journal of Monetary Economics*, Volume 49, N° 5, July: 879-904.

Copeland, L.S. (2005), *Exchange Rates and International Finance*, Fourth Edition, Pearson Education, England.

Corsetti, G. (2007), New Open Economy Macroeconomics, *New Palgrave Dictionary of Economics*, 2nd Edition, January.

Corsetti, G. e Pesenti, P. (2008), The Simple Geometry of Transmission and Stabilization in Closed and Open Economies, in Clarida, R. e Giavazzi, F. (eds.), *NBER International Seminar on Macroeconomics 2007*, University of Chicago Press: 65-116.

Curdia, V. e Woodford, M. (2010), The Central-Bank Balance Sheet as an Instrument of Monetary Policy, *NBER Working Paper N° 16.208*, Cambridge, July.

Davies, G., Brookes, M., Daoud, Z. e Diaz, J.A. (2012), Professor Woodford and the Fed, *Fulcrum Research Papers – 1*, Fulcrum Asset Management LLP, New York, October.

De Bandt, O. e Hartmann, P. (2002), Systemic Risk: A Survey, *in* Goodhart, C. e Illing, G. (eds.), *Financial Crisis, Contagion and the Lender of Last Resort*, Oxford University Press, Oxford: 249–297.

De Gregorio, J. (2011), Adjustment in the Global Economy, *World Economics*, Economic & Financial Publishing, United Kingdom, Vol. 12, N° 3, July: 153-162.

De Gregorio, J. (2012), Los Flujos de Capital y la Interacción entre la Política Macroprudencial y la Política Monetaria, *Economía Chilena*, Central Bank of Chile, Volume 15, N°1, April: 90-95.

De Larosière, J. (2009), *Report of the High-level Group on Financial Supervision in the EU*, Brussels.

Dell'Ariccia, G., Laeven, L. e Suarez, G. (2013), Bank Leverage and Monetary Policy's Risk-Taking Channel: Evidence from the United States, *IMF Working Paper WP/13/143*, International Monetary Fund, Research Department, June.

Diamond, D. e Rajan, R. (2012), Illiquid Banks, Financial Stability, and Interest Rate Policy, *Journal of Political Economy*, Volume 120: 552-591.

Dickey, D.A. e Fuller, W.A. (1979), Distribution of the Estimators for Autoregressive Time Series with a Unit Root, Journal of the American Statistical Association, Volume 74: 427–431.

Disyatat, P. (2010), The Bank Lending Channel Revisited, *BIS Working Paper*, N° 297, Basel.

Eggertsson, G.B. e Woodford, M. (2003), Optimal Monetary Policy in a Liquidity Trap, NBER Working Papers *Nº 9968*, National Bureau of Economic Research, September, Cambridge.

Eichengreen, B.J. (2011), *Privilégio Exorbitante: A Ascensão e Queda do Dólar e o Futuro do Sistema Monetário Internacional*, Elsevier, Rio de Janeiro.

Eichengreen, B.J. (2013), Currency War or International Policy Coordination?", *Journal of Policy Modeling*, Volume 35, Issue 3, May/June: 425-433.

Eichengreen, B., El-Erian, M., Fraga, A., Ito, T., Pisani-Ferry, J., Prasad, E., Rajan, R., Ramos, M., Reinhart, C., Rey, H., Rodrik, D., Rogoff, K., Shin, H.S., Velasco, A., di Mauro, B.W. e Yu, Y. (2011), *Rethinking Central Banking*, The Committee on International Economic and Policy Reform, Brookings Institutions, September, Washington.

Engel, Ch. (2011), Currency Misalignments and Optimal Monetary Policy: A Reexamination, *American Economic Review*, Volume 101, N° 6, October: 2.796-2.822.

Erceg, C., Henderson, D. e Levin, A. (2000), Optimal Monetary Policy with Staggered Wage and Price Contracts, Journal of Monetary Economics, Vol. 46: 281-313.

Evans, G.W. e Honkapohja, S. (2001), *Learning and Expectations in Macroeconomics*, Princeton University Press, New Jersey.

Federal Reserve Bank of San Francisco (2003), The Natural Rate of Interest, *FRBSF Economic Letter*, Number 2003-32, October 31.

Fernandez, C.Y.H. (2003). *Câmbio real e preços de commodities: Relação identificada através da mudança de regime cambial*, Dissertação de Mestrado, Pontifícia Universidade Católica, Departamento de Economia, Rio de Janeiro.

Feroli, M., Kashyap, A.K., Schoenholtz, K. e Shin, H.S. (2014), Market Tantrums and Monetary Policy, 2014 US Monetary Policy Forum, *mimeo*, February.

Fisher, I. (1896), *Appreciation and Interest*, American Economic Association, Volume XI, N° 4, The Macmillan Company, New York: 331-442.

Fisher, I. (1930), *The Theory of Interest as Determined by Impatience to Spend Income and Opportunity to Invest It*, Macmillan, New York.

Fisher, S. (1990), Rules versus Discretion in Monetary Policy, in B. Friedman e F. Hahn (eds.), *Handbook of Monetary Economics*, Volume II, Elsevier Science Publishers B.V.: 1155-1184.

Fraga, A., Goldfajn, I e Minella, A. (2003), Inflation Targeting in Emerging Market Economies, *Working Paper Series N° 76, Banco Central do Brasil*, June.

Freedman, Ch. e Ötker-Robe, I. (2009), Country Experiences with the Introduction and Implementation of Inflation Targeting, *IMF Working Paper WP/09/161*, International Monetary Fund, Washington.

Frenkel, J.A. (1976), A Monetary Approach to the Exchange Rate: Doctrinal Aspects and Empirical Evidence, *Scandinavian Journal of Economics*, Volume 78 (2): 200-224.

Friedman, B.M. (1990), Targets and Instruments of Monetary Policy, *in* B.M. Friedman e F.H. Hahn (eds.), *Handbook of Monetary Economics*, Volume II, Elsevier Science Publishers B.V.: 1185-1230.

Friedman, B.M. e Woodford, M. (2011), Handbook of Monetary Economics, Edition 1, Volume 3(A+B), Elsevier.

Friedman, M. (1960), *A Program for Monetary Stability*, Fordham University Press, New York.

Friedman, M. (1968), The Role of Monetary Policy, *The American Economic Review*, Vol. 58, N° 1, March: 1-17.

Friedman, M. (1969), The Optimum Quantity of Money, *in The Optimum Quantity of Money and Other Essays*, Macmillan-Aldine, Chicago.

Fuhrer, J.C. (2011), Inflation Persistence, *in* B.M. Friedman e M. Woodford (ed.), Handbook of Monetary Economics, Edition 1, Elsevier, Volume 3, Chapter 9: 423-486.

Gagnon, J. e Sack, B. (2014) Monetary Policy with Abundant Liquidity: A New Operating Framework for the Federal Reserve, *Peterson Institute for International Economics, Policy Brief*, N° PB14-4, January.

Galí, J. (2009), The New Keynesian Approach to Monetary Policy Analysis: Lessons and New Directions, *in* Wieland, V. (ed.), *The Science and Practice of Monetary Policy Today*, Springer, 2010: 9-19.

Galí, J. (2010), Unemployment Fluctuations and Stabilization Policies: A New Keynesian Perspective, *mimeo*, CREI, Universitat Pompeu Fabra, Barcelona, August.

Galí, J. (2013), Monetary Policy and Rational Asset Price Bubbles, NBER Working Paper Series N° 18806, National Bureau of Economic Research.

Galí, J. e Gertler, M. (2007), Macroeconomic Modeling for Monetary Policy Evaluation, *Journal of Economic Perspectives*, Vol. 21, N° 4, Fall: 25-45.

Garcia, C.J., Restrepo, J.E. e Roger, S. (2011), How Much Should Inflation Targeters Care about the Exchange Rate?, *Journal of International Money and Finance*, Volume 30, Issue 7: 1590-1617.

Gambacorta, L. (2009), Monetary Policy and the Risk-taking Channel, *BIS Quarterly Review*, December: 43-53.

Gameiro, I.M., Soares, C. e Souza, J. (2011), Política Monetária e Estabilidade Financeira: Um Debate em Aberto, *Boletim Econômico*, Banco de Portugal, Primavera: 7-27.

Gersbach, H. e Hahn, V. (2011), Modeling Two Macro Policy Instruments - Interest Rates and Aggregate Capital Requirements, *CESifo Working Paper Series No. 3598*, CER-ETH - Center of Economic Research, October, Zurich.

Gersbach, H. e Hahn, V. (2013), Effective Forward Guidance: Scrupulous Central Bankers and Forecast Contracts, *in* de Haan, W., *Perspectives from Central Bankers, Scholars and Market Participants*, VoxEU.org eBook, Centre for Economic Policy Research (CEPR), London: 133-139.

Goodfriend, M. (2004) Monetary Policy in the New Keynesian Synthesis: A Primer, *Federal Reserve Bank of Richmond Economic Quarterly*, Volume 90, N° 3: 21-45.

Goodfriend, M. (2007), How the World Achieved Consensus on Monetary Policy, *NBER Working Paper N° 13.580*, November, Cambridge.

Goodhart, C.A.E. (1975), Problems of Monetary Management: The UK Experience, in *Papers in Monetary Economics*, Volume I, Reserve Bank of Australia.

Goodhart, C.A.E. (1992), The Objectives for, and Conduct of, Monetary Policy in the 1990s', *in* Blundell-Wignall, A. (ed.), *Inflation, Disinflation and Monetary Policy*, Sydney, Ambassador Press: 315-334.

Goodhart, C.A.E. (2010), The Changing Role of Central Banks, *BIS Working Papers N° 326*, Bank for International Settlements, Basel, November.

Greenlaw, D., Hamilton, J.D., Hooper, P. e Mishkin, F.S. (2013), Crunch Time: Fiscal Crises and the Role of Monetary Policy, *U.S. Monetary Policy Forum*, New York, February.

Gürkaynak, R.S. e Wright, J.H. (2012), Macroeconomics and theTerm Structure, *Journal of Economic Literature*, Vol. 50, N° 2: 331–367.

Hatcher, M. e Minford, P. (2013), Stabilization Policy, Rational Expectations and Price-Level versus Inflation Targeting: a Survey, *Cardiff Economics Working Papers*, Working Paper N° E2013/14, December.

Hall, R.E. e Mankiw, N.G. (1994), Nominal Income Targeting, *in* Mankiw, N.G. (ed.), *Monetary Policy*, NBER Books, National Bureau of Economic Research, June: 71-93.

Hammond, G. (2012), State of the Art of InflationTargeting – 2012, *Handbook – N° 29*, Centre for Central Banking Studies, Bank of England, February.

Handa, J. (2009), *Monetary Economics*, Routledge, New York, Second Edition.

International Monetary Fund (2006), *Inflation Targeting and the IMF*, Monetary and Financial Systems Department, Policy and Development Review Department, and Research Department, March 16.

International Monetary Fund (2010), *Central Banking Lessons from the Crisis*, Monetary and Capital Markets Department, May 27.

Jevčák, A. (2014), Monetary Policy Frameworks: Gradual Implementation of Steadily Evolving Theory, *ECFIN Economic Brief*, Issue 29, January.

Jiménez, G., Ongena, S., Peydró, J.L., e Saurina, J. (2010), Credit Supply: Identifying Balance-sheet Channels with Loan Applications and Granted Loans", *Banco de España*, Documentos de Trabajo Nº 1030.

Judd, J.P. e Rudebusch, G.D. (1998), Taylor's Rule and the Fed, 1970-1997, Economic Review, Federal Reserve Bank of San Francisco, Number 3: 3-16.

Kapinos, P.S. (2010), A New Keynesian Workbook, *International Review of Economics Education*, Volume 9, N° 1: 111-123.

Keynes, J.M. (1936), *The General Theory of Employment, Interest, and Money*, Macmillan, London.

Kim, D.H. e Orphanides, A. (2007), The Bond Market Term Premium: What is It, and How Can We Measure It?, *BIS Quarterly Review*, June: 27-40.

Kiyotaki, N. e Moore, J. (1997), Credit Cycles, *Journal of Political Economy*, Volume 105, N° 2: 211-248.

Kocherlakota, N.T (2010), Modern Macroeconomic Models as Tools for Economic Policy, The Region, *Federal Reserve Bank of Minneapolis*, May: 5-21.

Kozicki, S. e Sellon, G. (2005), Longer-Term Perspectives on the Yield Curve and Monetary Policy, *Economic Review*, Federal Reserve Bank of Kansas City, Fourth Quarter: 5-33.

Kirsanova, T., Leith, C. e Wren-Lewis, S. (2009), Monetary and Fiscal Policy Interaction: the Current Consensus Assignment in the Light of Recent Developments, *Economic Journal*, Volume 119, Issue 541: F482-F496

Kirsanova, T., Stehn, J. e Vines, D. (2005), The Interaction Between Fiscal Policy and Monetary Policy, *Oxford Review of Economic Policy*, Vol. 21, N° 4: 532-56.

Krugman, P.R. (1998a), What happened to Asia?, *mimeo*, MIT, January.

Krugman, P.R. (1998b), It's Baaack: Japan's Slump and the Return of the Liquidity Trap, *Brookings Papers on Economic Activity*, Volume 29, Issue 2: 137-206.

Krugman, P.R. (1999), Balance Sheets, the Transfer Problem, and Financial Crises, International Tax and Public Finance, Springer, Volume 6(4), November: 459-472.

Kuttner, K.N. e Mosser, P.C. (2002), The Monetary Transmission Mechanism: Some Answers and Further Questions, *Federal Reserve Bank of New York Economic Review*, Volume 8, Number 1, May: 15-26.

Laubach, T. e Williams, J.C. (2003), Measuring the Natural Rate of Interest, The Review of Economics and Statistics, Volume 85(4), November: 1063-1070.

Lane, P.R. (2001), The New Open Economy Macroeconomics: a Survey, *Journal of International Economics*, Elsevier, Volume 54, Issue 2, August: 235-266.

Leeper, E.M. (1991), Equilibria under 'Active' and 'Passive' Monetary and Fiscal Policies, *Journal of Monetary Economics*, Elsevier, Volume 27(1), February: 129-147.

Lima, E.L. (1995), *Álgebra Linear*, Instituto de Matemática Pura e Aplicada, Rio de Janeiro.

Lohmann, S. (1992), Optimal Commitment in Monetary Policy: Credibility versus Flexibility, *The American Economic Review*, Vol. 82, N° 1, March: 273-286.

Lucas. R.E. Jr. (1973), Some International Evidence on Output-Inflation Tradeoffs, *The American Economic Review*, Vol. 63, Nº 3, June: 326-334.

Lucas, R.E. Jr. (1976), Econometric Policy Evaluation: A Critique, *Carnegie-Rochester Conference Series on Public Policy*, Volume 1: 19-46.

Lucas, R.E. Jr. (1980), Methods and Problems in Business Cycle Theory, *Journal of Money, Credit, and Banking*, Volume 12, N° 4, November, Part 2: 696-715.

Lucas, R.E. Jr (2007), Panel Discussion: Central Banking: Is Science Replacing Art?, A Journey from Theory to Practice, Colloquium in Honor of Otmar Issing, Frankfurt: 168-171.

Magud, N.E. e Tsounta, E. (2012), To Cut or Not to Cut? That is the (Central Bank's) Question: In Search of the Neutral Interest Rate in Latin America, *IMF Working Paper WP/12/243*, International Monetary Fund, October.

Mankiw, N. G. e Reis, R. (2002), Sticky Information versus Sticky Prices: A Proposal to Replace the New Keynesian Phillips Curve, *The Quarterly Journal of Economics*, Volume 117, N° 4, November: 1295–1328.

Mankiw, N.G. (2006), The Macroeconomist as Scientist and Engineer, Journal of Economic Perspectives, American Economic Association, Volume 20, Nº 4, Fall: 29-46.

McCallum, B.T. (1981), Price Level Determinacy with an Interest Rate Policy Rule and Rational Expectations, Journal of Monetary Economics, Elsevier, Volume 8, N° 3: 319-329.

McCallum, B.T. (1986), Some Issues Concerning Interest Rate Pegging, Price Level Determinacy, and the Real Bills Doctrine, *Journal of Monetary Economics*, Volume 17, N° 1, January: 135-160.

McCallum, B.T. (1989), *Monetary Economics: Theory and Policy*, Macmillan Publishing Co, New York.

McCallum, B.T. e Nelson, E. (2005), Monetary and Fiscal Theories of the Price Level: The Irreconcilable Differences, *Oxford Review of Economic Policy*, Oxford University Press, Volume 21(4), Winter: 565-583.

Mishkin, F.S. (1995), Symposium on the Monetary Transmission Mechanism, *Journal of Economic Perspectives*, Volume 9, Number 4, Fall: 3-10.

Mishkin, F.S. (2006), *The Economics of Money, Banking, and Financial Markets*, Pearson Addison Wesley, Seventh Edition.

Mishkin, F.S. (2007), Estimating Potential Output: a Speech at the Conference on Price Measurement for Monetary Policy, Federal Reserve Bank of Dallas, Texas, May.

Mishkin, F.S. (2011), Monetary Policy Strategy: Lessons from the Crisis, NBER Working Papers *N° 16755*, National Bureau of Economic Research, February.

Minsky, H.P. (1972), Financial Instability Revisted: The Economics of Disaster, in Board of Governors of the Federal Reserve System (ed.), Reappraisal of Federal Reserve Discount Mechanism, Volume 3: 95-136, Washington.

Modigliani, F. e Sutch, R. (1967), Debt Management and the Term Structure of Interest Rates: An Empirical Analysis of Recent Experiences, *Journal of Political Economy*, Volume 75, Number 4 (Part 2), Supplement, August: 569-89.

Mohanty, M. e Klau, M. (2004), Monetary Policy Rules in Emerging Market Economies: Issues and Evidence, *BIS Working Papers Nº 149*, Basel, March.

Morris, M. e Shin, H.S. (2014), Risk-Taking Channel of Monetary Policy: Global Game Approach, *mimeo*, Princeton University, January.

Mundell, R. (1962), The Appropriate Use of Monetary and Fiscal Policy under Fixed Exchange Rates, *IMP Staff Papers 9*, March: 70-79.

Nelson, Ch. e Plosser, Ch. (1982), Trends and Random Walks in Macroeconomics Time Series: Some Evidence and Implications, *Journal of Monetary Economics*, Volume 10, Issue 2: 139-162.

Obstfeld, M. e Rogoff, K (1995). Exchange Rate Dynamics Redux, *Journal of Political Economy*, Volume 103(3): 624-660.

Orphanides, A. (2003), Historical Monetary Policy Analysis and the Taylor Rule, *Journal of Monetary Economics*, Volume 50, Issue 5, July: 983-1022.

Orphanides, A. e Wilcox, D.W. (2002), The Opportunistic Approach to Disinflation, International Finance, Wiley Blackwell, Volume 5(1), Spring: 47-71.

Ortiz, G. (2011), How should the Crisis Affect our views of Monetary Policy?, *Conference: Macro and Growth Policies in the Wake of the Crisis*, International Monetary Fund, Washington D.C., March 7.

Ostry, J.D, Ghosh, A.R., Habermeier, K., Leaven, L., Chamon, M., Qureshi, M.S. e Kokenyne, A. (2011), Managing Capital Inflows: What Tools to Use? *IMF Staff Discussion Note SDN Nº 11/06*, IMF, Washington.

Ostry, J.D, Ghosh e A.R., Chamon, M. (2012), Two Targets, Two Instruments: Monetary and Exchange Rate Policies in Emerging Markets Economies, IMF *Staff Discussion Note Nº 12/01*, IMF, Washington, February 29. Reimpreso en *Boletín del CEMLA*, Volume LVIII, N° 2, Abril-Junio de 2012: 94-114.

Ostry, J.D e Ghosh, A.R. (2013), *Obstacles to International Policy Coordination, and How to Overcome Them,* IMF *Staff Discussion Note Nº 13/11*, IMF, Washington, December.

Patterson, K. (2000), *An Introduction to Applied Econometrics: A Time Series Approach*, Palgrave Macmillan, Hampshire.

Phelps, E.S. (1968), Money Wage Dynamics and Labor Market Equilibrium, *Journal of Political Economy*, Volume 76, N° 4, Part 2: 678-711.

Phelps, E.S. (1973), Inflation in the Theory of Public Finance, *The Swedish Journal of Economics*, Volume 75: 67–82.

Pesenti, P. (2013), Theoretical Notes on Commodity Prices and Monetary Policy, in *BIS Papers N° 70: Globalisation and Inflation Dynamics in Asia and the Pacific*, Monetary and Economic Department, Bank for International Settlements, January: 79-90.

Poole, W. (1970), Optimal Choice of Monetary Policy Instruments in a Simple Stochastic Macro Model, *Quarterly Journal of Economics*, Volume84, N° 2, May: 197-216.

Ramsey, F. P. (1927), A Contribution to the Theory of Taxation, *The Economic Journal*, Volume 37, N° 145, March: 47–61.

Reichlin, L. e Baldwin, R. (eds.) (2013), *Is Inflation Targeting Dead? Central Banking After the Crisis*, Centre for Economic Policy Research (CEPR), A VoxEU.org Book, London.

Rogoff, K. (1985.a), The Optimal Degree of Commitment to an Intermediate Monetary Target, *Quarterly Journal of Economics*, 100: 1169-1190.

Rogoff, K. (1985.b), Can International Monetary Cooperation Be Counterproductive? *Journal of International Economics*: 18: 199-217.

Romer, C.R. e Romer, D.H. (2013), The Most Dangerous Idea in Federal Reserve History: Monetary Policy Doesn't Matter, *mimeo*, University of California, Berkeley, January.

Romer, D.H. (2006), *Advanced Macroeconomics*, McGraw-Hill, Third Edition, New York.

Rotemberg, J. e Woodford, M. (1997), An Optimization-Based Econometric Framework for the Evaluation of Monetary Policy, in Bernanke, B. e Rotemberg, J. (eds.), *NBER Macroeconomics Annual*, Volume 12, MIT Press: 297-361.

Sachs, J.D. (1983), International Policy Coordination in a Dynamic Macroeconomic Model, *NBER Working Paper N° 1166*, National Bureau of Economic Research, July.

Sachs, J.D. e Larrain, F. (2000), *Macroeconomia – Edição Revisada e Atualizada*, Makron Books, São Paulo.

Sales, A.S. e Barroso, J.B. (2012), Coping with a Complex Global Environment: A Brazilian Perspective on Emerging Market Issues, *Working Papers Series 292, Banco Central do Brasil*, October.

Samuelson, P.A. (1942), The Stability of Equilibrium: Linear and Non-Linear Systems, *Econometrica*, Volume 10, N° 1, January: 1-25. Reimpresso in Stiglitz, J.E. (ed.), *The Collected Scientific Papers of Paul A. Samuelson*, Volume I, MIT Press, Cambridge, 1966.

Sargent, T.J. e Wallace, N. (1975), Rational Expectations, the Optimal Monetary Instrument, and the Optimal Money Supply Rule, *Journal of Political Economy*, Volume 83, Issue 2, April: 241-254.

Sargent, T. J. e Wallace, N. (1976), Rational Expectations and the Theory of Economic Policy, Journal of Monetary Economics, Volume 2, N° 2, April: 169-183.

Sargent, T.J. e Wallace, N. (1981), Some Unpleasant Monetarist Arithmetic, *Federal Reserve Bank of Minneapolis Quarterly Review*, Volume 5, N° 3, Fall: 1-17.

Sarno, L. e Taylor, M.P. (2001), Official Intervention in the Foreign Exchange Market: Is It Effective and, If So, How Does It Work?, Journal of Economic Literature, Volume 39, N° 3, September: 839-868.

Scherbina, A. (2013), Asset Price Bubbles: A Selective Survey, *IMF Working Paper N° WP/13/45*, International Monetary Fund, February.

Schmitt-Grohé, S. e Uribe, M. (2003), Closing Small Open Economy Models, *Journal of International Economics*, Elsevier, Vol. 61, Issue 1, October: 163-185.

Schmitt-Grohé, S. e Uribe, M. (2011), The Optimal Rate of Inflation, *in* Friedman, B.M. e Woodford, M. (eds.), *Handbook of Monetary Economics*. Volume 3B, Elsevier, San Diego CA: 653-722.

Schoenmaker, D. (2011), Financial Trilemma, *Economics Letters*, Volume 111 (1): 57–59.

Shirakawa, M. (2010a), Roles for a Central Bank – Based on Japan´s experience of the Bubble, the Financial Crisis, and Deflation, Speech at the Fall Meeting of the Japan Society of Monetary Economics, September 26.

Shirakawa, M. (2010b), Revisiting Monetary Policy, Comments at the IMF/ECB/FRB High-Level Conference, October 10.

Sidrauski, M. (1967), Rational Choice and Patterns of Growth in a Monetary Economy, *American Economic Review*, Volume 57, Issue 2, May: 534–544

Simon, H. (1956), Dynamic Programming under Uncertainty with a Quadratic Criterion Function, *Econometrica*, Volume 24: 74-81.

Sinclair, P.J.N. (2003), The Optimal Rate of Inflation: An Academic Perspective, *Bank of England Quarterly Bulletin*, Autumn: 343-351.

Sørensen, P.B. e Whitta-Jacobsen, H.J. (2011), *Introducing Advanced Macroeconomics: Growth and Business Cycles*, Second Edition, McGraw Hill, Berkshire, UK.

Staiger, D., Stock, J.H. e Watson, M.W. (1997), The NAIRU, Unemployment and Monetary Policy, *Journal of Economic Perspectives*, American Economic Association, Volume 11, Issue 1, Winter: 33-49.

Stark, J. (2010), In Search of a Robust Monetary Policy Framework, *6th ECB Central Banking Conference*, Frankfurt, November 19.

Stock, J.H. e Watson, M.W. (2004), *Econometria*, Pearson Education, São Paulo.

Svensson, L.E.O. (1997), Inflation Forecast Targeting: Implementing and Monitoring Inflation Targets, *European Economic Review*, Volume 41, June: 1.111-1.146.

Svensson, L.E.O. (1999), Inflation Targeting as a Monetary Policy Rule, *Journal of Monetary Economics*, Volume 43, Issue 3, June: 607-654.

Svensson, L.E.O. (2002), Monetary Policy and Real Stabilization, Proceedings, *Federal Reserve Bank of Kansas City*: 261-312.

Svensson, L.E.O. (2009), What Have Economists Learned about Monetary Policy over the Past 50 Years?," *in* H. Herrman (ed.), *Monetary Policy Over Fifty Years: Experiences and Lessons*, Routledge.

Svensson, L.E.O. (2010a), Evaluating Monetary Policy, *in* Koenig, E.F., Leeson, R. e Kahn, G.A. (eds.), *The Taylor Rule and the Transformation of Monetary Policy*, Hoover Institution Press, 2012: 245-274.

Svensson, L.E.O (2010b), Inflation Targeting, in B.M. Friedman e M. Woodford (ed.), Handbook of Monetary Economics, Edition 1, Volume 3, Chapter 22, Elsevier: 1237-1302.

Svensson, L.E.O. (2010c), Inflation Targeting and Financial Stability, *Annual Conference on "How has our View of Central Banking Changed with the Recent Financial Crises?*, Central Bank of Turkey, Izmir, October.

Svensson, L.E.O. (2011a), Practical Monetary Policy: Examples from Sweden and the United States, Brookings Papers on Economic Activity, Fall: 289-332.

Svensson, L.E.O. (2011b), Monetary Policy after the Crisis, *Speech at the Federal Reserve Bank of San Francisco*, November 29.

Svensson, L.E.O. (2012), Comment on Michael Woodford, 'Inflation Targeting and Financial Stability', *Sveriges Riksbank Economic Review*, Volume 1: 33-39.

Takayama, A. (1996), *Mathematical Economics*, Second Edition, Cambridge University Press, Cambridge.

Taylor, J.B. (1979a), Staggered Wage Setting in a Macro Model, *The American Economic Review*, American Economic Association, Volume 69(2), May: 108-113.

Taylor, J.B. (1979b), Estimation and Control of a Macroeconomic Model with Rational Expectations, *Econometrica*, Volume 47, Issue 5, September: 1.267-1.286.

Taylor, J.B. (1993), Discretion versus Policy Rules in Practice, *Carnegie-Rochester Conference Series on Public Policy*, 39: 195-214.

Taylor, J.B. (1998), Monetary Policy Guidelines for Employment and Inflation Stability, in Solow, R.M. e Taylor, J.B., *Inflation, Unemployment, and Monetary Policy*, The Alvin Hansen Symposium on Public Policy, Harvard University, The MIT Press, Cambridge.

Taylor, J.B. (1999), A Historical Analysis of Monetary Policy Rules, *in* Taylor, J.B. (ed.), *Monetary Policy Rules*, University of Chicago Press, Chicago: 319-348.

Taylor, J.B. (2008), Monetary Policy and the State of the Economy, *Testimony before the Committee on Financial Services*, U.S. House of Representatives, February 26.

Taylor J.B. (2013), International Monetary Coordination and the Great Deviation, *Journal of Policy Modeling*, Volume 35, March: 463-472.

Terra, C. (2014), *Finanças Internacionais: Macroeconomia Aberta*, Elsevier Editora, Rio de Janeiro.

Theil, H. (1957), A Note on Certainty Equivalence in Dynamic Planning, *Econometrica*, Volume 25, April: 346-349.

Tinbergen, J. (1952), *On the Theory of Economic Policy*, North-Holland, Amsterdam.

Tobin, J. (1970), The Wage-Price Mechanism: Overview of the Conference, *The Econometrics of Price Determination Conference*, Cowles Commission/ Foundation Paper (Reprint) 378, Board of Government of the Federal Reserve: 5-15.

Tombini, A.A. (2012), Pronunciamento do Presidente do Banco Central do Brasil, *XIV Seminário Anual de Metas para a Inflação*, Banco Central do Brasil, Rio de Janeiro, 10 de Maio.

Totzek, A. e Wohltmann, H-W. (2010), Barro-Gordon Revisited: Reputational Equilibria in a New Keynesian Model, *Economics Working Paper No. 2010-04, Department of Economics, Christian-Albrechts-Universität Kiel*, Germany.

Veríssimo, M.P., Xavier, C.L. e Vieira, F.V. (2012), Taxa de Câmbio e Preços de Commodities: Uma Investigação sobre a Hipótese da Doença Holandesa no Brasil, *Economia*, Volume 13, N° 1, janeiro/abril: 93-130.

Vestin, D. (2006), Price-level versus Inflation Targeting, *Journal of Monetary Economics*, 53: 1.361–1.376.

Wallace, N. (1981), A Modigliani-Miller Theorem for Open-Market Operations, *The American Economic Review*, Volume 71, N° 3, June: 267-274.

Walsh, C.E. (2002), Teaching Inflation Targeting: An Analysis for Intermediate Macro, *Journal of Economic Education*, Volume 33, Issue 4, Fall: 333-347.

Walsh, C.E. (2009), Using Models for Monetary Policy Analysis, *IJCB Fall 2009 Conference on Monetary Policy Challenges in a Global Economy*, Banque de France, Paris, September 24-25.

Walsh, C.E. (2010a), *Monetary Theory and Policy*, MIT Press, Massachusetts, Third Edition.

Walsh, C.E. (2010b), Using Monetary Policy to Stabilize Economic Activity, *in Financial Stability and Macroeconomic Policy, 2009 Jackson Hole Symposium*, Federal Reserve Bank of Kansas City: 245-296.

Walsh, C.E. (2011), The Future of Inflation Targeting, The Economic Record, The Economic Society of Australia, Volume 87, Special Issue, September: 23-36.

White, W.R. (2013), Is Monetary Policy a Science? The Interaction of Theory and Practice over the Last 50 Years, Balling, M. e Gnan, E. (eds.), *50 Years of Money and Finance: Lessons and Challenges*, Chapter 3, SUERF – The European Money and Finance Forum, Vienna: 73-115.

Wickens, M. (2008), *Macroeconomic Theory: A Dynamic General Equilibrium Approach*, Princeton University Press, New Jersey.

Wicksell, J.G.K. (1898), *Lectures on Political Economy*, George Routledge & Sons Ltd., London.

Willard, L.B. (2006), Does Inflation Targeting Matter? A Reassessment, *CEPS Working Paper N° 120*, Princeton University, February.

Williams, J.C. (2006), Inflation Persistence in an Era of Well-Anchored Inflation Expectations, *FRBSF Economic Letter*, Number 2006-27, October 13.

Woodford, M. (1995), Price Level Determinacy without Control of a Monetary Aggregate, *Carnegie Rochester Conference Series on Public Policy*, Elsevier, Volume 43(1), December: 1-46.

Woodford, M. (2001), The Taylor Rule and Optimal Monetary Policy, *The American Economic Review*, Volume. 91, Issue 2, May: 232-237.

Woodford, M. (2003), *Interest and Prices: Foundations of a Theory of Monetary Policy*, Princeton University Press, Princeton.

Woodford, M. (2008), Convergence in Macroeconomics: Elements of the New Synthesis, *American Economic Association Meeting*, January, New Orleans.

Woodford, M. (2010), Financial Intermediation and Macroeconomic Analysis, *Journal of Economic Perspectives*, Volume 24, N° 4, Fall: 21-44.

Woodford, M. (2011), Simple Analytics of the Government Expenditure Multiplier, *American Economic Journal: Macroeconomics*, Volume 3, Nº 1, January: 1–35.

Woodford, M. (2012a), Inflation Targeting and Financial Stability, *Sveriges Riksbank Economic Review*, 1: 7-32.

Woodford, M. (2012b), Methods of Policy Accommodation at the Interest-Rate Lower Bound, *Jackson Hole Symposium: "The Changing Policy Landscape"*, Federal Reserve Bank of Kansas, August.

Woodford, M. (2013), Forward Guidance by Inflation-Targeting Central Banks, conference *Two Decades of Inflation Targeting*, Sveriges Riksbank, June 3.

Yellen, J.L. (2012), Revolution and Evolution in Central Bank Communications, *Speech at Haas School of Business*, University of California, Berkeley, November 13.

Zampolli, F. (2012), Sovereign Debt Management as an Instrument of Monetary Policy: An Overview, *BIS Papers Nº 65*, May: 97-118.

ÍNDICE

A

B

C

V

W

Z